编 委 会

主　　编	陈　继				
副 主 编	岳　虎	谢　枫	王　莉	卢　营	
编写组成员	牛立京	吉利双	成子烨	于　飞	介志毅
	刘晓伟	杜　琛	范笑纳	王　超	马丽娜
	魏　林	刘晓娜	王　欣	臧慧芳	董文略
	何平利	牛鲲鹏	马　楠	王舰旋	陈　璐

前言

国网承德供电公司供电服务指挥中心始终坚持贯彻国家电网公司的服务宗旨，积极响应国家层面、国网公司层面提出的“提升服务质量，优化营商环境”要求，坚持以客户为中心，以市场为导向，实现一口对外、统一指挥、快速响应，全面提升企业内部运营效率和优质服务水平。

近年来，随着经济社会的不断发展，客户对于服务需求也在不断细化。为进一步促进员工转变服务观念，切实提升服务能力，国网承德供电公司供电服务指挥中心在国网冀北电力有限公司的指导下，编制了《95598 工单典型案例汇编及解析》一书。

本书所选案例均出自 2018 年以来的实际 95598 非抢业务工单。利用科学合理的统计分析方法，对海量投诉、意见和服务申请工单进行深度挖掘，重点聚焦客户诉求集中、敏感、有共性的重复类投诉，开发多个典型工单案例。通过生动的案例展示、深入的问题分析、中肯的举措建议、贴切的政策依据和犀利的案例点评，充分发挥典型案例的警示、借鉴和指导作用。

希望本书能够指导基层单位做好类似服务事件的防控工作，帮助供电服务一线员工提升业务技能和服务水准，降低各类 95598 非抢工单量，实现供电服务水平的有效提升。

由于本书编写时间仓促，书中疏漏之处在所难免，恳请各位读者批评指正。

编　者

2022 年 6 月

目录

第一部分

投诉类工单

服务投诉篇

营业投诉篇

停送电投诉篇

供电质量篇

电网建设篇

一、服务投诉篇

案例 1　计量人员态度差，惹恼客户遭投诉

案例分类

投诉工单—服务投诉—服务行为—计量人员服务行为（见图 1-1）。

图 1-1　服务现场

摘要

客户致电 95598 反映电量电费过高，工作人员回复“客户处无异常”。客户对处理结果不认可，回访时要求供电公司为其验表，工作人员回复“客户可以到第三方计量鉴定机构校验”，客户不满。客户再次致电 95598 要求供电公司为其验表，客户要求供电公司验表诉求下派第二日，致电 95598 反映有工作人员到现场进行情况核实，其中一名工作人员存在态度差、辱骂客户情况。投诉后，客户又因验表无法出具纸质检

测报告及要求因表计失准进行经济补偿，多次致电 95598。供电公司答复为：因为设备故障无法打印纸质验表检测报告，并且客户处电表无问题无法进行经济补偿，待设备修复后，第一时间为客户打印验表检测报告并配送上门。

案例内容

某年 10 月 5 日，宋先生致电 95598 反映近期电量电费过高，家中无人居住却仍有电费产生，并且经常收到充值几分钱的交费短信（非客户本人操作）。

处理部门回复调查结果：经核实，客户处 8 月抄见电量 47 度，9 月抄见电量 20 度，10 月抄见电量 28 度，抄表数据正确，接线正确。客户收到交一分钱的短信是工作人员调试系统为客户缴费的，客户电表上的黑线是采集器的线，已于某月某日某时某分告知客户，客户表示认可。

同年 10 月 8 日，国网客户服务中心回访宋先生，宋先生表示怀疑计量装置不准，要求对电能表进行校验。

处理部门回复调查结果：10 月 9 日与客户联系，经工作人员现场勘查，客户表计及接线均正常，但客户对此不认可，工作人员告知客户可将电表送到第三方计量鉴定机构校验，客户不同意，最后与工作人员发生争执引发投诉。

同年 10 月 9 日，宋先生致电反映，申请验表后有两名工作人员到现场核实情况，其中一名工作人员服务态度差、辱骂客户，拆下电表后未给客户安装临时表计，并且让客户到第三方计量鉴定机构校验电表。客户处现在处于停电状态，客户对此表示不满。

处理部门回复调查结果：10 月 9 日 11 时 22 分联系客户，客户反映情况属实，是供电公司责任。客户反映表计失准，要求工作人员现场检查。工作人员到现场勘查，现场客户情绪比较激动，工作人员正常工作情绪受到影响，对客户出现不当言语。当天与客户预约，15 时再次安排工作人员现场检查线路，解释工作，同时对上午工作人员态度不当表示向客户表示道歉。表计已拆下，10 月 10 日送达质量监督局进行鉴定，现场停电也是按客户实际情况要求，因为客户确实家中不经常居住，只是偶尔回来一会儿，所以上午现场未采取预装表计，下午工作人员已安装了一块表计，为客户正常供电。表计鉴定会在 5 个工作日后出具鉴定报告，10 月 30 日之前根据计量监督局鉴定结果进行处理并答复客户，客户表示认可。

10 月 11 起，宋先生因验表问题多次致电 95598（产生 95598 工单 17 件），主要诉求为：① 对于之前工作人员态度问题要求赔礼道歉；② 要求因表计失准进行经济补偿；③ 要求供电公司提供纸质验表检测报告，如因设备故障不能出具，要求给出具体出具时间，客户表示若再不能解决客户问题，将向上级单位或媒体进行曝光。

处理部门回复调查结果：因地市级计量中心计量校验台故障，只能对电表进行检测，但无法打印检测报告。具体修复时间无法确定，待厂家来维修设备，同时沟通，希望客户可以到现场看检测结果，但客户拒绝，一定要纸质版的检测报告。因电能表已经过计量检测所鉴定，检查结果为合格，所以对客户要求的因表计失准退补的经济补偿无法满足。工作人员与客户耐心解释沟通，并对之前工作人员态度问题向客户进行赔礼道歉。对于纸质验表检测报告，工作人员会持续跟踪设备修复情况，待设备修复后，第一时间为客户打印验表检测报告并配送上门，客户表示认可。

存在问题

（1）问题解决不积极，产生重复诉求。供电公司工作人员未积极处理客户诉求，客户多次致电 95598 反映同一诉求，供电公司多次答复处理结果基本一致，并未针对客户重复致电提供更详细解释说明，也未积极主动提供相关证明依据，对待该客户处理方式仍与一般客户处理方式一致，导致客户诉求长时间得不到解决，多次致电 95598 产生重复诉求。

（2）供电公司工作人员服务风险敏感度较低。客户在反映问题过程中提及要向上级单位、媒体反映，存在产生 12398 工单或造成舆情等服务风险，工作人员未采取任何措施，存在服务风险升级问题。

（3）工作人员专业素养较差。与客户沟通时服务态度差，服务意识淡薄，沟通能力欠缺，自我情绪管理能力较弱，引发客户不满。

（4）客户诉求不能及时解决时，未给客户预计解决时间。客户诉求宗旨为需要供电公司提供纸质验表检测报告，供电公司告知因设备故障，无法出具，亦未给出预计设备修复时间及提供纸质验表检测报告时间。在上述情况下，供电公司未给出其他有效解决办法。

（5）违反验表相关规定。客户提出验表诉求后，供电公司让客户到第三方计量鉴定机构进行电表校验，与“客户提出计量装置不准时，可向供电企业提出校验申请，客户对校验结果有异议时，可向供电企业上级计量检定机构申请检定”规定不符。工作人员不应直接让客户到第三方计量检定机构校验，且拆下客户表计后未安装临时表计影响客户用电。此外，10 月 30 日前根据计量监督局鉴定结果处理答复客户不符合验表 5 个工作日内提供检测结果的规范要求。

（6）工单回复内容存在答复不全面、未针对客户诉求一一答复等问题。客户首次致电表示电量电费过高，家中无人居住仍产生电费，处理部门回复内容只简单列举了客户处近三个月电量情况，表示抄表数据正确，现场接线无问题，并未对客户处是否存在电费电量过高作出明确答复；客户询问“家中无人居住为何产生电费”，回单未针对此问题进行答复；供电公司多次回单，均未提供现场接线无问题、验表结果等佐证材料，工单回复内容存在答复不全面、未针对客户诉求一一答复、应提供而未提供佐证材料等问题。

建议举措

（1）经常查找服务过程中的薄弱环节。要学会换位思考，把客户的问题当作自己

的问题，进一步转变服务观念，优化服务流程，注意服务细节，把握服务重点，创新服务手段，全面履行服务承诺。

（2）妥善处理客户侧用电需求，避免处置不当导致客户诉求升级。服务态度投诉事件，因工作人员情绪管理不当、未妥善处理客户用电异常核实诉求，引发客户投诉及处理不满意。相关部门应加强客户诉求重视程度，及时妥善处理客户侧用电需求，注意与客户沟通方式及沟通技巧，避免客户诉求升级、影响公司指标及对外服务形象。

（3）加强电表校验业务规范性管理，严格按照规范流程、时限办理。供电公司未向客户提供验表服务、让客户自行到第三方校验，不符合业务受理规范要求，相关部门应加强电表校验工作管理，严格按照规范要求受理客户验表申请，在规定时限内及时处理客户诉求。

（4）如因工作需要影响客户用电产权信息，应提前做好客户沟通和解释工作。因系统调试等工作原因需要使客户号的，尽量选择使用内部员工户号进行测试，如确需使用其他客户户号，可能影响客户用电产权信息、给客户带来困扰的，应提前做好客户沟通和解释工作，避免客户不知情产生服务问题。

（5）明确诉求处理方案、时间节点等关键要素。短时间内不能解决的，应注明预计时间（对于非供电责任或第三方产权的协助告知具体处理单位或部门）。

（6）加强供电服务舆情监测工作。强化服务全过程监督，精准监测舆情信息，在供电服务过程中与利益相关方发生的冲突、纠纷或分歧，客户明确要向上级单位、媒体等渠道反映，有可能引起媒体和社会广泛关注存在供电服务舆情隐患时，应谨慎、及时、规范处理客户诉求，避免舆情事件的产生。

（7）加强工单回单管理。工单回复内容应简明扼要、意见明确、真实完整、逻辑正确；工单回复内容应紧密围绕客户诉求，针对诉求进行逐一、全面答复（含催办内容）；工单回复应提供相关诉求佐证材料。

政策依据

（1）《国家电网有限公司员工服务“十个不准”》国家电网办〔2020〕16 号 第六条不准漠视客户合理用电诉求、推诿搪塞怠慢客户；第七条电表异常快速响应：受理客户计费电能表校验申请后，5 个工作日内出具检测结果。客户提出电表数据异常后，5 个工作日内核实并答复。

（2）《供电服务标准》（Q/GDW 10403—2021）6.10.1 供电企业受理客户校表的需求，为客户提供电能计量装置检验的服务；7.3.2 为客户提供服务时，应礼貌、谦和、热情。与客户会话时，使用规范化文明用语，提倡使用普通话，态度亲切、诚恳，做到有问必答，尽量少用生僻的电力专业术语，不得使用服务禁语。工作发生差错时，应及时更正并向客户致歉。

（3）《供电营业规则》电力工业部令第 8 号 第七十九条：客户认为供电企业装设

的计费电能表不准时，有权向供电企业提出校验申请，供电企业应在七天内检验，并将检验结果通知客户。如计费电能表的误差超出允许范围时，并应按本规则第八十条规定退补电费。客户对检验结果有异议时，可向供电企业上级计量检定机构申请检定。客户在申请验表期间，其电费仍应按期交纳，验表结果确认后，再行退补电费。电网企业已为电力客户提供计量装置校验超过三次且不属于电网企业责任的，由客户承担相关验表费用。

（4）《国家电网有限公司 95598 客户服务业务管理办法》国家电网企管〔2019〕907 号 附件 3 国家电网有限公司 95598 一般诉求业务处理规范：国网电动汽车公司，国网电商公司，省营销服务中心，地市、县公司对回单质量进行审核，对工单质量或处理意见不符合要求的，应注明回退原因后将工单回退至业务处理部门再次处理。工单回复审核时发现工单回复内容存在以下问题的，应将工单回退：未对客户提出的诉求进行答复或答复不全面、表述不清楚、逻辑不对应的；未向客户沟通解释处理结果的（除匿名、保密工单外）；应提供而未提供相关诉求处理依据的；承办部门回复内容明显违背公司相关规定；其他经审核应回退的。

案例点评

客户反映电量异常后，工作人员应尽快核实处理客户处用电、现场接线情况等，并协助客户对用电量进行分析，得到客户认可，让客户放心用电。客户不认可工作人员核查处理结果，对计量准确度产生疑问时，工作人员应按规范主动提供电能计量装置检测、计量装置现场校验服务，增强主动服务意识，坚持客户至上的服务观念，全心全意为客户服务（见图 1-2）。

图 1-2　95598 工作现场图

优质服务是电力企业生存发展的基础和保证，电力企业要加强对电力营销服务的管理和监督，面对越来越激烈的市场竞争，应提高电力服务质量，给客户提供优质全

面的服务。高质量的服务源自员工发自内心为客户的服务意识和精湛的服务技能，增强全员服务意识，是做好优质服务的基础。

案例 2　推诿搪塞不可取，客户不满引投诉

案例分类

投诉工单—服务投诉—服务行为—计量人员服务行为

摘要

客户致电 95598，反映工作人员在现场巡查过程中发现客户处电能表异常，工作人员与客户约定了换表时间，但是由于电能表无库存，工作人员未按约定时间给客户进行换表，也一直没有联系客户。后来，在客户不知情的情况下，工作人员给客户进行了换表。客户知道后致电管辖供电所询问情况，工作人员存在违反首问负责制、推诿客户的情况，导致客户不满，引发投诉。经调查，工作人员确实存在违规行为，供电公司会加强轮换电能表流程，与客户做好沟通，避免违诺情况的发生，提升工作人员服务质量，加强工作人员服务管理。

案例内容

某年 2 月 16 日，段女士致电 95598 反映：2 月 10 日接到当地供电公司工作人员电话，工作人员告知在现场巡查过程中发现客户处电能表异常需要换表，工作人员与客户约定 2 月 15 日到客户家进行换表，告知客户换表时需客户在家，客户表示认可。2 月 15 日客户在家等了工作人员一天都没有来，后客户又联系该工作人员两次（工作人员联系电话 13××88），均被告知让客户再等下，目前还未处理。

处理部门回复调查结果：经核实，客户户号：31××24，户名：段某敏，地址：某市某县某村村南。2 月 10 日，工作人员在现场巡查过程中发现客户处电能表异常需要更换，工作人员通过手机 13××88 告知客户情况，并与客户约定 2 月 15 日到客户家中进行电能表更换，需要客户在家中等候，客户认可。由于近期更换电能表户数较多（存在批量换表区域），电能表无库存，订购的电能表也未能及时到货，导致没有按约定时间为客户更换电能表，也未及时联系客户告知。工作人员已向客户表示歉意，待电能表到货后会及时与客户联系，并约定更换电能表时间，客户表示认可。

同年 3 月 2 日，段女士再次致电 95598 反映：近期供电公司工作人员在客户不知情的情况下将其家电能表更换，存在换表未提前通知的情况。客户在知道自家电能表被更换后，立即拨打了管辖供电所电话询问情况，接听电话工作人员表示自己不负责

换表工作，客户询问哪里可以解答换表问题，工作人员表示不知道，然后便挂断客户电话，客户再拨打电话就无人接听了，客户表示不满。

处理部门回复调查结果：客户反映情况属实，是供电企业责任。经核实，客户户号：31××24，户名：段某敏，地址：某市某县某村村南。3 月 2 日段女士发现自家电能表被更换，客户拨打管辖供电所电话。由于当时接听电话人员是负责抢修工作人员，便告知客户自己不负责换表，客户询问应该找哪里询问换表问题，工作人员告知客户不知道，便挂断电话。因此，工作人员确实存在违反首问负责制、推诿客户的情况。关于未提前通知客户换表的问题，由于近期更换电能表户数较多（存在批量换表区域），电能表无库存，订购的电能表也未能及时到货，一直未给客户进行更换。2 月 28 日电能表到货后，因为工作人员疏忽，忘记之前答应客户换表前与客户进行预约时，在未通知客户的情况下将客户处电能表进行了更换，更换后也未和客户确认表底。今后供电公司会加强轮换电能表流程，与客户做好沟通，避免违诺情况的发生，提升工作人员服务质量，加强工作人员服务管理。客户表示理解。

存在问题

（1）工作人员违反《国家电网有限公司供电服务“十个不准”》。客户在不知情情况下被更换电能表，第一时间找到管辖供电所了解情况，工作人员存在违反首问负责制、推诿的情况，告知客户反映问题不归自己管理，且未告知客户有效的解决办法。

（2）工作人员责任意识不强，对待工作态度松懈，未在约定时间内给客户更换电能表，也未及时联系客户告知解释。

（3）工作人员存在违诺行为。工作人员承诺在更换电能表前会联系客户约定换表时间。但由于工作人员疏忽，工作人员未兑现承诺，换表前并未通知客户。

（4）违反户表轮换业务规范。工作人员在进行电能表更换时未按照相关业务规范与客户进行表底确认，客户不掌握旧表剩余电量情况。

建议举措

（1）加强工作人员对《国家电网有限公司员工服务“十个不准”》《国家电网有限公司员工服务“十个承诺”》等法律、法规和专业业务知识方面的培训学习，提升专业技能和服务水平。

（2）加强工作人员服务意识、工作状态、工作责任心，严格执行公司相关业务管理规范，严禁出现违反十项承诺、十不准等事件发生，工作人员应重视客户诉求，及时处理客户问题，处理完成后需将处理结果告知客户。

（3）避免出现承诺客户未兑现情况的发生。对客户每一个诉求要放在工作的首要位置，遇到不能及时解决的问题，要向领导及时报备，应与客户保持联系，及时联系客户解释，获得客户的理解。

（4）经常查找服务过程中的薄弱环节。要学会换位思考，把客户的问题当作自己的问题，进一步转变服务观念，优化服务流程，注意服务细节，把握服务重点，创新服务手段，全面履行服务承诺。

（5）加强电能表换装规范管理，提升现场作业质量，严格执行公司相关业务规范，确保现场作业质量。定期开展人员技能培训，提高工作人员技能水平及服务水平。

政策依据

（1）《国家电网有限公司员工服务“十个不准”》电力工业部令第 8 号 第六条：不准漠视客户合理用电诉求、推诿搪塞怠慢客户。

（2）《供电服务标准》（Q/GDW 10403—2021）6.14.4 服务流程：本服务项目的流程为：由供电企业制定电能表换表计划开始，通知或公告客户换表时间及原因。在换表电能表前对装在现场的原电能表进行底度拍照，现场换装电能表，表户复核，底度公告，服务结束；6.14.5 项目质量标准：低压客户电能表批量户安装前，应至少提前 3 天在小区和单元张贴告知书，或在物业公司（居委会、村委会）备案，零散换装、故障换表可提前通知客户后换表；换装电能表前应对装在现场的原电能表进行底度拍照，换表后应请客户核对表计底度并签字确认，拆回的电能表应在表库至少存放 1 个抄表或电费结算周期；7.1.2：真心实意为客户着想，尽量满足客户的合理用电诉求。对客户的咨询等诉求不推诿，不拒绝，不搪塞，及时、耐心、准确地给予解答。用心为客户服务，主动提供更省心、更省时、更省钱的解决方案；7.2.2：熟知本岗位的业务知识和相关技能，岗位操作规范、熟练，具有合格的专业技术水平；7.2.3：严格执行供电服务相关工作规范和质量标准，保质保量完成本职工作，为客户提供专业、高效的供电服务；7.3.2：为客户提供服务时，应礼貌、谦和、热情。与客户会话时，使用规范化文明用语，提倡使用普通话，态度亲切、诚恳，做到有问必答，尽量少用生僻的电力专业术语，不得使用服务禁语。工作发生差错时，应及时更正并向客户致歉。

案例点评

工作人员在现场巡查过程中发现电能表异常后，与客户取得联系提出更换，并与客户约定更换时间，但是因为供电公司自身的问题，工作人员未承诺未兑现，也未及时与客户沟通解释。在未提前通知客户、未确认表底数前提下，工作人员为客户进行了换表。客户主动询问换表情况时，遭到工作人员推诿、搪塞，引发客户的不满。事件的发生，一是体现了工作人员责任心不强，遇到不能兑现客户承诺时，未做到保持与客户良好的联系沟通机制，未能及时向客户解释，引发客户不满；二是换表相关供电服务标准规范执行不到位，不能严格遵照相关管理办法进行作业，存在违规行为的发生；三是违反国家电网对外十项承诺，存在推诿、搪塞客户，违反首问负责制情况发生。

随着时代的发展，企业对员工的素质与技能水平要求越来越高。供电公司应该致力于发掘员工的工作潜力，提升员工的工作技能，使每位员工都成为一个“精一门、懂二门、会三门”的专业技能人才。定期开展员工培训，提高员工的岗位技能。只有通过有效的系统化的培训，才能从根本上开发和利用好现有的人力资源，为供电企业跨越式科学发展提供坚强的后备保证。

案例 3　表计更换不合规，态度蛮横毁形象

案例分类

投诉工单—服务投诉—服务行为—计量人员服务行为

摘要

客户致电 95598 反映：自家电能表在未通知情况下被更换，客户到管辖供电所找工作人员核实情况，工作人员出现态度差、辱骂客户的情况，客户要求工作人员将现在的智能远程费控表换回以前的本地费控表（卡表），工作人员告知给其 300 元接线费并且请他吃一顿饭就给客户换回来。客户不满，引发投诉。经调查，工作人员确实存在态度差、向客户索要 300 元费用及提出要客户请吃饭的要求（但实际未收取，客户也未请吃饭），供电部门将进一步加强优质服务培训力度，提高员工的服务意识和水平，加强操作规范性管理。

案例内容

某年 8 月 6 日，陈先生致电 95598 反映，工作人员在没有提前通知的情况下给其更换了电表，旧表底数也未经客户确认。客户随即到管辖供电所询问情况，工作人员态度蛮横，说上面让我换谁家的电表我就换谁家的，给我什么电表我就装什么电表，你爱投诉就投诉。客户表示想要换回之前的卡表，工作人员告知给其 300 元接线费用，并且请他吃饭就可以给客户换回来，客户表示不满。

处理部门回复调查结果：客户反映情况属实，是供电公司责任。经核实，客户户号 13××19，客户地址：某市某小区 2-3-502。客户处为批量轮换电能表，供电公司 7 月 15 日通知客户所在小区物业要在 7 月 17 日至 26 日之间对该小区进行批量换表，小区物业在换表前已进行通知，客户表示没有看到。由于是批量轮换电表，换下的电表会有三方复检流程，为客户登记的表底数没有错误，但当时也需和客户确认表底数，工作人员确实存在未与客户确认表底数情况。客户回到家中发现电能表由原来的本地费控表（卡表）被更换为智能远程费控表后到管辖供电所询问情况，接待客户的工作

人员确实存在态度差的情况。工作人员告知客户“所里让我换谁家的电表我就换谁家的，给我什么电表我就装什么电表”，但未说过“你爱投诉就投诉”。由于当时工作人员情绪较为激动，在客户要求换回卡表时，便说了“给我 300 块钱，然后请我吃顿饭我就给你换”的话（实际上，工作人员未收取客户任何费用，供电公司轮换户表也不收取费用，客户也未请工作人员吃饭）。已经为客户分析了更换智能电表后的好处（如方便缴费等），客户表示不需要再更换回原来的卡表。今后供电部门将进一步加强优质服务培训力度，提高员工的服务意识和水平，加强操作规范性管理，客户表示理解。

存在问题

（1）工作人员与客户沟通时服务态度差，服务意识淡薄，沟通能力欠缺，言行随意，未站在客户角度设身处地为客户解决问题，情绪化较为严重，自我情绪管理能力较弱。

（2）工作人员违反《国家电网有限公司供电服务“十不准”》。工作人员向客户索取换表费用，并且要求客户请其吃饭，严重违反国网公司十不准相关要求，给供电企业形象造成了不良影响。

（3）工作人员违反户表轮换相关规定。换表结束后未能请客户在换表告知书上签字、确认旧表底数。

建议举措

（1）加强工作人员服务管理，提升人员服务意识，开展服务投诉分析、服务规范、典型服务案例培训，提升基层人员服务意识。

（2）提高客户服务水平。坚持以客户为中心，规范服务行为，提供优质方便快捷的服务体验，提升客户问题解决能力。加强内部管控，不回避、不遮掩，做到切实整改到位，坚决杜绝服务问题的发生。

（3）加强工作人员对《供电服务标准》（Q/GDW 10403—2021）、《国家电网有限公司供电服务“十个不准”》等法律、法规和专业业务知识方面的培训学习，提升专业技能和服务水平。

（4）加强户表轮换现场规范管理。相关单位应加强工作人员现场操作的规范管理，严格落实公司有关现场作业规范，有效提升现场作业规范性，避免因违规行为造成的客户不满。

（5）开展乱收费问题排查，加大明察暗访力度，及时发现问题及时处理，提前防控收费项目类投诉。

（6）加强基层管理人员职业道德培训，培养高度的自觉规范、廉洁自律意识，利用外部监督和内部监督相结合的方式，降低违规收费、接受客户吃请等违规事件的发生概率。

政策依据

（1）《国家电网有限公司员工服务“十个不准”》电力工业部令第 8 号 第二条：不准违反政府部门批准的收费项目和标准向客户收费；第九条：不准接受客户吃请和收受客户礼品、礼金、有价证券等。

（2）《供电服务标准》（Q/GDW 10403—2021）：

6.14.4：服务流程：本服务项目的流程为：由供电企业制定电能表换表计划开始，通知或公告客户换表时间及原因，换表电能表前对装在现场的原电能表进行底度拍照，现场换装电能表，表户复核，底度公告，服务结束。

6.14.5：项目质量标准：低压客户电能表批量户安装前，应至少提前 3 天在小区和单元张贴告知书，或在物业公司（居委会、村委会）备案，零散换装、故障换表可提前通知客户后换表；换装电能表前应对装在现场的原电能表进行底度拍照，换表后应请客户核对表计底度并签字确认，拆回的电能表应在表库至少存放 1 个抄表或电费结算周期。

7.1.2：真心实意为客户着想，尽量满足客户的合理用电诉求。对客户的咨询等诉求不推诿，不拒绝，不搪塞，及时、耐心、准确地给予解答。用心为客户服务，主动提供更省心、更省时、更省钱的解决方案。

7.2.2：熟知本岗位的业务知识和相关技能，岗位操作规范、熟练，具有合格的专业技术水平。

7.2.3：严格执行供电服务相关工作规范和质量标准，保质保量完成本职工作，为客户提供专业、高效的供电服务。

7.3.2：为客户提供服务时，应礼貌、谦和、热情。与客户会话时，使用规范化文明用语，提倡使用普通话，态度亲切、诚恳，做到有问必答，尽量少用生僻的电力专业术语，不得使用服务禁语。工作发生差错时，应及时更正并向客户致歉。

案例点评

客户反映电量异常后，工作人员应尽快核实处理客户处用电、现场接线情况等，并协助客户对用电量进行分析，得到客户认可，让客户放心用电。客户不认可工作人员核查处理结果，对计量准确度产生疑问时，工作人员应按规范主动提供电能计量装置检测、计量装置现场校验服务，增强主动服务意识，坚持客户至上的服务观念，全心全意为客户服务。

优质服务是电力企业生存发展的基础和保证，电力企业要加强对电力营销服务的管理和监督，面对越来越激烈的市场竞争，应提高电力服务质量，给客户提供优质全面的服务。高质量的服务源自员工发自内心为客户的服务意识和精湛的服务技能，增强全员服务意识，是做好优质服务的基础。

类似案例

受理内容：【计量人员服务规范】2019 年 2 月 10 日，某省某市某区客户反映：2018 年 12 月下旬，客户接到当地供电局工作人员电话，告知客户需要停电安装计量设备，送电时高压着火，导致客户企业无电。当时工作人员告知客户“等过完元旦放完假就给安装”，但是过完元旦仍未处理。之后客户又联系该工作人员两次（工作人员联系电话 13××45），均被告知需要跟领导请示，目前还未处理，请相关部门尽快核实。

处理情况：查证属实，是供电公司责任。经核实，客户户号：31××54，户名：某市某区某骨质瓷厂，地址：某市某区某庄村村南。2018 年 12 月 27 日，因客户计量箱需要更换安装采集器，安装完毕后，送电时计量箱着火，导致客户企业停电。工作人员通过自已的手机 13××45 告知客户情况，客户表示已经回老家，目前工厂未开工，不着急用电。工作人员就告知元旦假期后安装。由于该客户计量箱需要重新进行采购，元旦假期后，订购的计量箱未到货，导致没有按时为客户安装。之后客户又联系该工作人员，工作人员告知客户，需要请示领导看计量箱到货没有。因计量箱不到位，无法为客户及时安装，再次对客户造成的不便致歉。现计量箱已安装完成，客户用电正常。已经告知客户，客户表示理解。今后某供电所要加强工作管理，规范工作时限，做好与客户的沟通和解释。

今后的工作中，应该着力提高工作人员现场操作规范性，避免出现人为差错。工作人员现场更换安装采集设备结束后、送电时造成计量箱着火并停电，在现场操作过程中可能存在操作不规范的情况，建议相关部门认真分析此次送电着火原因，确定故障或差错发生的原因、过程和设备损坏情况等，制定防止同类故障或差错再次发生的对策和措施。

案例 4　客户信息遭泄露，停职罚款教训深

案例分类

投诉工单—服务投诉—服务行为—计量人员服务行为

摘要

客户致电 95598 反映在供电营业厅申请居民新装后，工作人员到客现场进行勘查，工作人员告知客户需要表后工程建设方可装表接电，并主动提出帮助客户找人来为客户施工，客户拒绝，后工作人员将客户需要表后工程施工及客户联系方式泄露给其他人员，造成客户不满，引发投诉。经调查，工作人员在为客户装表时存在制定施工单

位行为，并将客户信息随意泄露给他人，该工作人员行为已经严重违反公司相关制度，已对其进行了停职处理，同时会根据国网公司奖惩办法对其进行经济处罚。

案例内容

某年3月3日，赵女士到某供电营业厅办理居民新装业务，工作人员受理客户申请，告知回家等待即可。

同年3月4日，工作人员李某联系赵女士告知需要到现场勘查，并与客户约定3月5日上午9时到客户处进行勘查。

同年3月5日上午10时，赵女士见工作人员李某还未到达，便打电话给工作人员李某询问何时到客户处勘查，工作人员李某告知客户手上还有事没有完成，要改时间到下午14时，赵女士心生不满，但还是答应了工作人员。下午14时工作人员李某来到客户处，经过现场勘查，发现客户处需要进行表后工程建设，工作人员李某告知客户表后工程需要客户自行建设，给其500元可以帮客户找人施工，客户表示自己会找别人，工作人员李某离开。

同年3月8日，赵女士接到一陌生号码来电，来电人员告知客户自己是工作人员李某介绍来的，听说赵女士这里有表后工程需要施工，赵女士告知来电人员没有这回事，便挂断了电话，随即拨打95598进行了投诉。

处理部门回复调查结果：赵女士反映问题属实，是供电企业责任。经核实，赵女士于3月3日到某供电营业厅办理居民新装业务，受理客户申请后，营业厅工作人员派工至工作人员李某。3月4日李某联系客户赵女士，并与赵女士约定3月5日上午9时到现场进行勘查。勘查当日8时工作人员李某先到其他客户处更换电表箱，但由于当日更换表箱难度较大，未在预计时间内完成，工作人员李某无法在与赵女士约定时间内到达，也未及时通知赵女士更改勘查时间，导致赵女士10时见工作人员还未到达，便主动联系了工作人员李某，工作人员李某与客户重新约定于当日下午14时到客户处勘查。14时工作人员李某到达客户处，经现场勘查客户处需要表后工程建设，便主动提出帮助客户找人来为客户施工，大概费用在500元左右（非工作人员收取），客户表示自己找人不需要工作人员介绍，工作人员李某便离开了客户处。工作人员李某下班后与朋友郭某喝酒时谈论到客户赵女士家需要表后工程施工的事情，郭某表示自己现在就在做这个，让工作人员李某告知其赵女士联系电话，工作人员李某便将赵女士电话告知郭某。3月8日郭某拨打李女士电话，询问赵女士是否需要表后工程施工，赵女士否认并挂断电话，随即拨打95598投诉。工作人员李某确实存在三指定且向其他人员泄露客户信息的情况，其行为已经严重违反公司相关制度，已对其进行了停职处理，同时会根据国网公司奖惩办法对其进行经济处罚1000元。工作人员将调查结果及对工作人员李某的处理结果告知客户，客户表示认可。客户处现已完成表后工程建设，供电公司已为客户装表接电（客户户号12××23）。

存在问题

（1）工作人员违反《国家电网有限公司供电服务“十个不准”》的相关规定。工作人员在现场勘查时，发现客户处需要表后建设，第一时间为客户指定由他来找人替客户施工，并谈及费用，严重违反了不准为客户三指定相关规范。

（2）工作人员违反《国家电网有限公司供电服务“十个不准”》的相关规定。工作人员在客户拒绝其指定的施工单位后，将客户要对表后进行施工一事和客户联系方式均告诉了其他人员，泄露了客户个人信息。

（3）工作人员存在违诺行为。工作人员事先与客户约定现场勘查时间，但由于其他原因导致工作人员无法按照约定时间到达现场，工作人员未及时与客户沟通重新约定时间。

建议举措

（1）加强工作人员对《国家电网有限公司员工服务“十个不准”》《国家电网有限公司员工服务“十个承诺”》等法律、法规和专业业务知识方面的培训学习，提升专业技能和服务水平。

（2）加强工作人员服务意识、工作状态、工作责任心，严格执行公司相关业务管理规范，严禁出现违反十项承诺、十不准等事件发生。工作人员应重视客户诉求，及时处理客户问题，处理完成后需将处理结果告知客户。

（3）避免出现承诺客户未兑现情况的发生。对客户每一个诉求要放在工作的首要位置，遇到不能及时解决的问题，要向领导及时报备，应与客户保持联系，及时联系客户解释，获得客户的理解。

（4）加强客户信息保密管理，预防客户信息泄露为公司业务和声誉带来负面影响，保证客户信息安全。定期开展保护客户个人信息自查整改专项工作，组织客户个人信息采集、处理、使用等全过程的规范化管理培训。

（5）建议开展乱收费、三指定问题排查，加大明察暗访力度，及时发现问题及时处理，提前防控收费项目、三指定等问题投诉。

（6）加强基层管理人员职业道德培训，培养高度的自觉规范、廉洁自律意识，利用外部监督和内部监督相结合的方式，降低违规收费、接收客户吃请等违规事件的发生概率。

政策依据

（1）《国家电网有限公司员工服务“十个不准”》电力工业部令第 8 号 第四条规定：不准为客户工程指定设计、施工、供货单位；第五条规定：不准擅自变更客户用电信息、对外泄露客户个人信息及商业秘密。

（2）《供电服务标准》（Q/GDW 10403—2021）5.4.6.1 到客户现场服务前，应与客户预约事件，讲明工作内容和工作地点，请客户予以配合；现场服务时，应按约定时间准时到达现场，高效服务；6.1.5.2 严格执行政府部门批准的收费项目和标准，严禁利用各种方式和手段变相扩大收费范围或提高收费标准；6.1.5.18 严禁供电企业直接、间接或者变相指定客户受电工程的设计、施工和设备材料供应单位，限制或者排斥其他单位的公平竞争，侵犯客户自由选择权；7.1.1 严格遵守国家法律、法规，诚实守信、恪守承诺。爱岗敬业，乐于奉献，秉公办事；7.1.2 遵守国家的保密原则，尊重客户的保密要求，不擅自变更客户用电信息，不对外泄露客户个人信息及商业秘密；7.2.3 严格执行供电服务相关工作规范和质量标准，保质保量完成本职工作，为客户提供专业、高效的供电服务。

案例点评

从上述案例我们可以看出：一是客户在供电营业厅在受理客户居民新装申请后，工作人员与客户提前约定现场勘查时间，由于上一个工作未能按照预计时间完成，导致工作人员无法按照约定时间到达客户处，但工作人员并未及时与客户沟通重新约定时间；二是工作人员在为客户现场勘查后，发现客户表后需要工程建设，工作人员直接向客户指定了施工单位并提及了收取费用；三是工作人员防范风险意识淡薄，随意将客户个人信息进行了泄露。大数据时代的到来，也伴随着客户信息泄露安全事件的频繁发生，防范客户信息泄露已经成为各个行业安全工作的重要任务。供电公司应做好客户个人信息保密工作，加强客户个人信息安全管理；定期开展相关培训，进一步提高工作人员依法规范保护客户个人信息的工作能力，切实履行电网企业的法律和社会责任；严禁在任何场所、任何情况下谈及客户个人信息，要做到严以律己，尽职尽责，恪守职业道德，保证客户个人信息得到有效保护（见图 1-3）。

图 1-3　配网调控中心工作区域图

案例 5　违规接线不可取，优质服务刻心中

案例分类

投诉工单—服务投诉—服务行为—计量人员服务行为

摘要

客户致电 95598 反映：供电公司工作人员擅自将其他客户线路接在自家低压线路上，客户找到工作人员核实问题，工作人员出现态度差、辱骂客户的情况。经供电公司核实，客户反映问题存在，已将私接线路拆除，并当面向客户表示歉意，对违规工作人员按规定进行了考核。

案例内容

某年 9 月 10 日，王先生致电 95598 反映某供电所电工霍某存在私自帮助其辛先生在王先生家表下接线的行为。具体情况为：当天中午霍某在未经过客户允许情况下，私自将邻居辛某线路接在自家低压线路上，客户知道后立即找霍某进行核实，此工作人员存在态度差、辱骂客户的情况，工作人员嚷着对客户说“我就接了，你能怎么着？你敢投诉你试试！”，存在威胁客户的情况。客户要求尽快核实，并要求工作人员现场道歉。

处理部门回复调查结果：王先生反映情况属实，是供电公司责任。经核实，客户户号 12××32，客户地址某市某镇某乡某村 10 排。王先生所属某供电所，为农业排灌动力户，客户名称：王某（排灌），户主王某。王先生与其村中其他 4 人口头协议由王先生报装立户，5 人共用一块计费表，计费表以下主干低压线路由 5 人共同建设使用。9 月 10 日，口头协议 5 人中的辛某在未征得户主王先生同意的情况下，联系张某营供电所供电服务电工霍某在上述 5 人共建的低压线路末端接线，供电服务电工霍某主观认为辛某是用电人之一，未核实产权情况进行作业，擅自接线存在不规范行为，王先生在得知其低压线路被供电所电工霍某擅自接线后，找到供电服务电工霍某进行理论，因王先生言辞激烈，供电服务电工霍某未控制好自己的情绪，与王先生发生了争执，并说“我就接了，你能怎么着？”。但不存在辱骂客户及对客户说“你敢投诉你试试”之类的话。现场核实供电所电工霍某所接线路存在安全隐患，现已将接线摘除，并向王先生进行了解释沟通，供电服务电工霍某也当面向王先生表示了歉意，王先生表示谅解。供电服务电工霍某无法律风险意识和服务风险意识，规章制度执行不严，工作随意性较大，将按照相关规定严肃考核责任人和有关负责人，同时加强全体工作人员法律风险、服务意识、纪律意识的教育。

存在问题

（1）工作人员与客户沟通时服务态度差，服务意识淡薄，沟通能力欠缺，言行随意，未站在客户角度设身处地地为客户的处境着想，情绪化较为严重，自我情绪管理能力较弱。

（2）工作人员在未经户主允许，未核实产权情况下擅自为其他客户接线用电，侵犯客户利益属于严重违规行为，也暴露出属地单位业务流程落实执行不到位、不严格问题。

（3）现场检查发现线路接线存在安全隐患并已摘除，暴露出工作人员霍某作业技术和专业技能问题，未及时发现排除将存在极大安全隐患。

建议举措

（1）加强工作人员服务管理，提升人员服务意识。开展服务投诉分析、服务规范、典型服务案例培训，提升基层人员服务意识。

（2）提高客户服务水平。坚持以客户为中心，规范服务行为，提供优质方便快捷的服务体验，提升客户问题解决能力。加强内部管控，不回避、不遮掩，做到切实整改到位，坚决杜绝服务问题的发生。

（3）加强工作人员对《供电服务标准》（Q/GDW 10403—2021）和《国家电网有限公司供电服务“十个不准”》等法律、法规和专业业务知识方面的培训学习，提升专业技能和服务水平。

（4）严格规范用电业务流程，强化服务风险意识。相关部门应加强用电业务流程监督及审核，严格按照规范流程作业，坚决杜绝习惯性违章，并加强对一线服务人员法律风险、服务意识、纪律意识方面教育。

（5）加强现场作业质量监督，提高人员作业技能水平。相关部门要进一步加强现场作业质量监督检查，加强人员业务技能培训，避免因工作疏失引发安全事故。

政策依据

《供电服务标准》（Q/GDW 10403—2021）5.4.4.2 客户现场服务人员应经相应的岗前培训合格，方可上岗工作；7.1.1 必须严格遵守国家法律、法规，诚实守信，爱岗敬业，乐于奉献，廉洁自律，秉公办事；7.1.2 真心实意为客户着想，尽量满足客户的合理用电诉求。对客户的咨询等诉求不推诿，不拒绝，不搪塞，及时、耐心、准确地给予解答。用心为客户服务，主动提供更省心、更省时、更省钱的解决方案；7.2.1 熟悉国家和电力行业相关政策、法律、法规的相关规定，掌握公司优质服务基本要求、沟

通技巧、业务知识等；7.2.2 熟知本岗位的业务知识和相关技能，岗位操作规范、熟练，具有合格的专业技术水平；7.2.3 严格执行供电服务相关工作规范和质量标准，保质保量完成本职工作，为客户提供专业、高效的供电服务；7.3.2 为客户提供服务时，应礼貌、谦和、热情。与客户会话时，使用规范化文明用语，提倡使用普通话，态度亲切、诚恳，做到有问必答，尽量少用生僻的电力专业术语，不得使用服务禁语。工作发生差错时，应及时更正并向客户致歉。

案例点评

工作人员违反相关法律、法规，在未向客户核实产权属性情况下，私自帮助其他客户在投诉客户低压线路上接电，存在帮助他人窃取客户用电的违法违规行为，可见该工作人员遵守公司规章制度、相关法律法规的意识极为淡薄。事发后，客户找到工作人员谈论此行为时，工作人员并未意识到自己的错误，还继续狡辩并对客户出言不逊，从未想及时更正弥补自己的错误，此行为引发客户不满，导致投诉的发生。

在今后的工作中，我们应严格遵守公司各项规章制度，严禁出现违规违法事件的发生；我们应强化优质服务和不断提升优质服务水平，定期对在工作中出现的服务问题开展问题总结和分析，并与自身作对照，制定解决办法和管理制度，确保不再发生类似问题；我们要在每个基层工作人员心中树立“真诚服务、共谋发展”的服务理念，想客户之所想，急客户之所急，与客户相处的气氛更加和谐愉悦，建立高素质、高水平的优质服务团队。

类似案例

受理内容：某年某月某日客户反映：十多天前拨打供电公司工作人员手机号码15××30，表示房子已经盖好，现需要接线用电。当天下午有两位男性工作人员到达现场，其中一位告知客户“不归他们管，问找他们干嘛？”，语气和正常说话不一样，工作人员态度恶劣，并且客户表示电表过高，装表后线路自己无法处理，目前线路在地面上，担心有安全隐患，要求供电公司尽快核实处理。

处理情况：某镇供电所于 2019 年 8 月 31 日 9 时现场联系客户，客户反映问题不属实，非供电公司责任。客户编号：15××32。客户由某县 110kV 变电站出线某线路上某台区供电。客户于 2019 年春季开始新建房屋，现主体已建设完毕。经查客户并未于十多天前拨打供电公司电话，而是客户 2019 年 8 月 26 日直接拨打兴隆镇急修电话 15××32（即无 95598 工单），表示自家盖房要求更换电线。因急修电话 15××32 为某镇 24 小时故障抢修电话，急修人员仅负责现场抢修故障处理，了解到客户处有电，不需要抢修处理，故建议客户到兴隆县城关供电所咨询办理。经查，客户并未到某镇供电所咨询。也不存在客户所述当天下午有两位男性工作人员且说话态度与正常说话语气不一样的情况。客户于 8 月 30 日上午拨打台区经理蔡某电话：18××39 再次询问此事。台区经理蔡某和陈某于 8 月 30 日上午到达现场。到达现场后客户表示想把自家的进户线 6 平方绝缘护套线更换成 10 平方绝缘护套线。工作人员现场检查发现客户更改的电线为电能表出线，此产权归客户所有，供电公司无法处理，建议客户联系有资质的电工处理，供电公司工作人员可配合客户停电，以防发生安全隐患。在此事中工作人员用语文明，态度较好，未发生态度恶劣等问题。因客户对工作人员未及时给予更换电线处理，客户拨打 95598 为引起领导重视故意表述工作人员存在态度恶劣的问题。工作人员现场测量客户电表箱对地距离 1.7m，符合安全距离。进户线在地面上是因为客户翻盖新房自己把线从高处放下，导致进户线搭在房后的护坡上，与供电线路无关，现场无安全隐患。

案例 6　缴费开票不能办，重复往返遭投诉

案例分类

投诉工单—服务投诉—服务行为—营业厅人员服务行为

摘要

2021 年 7 月份，客户在非营业时间去营业厅自助缴费终端进行交费，现场两台自助缴费终端均出现故障，造成客户无法成功交费。

后续客户在营业厅工作时间到窗口进行缴费，缴费后提出需要开具增值税专用发票，但开具增值税专用发票的工作人员一直未在岗，客户往返多次未能开具发票，所以拨打 95598 反映情况。

案例内容

2021 年 7 月 21 日 17 点左右，客户郑先生到供电营业厅旁的自助缴费终端进行缴费，自助缴费终端一共两台，一台终端处于关闭状态，另外一台终端客户在购电过程中提示系统错误，无法缴费，因已超营业厅营业时间，客户选择次日到营业厅窗口进行缴费。

2021 年 7 月 22 日 13 点左右，郑先生到营业厅人工窗口进行了缴费，但郑先生需要开具本单位上个月电费增值税专用发票，但负责开具增值税专用发票的人员没有在岗，客户等到 14 点，工作人员仍未到岗，客户因有其他事情离开。2021 年 7 月 23 日 14 点客户再次来到营业厅办理增值税发票开具业务，但开具发票的工作人员仍未在岗，客户咨询收费人员，收费人员表示自己只能开普通发票，开具专业增值税专用发

票需要另外的业务人员进行办理，建议客户等待，因下午还有工作，客户带着不满情绪离开，同时拨打了 95598 电话反映该问题。

2021 年 7 月 23 日涉事供电服务质量事件供电所接到工单后，供电所通过联系客户、调查供电服务质量事件成因过程后进行回单，回单内容：供电所接到工单后，工作人员立即联系客户，经核实，营业厅内的两台 24 小时自助缴费终端存在机器故障，目前已联系厂家进行维修，后续会加强对自助终端设备的巡视工作，避免出现类似问题；另外，涉事供电服务质量事件的营业厅通常情况下中午办理增值税业务的客户较少，所以该增值税业务办理人员外出推广网上国网 App 业务，不在营业厅，造成客户未能及时开具增值税专用发票，经与客户沟通后约定在 7 月 24 日到该营业厅办理开具增值税专用发票业务。

国家电网公司客户服务中心南方分中心客服专员于 2021 年 7 月 24 日 17 点拨打郑先生电话进行回访，郑先生表示工作人员已经通过电话联系并解释，他本人在当日中午已经到营业厅开具了增值税专用发票，表示对处理结果满意。

存在问题

（1）营业厅服务设施巡检不到位。工作人员未及时巡检设备，并在故障设备上摆设“暂停使用”标志牌。

（2）营业厅工作组织安排不到位。营业厅增值税专用发票业务人员在营业时间不在岗，被安排其他工作，但未安排备班人员。

（3）营业厅工作人员责任心不强，客户询问营业厅收费人员增值税专用发票开具问题，工作人员未执行“首问责任制”，帮助客户解决增值税专用发票开具问题。

建议举措

（1）加强营业厅服务设施检查，营业厅应开展服务设施巡检，如发生故障不能使用，应当天进行报修处理，同步摆设“暂停使用”标志牌，建议加强服务设施巡检管理，确保自助服务设施的正常使用。

（2）加强工作排班管理到位，营业人员必须提前做好各项营业服务准备工作，按照对外公告时间准时准点营业上岗，为客户提供营业厅服务范围内的业务办理，如业务人员工作临时有所调整，应及时安排备班人员，避免出现客户业务无人受理的情况。

（3）加大窗口服务人员服务意识培训力度，加强服务人员服务意识，严格执行“首问负责制”制度，对于客户业务办理遇到问题时，应及时主动予以解决，严禁出现“消极应付、推诿扯皮”的情况。

政策依据

（1）《供电服务标准》（Q/GDW 10403—2021）中 5.1.8.3：营业人员必须提前做好各项营业准备工作，准点上岗，按照公告时间准时营业。因故必须暂时停办业务时，应列示“暂停服务”标志。临下班时，对于正在处理中的业务应照常办理完毕后方可下班。下班时如厅内仍有等候办理业务的客户，应继续办理。

（2）《供电服务标准》（Q/GDW 10403—2021）中 5.1.8.6：客户来办理业务时，应主动接待，并适当进行电子渠道的推广，不得怠慢客户。如前一位客户业务办理时间过长，应礼貌地向下一位客户致歉。

（3）《供电服务标准》（Q/GDW 10403—2021）中 5.1.8.7：开展营业厅服务设施巡检，如发生故障不能使用，应当天报修处理，摆设“暂停使用”标志牌，并在 10 天内修复。

（4）《国家电网有限公司员工服务“十个不准”》国家电网办〔2020〕16 号第六条：不准漠视客户合理用电诉求、推诿搪塞怠慢客户。

案例点评

营业厅 24 小时自助服务终端的设计理念，是为了缓解营业厅人流量过大的问题，弥补原来营业时间上的不足，避免顾客在营业厅办理业务的烦恼，提高业务办理速度，使客户感受到轻松、便捷、贴心的服务，自助终端机是营业厅是对营业厅服务的延伸和补充。但本案例中，终端机发生故障后，没有进行及时的维修，本来应该使客户感受到轻松、便捷的服务，却变得复杂、繁琐，不但没有弥补营业厅服务的不足，反而给予了客户不好的体验感。

该客户为企业客户，需每月开具增值税专用发票。但由于增值税专用发票具有特殊性，它是由国家税务总局监制设计印刷的，如果错开则形成废票，一方面会增加公司成本费用支出，另一方面增加时间成本往复，因此，增值税专用发票开具一般会由专门的业务人员进行办理。如开具增值税专用发票的人员因其他情况外出，营业厅负责人则应安排备班人员，避免出现客户多次往返，从而出现不满情绪。

客户 2021 年 7 月 21 日到营业厅 24 小时自助服务终端缴费，但因设备故障客户未能进行正常缴费，但此时客户并未将自助服务终端故障放到心上，因该客户还需办理增值税专用发票业务，客户认为第二天到营业厅一起办理也可以，但营业厅相关人员并没有在第一时间及时巡检设备，造成 24 小时自助服务终端无法使用且未能及时报修，造成后续有引发其他客户投诉的隐患。

客户 2021 年 7 月 22 日到营业厅本着缴费和开具增值税专用发票一起办理，但因开具增值税专用发票人员被安排外出从事其他工作，造成客户想办的两件事，只办成了一件事，但客户对于服务没有特别挑剔，对该事件进行了包容，但此时也接近客户

濒临爆发投诉的临界点。营业服务人员的敏感度与“首问负责制”意识淡薄也为后续投诉埋下隐患。

客户 2021 年 7 月 23 日到营业厅开具公司增值税专用发票，但因开具增值税专用发票人员又被安排外出从事其他工作，并且客户在询问收费人员后，得到了结果只有等待或者后续再跑一趟，本次连带着对于前几次的不满一并爆发了出来，最终导致了客户投诉。

在 2021 年 7 月 22 日或 7 月 23 日，如果营业厅安排了增值税专用发票备班业务工作人员，客户可以顺利开具发票，就不会引发投诉。如果营业厅收费人员在得知客户问题后，能够主动找到营业厅负责人员协调该问题，为客户开具发票，或者先留下客户开票信息，后续为客户开好发票后送到客户手上，充分发挥“首问负责制”作用，那么都会避免此次投诉的产生。通过客户表现分析，可以看出客户不是一个对优质服务很挑剔的客户，但是我们在服务客户的每一个环节上都没有抓住为客户服务的机会，从自助服务终端故障到营业厅营业人员“首问负责制”落实不到位，违反《国家电网有限公司员工服务十个不准》第六条：不准漠视客户合理用电诉求、推诿搪塞怠慢客户。最终造成客户对优质服务问题的投诉。

随着用电客户对用电质量、用电服务的要求越来越高，供电企业优质服务也将成为企业品牌的“晴雨表”“风向标”。营业厅作为供电企业的服务的窗口单位，服务内容比较繁多琐碎，客户需求多种多样，需要在安排工作的时候做到面面俱到，只有做到安排工作事无巨细，并且不断加强窗口人员的服务意识，优化我们的服务流程，将“客户思维”和“客户体验”贯穿于我们营业厅服务的全过程和各方面，才能不断提升供电公司服务，优化供电服务营商环境。

案例 7　新装受理不规范，服务推诿遭投诉

案例分类

投诉工单—服务投诉—服务行为—营业厅人员服务行为

摘要

某年 8 月份，客户因经营粮食加工生产需要，到某营业厅申请低压非居民新装业务，工作人员前期进行了简单的资料检查，因资料中缺少复印件，让客户补充后再来，当客户完成工作人员要求准备的资料复印件再次到营业厅办理时，又因之前办理业务的工作人员外出开会，营业厅其他工作人员让客户第二日再来，客户第三次再次到营业厅后，又因客户资料中的其他内容不符合标准仍无法办理，因客户前后三次往返于营业厅，其业务仍未能受理，引发客户不满情绪，随后拨打 95598 服务热

线进行投诉。

案例内容

8 月 17 日下午 14 时 30 分左右，客户刘先生到营业厅申请低压非居民三相电业务办理，当时营业厅内只有一位前台女性工作人员，让客户去一楼的房间敲门问一下，后客户去敲门询问，房间内的工作人员让客户去二楼的 202 找一位李姓的工作人员办理，李姓工作人员查看了客户提供材料，发现客户所提供材料未复印，客户表示去旁边复印后马上回来，工作人员告知一会自己有事儿，让客户明天再来。

8 月 18 日中午 14 时左右，刘先生再次到了营业厅，到 202 找之前为自己办理业务的李姓工作人员，但屋内无人，客户到前台询问新装业务如何办理，前台工作人员告知只能找 202 李姓工作人员，但他下午出去开会了，客户表示不满，要求核实该工作人员会议结束回单位的具体时间，经前台工作人员联系核实，业务办理人员当天会议结束较晚无法赶回单位，但确认第二天下午在，可以为客户办理，客户无奈，离开营业厅。

8 月 19 日下午 15 时左右，客户第三次来到营业厅，将资料交给办理业务的李姓工作人员，李姓工作人员将客户信息录入系统时发现，营业执照上的企业法人是张某，但客户提供的身份证是本人刘某的，证件信息不正确，要求客户提供企业法人张 ×× 的身份证及复印件，客户无法提供，表示自己已经跑了好几次了，要求先给其受理，后续自己再补，工作人员表示如证件不正确，无法办理。客户不满，离开营业厅后，随即拨打了 95598 电话投诉该问题。

接到工单后，供电所人员立即联系客户，经核实工作人员发现客户所提供材料原件未复印，客户表示去旁边复印马上回来，工作人员告知明天再来，但客户第二天到营业厅后，工作人员又不在，存在推诿及违诺情况，客户可以提供营业执照，应遵循一证受理原则，暂时无法提供的资料后续补齐即可，新装业务受理不规范，现已联系致歉，客户会在 8 月 20 日再次到营业厅缴纳材料，客户暂时无法提供的材料，工作人员进行现场勘察时再行联系客户补齐，客服专员于 8 月 21 日 14 时拨打刘先生电话进行回访，刘先生表示工作人员已经联系解释，材料已送到营业厅，约定 8 月 25 日前到现场勘察，刘先生表示满意。

存在问题

（1）营业厅前台工作人员服务不规范，暴露出窗口日常运行管理方面存在疏漏，客户到营业厅办理业务，营业厅业务办理人员工作时间未在营业前台，且其他人员未联系业务办理人员到大厅受理，而是让客户自行查找，服务意识淡薄。且客户所提供材料未复印，客户表示去旁边复印马上回来，但工作人员要客户第二日再来，存在服务推诿。客户第二日到营业厅办理业务，但业务办理人员外出，无人为客户办理业务，

存在违反承诺的情况，缺乏服务责任心。

（2）营业厅业务办理人员业务水平欠缺，一是业务人员未履行一次性告知服务，客户首次到办理新装业务，业务人员只告知材料无复印件，并未检查材料是否齐全且符合规定，造成客户再次到营业厅办理业务时，资料仍存在欠缺问题。二是业务人员未执行“一证受理”服务，客户报装资料中未提供企业法人身份证，业务人员不受理客户报装服务，要求补齐资料在受理客户业务，未按业务规定执行“一证受理”，对于客户可以提供营业执照或组织机构代码证或项目批复文件等文件，可先行签署“承诺书”后，正式受理用电申请，其余资料根据“承诺书”约定时限逐步收集齐全。

建议举措

（1）加强营业窗口运行监督，营业厅人员应按照营业时间、公示服务项目做好营业准备工作，不能因相关业务人员不在而拒绝受理、推诿搪塞导致客户重复往返问题，营业厅应建立业务岗位交接补位机制，做好短暂离岗、临时调动的交接补位工作，优质高效接待办理客户用电诉求，保证服务项目有序办理。

（2）强化服务人员专业技能，严格落实“一次性告知”“一证受理”等业务要求，强化营业厅服务规范落实，加强窗口员工业务及知识库的培训，避免因工作要求执行不到位，影响客户诉求办理进度，提升客户办电体验及获得电力便利度。

政策依据

（1）《国家电网有限公司业扩报装管理规则》国家电网企管〔2019〕431 号中第四条：全面践行“四个服务”宗旨及“你用电、我用心”服务理念，强化市场意识、竞争意识，认真贯彻国家法律法规、标准规程和供电服务监管要求，严格遵守公司供电服务“三个十条”规定，按照“主动服务、一口对外、便捷高效、三不指定、办事公开”原则，开展业扩报装工作。其中“一口对外”原则，指健全高效的跨专业协同运作机制，营销部门统一受理客户用电申请，承办业扩报装具体业务，并对外答复客户。

（2）《供电服务标准》（Q/GDW 10403—2021）中 5.1.8.3：营业人员必须提前做好各项营业准备工作，准点上岗，按照公告时间准时营业。因故必须暂时停办业务时，应列示“暂停服务”标志。

（3）《供电服务标准》（Q/GDW 10403—2021）中 5.1.8.6：客户来办理业务时，应主动接待，并适当进行电子渠道的推广，不得怠慢客户。

（4）《供电服务标准》（Q/GDW 10403—2021）中 5.1.8.7：实行首问负责制、一次性告知和限时办结制。

（5）《国家电网有限公司员工服务“十个不准”》国家电网办〔2020〕16 号第六条：

不准漠视客户合理用电诉求、推诿搪塞怠慢客户。

（6）《国家电网有限公司员工服务“十个不准”》国家电网办〔2020〕16 号第八条：不准营业窗口擅自离岗或做与工作无关的事情。

（7）《国家电网有限公司业扩报装管理规则》国家电网企管〔2019〕431 号中第四条：全面践行“四个服务”宗旨及“你用电、我用心”服务理念，强化市场意识、竞争意识，认真贯彻国家法律法规、标准规程和供电服务监管要求，严格遵守公司供电服务“三个十条”规定，按照“主动服务、一口对外、便捷高效、三不指定、办事公开”原则，开展业扩报装工作。其中“便捷高效”原则，指精简手续流程，推行“一证受理”和容量直接开放，实施流程“串改并”，取消普通客户设计文件审查和中间检查；畅通“绿色通道”，与客户工程同步建设配套电网工程；拓展服务渠道，加快办电速度，逐步实现客户最多“只进一次门，只上一次网”，即可办理全部用电手续；深化业扩全流程信息公开与实时管控平台应用，实行全环节量化、全过程管控、全业务考核。

案例点评

从本次服务来看，客户申请的是低压非居民新装业务，按照供电公司对外公布的十项承诺规定，低压非居民客户装表整体装表接电仅为 15 个工作日，但客户跑了三天，营业厅业扩报装环节还处于受理客户申请状态。

8 月 17 日客户第一次到营业厅办理低压非居民新装业务，营业厅工作人员未能进行主动引导服务，而是让客户自行询问，在客户找到了相关业务办理人员后，业务人员以资料补齐为由，匆匆将客户打发走，要求客户第二日再来。

8 月 18 日客户第二次到营业厅后，发现办理业务人员不在，且营业厅也未做补位交接工作，客户再次扑空。

8 月 19 日客户第三次到营业厅后，业务人员又因客户资料不正确为由，再次拒绝了客户的办电申请，还需要客户跑第四次，结果造成了客户投诉 95598。

投诉处理过程中，经与客户沟通了解，客户是做粮食加工，9 月份将会大面积开始粮食收购加工，如不能及时装表接电，将会直接影响企业运作，造成一定的经济损失，这是客户投诉的主要原因，后续做了积极的补救工作。

供电营业厅是供电公司服务环节中的重要一环，更是面对客户的最前沿，面对的客户也会有不同的业务需求，营业厅人员的工作状态及业务能力将会在潜意识中成为客户感官认知供电公司服务的第一印象。主动，热情，富于同理心，需要贯穿到我们营业厅的整体服务中，这样才能直接影响客户对于供电公司的服务评价及满意程度。

案例 8　拒收现金不规范，漠视群众遭投诉

案例分类

投诉工单—服务投诉—服务行为—营业厅人员服务行为

摘要

某年 11 月份，客户拨打 95598 反映：11 月 27 日 8 时 30 分左右到某营业站供电营业厅办理缴费业务，工作人员存在推诿搪塞、未受理客户业务等问题。具体情况为：客户到营业厅缴纳电费，但工作人员让客户在网上缴费，客户表示银行卡现在没钱暂时不能缴费，需要人工帮其缴费，工作人员仍未受理客户业务，并告知客户会计结完账了，说让客户通过自助终端缴费。工作人员存在拒收现金的情况，导致客户未成功办理缴费业务。请相关部门尽快核实处理。

案例内容

2019 年 11 月 27 日 8 时 35 分，某省某市某区吕先生到某营业厅缴纳电费。当时，工作人员询问客户需要办理什么业务，得知客户需要缴纳电费后，工作人员欲引导客户进行网上缴费。客户对工作人员说，银行卡现在没有钱暂时不能缴费，需要人工帮其缴费，客户表示只有现金。工作人员与客户沟通并询问客户缴纳金额，客户表示需要缴纳八千多元现金。由于当时会计已经去银行存款，工作人员怕柜台存放现金会有风险，工作人员与客户协商能不能到自助缴费终端进行缴费，客户当时表示可以。之后，工作人员告知客户自助缴费终端缴费需要把钱币一张一张投入存钱口。由于缴费现金较多客户嫌麻烦，工作人员便建议客户将现金存到银行卡里进行刷卡缴费。客户当时没有继续缴费，离开营业厅后拨打投诉电话。整个过程工作人员没有协助客户完成缴费业务，存在推诿搪塞、未受理客户业务的问题，导致客户投诉。

接到客户投诉电话后，某营业站工作人员高度重视，与吕先生取得联系。工作人员亲自到客户家中收取电费并将电费收据送到客户家中，于当日 20 时 40 分成功进行缴费，并针对客户反映的问题进行解释说明。后客服专员于 11 月 28 日 9 时 12 分拨打吕先生电话进行回访，客户表示非常满意。

存在问题

（1）工作人员业务知识不熟练。电费收取作为营业厅最常受理的业务，营业人员却未能及时协助客户缴纳电费，未能耐心主动提供服务、解决客户诉求，违反业务受

理要求、推诿怠慢客户。表现出现场业务能力不足。

（2）工作责任心不足。工作人员因客户携带现金过多便让客户去银行存款后缴费，工作缺乏责任心和耐心。

（3）工作人员未能从客户利益角度出发，存在漠视群众利益问题。暴露出相关单位对漠视侵害群众利益专项整治工作不够重视、相关工作要求传达不到位，营业厅服务现场管理存在疏漏。

（4）为客户解释电费情况时不够耐心，缺乏有效沟通，易引起客户误解。

建议举措

（1）加强营业窗口对外管理，提升人员业务能力和综合素质。营业厅业务办理人员对业务办理规定不熟悉，拒绝客户业务申请，给客户带来不良感知，应尽快加强营业窗口人员业务能力培训及服务行为规范管理，提升人员业务能力和综合素质，有效促进营业厅服务质量的提升。

（2）加强营业厅服务人员管理，严肃工作纪律、强化服务意识。工作人员对客户缴费诉求未能耐心主动提供服务、解决客户诉求，违反业务受理要求、推诿怠慢客户，相关部门应加强营业厅服务现场监管，严肃工作纪律，强化服务意识，通过切实有效的服务情景模拟演练来提高营业人员素质，提升营业厅服务质量。同时尽快为营业人员申请智能知识库账号和权限，以便业务人员及时查询业务知识、提升业务能力，有效促进营业厅服务水平和服务质量提升。

（3）合理引导客户自助缴费，避免强推、硬推影响公司形象。营业厅疫情期间为预防交叉感染建议客户使用自助缴费机、“网上国网”线上渠道缴费，本意是为方便客户，但未能在解决客户诉求的同时进行业务推广，给客户以推诿、不作为的感受，推广方式不可取。相关部门应合理引导客户自助缴费，利用多种方式宣传线上缴费优势，避免强硬推广、错误解读公司文件政策引发客户不良感知，影响公司品牌形象。

（4）合理引导线上渠道缴费工作，明确禁止错误解读公司业务政策。工作人员在推广线上渠道缴费过程中未注意区分推广场景，对明显不具备线上缴费条件的客户仍强行进行推广，并向客户错误解读电费缴纳政策，工作方法不可取，相关部门应合理引导线上渠道缴费工作，利用多种方式宣传线上缴费优势，避免强硬推广、错误解读公司文件政策引发客户不良感知，影响公司品牌形象。

政策依据

《国家电网有限公司员工服务“十个不准”》国家电网办〔2020〕16 号第六条规定：不准漠视客户合理用电诉求，推诿搪塞怠慢客户。

案例点评

营业厅疫情期间为预防交叉感染建议客户使用自助缴费机、“网上国网”线上渠道缴费，本意是为方便客户，但未能在解决客户诉求的同时进行业务推广，给客户给推诿、不作为的感知，推广方式不可取。本案例中工作人员在客户明确表示带现金缴费，银行卡没有钱的情况下，应积极协助客户通过自助缴费机缴费或者收取现金，保管至保险柜中，而不应该一再要求客户将钱存在银行卡中，再进行缴费。这一行为引发了客户反感情绪，造成投诉。目前随着客户生活习惯的改变，现金使用率越来越少，线上支付方式使用率越来越高，但在推广线上缴费的同时，也应包容线下支付，为客户提供方便快捷的购电方式。

在日常工作中，很多事情都是环环相扣的，许多投诉工单都是由于未能积极解决客户需求，漠视客户利益造成的，是完全可以避免的，因此，作为工作人员应该设身处地为客户着想，具有敏锐感知，用心做好服务，减少投诉事件的发生。

类似案例

受理内容：2020 年 12 月 24 日，某省某市某区客户反映刚刚到供电服务营业厅，工作人员存在不给其办理打印电费清单问题。具体情况为：客户刚刚和户主本人前去该营业厅打印电费清单，有两位工作人员都告知客户系统倒不出来，没有这项功能和服务（工作人员信息：工号 A0××8 和 A0××1，女性）。经查询知识库系统中业务办理情况为：系统户名为实名制的客户：可携带系统户名所属身份证或户口本（原件或复印件）、电力客户编号到所属供电营业厅打印 12 个月以内的电费清单。

处理情况：经核实，客户反应情况属实，是供电企业责任。经核实，客户和户主本人到营业厅 1 号窗口打印电费清单，工号 A0××8 和 A0××1 两位工作人员告知客户系统倒不出来，如果要的话，可以到二楼微机室通过系统查看，或通过手机拍照查看，并对客户说“没有这项功能和服务”。客户到二楼微机室，同样要求打印电费清单，工作人员告知不能打印，只能从系统中看，或通过手机拍照查看，客户由于没有得到打印电费清单，所以产生投诉。由于二楼没有摄像头，所以无法提供视频信息。由于系统不能直接导出并打印电费清单，工作人员会手写一份电费清单给到客户，经沟通，现客户已经不需要手写的电费清单。某月某日某时某分已经向客户解释，得到客户的理解。未来进一步完善 186 系统的功能，规范工作人员的业务流程，最大限度地满足客户需求。

案例 9　态度恶劣不自知，窗口服务需提升

案例分类

投诉工单—服务投诉—服务行为—营业厅人员服务行为

摘要

客户致电 95598 反映到某供电营业厅办理缴费业务，营业厅内摆放了支付宝标识，但实际只能用现金缴费，也不支持刷银行卡，客户询问工作人员为何有支付宝标识不能使用支付宝缴费时，工作人员未搭理客户，客户再次询问，工作人员不仅态度恶劣，而且存在推诿情况，客户不满，引发投诉。经调查，工作人员在客户询问过程中，因工作技能不足，为客户解释不到位，且态度恶劣，已对工作人员张某进行了 1000 元经济处罚，并到客户家中向客户进行了道歉。

案例内容

某年 8 月 12 日 8 时 50 分，李先生到某供电营业厅办理缴费业务，营业厅内摆放了支付宝标识，李先生要求使用支付宝缴费时，营业厅工作人员告知只能用现金缴费，也不支持刷银行卡。李先生询问为何摆放支付宝标识却不能用支付宝缴费时，工作人员未搭理客户，李先生再次询问原因，工作人员态度强硬，且大声说表示“我哪知道，你别问我，上头说什么我就做什么”，客户表示非常不满。

处理部门回复调查结果：李先生反映问题属实，是供电公司责任。经核实，客户户号 12××32，目前某市某县卡表客户的卡表设备暂不支持远程写卡功能，为避免客户通过线上渠道缴费又不能及时到营业厅写卡的情况出现，便从系统层面禁止了卡表客户通过支付宝和微信缴费，客户必须在营业厅购电才可进行写卡操作。李先生于 8 月 12 日 8 时 50 分到达市中心某供电营业厅办理缴费业务，客户看到营业厅所立支付宝缴费的牌子，想用支付宝缴费，但实际该客户为卡表客户，不支持支付宝和微信缴费方式，营业厅也不能刷银行卡，所以只能用现金购电。当时李先生询问工作人员张某不能使用支付宝缴费原因时，由于工作人员业务不熟练，服务意识淡薄，直接告知李先生并不清楚为什么不能使用支付宝，且态度较为恶劣，导致客户产生不满情绪，引发客户投诉。按照公司奖惩办法，已对工作人员张某进行了 1000 元经济处罚，并到客户家中向客户进行了道歉，客户表示认可，现客户已成功缴纳电费，客户处用电正常。

存在问题

（1）工作人员与客户沟通时服务态度差，服务意识淡薄，沟通能力欠缺，言行随意，未站在客户角度设身处地地为客户解决问题，情绪化较为严重，自我情绪管理能力较弱。

（2）客户误认为营业厅所立支付宝缴费标识是可以在窗口缴费时使用支付宝进行支付，而实际营业厅所立支付宝缴费标识是告知客户支付宝渠道可以缴纳电费，并非是营业厅缴费支付的方式，由于营业厅在缴费方式及缴费渠道方面宣传不到位，导

致客户的误解。

（3）由于营业厅工作人员业务能力差，不知道营业厅所立支付宝标识正确解读方式，也不了解卡表客户无法线上渠道缴费的原因，故推诿客户，从而导致客户误解与不满并产生投诉。

（4）客户档案信息维护不准确，在审核工单回单时发现营销业务系统内，客户所对应的电表类型为“电子式-智能远程费控表”，并非本地卡表客户，经退单核实为客户档案信息维护错误，实际客户是本地卡表客户。

建议举措

（1）加强员工沟通技巧，提高客户服务水平和业务能力。坚持以客户为中心，规范服务行为，提供优质方便快捷的服务体验，提升客户问题解决能力。加强内部管控，不回避、不遮掩，做到切实整改到位，坚决杜绝服务问题的发生。

（2）加强工作人员对《供电服务标准》（Q/GDW 10403—2021）、《国家电网有限公司供电服务“十个不准”》（国家电网办〔2020〕16号）等法律、法规和专业业务知识方面的培训学习。

（3）加强营业厅日常营业业务培训，提升人员服务行为规范性。加强营业厅工作人员业务能力培训及服务行为规范管理，提升人员业务水平和服务行为标准，有效促进营业厅服务质量的提升。

（4）科学合理宣传线上渠道缴费方式，正确引导客户缴费。应尽快改进宣传方式及内容，科学引导客户通过线上渠道缴费。

（5）加强客户档案管理，确保现场情况与系统档案信息准确性、一致性，供电公司应实现各级单位营销客户档案的标准化、规范化和信息化管理。加强档案信息维护管理及监督核查工作，避免出现类似流程、信息不符等情况。

政策依据

（1）《供电服务标准》（Q/GDW 10403—2021）5.1.8.2 供电营业厅应准确公示服务承诺、服务项目、业务办理流程、95598 供电服务热线、网上国网 App、95598 智能互动网站、服务监督电话、电价、收费项目及标准；5.1.8.4 实行首问负责制、一次性告知和限时办结制。居民客户收费办理时间一般每件不超过 5 分钟，用电业务办理时间一般每件不超过 20 分钟；7.1.1 严格遵守国家法律、法规、诚实守信、恪守承诺。爱岗敬业，乐于奉献，廉洁自律，秉公办事；7.1.2 真心实意为客户着想，尽量满足客户的合理用电诉求，对客户的咨询等诉求不推诿，不拒绝，不搪塞，及时、耐心、准确地给予解答。用心为客户服务，主动提供更省心、更省时、更省钱的解决方案；7.2.1 熟悉国家的电力行业相关政策、法律、法规的相关规定，掌握公司优质服务基本要求、沟通技巧、业务知识等；7.2.2 熟知本岗位的业务知识和相关技能，岗位操作规范、熟练，具有合格的专业技术水平；7.2.3 严格执行供电服务相关工作规范和质量标准，保质保量完成本职工作，为客户提供专业、高效的供电服务；7.3.2 为客户提供服务时，应礼貌、谦和、热情。与客户会话时，使用规范化文明用语，提倡使用普通话，态度亲切、诚恳，做到有问必答，尽量少用生僻的电力专业术语，不得使用服务禁语。工作发生差错时，应及时更正并向客户致歉。

（2）《国家电网公司电力客户档案管理规定》[国网（营销/3）382—2014] 第十三条　地市供电企业办公室对本地区电力客户档案工作履行业务指导、监督检查的职责。

（3）《国家电网公司电力客户档案管理规定》[国网（营销/3）382—2014] 第十四条　市、县供电企业营销部门作为电力客户档案业务执行部门，履行以下职责：

（一）开展日常的客户档案（含电子档案）工作，包括收集、交接、整理、归档、保管、借阅、统计、销毁和检查等工作。

（二）明确专人负责客户档案管理工作，客户档案管理人员负责监督客户资料的收集、流转、更新；负责客户档案（包括纸质、电子档案）建档、分类整理、存放、保管、借阅和安全保密工作；负责对业务办理部门移交的客户资料进行审核，并办理交接手续。

（4）《国家电网公司电力客户档案管理规定》[国网（营销/3）382—2014] 第十七条 客户纸质资料记录与营销业务应用系统和客户现场信息相一致。

案例点评

客户到营业厅缴费时看到营业厅内所立支付宝标识，误认为可以使用支付宝支付方式进行缴纳电费，当工作人员告知客户只能现金缴费时，客户询问工作人员原因，若当时工作人员业务能力达标，及时向客户解释营业厅内所立标识正确理解方式，并且服务态度好，耐心解答客户诉求，就不会引发此次投诉，此次投诉暴露了工作人员业务能力差，服务意识淡薄等服务问题。

近年来各种新兴产业不断涌出，电力企业也在与时俱进，不断扩增缴费渠道和缴费方式，开展“三零”服务，持续优化营商环境，提升客户获得感，使客户足不出户便可以享受供电公司的优质服务。营业厅工作人员是直接面对和服务电力客户的，更应不断学习新知识，掌握最新规章制度，提高业务能力，应着力规范营业厅人员服务态度、服务用语等服务行为，转变工作作风，进一步增强工作主动性和责任意识，始终坚持以“零容忍”的态度严格考核服务事件，不断促进服务水平提升（见图 1-4）。

三零

零上门
零审批
零投资

居民用户和低压小微企业

● **实施“零上门”服务，办电轻松不用跑。**

用户申请电力接入由电网企业“一口受理”。用户可通过“冀时办”“网上国网”App等互联网渠道全程网上办电。

● **实施“零审批”服务，手续办理不用管。**

表前接电相关审批手续由电网企业办理，实现用户办电“零审批”。

● **实施“零投资”服务，用电接入不花钱。**

对居民用户和用电容量在160千伏安及以下的小微企业低压接入，由电网企业负责实施电能表（含计量表箱）及表前接电工程，并将电能表安装在用电地址处，实现居民用户和低压小微企业用电外线工程接入“零投资”。

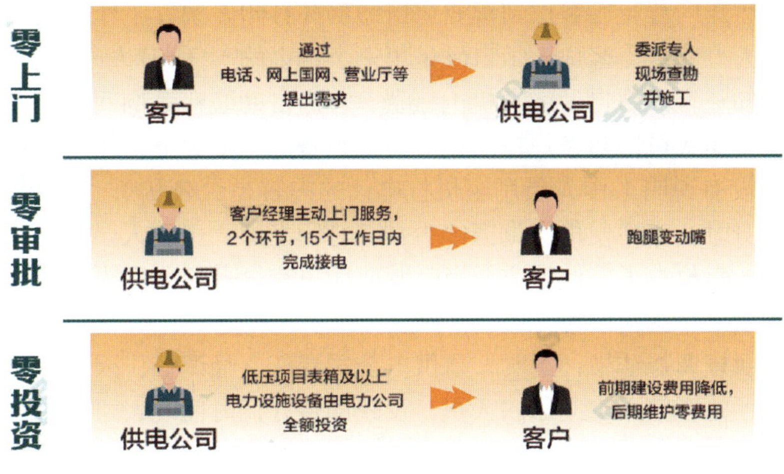

图 1-4　95598“三零”解读图

案例 10　服务态度真散漫，态度恶劣遭投诉

案例分类

投诉工单—服务投诉—服务行为—营业厅人员服务行为

摘要

某年 11 月 13 日，客户朱先生致电 95598 反映某供电营业厅未按营业厅公示时间牌进行营业，且客户表示营业厅工作人员多次推诿自己的诉求，表示不满。供电部门经过核实后，进行了属实认责，表示和客户进行了沟通交流，并对相关责任人进行了批评教育。

案例内容

11 月 13 日 15 时 20 分左右，客户朱先生致电 95598 反映当天下午 13 时 30 分左右去供电营业厅缴费，营业厅当时还没有开门，门口公示的营业时间为工作日 8 时 30 分–12 时；13 时 30 分–16 时 30 分，周休日、节假日休息，客户不清楚是门口公示的营业时间牌不对，还是已经到了营业时间没有开门营业。

后来营业厅开门营业，客户到营业窗口缴费并打印发票，工作人员告知打不了等着吧，便给他人办业务（客户表示自己是第一个进去的），所有人办完后轮到客户时，工作人员又告知让客户到自助缴费机上缴费，客户自助缴费后询问工作人员能否先给其打印发票，工作人员告知客户自己正晕着、犯着病，事实上工作人员正在使用座机打电话（客户没有说明工作人员用座机打电话的内容是否公私），客户便继续等待，当工作人员起身时，客户便再次询问能否帮其打印发票，工作人员答复“你等会吧，都着急”便离开座位去了其他地方，当时营业厅只有这一名工作人员，办理业务等待时间长，客户表示不满随即拨打投诉热线。

处理部门回复调查结果：属实，是供电公司责任。经调查，因营业厅摄像头角度问题取不到门厅的视频，询问厅内人员，反映即便开门时间晚，可能也没晚几分钟。

投诉客户于 11 月 13 日 13 时 30 分到营业厅缴费并打印发票，开门后客户第一个进去，工作人员让客户去自助机上进行缴费，客户缴费后发现自助机没有打印发票功能，又返回柜台办理发票打印业务，当时营业厅收费人员正在为其他客户办理业务，见投诉客户过来、工作人员询问办理什么业务，客户告知打印发票，工作人员确实告知客户“打不了，等着吧”。待工作人员忙完之后，客户再次找工作人员打印发票，工作人员确实说“自己头晕，正犯病呢”，随后工作人员打电话处理其他问题。过了一会

儿客户又问工作人员是否可以打印发票，工作人员确实告知客户“等着吧，都着急”。

该案例存在客户业务等待时间长，工作人员搪塞、怠慢客户问题，现已对收费人员进行了批评教育，已向客户致歉并为客户打印发票。

客服专员于 11 月 30 日 17 时拨打朱先生电话进行回访，朱先生表示工作人员已经致歉并打印了电费发票，但对处理结果不予评价。

存在问题

（1）营业厅未按对外公告时间营业。工单回复中解释说可能存在营业时间比公示时间稍晚几分钟，但供电服务标准中明确规定营业人员必须提前做好各项营业准备工作，准点上岗，按照公告时间准时营业。

（2）营业厅业务工作人员违反首问负责制、一次性告知和限时办结制。按照供电服务标准要求居民客户收费办理时间一般每件不超过 5 分钟，实际办理时间远远超过规定时限。

（3）营业厅工作人员违反国家电网有限公司员工服务“十个不准”。该工作人员存在漠视客户合理用电诉求、推诿搪塞怠慢客户，客户业务没有办理完毕又去打固定电话，让客户没有感受到你用电，我用心的优质服务。

（4）营业厅工作人员没有按照供电服务标准办理业务。营业人员因故必须暂时停办业务时，应列示“暂停服务”标志。

（5）营业厅工作人员违反供电服务标准的基本的道德标准和服务礼仪。供电服务标准对营业人员的基本道德标准和服务礼仪做了相关的要求，显然营业厅工作人员没有按照相关制度标准执行。

（6）针对营业厅工作人员服务态度恶劣且遭客户投诉，供电营业厅对涉事员工只是进行批评教育，没能和供电服务奖惩进行挂钩进行考核。

建议举措

（1）严格执行对外公示公告营业时间。营业厅对外公示公告时间是为更好地服务客户，避免客户造成不必要的麻烦。

（2）加强营业厅工作人员首问负责制的落地实施。各层级营业厅工作服务人员应当为客户提供热情、周到、及时、准确、满意的服务，强化服务意识，信守职业道德，牢固树立服务基层、服务员工、服务社会的思想观念，加强业务学习，不断提高业务工作能力和管理水平。

（3）严格执行相关规章制度。一是严格执行国家电网有限公司员工服务“十个不准”；二是严格落实《供电服务标准》中关于营业厅人员的基本道德标准和服务礼仪；

（4）针对营业厅工作人员态度恶劣，应参照本单位制定的供电服务奖惩方案进行奖惩考核。

政策依据

（1）《供电服务标准》（Q/GDW 10403—2021）（国家电网有限公司企业标准 Q/GDW 10403—2021）

1）5.1.8.3 营业人员必须提前做好各项营业准备工作，准点上岗，按照公告时间准时营业。因故必须暂时停办业务时，应列示“暂停服务”标志。临下班时，对于正在处理中的业务应照常办理完毕后方可下班。下班时如厅内仍有等候办理业务的客户，应继续办理。

2）5.1.8.4 实行首问负责制、一次性告知和限时办结制。居民客户收费办理时间一般每件不超过 5 分钟，用电业务办理时间一般每件不超过 20 分钟。

3）6.7.1 供电企业向客户提供电子渠道交费、自助服务终端交费、坐收、代扣、代收交费等多种方式的交费服务。

4）7.1.2 真心实意为客户着想，尽量满足客户的合理用电诉求。对客户的咨询等诉求不推诿，不拒绝，不搪塞，及时、耐心、准确地给予解答。用心为客户服务，主动提供更省心、更省时、更省钱的解决方案。

5）7.2.1 熟悉国家和电力行业相关政策、法律、法规的相关规定，掌握公司优质服务基本要求、沟通技巧、业务知识等。

6）7.2.2 熟知本岗位的业务知识和相关技能，岗位操作规范、熟练，具有合格的专业技术水平。

7）7.2.3 严格执行供电服务相关工作规范和质量标准，保质保量完成本职工作，为客户提供专业、高效的供电服务。

8）中 7.2.4 主动了解客户用电服务需求，创新服务方式，丰富服务内涵，为客户提供更便捷、更透明、更温馨的服务，持续改善客户体验。

9）7.3.1 供电服务人员上岗应按规定着装，并佩戴工号牌。保持仪容仪表美观大方，行为举止应做到自然、文雅、端庄。工作期间应保持精神饱满、注意力集中，不做与工作无关的事。

10）7.3.2 为客户提供服务时，应礼貌、谦和、热情。与客户会话时，使用规范化文明用语，提倡使用普通话，态度亲切、诚恳，做到有问必答，尽量少用生僻的电力专业术语，不得使用服务禁语。工作发生差错时，应及时更正并向客户致歉。

（2）《国家电网有限公司员工服务“十个不准”》国家电网版〔2020〕16 号第六条不准漠视客户合理用电诉求、推诿搪塞怠慢客户。

案例点评

供电服务标准中明确规定为客户提供服务时，应礼貌、谦和、热情。与客户会话时，使用规范化文明用语，提倡使用普通话，态度亲切、诚恳，做到有问必答。但该

案例中的营业人员不仅做不到礼貌、谦和、热情，还对客户言语十分不友善。工作人员不负责任的工作态度，引发了不必要的投诉。在今后的工作中应当加强培训，大力提升营业厅工作人员的职业素养，真正将“你用电，我用心”落到实处（见图 1-5）。

图 1-5　工作现场图

案例 11　营业信息未更新，办理延迟遭投诉

案例分类

投诉工单—服务投诉—服务行为—营业厅人员服务行为

摘要

某年 3 月份，客户到某营业厅办理光伏发电业务，但营业厅变更营业地址，未提

前进行公告，造成客户重复往返，后又因临时办公地点场地有限，造成客户长时间排队后未完成业务办理，客户第三次再次到营业厅后，又因资料不完整，造成客户误认为供电公司人员故意刁难，导致客户拨打 95598 客服电话投诉。

案例内容

8 月 2 日（周日）上午 10 时左右，客户李先生第一次到营业厅咨询办理自家光伏发电并网业务，但营业厅门口对外公示的营业时间为周一至周五早 8 时 30 分-16 时 30 分，于是客户选择 3 月 8 日（周一）再来。

8 月 3 日（周一）中午 13 时左右，客户第二次来电营业厅咨询办理业务，但营业厅仍未开门，客户通过营业厅旁的便利店得知营业厅需要装修，办公地址已搬迁至一公里以外的位置，因客户下午还有其他事情，无法到营业厅新址处办理业务。

8 月 7 日（周五）下午 15 时 30 分左右，客户李先生第三次来到搬迁后的营业厅，因营业厅为临时办公场地，面积不大，业务办理窗口只有一个，且办理业务的人员较多，李先生取号后等待时间较长，到 16 时 30 分时，工作人员告知等待办业务的人员今天已经办不了业务的，让办理业务的人周一再来，李先生同其他办理业务的人一起离开。

8 月 10 日（周一）上午 10 时左右，客户李先生第四次到营业厅，办理业务时，因办理业务的资料中，缺少土地使用证明，无法受理李先生的光伏发电业务，李先生不满，表示为办理此业务，已经跑了四趟，要求先给其受理，后续自己再补，工作人员表示如证件不全，无法办理，客户不满，离开营业厅后，随即拨打了 95598 电话投诉该问题。

接到工单后，供电所人员进行了核查，经核实，由于工作人员疏忽，营业厅原址位置未公示营业厅地址搬迁的公告，并且客户 8 月 7 日在营业厅的营业时间内到达营业厅，虽然已到营业厅下班时间，但厅内仍有等候办理业务的客户，应继续办理，且工作人员也没有推荐客户在网上渠道办理，造成客户多次往返营业厅，也没有受理客户办电业务。工作人员已联系客户致歉，告知客户可通过网上国网 App 办理并留下营业厅联系电话，有问题可随时联系，避免客户再次往返营业厅，客户表示满意，客服专员于 8 月 15 日 10 时左右拨打刘先生电话进行回访，刘先生表示工作人员已经联系解释，李先生表示满意。

存在问题

（1）营业厅营业信息变更没有提前公示，客户到营业厅办理业务，营业厅因临时改造，办理业务的时间受到影响，暴露出窗口日常运行管理方面存在疏漏，应急管理能力不强的问题，对于营业厅因业务系统、服务设施出现故障等突发情况影响业务办理时，业务管理人员加以疏导分流，引导部分客户通过网上国网、或微信公众号等网上业务平台自助办理客户所需业务，分流部分客户，并同时推广网上自助业务办理渠道。

（2）营业厅业务办理人员服务意识淡薄，一是业务人员服务不到位，未按照供电服务标准中的要求进行服务，客户是在营业厅服务时间内到营业厅办理业务的，按照供电服务标准，下班时如厅内仍有等候办理业务的客户，应继续办理，但营业厅人员未给客户办理相关业务，而是推诿客户，让其第二天再来。二是业务人员未执行“一证受理”服务，客户报装资料中未提供企业法人身份证，业务人员不受理客户报装服务，要求补齐资料在受理客户业务，未按业务规定执行“一证受理”，对于客户可以提供营业执照或组织机构代码证或项目批复文件等文件，可先行签署“承诺书”后，正式受理用电申请，其余资料根据“承诺书”约定时限逐步收集齐全。

建议举措

（1）加强营业窗口运行监督，确保线上、线下公示内容一致性，保证对外公示内容及时性、准确性，及时根据公司要求做好营业厅信息公示及更新工作，营业厅主管应实时关注现场运营情况，对客流情况、营业人员工作状态、服务设施设备、环境等情况进行巡视。

（2）规范业务办理操作，杜绝习惯性违章，保证服务项目有序办理，强化服务人员专业技能，严格落实“一次性告知”“一证受理”等业务要求，强化营业厅服务规范落实，加强窗口员工业务培训及知识库的，避免因工作要求执行不到位，影响客户诉求办理进度，提升客户办电体验及获得电力便利度。

政策依据

（1）《供电服务标准》（Q/GDW 10403—2021）中 5.1.8.1，供电营业厅应对外公告营业时间。供电营业厅撤并、迁址、暂停营业应至少提前 30 天对外公告。供电营业厅名称、服务项目、营业时间变动的应提前 7 天公告。

（2）《供电服务标准》（Q/GDW 10403—2021）中 5.1.8.3，营业人员必须提前做好各项营业准备工作，准点上岗，按照公告时间准时营业。因故必须暂时停办业务时，应列示“暂停服务”标志。临下班时，对于正在处理中的业务应照常办理完毕后方可下班。下班时如厅内仍有等候办理业务的客户，应继续办理。

（3）《供电服务标准》（Q/GDW 10403—2021）中 5.1.8.6，客户来办理业务时，应主动接待，并适当进行电子渠道的推广，不得怠慢客户。

（4）《供电服务标准》（Q/GDW 10403—2021）中 5.1.8.7，实行首问负责制、一次性告知和限时办结制。居民客户收费办理时间一般每件不超过 5 分钟，用电业务办理时间一般每件不超过 20 分钟。

（5）《供电服务标准》（Q/GDW 10403—2021）中 5.1.8.8，因业务系统、服务设施出现故障等突发情况影响业务办理时，若短时间内可以恢复，应请客户稍候并致歉；若需较长时间才能恢复，除向客户说明情况并致歉外，应请客户留下联系电话，以便另约服务时间。

案例点评

从本次服务来看，客户申请的只是低压非居民新装业务，按照供电公司对外的十项承诺规定，低压非居民客户装表整体装表接电仅为为 15 个工作日，但客户跑了三天，营业厅还为受理客户申请。

8 月 17 日客户第一次到营业厅办理低压非居民新装业务，营业厅工作人员未能进行主动引导服务，而是让客户自行询问，在客户找到了相关业务办理人员后，业务人员以资料补齐为由，匆匆将客户打发走，要求客户第二日再来。

8 月 18 日客户第二次到营业厅后，发现办理业务人员不在，且营业厅也未作补位交接工作，客户再次白跑一趟。

8 月 19 日客户第三次到营业厅后，业务人员又因客户资料不正确为由，再次拒绝了客户的办电申请，还需要客户跑第四次，结果造成了客户投诉 95598。

投诉处理过程中，经与客户沟通了解，客户是做粮食加工工作，9 月份将会开始粮食收购加工工作，如不能及时装表接电，将会直接影响企业运作，造成一定的经济损失，这才是客户投诉的主要原因，后续营业厅人员为此做了积极的补救工作。

所以，营业厅服务是供电公司服务环节中的重要一环，更是面对客户的最前沿，面对的客户将也会有不同的业务需求，营业厅人员的工作状态及业务能力将会在潜意识中成为客户感官认知供电公司服务的第一印象，主动，热情，富于同理心，需要贯穿到我们营业厅的整体服务中，这样才能直接影响了客户对于供电公司的服务评价及满意程度。

类似案例

受理内容：客户来电投诉到 A 供电营业厅打发票，工作人员告知其要去 B 供电营业厅，但是客户去了 B 营业厅，工作人员告知要回到 A 营业厅去打发票，客户又回到 A 供电营业厅打发票，A 营业厅工作人员说“不管，没有，不给开”，造成客户往返，客户表示非常不满。

处理情况：客户反映情况属实，是供电公司责任。经核实，客户 4 月 2 日到 A 供电营业厅打印发票，工作人员告知客户因打印发票的专职人员已经调走，目前无人会此项业务，建议客户去 B 营业厅打印。客户 4 月 5 日去 B 营业厅后，工作人员告知客户月初无法打印普通发票，告知客户 4 月 9 日以后再来或者 9 日后到 A 营业厅打印。客户 6 月 22 日再次到 A 地营业厅，工作人员与客户沟通过程中告知客户，该营业厅因打发票人员调走，现无法开取发票，但未说过“不管，没有，不给开”等类似话语。

本案例中暴露出如下问题：1.营业厅答复客户人员服务意识不严谨，未执行首问负责制。工作人员内部调动，不能作为不为客户服务的正规理由，营业厅应按照对外

公布的营业内容为客户办理电力业务，如不能办理应向客户做好解释工作，及时与专业部门进行协调，为客户解决诉求。2.营业厅管理不到位，人员调动岗位交接不严谨。发票打印工作是营业厅较为重要的营业业务，在人员有调动时，应及时做好交接工作，待接管人员能够熟练掌握该业务时，才能进行人员调动。

案例 12　违规停电又错接，处理超时惹投诉

案例分类

投诉工单—服务投诉—服务行为—抄催人员服务行为

摘要

某年 6 月份，客户拨打 95598 反映欠费停电未按规定时间停电，客户要求立即复电并核实家中电量电费异常问题。抄表人员到达现场后因客户拒绝缴纳欠费，未复电便离开。之后客户由于着急用电，交清欠费以后，再次拨打 95598 申请复电并核实电费异常问题，但是抄表人员因车辆故障到达现场复电超时，并且，在现场检查中发现电费异常是因为表计线路接错造成，向客户承诺 6 月底处理完毕却未能兑现，最终引发客户不满导致投诉的发生。

案例内容

6 月 16 日 11 时 30 分，客户拨打 95598 反映：家中已经半年多无人居住，今日回到家发现门上贴着欠费停电通知单，写着欠费 120.5 元，6 月 17 日逾期停电，落款时间 2021 年 6 月 11 日。客户表示现在未到 17 日家中已经停电，并且对欠费不认可，要求抄表人员尽快到现场复电、解释电费异常问题。

处理部门回复调查结果：16 日 13 时 5 分到达客户现场，经核实客户 6 月欠费 120.5 元，抄表人员多次上门催缴均无人应答，于是 6 月 11 日对客户下达欠费停电通知单。6 月 15 日因对同小区其他客户执行停电，抄表人员认为客户家一直没人，预计 17 日应该也不会交费，于是把客户家电也停了，存在停电不规范情况。由于客户拒绝缴纳欠费，现场无法复电。

2021 年 6 月 16 日 13 时 8 分客户再次拨打 95598，表示因为着急用电，现在已经把欠费交清了，希望尽快复电并查明电费异常原因。

6 月 17 日 17 时 25 分处理部门回复调查结果：客户现场已复电，经检测该户表计及接表线路正常，也未出现错抄情况，客户表示认可。

2021 年 7 月 22 日 11 时 10 分客户第三次拨打 95598，投诉前期电费异常问题一直

未解决，并且当日多次拨打 95598 催办后，抄表人员才在 17 时左右到现场复电。抄表人员告知客户，电费异常是由于与邻居电表线路接错造成的，如果客户不再拨打 95598 并且在回访时表达“非常满意”，就帮客户把错接的线路调整回来，并承诺差错电费会在 6 月底调整。客户为尽快解决电费问题便答应了抄表人员的要求。但直到今日差错电费也未调整，客户今日给抄表人员打电话，抄表人员态度非常不耐烦地说自己在休假、不要再给他打电话，说完未等客户说话便挂断电话，引发客户强烈不满。

处理部门回复调查结果：供电部门于 7 月 22 日 15 时 25 分开展调查，经核实客户投诉属实，是供电企业责任。客户 6 月 16 日交清欠费，抄表人员 6 月 17 日为客户复电，由于车辆突然故障造成抄表人员到客户现场只能步行，导致客户等待时间长、现场复电超时。经当日现场检测发现客户家电表的表下口接线与其邻居家错接，造成客户家电量异常。因客户多次拨打 95598，抄表人员担心影响本单位服务指标，便请求客户不要再拨打 95598 并提出回访“非常满意”的要求。由于客户邻居近期不在家，无法协调解决两家电费问题，造成未能在承诺时限内为客户退补电费。22 日客户给抄表人员打电话时其正在休假，因休假中接到工作电话有一些不耐烦情绪，确实存在挂断客户电话的情况，现已向客户致歉。经进一步调查核实，今年 5 月客户所在表箱烧毁，在更换表箱施工时将客户与其邻居电表线接错，目前已将接线调整正确，客户与其邻居已私下结清电费。关于 16 日工单回复“表计及接线正常”与实际不一致问题，抄表人员将调查结果告知工单回复人员，但由于工单回复人员工作疏忽，将其他工单处理情况回复到此工单中，造成回复内容与实际不一致。已针对此事对责任人进行纪律处分并考核，在今后的工作中将进一步加强优质服务管理，自查日常工作中的不规范行为，提高员工责任意识、服务意识及业务技能，同时做好现场施工质量监管，避免再次发生类似事件，提高供电服务整体水平。调查结果已与客户沟通，客户表示认可。

存在问题

（1）抄表人员 6 月 11 日对客户下达欠费停电通知单，6 月 15 日便给客户停电，提前停电不符合欠费停电提前 7 天送达停电通知的要求。

（2）客户 16 日 13 时 08 分交清欠费，抄表人员 17 日 17 时左右才到现场复电，存在欠费复电超时。

（3）抄表人员突发车辆故障不能及时到客户现场，未及时主动联系客户说明原因，暴露出抄表人员缺乏主动沟通意识，遇到常见突发情况缺乏事件处理技巧。

（4）抄表人员因为担心影响本单位服务指标，要求客户在回访时表达“非常满意”才给客户处理电费问题，给客户带来被要挟和弄虚作假的感知，严重影响公司企业形象。

（5）更换表箱的施工人员将客户表计线路接错，存在工作疏漏。

（6）抄表人员未能在承诺时限内解决客户电费问题，存在违诺行为。

（7）工单回复人员由于疏忽将工单处理情况填写错误，对 95598 工单回复工作的重要性认识不足，工作缺乏责任心。

建议举措

（1）加强对欠费停复电现场工作监管。一是务必严格按照规定流程停电，坚决避免违规停电、无故停电等行为发生；二是严格遵守欠费结清后 24 小时内复电的承诺，如有特殊情况，应及时跟客户沟通解释，最大程度取得客户谅解，避免客户误会引发投诉。

（2）强化电能表装接现场施工管理和技术监督管理，提高计量现场作业质量。装表人员拆、装电表时，应严格按照“拆一装一”“每户必查、逐户核对”的原则，进行入户核对检查，防止户表串户；对个别无法入户检查的客户应张贴“户表核对告知书”，提醒客户检查是否串户，有效提升计量现场施工作业质量和优质服务水平。

（3）梳理客户常见诉求答复口径、处理方式和沟通技巧，不随意承诺客户。对承诺客户的事情，建立约时处理明细台账，如无法在承诺时限内解决客户诉求，应及时主动联系客户说明原因及后续解决方案，班组间要做好交接记录，务必持续跟进直至处理完毕。

（4）进一步加强一线人员服务行为规范管控，增强对员工责任意识、风险意识教育，吸取教训，举一反三，自查日常工作中的不规范行为，杜绝此类问题再次发生。

（5）严格把控 95598 工单处理质量，杜绝弄虚作假。相关部门应高度重视 95598 工单处理质量，加强《国家电网有限公司 95598 客户服务业务管理办法》业务培训，提高员工业务能力及工作责任心，坚决避免回复内容与实际不一致、虚假回单等问题出现，避免引发客户诉求升级，影响公司服务指标及企业形象。

政策依据

（1）《供电服务标准》（Q/GDW 10403—2021）：

6.9.5 项目质量标准 智能交费、购电制客户测算电费余额不足依合同（协议）采用停电措施的，经预警后实施远程停电，及时续交电费后 24 小时内恢复供电；后付费客户欠电费需依法采用停电措施的，提前 7 天送达停电通知，费用结清后 24 小时内恢复供电。

7.1.1 严格遵守国家法律、法规，诚实守信、恪守承诺。爱岗敬业，乐于奉献，廉洁自律，秉公办事。

7.1.2 真心实意为客户着想，尽量满足客户的合理用电诉求。对客户的咨询等诉求不推诿，不拒绝，不搪塞，及时、耐心、准确地给予解答。用心为客户服务，主动提供更省心、更省时、更省钱的解决方案。

（2）《国家电网公司员工服务“十个不准”》国家电网办〔2020〕16 号 第六条 不

准漠视客户合理用电诉求，推诿搪塞怠慢客户。

（3）《国家电网有限公司 95598 客户服务业务管理办法》国家电网企管〔2019〕907 号 七、投诉处理（二）工单反馈内容应真实、准确、全面，符合法律法规、行业规范、规章制度等相关要求。对客户反映的营业厅人员服务态度或规范问题不属实的，地市、县公司回单时应提供视频监控影音支撑材料；对客户反映的现场工作人员服务态度问题不属实的，地市、县公司回单时应提供电话录音音频、现场记录仪影音等支撑材料。

案例点评

工作人员将客户表计线路接错是引发后续欠费、停电、复电、退费超时等一系列问题的主要原因，因此强化电能表装接现场施工管理和技术监督管理，严格执行“拆一装一”的原则，送电后进行逐户核对，防止串户，提高现场作业质量尤为重要。

从抄表人员违规停电、现场复电超时、要求客户“配合”回访等违规行为，暴露出部分员工无规矩意识，在日常工作过程中随心所欲，工作缺乏耐心、责任心，殊不知其个人行为关乎企业整体对外服务形象，相关部门应尽快加强对员工服务行为及工作纪律监管，提升自主服务意识，紧扣优质服务不放松，转变服务观念，要懂得将心比心、换位思考，时刻践行“人民电业为人民”的企业宗旨。

案例 13　滞留电费又错交，强推费控惹不满

案例分类

投诉工单—服务投诉—服务行为—抄催人员服务行为

摘要

2021 年 8 月份，客户拨打 95598 投诉 7 月交给抄催人员的电费至今仍未到账，怀疑抄催人员误将电费充错至其他客户户号。经核实，抄催人员为完成线上渠道推广任务，一般将全村电费都基本收齐后，再通过线上渠道一一为客户缴费，确实存在滞留电费和将客户电费交错的问题。

在为客户解决错交电费过程中，供电公司为客户更换了智能远程费控电表，并开通费控功能。之后客户收到余额不足短信，才知晓远程费控是预付费模式，于是再次拨打 95598，要求变更回后付费方式，最后供电公司为客户取消费控，变更回后付费方式。

案例内容

2021 年 8 月 17 日 11 时 30 分，户号为 14××30 客户王先生拨打 95598 投诉，反映 7 月 10 日左右供电公司抄催人员到村里催收电费，当时向王先生收取了电费 160.84 元。因村中有另一客户与投诉客户王先生同名，王先生多次提醒抄催人员别弄混了，抄催人员非常不耐烦地说“错不了，他家长期没人居住，没有电费”，客户虽然心里不悦但也未再与抄催人员理论。今日客户通过微信查询电费，未查询到 160.84 元到账记录，座席人员在系统内也未查询找到电费入账记录，客户怀疑抄催人员将两户电费交错，要求尽快核实答复。

供电部门于 8 月 20 日 18 时 25 分回复处理情况：属实，是供电企业责任。经核实，客户户号 14××30，7 月 12 日 15 时抄催人员到客户所在村庄收电费，客户将 160.84 元电费交给抄催人员。抄催人员为完成线上渠道推广任务，一般将全村电费都基本收齐后，再通过线上渠道一一为客户缴费，7 月 25 日因抄催人员工作疏忽，将投诉客户王先生所交电费误充入另一同名客户户号内，因另一客户家中长期无人居住，系统中客户档案信息也无相关联系方式，造成错交电费一直未能调整到投诉客户王先生户号内，导致客户投诉。接到投诉后，抄催人员已针对服务态度不耐烦问题向客户致歉，并向王先生说明情况待另一同名客户回来后再调整错交电费，客户认可此方案。为方便客户缴费并及时掌握用电情况，现已为客户更换为远程智能费控电表，并开通远程费控功能，客户表示认可。

8 月 21 日 9 时 20 分客户王先生再次致电 95598 投诉，反映今日早晨收到余额不足短信，才知道远程费控是预付费用电方式，客户表示更换智能远程费控电表时，抄催人员只告知方便实时掌握电费及用电情况，并未说明必须先付电费才能用电，客户不认可预付费，要求变更回后付费方式，且抄催人员并未让客户签订过远程费控协议。

供电部门于 8 月 22 日 16 时 25 分回复处理情况：属实，是供电公司责任。前期在为客户解决错交电费问题时，已当面和客户介绍智能远程费控功能，因客户当时未完全理解，在收到电力短信后，客户明确表示拒绝预付费缴费方式。抄催人员确实未与客户签订费控协议，现已为客户取消费控，客户将不再收到电力短信，客户表示认可。

存在问题

（1）为完成线上渠道推广任务，抄催人员将全村电费都基本收齐后，再通过线上渠道一一为客户缴费，7 月 12 日收取客户电费，7 月 25 日才通过线上渠道将客户电费充入系统，存在违规滞留电费的情况。

（2）抄催人员将投诉客户王先生交纳的电费误充入另一同名客户户号，工作不够细心，是导致客户投诉的直接原因。

（3）当客户王先生提醒不要将两户电费混淆时，抄催人员服务态度表现出不耐烦情绪，职业素养有待提高。

（4）抄催人员将另一同名客户的用电情况随意透露给他人，缺乏保密意识，存在违规对外泄露客户用电信息的问题。

（5）系统中另一同名客户档案信息无相关联系方式，不符合业扩报装客户基本信息登记要求。

（6）责任部门未与客户签订费控协议，擅自为客户开通远程费控业务，违背了客户平等自愿的原则。

建议举措

（1）抄催人员为完成线上渠道推广任务，对不会使用线上缴费方式的客户群采取抄催人员统一收取、再统一线上支付的方式，不仅背离了推广线上缴费渠道的初衷，未能真正达到便民的目的，同时暴露出统一支付的弊端。线上缴费渠道推广需要有效的推广方式，责任单位要优化管理机制，研究产品策划、活动推广和运营方案，充分利用地方政府、社会媒体、营业厅、95598 热线等渠道，调动员工积极性，耐心引导客户线上办理业务，切实让“数据多跑路，群众少跑腿”。

（2）加强电费抄核收管理，规范电费抄核收作业，加强电费抄核工作全过程的量化管控，严格做到准确、全额、按期收缴电费，严禁出现滞留电费、错缴电费等违规行为。

（3）加强一线人员现场服务行为规范管控，增强对员工服务意识、风险意识教育，严格遵守国家的保密原则，不对外泄露客户个人信息，吸取教训，举一反三，自查日常工作中的不规范行为，杜绝此类问题再次发生。

（4）供电公司推广远程费控业务，应注重策略、规范推广，建议优先在新装增容、违约用电、用电信誉不良等客户中实施，逐步扩大远程费控业务客户覆盖范围。推广费控业务必须与客户签订远程费控协议，同时向客户介绍清楚远程费控的相关功能情况，遵循“双方自愿、协商一致”的原则，维护客户对“先交费、后用电”付费方式变化的知情权，坚决杜绝客户不知情、未签订费控协议等情况下单方面强行推广费控业务。

（5）按照“谁办理、谁提供、谁负责”的原则，业务办理人员收集整理客户资料，确保客户纸质资料记录与营销业务应用系统和客户现场信息相一致。客户资料归档前，业务办理人员应对资料和数据的完整性、准确性进行检查。检查无误后，将纸质文档扫描上传，并移交档案管理人员归档。

政策依据

（1）《国家电网有限公司电费抄核收管理办法》［国网（营销/3）273—2019］

第四十二条　采用智能交费业务方式的，应根据平等自愿的原则，与电力客户协

商签订协议，条款中应包括电费测算规则、测算频度，预警阈值、停电阈值，预警、取消预警及通知方式，停电、复电及通知方式，通知方式变更，有关责任及免责条款等内容。

第五十二条　应逐步取消走收。确因地区偏远等原因造成电力客户交费困难的，可使用手持终端上门收费。现场收费时，收费人员应执行现场服务规范，出示工作证件，注意做好人身及资金安全工作，必要时两人前往。收取电力客户电费时，应注意核对电力客户信息，避免错交电费，收费后立即通过手持终端销账并打印票据给电力客户。

第五十三条　电费收取应做到日清日结，收费人员每日将现金交款单、银行进账单、当日实收电费汇总表传递至电费账务人员。(五）严格区分电费资金和个人钱款，严禁截留、挪用、侵吞、非法划转、混用电费资金，严禁工作人员利用信用卡还款周期滞留电费资金或套取现金。收费网点应安装监控和报警系统，将收费作业全过程纳入监控范围。

(2)《供电服务标准》(Q/GDW 10403—2021)：

7.1.1　严格遵守国家法律、法规，诚实守信、恪守承诺。爱岗敬业，乐于奉献，廉洁自律，秉公办事。

7.1.2　真心实意为客户着想，尽量满足客户的合理用电诉求。对客户的咨询等诉求不推诿，不拒绝，不搪塞，及时、耐心、准确地给予解答。用心为客户服务，主动提供更省心、更省时、更省钱的解决方案。

(3)《国家电网有限公司员工服务“十个不准”》国家电网办〔2020〕16号

第五条　不准擅自变更客户用电信息、对外泄露客户个人信息及商业机密。

第六条　不准漠视客户合理用电诉求，推诿搪塞怠慢客户。

(4)《国家电网有限公司业扩报装管理规则》国家电网企管〔2019〕431号 第六十八条受理客户用电申请时，应主动向客户提供用电咨询服务，接收并查验客户申请资料，及时将相关信息录入营销业务应用系统，由系统自动生成业务办理表单（表单中办理时间和相应二维码信息由系统自动生成）。推行线上办电、移动作业和客户档案电子化，坚决杜绝系统外流转。(一）实行营业厅“一证受理”。受理时应询问客户申请意图，向客户提供业务办理告知书，告知客户需提交的资料清单、业务办理流程、收费项目及标准、监督电话等信息。对于申请资料暂不齐全的客户，在收到其用电主体资格证明并签署“承诺书”后，正式受理用电申请并启动后续流程，现场勘查时收资。已有客户资料或资质证件尚在有效期内，则无须客户再次提供。推行居民客户“免填单”服务，业务办理人员了解客户申请信息并录入营销业务应用系统，生成用电登记表，打印后交由客户签字确认。

案例点评

开展智能远程费控，打破传统坐收、走收电费形式，大力推广“网上国网”等线上渠道缴费方式，是适应时代发展的必然趋势。在开展智能远程费控及线上渠道推广过程中，部分工作人员为完成推广任务，盲目强推或现场收取后再统一线上支付的弄虚作假行为，背离了业务推广的初衷，未能真正达到便民的目的。

供电企业要从思想上转变员工认知，切实认识到推广智能远程费控及线上服务渠道，能高效提升服务效率及服务质量，要充分调动台区经理积极性，耐心引导客户体验新业务、新服务形式，促进“网上国网”等线上渠道应用，切实让客户体验到足不出户、轻松办电的便利。

案例 14　停电通知不到位，篡改信息遭投诉

案例分类

投诉工单—服务投诉—服务行为—抄催人员服务行为

摘要

2019 年 6 月 7 日，客户致电 95598，反映其所在村庄搬迁停电未提前通知，要求尽快恢复供电，座席人员系统内未查询到相关停电信息及重要服务事项报备信息，下派服务申请工单。

之后，抄催人员到达客户现场处理停电问题，在与抄催人员沟通过程中，客户得知电表被拆走给他人使用、户名被无故变更，引发客户不满导致投诉。供电公司对违规行为供认不讳，考虑客户实际用电需求暂时为客户送电，后续搬迁事宜由乡政府与客户沟通处理。

案例内容

2019 年 6 月 7 日 20 时 45 分，户号为 12××13 的客户致电 95598，反映其所在村庄正在搬迁，其家中在未接到通知情况下被停电，给其猪场造成损失，座席人员在系统内未查询到相关停电信息及重要服务事项报备信息，下派服务申请工单。

6 月 7 日 22 时 44 分客户再次致电 95598 投诉，反映负责该村的抄催人员刚刚来到家中，态度强硬地告知客户电表已经拆除并安装给其他人使用，系统档案已经不是客户的姓名信息，不能给客户复电，经查询系统客户户名已由“姚某”变更为“张某”，客户认为权益受到侵害，要求装回电表并尽快恢复供电。

供电部门于 6 月 8 日 14 时 25 分回复处理情况：经核实，5 月 10 日供电公司接到县政府通知文件，对该村进行易地搬迁工作，旧村进行拆迁，政府为全村村民集中新建安置区，此客户拒不搬迁，坚持在旧村居住。按政府要求 6 月 7 日供电公司对该村

线路和变台进行拆除，该停电为配合乡政府停电。接到报修后，负责该村的抄催人员第一时间到客户家中处理停电问题，告知客户找乡政府协商处理，客户不认可，工作人员与客户沟通时有些急躁，于是告知客户为了不浪费表计资源，拆除的电表已安装给其他客户使用，客户系统档案信息已经更改，未移表或销户后重新立户，因此不能给客户送电，等客户搬迁后将会重新为客户装表，确实存在违规行为。迫于投诉客户施加的压力（不送电猪会死亡），在与当地乡政府协调后，于6月8日12时30分为客户暂时送电，后续由乡政府与客户沟通处理搬迁事宜，现客户家中用电正常。

存在问题

（1）搬迁停电未按要求进行重要服务事项报备及停送电信息报送。责任单位5月10日接收到县政府要求6月7日配合停电的通知，说明此次停电为有计划的停电，且此次搬迁停电事件符合《国家电网有限公司95598重要服务事项报备管理规范》一类报备范围，但责任单位未在事前进行相关信息报备，也未报送相关停送电信息，造成国网客服中心未能及时掌握停电原因、做好客户沟通解释工作，不符合《国家电网有限公司95598停送电信息报送规范》和《国家电网有限公司95598重要服务事项报备管理规范》要求。

（2）擅自修改客户档案信息、拆回旧表未入库。抄催人员将拆除的电表直接给其他客户使用，并在客户不知情的情况下擅自在系统内更改客户档案信息，未移表或销户后重新立户，违反相关用电变更业务办理流程，系统档案信息变更缺乏审核及监管。

（3）抄催人员与客户沟通搬迁停电问题时态度强硬，与客户沟通缺乏耐心，服务意识及沟通能力有待提高。

建议举措

（1）严格按照《国家电网公司95598客户服务业务管理办法》规定，加强停电信息录入及重要服务事项报备管理，对文件要求进行再宣贯、再学习，严格按照规范要求在系统内开展停送电信息报送及重要服务事项报备工作，避免因信息共享不及时造成的客户投诉，进一步提升客户诉求响应效率。

（2）进一步提高服务风险意识，加大投诉事前管控力度，充分发挥重要服务事项报备预控作用，强化国网客户服务中心受理端信息支撑，及时有效避免相关服务问题产生。

（3）加强用电变更业务流程监管，严格按照流程规范作业。工作人员违规移表、擅自更改客户系统档案信息等行为，暴露出责任单位在用电变更业务办理方面缺乏监管，建议相关部门进一步加强用电变更业务办理流程监督及审核管理，严格按照流程规范作业，坚决杜绝习惯性违章。

（4）加强人员服务行为管控，提升服务质量。加强一线人员服务行为监管，增强对员工责任意识、风险意识教育，严格落实考核责任，杜绝不规范行为。同时积极开展规章制度及服务技巧、服务规范培训，促进员工熟练掌握业务知识及不同事件的处理方法和沟通技巧，提升服务质量，提升客户服务感知。

政策依据

（1）《国家电网有限公司 95598 客户服务业务管理办法》国家电网企管〔2019〕907 号 附件 5《国家电网有限公司 95598 停送电信息报送规范》一、95598 停送电信息（以下简称“停送电信息”）是指因各类原因致使客户正常用电中断，需及时向国网客服中心报送的信息。停送电信息主要分为生产类停送电信息和营销类停送电信息。生产类停送电信息包括：计划停电、临时停电、电网故障停限电、超电网供电能力停限电、其他停电等；营销类停送电信息包括：违约停电、窃电停电、欠费停电、有序用电等。二、停送电信息报送渠道：公变及以上的停送电信息，须通过营销业务应用系统（SG186）、供电服务指挥系统或 PMS 系统中“停送电信息管理”功能模块报送。三、停送电信息报送要求（一）停送电信息报送管理应遵循“全面完整、真实准确、规范及时、分级负责”的原则。（二）生产类停送电信息和营销类有序用电信息通过营销业务应用系统（SG186）、供电服务指挥系统或 PMS 系统报送。（三）其他营销类停送电信息通过修改营销业务应用系。

（2）《国家电网有限公司 95598 客户服务业务管理办法》国家电网企管〔2019〕907 号 附件 8《国家电网有限公司 95598 重要服务事项报备管理规范》二、重要服务事项报备范围（一）配合军事机构、司法机关、县级及以上政府机构工作，需要采取停限电或限制接电等措施影响供电服务的事项。包括安全维稳、拆迁改造、污染治理、产业结构调整、非法生产治理、紧急避险，以及地市级及以上政府批准执行的有序用电限电等。

（3）《供电服务标准》（Q/GDW 10403—2021）：

6.14.5 低压客户电能表批量换装前，应至少提前 3 天在小区和单元张贴告知书，或在物业公司（居委会、村委会）备案，零散换装、故障换表可提前通知客户后换表；换装电能表前应对装在现场的原电能表进行底度拍照，换表后应请客户核对表计底度并签字确认，拆回的电能表应在表库至少存放 1 个抄表或电费结算周期。

7.1.1 严格遵守国家法律、法规，诚实守信、恪守承诺。爱岗敬业，乐于奉献，廉洁自律，秉公办事。

7.1.2 真心实意为客户着想，尽量满足客户的合理用电诉求。对客户的咨询等诉求不推诿，不拒绝，不搪塞，及时、耐心、准确地给予解答。用心为客户服务，主动提供更省心、更省时、更省钱的解决方案。

7.3.2 为客户提供服务时，应礼貌、谦和、热情。与客户会话时，使用规范化文明用语，提倡使用普通话，态度亲切、诚恳，做到有问必答，尽量少用生僻的电力专业术语，不得使用服务禁语。工作发生差错时，应及时更正并向客户致歉。

案例点评

根据《国家电网有限公司 95598 客户服务业务管理办法》规定，在供用电过程中，因不可抗力、配合政府工作、系统改造升级、新业务推广等原因，给客户用电带来影响的事项，或因客户不合理诉求可能给供电服务工作造成影响的事项，可发起重要服务事项报备。

开展重要服务事项报备，不仅能进一步畅通信息共享渠道，给国网客服中心提供及时、准确地信息支撑，提高客户诉求一次性解决率，同时可以减轻基层单位工作压力，提升 95598 供电服务响应效率和质量。各基层单位应正确认识开展重要服务事项报备工作的重要意义，进一步提高服务风险意识，加大投诉事前管控力度，充分发挥重要服务事项报备预控作用，强化国网客户服务中心受理端信息支撑，有效避免相关服务问题产生（见图 1–6）。

图 1–6　95598 客服现场工作图

案例 15　抄催人员有怠慢，客户误解起投诉

案例分类

投诉工单—服务投诉—服务行为—抄催人员服务行为

摘要

客户反映致电当地供电所咨询电量异常问题，接听工作人员告知其只是窗口收费

人员不清楚具体情况，客户向其询问国家电网公司电话号码，工作人员告知不知道，客户询问其工号，工作人员告知没有工号，服务态度恶劣；另外，客户表示家中电费异常，怀疑是电表有问题，而且抄表人员告知客户是人工抄表，经系统内查询客户处是远程抄表，客户对此表示不认可。供电公司答复为关于客户家中电量电费增多问题，营业厅人员已答复；关于客户咨询人工抄表原因，工作人员告知客户需要抄表外勤人员向客户解释；对于未告知国家电网电话向客户表示歉意。

案例内容

某年 9 月 5 日中午，客户拨打当地供电所电话反映家中近期电量电费过高，询问原因，接听电话的工作人员告知客户其只是窗口收费人员，不清楚具体情况，客户不解，便询问该工作人员国家电网公司电话号码，工作人员答复不知道，客户表示不满，询问其工号，工作人员答复没有工号。客户于 9 月 7 日拨打 95598 热线，投诉 9 月 5 日接听客户电话的工作人员一问三不知，服务态度差，同时反映家中 9 月份电费异常，怀疑是电表存在问题，曾经联系过当地抄表人员，被告知客户是人工抄表，而经系统查询，该户为远程抄表，客户对此不认可。

处理部门回复调查结果：客户因家中电量电费增多，于是拨打当地营业厅电话进行咨询，营业厅工作人员向客户解释了近期电量电费情况，客户又问及为何远程抄表失败需要人工抄表，工作人员告知此情况需要抄表外勤人员解释，自己是窗口收费人员并不清楚具体情况，客户询问国家电网公司电话号码，因工作人员并不清楚，便告知客户不知道，导致客户情绪激动并询问工作人员工号，工作人员没有告知客户，此事给客户造成了不好的感知，已向客户致歉。关于客户质疑的抄表方式问题，因客户电能表模块损坏导致远程召测数据失败，所以此户抄表数据实际为人工现场补抄，现已为客户更换了新模块，已实现远程抄表功能。关于客户电量电费高问题，客户 9 月抄见电量 351 度，电费 182.52 元，此阶段（9 月抄见的为 7 月 6 日至 9 月 5 日电量）正值盛夏，客户用电量较多，故电量电费较往月稍高（5 月电量 61 度，7 月电量 144 度），且经现场检查表计接线正确、电表无异常。已将上述情况跟客户解释清楚，客户表示满意。

存在问题

（1）工作人员服务推诿、业务能力及工作态度较差。营业厅工作人员与客户沟通时言语怠慢，对无法答复的问题让客户联系抄表外勤人员，违反首问负责制，存在推诿行为；作为供电公司员工，营业厅工作人员却不知晓国家电网公司对外服务热线电话，业务知识水平较差；当客户向工作人员询问工号时，工作人员因担心被投诉谎称没有工号，未能正视自身错误、向客户致歉。

（2）业务处置不规范。首先，经系统内核实，客户电表自 1 月起出现远程采集不

成功现象，期间一直采用现场补抄的方式进行抄表，工作人员未及时处理远程采集不成功问题，直到客户拨打投诉电话后，立即为客户更换了电能表损坏模块，解决了远程抄表失败的问题；其次，从客户诉求来看，长达 8 个月人工补抄期间，工作人员未与客户解释沟通过抄表方式变更问题，导致客户在夏季用电高峰期间对抄表方式产生怀疑；最后，人工补超时段也不固定，从回单看，5 月、7 月均有单独的抄表记录，而 9 月为 7 月 6 日至 9 月 5 日期间的抄见电量，时段较长易使客户误解电费异常。

建议举措

（1）加强人员培训、考核。应加强人员服务培训，特别是接待客户的一线服务人员，要提升人员工作责任心及主动服务意识，遵守首问负责制，耐心为客户解答疑问；应对各类业务知识开展培训，提升工作人员对外服务能力，同时加强人员考核管理，明确工作要求及奖惩标准，调动员工自主性和积极性，确保客户诉求能够及时得到解决，杜绝人为原因造成的客户投诉。

（2）加强抄表规范管理。发现表计问题应及时联系客户，说明情况，及时解决表计问题，如短期内无法解决的，应及时告知客户，并阶段性向客户反馈处置进展和人工补抄情况，避免因工作疏忽、不重视导致的客户误解甚至诉求升级。

政策依据

（1）《国家电网有限公司企业标准——供电服务标准》（QGDW 10403—2021）第 7 条服务人员行为标准 7.1 基本道德 7.1.2 规定：真心实意为客户着想，尽量满足客户的合理用电诉求。对客户的咨询等诉求不推诿，不拒绝，不搪塞，及时、耐心、准确地给予解答。用心为客户服务，主动提供更省心、更省时、更省钱的解决方案。

（2）《国家电网有限公司企业标准——供电服务标准》（QGDW 10403—2021）第 7 条服务人员行为标准 7.3 服务礼仪规定：为客户提供服务时，应礼貌、谦和、热情。与客户会话时，使用规范化文明用语，提倡使用普通话，态度亲切、诚恳，做到有问必答，尽量少用生僻的电力专业术语，不得使用服务禁语。工作发生差错时，应及时更正并向客户致歉。

（3）《国家电网有限公司企业标准——供电服务标准》（QGDW 10403—2021）第 7 条服务人员行为标准 7.2 服务技能 7.2.2 规定：熟知本岗位的业务知识和相关技能，岗位操作规范、熟练，具有合格的专业技术水平。

（4）《国家电网公司电费抄核收管理规则》（国家电网企管〔2014〕717 号）第二十二条规定：远程抄表前，应监控远程自动抄表流程状况、数据获取情况，对远程自动抄表失败、抄表数据异常的，应立即进行消缺处理。

（5）《国家电网有限公司员工服务“十个不准”》（国家电网办〔2020〕16 号）第六条规定：不准漠视客户合理用电诉求、推诿搪塞怠慢客户。

案例点评

工作人员应遵循首问负责制，耐心解答客户疑问，不能现场解答的，应记录客户诉求，内部调查处理完成后再答复客户；客户询问供电服务热线和工号时，工作人员应主动告知；针对客户表计问题，应及时联系告知客户并尽快解决现场问题，采取人工补抄也应向客户说明并将抄见电量情况阶段性告知客户，请客户予以理解。供电企业员工应坚持“以客户为中心”，正确认识自身工作重要性，牢固树立客户服务理念，增强客户服务意识，切身为解决客户合理用电诉求服务，维护公司对外服务形象。

类似案例

受理内容：工作人员于 5 月 31 日 15 时首次电话联系客户，客户反映情况属实，是供电公司责任。经核实，户号 15××11，户名苗先生，用电地址某市某区某大街某小区。客户为远程费控客户，于 5 月 30 日 4 时 14 分发生欠费停电，（并不是工单内容中所述“近期无欠费”），18 时 10 分缴费成功，18 时 11 分系统下发复电指令，18 时 15 分客户提出复电的服务申请工单（关联工单：20××55）。接到工单后由急修人员联系客户为客户现场复电。急修人员到达现场后，客户表示自家电表过高，不方便复电操作，急修人员指导客户操作过程中，因表述不当，未使用规范用语，给客户造成态度不好，有被教训的感觉。在客户提出意见后，急修人员与客户发生争论，确实存在服务态度问题，但并非与客户吵架。

处理情况：急修人员已对此向客户表达歉意。关于客户所述“电表位置太高，不方便客户复电”的问题，已向客户解释，需与小区物业或其他管理部门协商才能移表。并且建议客户关注电费预警短信，及时缴费，避免发生停电，如有停电可提出复电申请由工作人员协助复电，已为客户变更短信接收号码为常用号码 13××22。现客户处用电正常，客户对处理结果满意。另催办工单中提到工作人员号码 13××22 确为急修人员联系客户的手机号码。今后相关部门会加强一线人员服务规范管理，注意服务话术的应用，避免此类情况再次发生。

案例 16　改类超时致停电，夜间复电无人应

案例分类

投诉工单—服务投诉—服务行为—抄催人员服务行为

摘要

2020 年 12 月，煤改电客户夜间欠费停电，交清欠费后多次申请复电供电公司均未快速响应，引发客户不满投诉。后经核实客户欠费原因为电采暖改类业务未及时办理造成欠费停电，供电公司存在改类业务处理超时、电表位置安装不合理等问题。

案例内容

2020 年 12 月 7 日 20 时 45 分，户号为 12××33 的客户拨打 95598，反映 11 月村里进行煤改电改造，统一更换成智能电表，当时工作人员告知欠费后在网上国网交费就能恢复供电，今日客户家中停电，客户通过网上国网多次交费仍未复电成功，已指导客户操作复电按钮，客户表示表箱太高无法操作复电按钮，客户为电采暖客户，没电无法取暖，请供电公司尽快复电。

处理部门于 12 月 8 日 10 时 36 分回复处理情况：经核实，系统自动复电成功，客户未操作复电按钮，工作人员已于 12 月 8 日 10 时 25 分现场帮助客户完成复电操作，现客户用电正常。

2020 年 12 月 8 日 10 时 45 分，客户致电 95598 投诉，反映昨晚拨打 95598 申请复电后一直无人与其联系，于是拨打供电所电话申请复电，接听人员给客户一个号码，让客户直接联系负责本村的抄催人员。接通抄催人员电话后，抄催人员告知太晚了、且未超 24 小时，第二天再送电。早晨抄催人员来现场复电，客户向抄催人员反映电表位置太高、自己不方便操作，工作人员存在态度不好、教训客户、与客户吵架的情况。另外客户表示 11 月初村里统一办理的电采暖，但最近一周用了将近 200 元电费，客户怀疑并未执行电采暖电价，请相关部门尽快核实处理。

处理部门于 12 月 10 日 14 时 36 分回复处理情况：属实，是供电企业责任。经核实，客户所在村庄 11 月初进行煤改电改造，统一更换为电子式–智能远程费控表，停电方式为自动停电，12 月 7 日 19 时 40 分欠费停电，之后客户于 19 时 55 分、20 时 22 分、20 时 38 分多次交费，因客户对新换电表不熟悉，不知操作复电按钮才能复电成功，之后客户拨打供电所电话，供电所值班人员正在联系抢修事宜，于是让客户直接联系抄催人员复电。因非工作时间，抄催人员了解到客户交清欠费未超 24 小时，于是未帮助客户复电。第二日抄催人员到达现场后，客户情绪激动，表示因为电表太高不方便操作，一晚上没电没暖气，抄催人员指导客户操作过程中因表述不当、未使用规范用语，给客户造成态度不好、有被教训的感觉，在客户提出意见后与客户发生争论，确实存在服务态度问题，但并非与客户吵架，已向客户道歉。为方便客户操作复电按钮，已根据现场情况适当降低表箱位置。关于客户反映电费异常问题，客户所在村庄 11 月 5 日统一提交的电采暖手续，因近期办理电采暖客户较多，改类流程涉及的业务环节比较复杂，导致客户电采暖峰谷改类业务流程超期，由于超期造成客户电价已使用到年度第三阶梯（0.82 元/度），现已在营销系统中发起非政策性退补流程，共退客户电费 252.75 元，调查处理结果已与客户沟通，客户认可。

存在问题

（1）换表时工作人员只向客户介绍交费方式，未向客户详细说明电表复电操作流程，且电表位置太高不方便客户自行操作，存在业务宣传不到位和服务设施不便利的问题。

（2）客户拨打供电所电话申请复电，值班人员让客户自行联系抄催人员，对客户诉求推诿，违反首问负责制要求。

（3）因非工作时间，抄催人员了解到客户交清欠费未超 24 小时，便未帮助客户复电，虽然未违反工作规范要求，但未换位思考客户深夜请求复电的迫切需求，缺乏服务意识，给客户带来不好的用电体验。

（4）抄催人员在复电过程中与客户争论、给客户带来被教训的感知，违反供电服务基本道德和服务礼仪规范要求。

（5）因办理电采暖客户较多，工作人员未及时处理客户提交的电采暖业务申请，导致客户电采暖峰谷改类业务流程超期，给客户带来电费损失并造成停电。

建议举措

（1）提高业务宣传规范性，扎实开展宣传推广活动。通过营业厅展示、进村入户宣传等方式向客户宣传业务时，要做好政策解读、操作手册与客户指南等常见问题宣传讲解，统一宣传答复口径，避免宣传解释不到位引发服务舆情。从客户角度出发，充分考虑供电服务设施应用便利性，为客户提供更加便捷、优质的服务。

（2）加强现场人员服务行为管控，提高人员自主服务意识。加强一线人员服务行为监管，增强对员工责任意识、风险意识教育，严格落实考核责任，杜绝不规范服务行为。本着“你用电、我用心”的服务宗旨，要懂得将心比心、换位思考，提高员工自主服务意识，紧扣优质服务不放松，时刻践行“人民电业为人民”的企业宗旨。

（3）加强对煤改电工作进度的监管，针对客户集中申请办理电采暖业务造成工作量大不能按时开通的问题，应尽快制定应对方案，明确任务分工及人员调配，强化横向协同，共同研究解决工作中的重大问题，减少类似事件发生。

政策依据

《供电服务标准》（Q/GDW 10403—2021）：

6.1.5.12　对基本电价计费方式变更、居民峰谷变更的改类业务，自受理之日起，不需换表的 2 个工作日内办理完毕，需换表的 5 个工作日内办理完毕；对调整需量用

电的改类业务，自受理之日起，2 个工作日内办理完毕。

7.1.1 严格遵守国家法律、法规，诚实守信、恪守承诺。爱岗敬业，乐于奉献，廉洁自律，秉公办事。

7.1.2 真心实意为客户着想，尽量满足客户的合理用电诉求。对客户的咨询等诉求不推诿，不拒绝，不搪塞，及时、耐心、准确地给予解答。用心为客户服务，主动提供更省心、更省时、更省钱的解决方案。

7.1.2 为客户提供服务时，应礼貌、谦和、热情。与客户会话时，使用规范化文明用语，提倡使用普通话，态度亲切、诚恳，做到有问必答，尽量少用生僻的电力专业术语，不得使用服务禁语。工作发生差错时，应及时更正并向客户致歉。

7.1.3 当客户的要求与政策、法律、法规及公司制度相悖时，应向客户耐心解释，争取客户理解，做到有理有节。遇有客户提出不合理要求时，应向客户委婉说明。不得与客户发生争吵。

案例点评

北方地区冬季“煤改电”清洁取暖是重大的民生工程和民心工程，做好“煤改电”供暖服务工作关系广大人民群众生活，各单位务必提高政治站位，建立健全“煤改电”供暖服务工作保障机制，切实做好本地区“煤改电”清洁取暖各项工作任务。在 SG186 营销业务应用系统中，为“煤改电”客户加贴标签，按需提供取暖用电比对分析。合理优化电采暖客户智能交费策略，坚持“不停电是最好的服务”，确保对欠费停电客户沟通到位，及时响应客户电采暖业务需求，全面做好“煤改电”客户供暖优质服务工作。

加强电力 95598 务热线监督，对涉及“煤改电”的服务工单要急事急办、特事特办，涉及“煤改电”用电的诉求工单挂牌督办。建立“煤改电”用电诉求零报告制度，强化舆情风险防控，每日跟踪“煤改电”运行情况，第一时间报告异常情况，提前预警，及时消除舆情隐患，确保不发生影响群众供暖的社会舆情事件。

类似案例

受理内容：11 月 12 日 12 时 25 分客户致电 95598 反映，昨日 10 时 16 分申请复电后一直无人上门处理，客户为电采暖客户，因为没电造成一晚上未能取暖，系统显示前期工单答复“于 11 月 11 日 11 时 50 分现场帮助客户复电成功，已将处理结果告知客户，现客户用电正常”，但客户表示现场实际一直未复电成功，也没人电话联系告知此处理结果，请尽快核实处理。关联欠费复电申请工单编号 20××2。

处理情况：客户反映情况属实，是供电公司责任。经核实，客户（为本房租户齐女士）于 2020 年 11 月 11 日 10 时 16 分致电 95598 反映复电诉求（工单编号 20××2），供电部门接派单人员收到复电申请工单后，随即下发复电通知到台区经理处，因派单人员工作疏忽，未告知复电申请工单中齐女士的电话。台区经理接到复电通知后，于11月11日12时31分致电系统中该户房主电话，向房主讲述了现场复电方法，并委托其转告齐女士，台区经理并未直接联系齐女士本人，也未到达现场指导齐女士操作复电按钮。15时25分台区经理在未核实齐女士家是否已复电成功的情况下，告知接派单人员复电成功，存在业务处理不规范、现场复电超时等情况。已于12日15时30分现场为齐女士复电，现客户处用电正常。工作人员对未及时送电、影响客户冬季取暖表示歉意，客户对处理结果表示满意。

案例17 检查人员沟通差，惹恼客户遭投诉

案例分类

投诉工单—服务投诉—服务行为—用电检查人员服务行为

摘要

2019年客户张先生致电95598反映供电公司对其断电还要自己交五倍罚款，表示周围有的电表的接线方式和他家是一样的，另外对供电公司五倍的罚款去向有异议。供电公司核实后发现该户的确存在窃电行为，因客户现场不承认窃电行为而发生争执，用电检查人员情绪激动，引发投诉，后续用电检查人员就服务态度问题向客户进行道歉，同时向客户宣传供电营业规则对应该事件的相应条款。

案例内容

2019年11月20日18点，客户张先生致电95598反映自己是做粮食加工的，自己目前有一台有30kVA的变压器，当天，供电公司在当日的17点多到其粮食加工作坊，说自己偷电并对其进行了断电，客户认为自己只是看到周围也有人这么做，但是工作人员说话太难听，而且还要5倍的罚款，客户认为一是对其断电行为以及人员态度极其不满，二是认为5倍的罚款是进了私人腰包，随即拨打95598进行投诉。

处理部门回复调查结果：供电公司用电检查班通过对内沟通，近期供电公司正在开展用电检查大普查工作，通过系统排查发现该客户存在用电异常现象，对比往年同期用电量，2018年8月用电量21016kW/h、2018年9月用电量20998kW/h、2018年10月用电量21498kW/h。但2019年从7月开始电量呈断崖式下降，2019年7月用电量8131kW/h、2019年8月用电量7306kW/h、2019年9月用电量7203kW/h、2019年10月用电量6236kW/h。经过现场检查发现客户存在窃电现象，现场发现该客户有动表痕迹，表箱和表计铅封均被打开，电能表接线绕过计量装置。现场检查后通知客

户到场，但客户表示，表箱不是自己打开的，不知道谁打开的。检查人员质疑，客户的表箱与铅封不仅仅是打开的问题，更重要的是电能表接线绕过计量表计运行，检查人员对待客户不承认的态度感到愤怒，随后与客户发生争执，态度和语气是有些激动。

供电公司检查班向客户表述了事件的来龙去脉，并向客户普及电力法知识，在供电企业的供电设施上绕越供电计量装置接线就属于窃电，而且应交电费 5 倍的罚款是电力法与电力供应与使用条例明文规定的，不会存在罚款进入个人腰包问题。对于工作人员说话方式方法以及服务态度问题，表示歉意并承诺在今后的工作中一定注意言行举止。

国家电网公司客户服务中心南方分中心客服专员于 2019 年 11 月 25 日 17 时拨打张先生电话进行回访，张先生表示工作人员已经通过电话联系并解释，对待工作人员的致歉表示接受，对处理结果不做评价。

存在问题

（1）沟通能力欠缺，有理变没理。客户违法窃电，供电公司现场检查人员依据《中华人民共和国电力法》《电力供应与使用条例》《供用电营业规则》等相关法律、条例进行处罚，本质上是客户占不住理，但由于工作人员服务意识淡薄，沟通能力欠缺，自我情绪管理能力较弱，引发不必要的投诉。

（2）供电公司用电检查工作人员服务风险敏感度较低。与客户发生争执时认为自己占理，没有预想到客户避重就轻，投诉现场检查工作人员服务态度问题。

（3）工单答复内容不清晰。客户投诉用电检查工作人员服务态度差，工单回复表明与客户进行沟通时进行了歉意表达，但是否为当事人表达歉意，工单内容没有明确。

（4）对于客户确有窃电行为不经批准即可中止供电，但事后应报告本单位负责人，工单中没有体现。

（5）根据有关规定，供电检查人员在入户检查时，必须提供有关证件，在工单回复中是查到问题后才通知客户。

（6）现场用电检查时，当客户的要求与政策、法律、法规及公司制度相悖时，应向客户耐心解释，争取客户理解，做到有理有节。遇有客户提出不合理要求时，应向客户委婉说明。不得与客户发生争吵。

建议举措

（1）加强法律法规学习。学习《中华人民共和国电力法》《电力供应与使用条例》《供用电监督管理办法》《供用电营业规则》等法律法规。

（2）用电检查工作人员在日常工作中，可能比较注重业务技能的补充和学习，但在服务质量和沟通技巧上缺乏一些必备常识，相关部门应加强优质服务重视程度，注意服务细节，把握服务重点，创新服务手段，全面履行服务承诺。

（3）加强工单回单管理。工单回复内容应简明扼要、意见明确、真实完整、逻辑正确；工单回复内容应紧密围绕客户诉求，针对诉求进行逐一、全面答复（含催办内容）；工单回复应提供相关诉求佐证材料。

政策依据

（1）《中华人民共和国电力法》中华人民共和国主席令第二十三号

第七十一条　盗窃电能的，由电力管理部门责令停止违法行为，追缴电费并处应交电费五倍以下的罚款；构成犯罪的，依照刑法第一百五十一条或者第一百五十二条的规定追究刑事责任。

（2）《电力供应与使用条例》（1996 年 4 月 17 日中华人民共和国国务院令第 196 号发布。根据 2016 年 2 月 6 日《国务院关于修改部分行政法规的决定》修订）

第三十一条　窃电行为包括：（一）在供电企业的供电设施上，擅自接线用电；（二）绕越供电企业的用电计量装置用电；（三）伪造或者开启法定的或者授权的计量检定机构加封的用电计量装置封印用电；（四）故意损坏供电企业用电计量装置；（五）故意使供电企业的用电计量装置计量不准或者失效；（六）采用其他方法窃电。

第四十一条　违反本条例第三十一条规定，盗窃电能的，由电力管理部门责令停止违法行为，追缴电费并处应交电费 5 倍以下的罚款；构成犯罪的，依法追究刑事责任。

（3）《供电营业规则》中华人民共和国电力工业部令（第 8 号）

第六十六条　有下列情形之一的，不经批准即可中止供电，但事后应报告本单位负责人：1. 不可抗力和紧急避险；2. 确有窃电行为。

第七十九条　客户认为供电企业装设的计费电能表不准时，有权向供电企业提出校验申请，供电企业应在七天内检验，并将检验结果通知客户。如计费电能表的误差超出允许范围时，并应按本规则第八十条规定退补电费。客户对检验结果有异议时，可向供电企业上级计量检定机构申请检定。客户在申请验表期间，其电费仍应按期交纳，验表结果确认后，再行退补电费。

第一百零二条　供电企业对查获的窃电者，应予以制止，并可当场中止供电。窃电者应按所窃电量补交电费，并承担补交电费三倍的违约使用电费。拒绝承担窃电责任的，供电企业应报请电力管理部门依法处理。窃电数额较大或情节严重的，供电企业应提请司法机关依法追究刑事责任。

（4）《供电服务标准》（Q/GDW 10403—2021）7.3.3 服务礼仪：当客户的要求与政策、法律、法规及公司制度相悖时，应向客户耐心解释，争取客户理解，做到有理有节。遇有客户提出不合理要求时，应向客户委婉说明。不得与客户发生争吵。

（5）《供用电监督管理办法》中华人民共和国定力工业部令第 4 号

第六条　供用电监督人员在依法执行监督检查公务时，应出示《供用电监督证》。被检查的单位应接受检查，并根据监督人员依法提出的要求，提供有关情况、回答有

关询问、协助提取证据、出示工作证件等。第七条规定：供用电监督人员依法执行监督检查公务时，应遵守被检查单位的保卫保密规定；现场勘查不得直接或替代他人从事电工作业，也不得非法干预被检查单位正常的生产调度工作。

案例点评

用电检查工作人员经常深入客户，是供电服务的前沿阵地，现场服务工作存在诸多不确定因素，对现场检查工作人员的综合素质是一个极大的考验。本案例现场用电检查工作人员缺乏优质服务相关理论知识学习，缺乏与客户的沟通技巧，缺乏自我情绪管理，最终导致客户投诉。

优质服务是电力企业的生命线，是电力企业拓展市场的通行证，是打造电力品牌的根本途径。在电力体制改革逐步向纵深发展、工作头绪多、任务相当繁重的特殊情况下，我们一定要牢牢绷紧优质服务这根弦，最终达到“始于客户要求，终于客户满意”的目标。

二、营业投诉篇

案例 18　电费收缴不规范，业务不熟遭投诉

案例分类

投诉工单—营业投诉—电价电费—电价电费

摘要

某年 6 月 17 日，客户到某营业厅办理卡表购电业务，营业厅工作人员告知客户在网上交纳电费，客户由于年龄较大，习惯用现金支付，并且坚持使用现金结算，工作人员为其办理业务时，客户缴纳 300 元但购电卡错误的写入 200 元，客户回家后插卡发现购售错误。随即拨打 95598 服务热线进行投诉。涉事某营业厅调查后发现确实存在错误，向客户致歉并对购电卡金额进行追补。

案例内容

6 月 17 日上午 9 时 30 分左右，客户王先生到营业厅办理卡表购电业务，缴费方式为现金交纳，但营业厅现场工作人员要求该客户使用微信进行缴费，客户表示由于年龄较大不会使用微信、支付宝等网上支付工具，要求使用现金结算。营业厅工作人员按照客户要求充值 300 元，客户回家插卡后显示只有 200 元，购电金额与实际缴费不符，随后拨打 95598 服务热线对其事件进行投诉，同时反映营业厅人员拒收现金情况。

6 月 18 日涉事电价电费投诉的营业厅接到工单后，营业厅主管通过电话联系客户，调查电价电费投诉事件成因过程后进行回单，处理部门回复调查结果：经核实 6 月 17 日上午 9 时多客户到供电所营业厅进行卡表购电缴费，因上级要求推广线上缴费并且有指标考核，营业厅工作人员要求客户使用微信缴费，因客户当场拒绝并坚持使用现金缴费，工作人员没有坚持现场推广给客户进行了业务办理。但客户在充值缴费时，由于卡表系统故障，实际只写卡成功 200 元。工作人员没有在第一时间发现电费收缴异常，在当日下午 17 时下班结款时，营业厅工作人员才发现多出 100 元，由于系统中没有该客户联系方式，无法第一时间联系客户造成客户投诉。客户已于 6 月 19 日上午 9 时 12 分来营业厅，现已将 100 元电费补记入购电卡中。

国家电网公司客户服务中心南方分中心客服专员于 6 月 29 日 17 时拨打王先生电话进行回访，王先生表示工作人员已经通过电话联系并致歉，他本人已在投诉日第二日到营业厅进行了购电卡金额的补齐，表示对处理结果满意。

存在问题

（1）营业厅工作人员服务风险意识不强。中老年人习惯于传统的支付方式，推广线上渠道需要看客户的接受能力，而不是一刀切。

（2）《国网营销部关于做好老年人客户差异化服务工作的通知》通知宣贯不到位：为充分适应我国老龄化进程，切实解决在加快推进供电服务智能化、线上化的过程中，部分老年人等特定群体不会上网、不会使用智能手机等面临的不适用问题，主动践行央企责任，对老年人客户做好差异化保障服务，使各类客户都能享受到便捷、高效的供电服务。

（3）涉嫌模糊虚假回复工单问题。经与系统项目组人员沟通，系统维护人员认为系统故障不会出现实际缴费 300 元而只到账 200 元的情况发生，可能存在人为疏忽失误情况，相关部门应高度重视客户诉求处理质量，杜绝工单虚假回复，避免客户诉求升级。

（4）工单回复内容存在答复不全面。客户投诉表示营业厅拒收现金，处理部门回复内容表述因上级要求推广线上缴费并且有指标考核，所以要求客户线上缴费，但回单未明确是否存在拒收现金的问题，没有针对客户诉求进行答复。

（5）营业厅收费业务管理执行不到位。坐收人员没有按照相关规定和要求执行唱收唱付，告知客户应交金额和收费明细，造成错误。

建议举措

（1）加强营业窗口适老保障。营业厅应适当保留一定数量的人工服务窗口，满足老年人基础服务需求，针对不同受众群体开展多种渠道推广模式。合理引导线上渠道缴费工作，进一步提升业务人员沟通技巧及沟通水平。利用多种方式宣传线上缴费优势，避免强硬推广引发客户不良感知，进一步加强工作人员沟通技巧培训，提升工作人员与客户沟通水平和服务质量。

（2）加强工单回复质量。回单人员应充分了解工单反映内容，调查事件起因、过程等问题成因，明晰事件发生及进展情况，在全面了解情况下进行工单回复；工单回复内容应简明扼要、意见明确、真实完整、逻辑正确；工单回复内容应紧密围绕客户诉求，针对诉求进行逐一、全面答复（含催办内容）；工单回复应提供相关诉求佐证材料。

（3）严格规范营业厅收费业务管理，明确差错业务责任追究。该缴费差错原因皆因业务收费人员未执行“唱收、唱付”、认真核对客户缴费信息引起，相关部门应加强营业厅收费业务管理，强调办理业务时客户信息核对工作重要性，提高营业人员工作责任心，明确差错业务责任追究，避免因人为疏忽或操作失误给客户带来不便。

政策依据

（1）《供电服务标准》（Q/GDW 10403—2021）：

5.1.8.6 客户来办理业务时，应主动接待，并适当进行电子渠道的推广，不得怠慢客户。

5.1.8.7 实行首问负责制、一次性告知和限时办结制。

6.7.5.2 坐收时，收费人员应核对户号、户名、地址等信息，告知客户应交电费金额及收费明细，避免错收，收费后应主动向客户提供收费发票。与客户交接钱物时，应唱收唱付，轻拿轻放，不抛不丢。

7.1.2 真心实意为客户着想，尽量满足客户的合理用电诉求。对客户的咨询等诉求不推诿，不拒绝，不搪塞，及时、耐心、准确地给予解答。用心为客户服务，主动提供更省心、更省时、更省钱的解决方案。

7.2.1 熟悉国家的电力相关政策、法律、法规的相关规定，掌握公司优质服务基本要求、沟通技巧、业务知识等。

7.2.2 熟知本岗位的业务知识和相关技能，岗位操作规范、熟练，具有合格的专业技术水平。

7.2.3 严格执行供电服务相关工作规范和质量标准，保质保量完成本职工作，为客户提供专业、高效的供电服务。

7.3.2 为客户提供服务时，应礼貌、谦和、热情。与客户会话时，使用规范化文明用语，提倡使用普通话，态度亲切、诚恳，做到有问必答，尽量少用生僻的电力专业术语，不得使用服务禁语。工作发生差错时，应及时更正并向客户致歉。

7.4.3 由供电营业厅受理客户缴费申请开始，告知客户账户信息、收取电费、向客户开具收费凭证等，服务流程结束。

（2）《国家电网有限公司员工服务“十个不准”》国家电网办〔2020〕16 号第六条不准漠视客户合理用电诉求、推诿搪塞怠慢客户。

（3）《国家电网有限公司 95598 客户服务业务管理办法》国家电网企管〔2019〕907 号附件 3 国家电网有限公司 95598 一般诉求业务处理规范。

回单审核

国网电动汽车公司，国网电商公司，省营销服务中心，地市、县公司对回单质量进行审核，对工单质量或处理意见不符合要求的，应注明回退原因后将工单回退至业务处理部门再次处理。工单回复审核时发现工单回复内容存在以下问题的，应将工单回退：未对客户提出的诉求进行答复或答复不全面、表述不清楚、逻辑不对应的；未

向客户沟通解释处理结果的（除匿名、保密工单外）；应提供而未提供相关诉求处理依据的；承办部门回复内容明显违背公司相关规定；其他经审核应回退的。

案例点评

该案例折射出以下营业厅服务问题：一是营业厅工作人员没有科学有效的工作方式方法，对现有的规章制度生搬硬套，对上级指示要求与实际工作未能很好地融会贯通，不结合实际工作情况生硬执行；二是工单回复避重就轻，回避问题主要原因，强调推广线上交费指标完成率，转嫁系统原因错误，没能从自身寻找原因；三是服务意识较差，发现错误后没有客户联系方式，也未做任何补救措施实属不当。

“你用电、我用心”从来都不是口号，而是要实实在在想客户所想，急客户所急，使广大客户享受高效、便捷、优质的供电服务（见图 1-7）。

图 1-7　客服工作现场图

案例 19　发票管理不规范，客户往返遭投诉

案例分类

投诉工单—营业投诉—电价电费—电价电费

摘要

2018 年 1 月 21 日，客户李女士到百货大楼邮政网点缴费未获取电费发票，邮政人员告知客户周日不能开具发票（实事为该网点为营业站的托收网点）。

2018 年 1 月 24 日，客户李女士到建设路营业厅开具发票，营业厅要求客户去朝阳道红星楼开发票，李女士到朝阳道红星楼后其工作人员告知客户发票已被领走，遭到客户质疑后该工作人员又重新查询答复客户：2018 年 1 月 21 日缴费发票还未开出，此处没有权利开具发票，要由当地供电公司开出发票后送到该地点客户才能领取，且告知客户该地点开发票是按客户缴费的先后顺序开具。客户表示不满随后拨打投诉电话。

案例内容

2018 年 1 月 24 日李女士来电反映 1 月 21 日在百货大楼邮政网点缴费后要求开具发票，邮政人员告知客户星期日不能开票（实事为该网点为营业站的托收网点）。

同年 1 月 23 日李女士去建设路营业厅开发票，营业厅营业窗口工作人员告知客户自己是业扩人员，开具电费发票人员现在不在，让客户等候，大约 3 分钟后，开具电费发票人员回来，告知客户该业务不归他们管，让客户去朝阳道红星楼营业厅开发票。李女士到朝阳道红星楼后，工作人员告知客户发票已被领走，遭到客户质疑后该工作人员又重新查询答复客户：2018 年 1 月 21 日电费发票还未开出，此处没有权利开具发票，开票流程是由供电公司统一开出发票后送至托收网点客户才能领取，且告知客户开发票是按客户缴费的先后顺序开具，客户表示不满随后拨打投诉电话。

处理部门回复调查结果：供电公司每月在出账后统一打印电费发票，15 日前送至各营业厅，不具备打印条件的客户需向供电公司提供税号、开户行、银行账号、注册地址、电话信息，信息齐全后由供电公司负责打印，该投诉人票据信息齐全，故在 1 月 11 日打印发票完毕后 12 日送至朝阳道红星楼营业厅。

李女士 1 月 21 日在百货大楼附近邮政储蓄缴费，并非因周末无法提供发票，而是该网点仅能代收电费，非提供电费发票网点（邮政储蓄人员错误解释）。

李女士在 1 月 24 日到建设路营业厅开具发票，业扩人员存在推诿搪塞现象，收费工作人员存在短暂离岗现象，人员到岗后又让客户去朝阳道红星楼开具发票。客户随后持 1 月 21 日在百货大楼邮政储蓄缴费后的收据来到朝阳道红星楼营业厅换领电费发票，红星楼工作人员答复已经领取（答复错误），遭客户质疑再次答复发票未开出且开具发票是按照客户缴费的先后顺序开具（答复依然错误）。

邮政储蓄工作人员告知错误，建设路营业厅业扩人员推诿搪塞，收费人员短暂离岗，朝阳道红星楼工作人员业务不熟练，未能提供优质服务，造成客户往返属实。现客户已取得发票。目前涉事营业厅已为客户提供电费发票，今后供电公司将加强与代收营业网点的工作协调，改进营业代收网点发票管理，按照知识库规定，避免类似投诉发生。客户非常满意。

存在问题

（1）邮政代收营业网点服务意识淡薄，业务能力水平较低。李女士 2018 年 1 月 21 日去百货大楼邮政营业代收点，代收点服务人员不了解电费发票托管流程，告诉客

户不能实时领取的原因是因为周日不能开具发票，存在告知错误，错误引导客户。

（2）建设路营业厅工作人员责任心不强，李女士 2018 年 1 月 23 日去营业厅开具电费发票，业扩工作人员告知客户收费员不在，让客户等待；收费人员存在短暂离岗现象，到达岗位后又让客户李女士去朝阳道红星楼开具发票。存在漠视客户合理用电诉求、推诿搪塞怠慢客户。

（3）朝阳路红星楼营业厅业务不熟练、服务意识淡薄。营业厅虽然为客户查询到电费发票已经在 1 月 11 日打印完毕统一送至朝阳路红星楼站点托收，但相关营业人员业务不熟练且服务意识淡薄，没有关注客户已经经历了 3 次的往返，存在漠视客户合理用电诉求、推诿搪塞怠慢客户。

（4）邮政代收营业网点、建设路营业厅、朝阳路红星楼营业厅均存在首问负责制落实不到位现象，没有在第一时间解决客户诉求，造成客户多次往返，最终形成投诉。

（5）营业厅工作人员短暂离岗没有摆放“暂停服务”标志。

建议举措

（1）加强邮政托收营业网点人员服务培训、工作流程、业务能力等综合素质的提升。外部人员的素质和业务技能参差不齐，迫切需要快速转变观念，全面提升综合素质。

（2）加强各个营业厅工作人员首问负责制落地。各层级营业厅工作服务人员应当为客户提供热情、周到、及时、准确、满意的服务，强化服务意识，信守职业道德，牢固树立服务基层、服务员工、服务社会的思想观念，加强业务学习，不断提高业务工作能力和管理水平。

（3）建设路营业厅工作人员应严格执行营业服务规范，短暂离岗应列示“暂停服务”标志。

政策依据

（1）《供电服务标准》（Q/GDW 10403—2021）：

5.1.8.3　营业人员必须提前做好各项营业准备工作，准点上岗，按照公告时间准时营业。因故必须暂时停办业务时，应列示“暂停服务”标志。临下班时，对于正在处理中的业务应照常办理完毕后方可下班。下班时如厅内仍有等候办理业务的客户，应继续办理。

5.1.8.4　实行首问负责制、一次性告知和限时办结制。居民客户收费办理时间一般每件不超过 5 分钟，用电业务办理时间一般每件不超过 20 分钟。

7.1.2　真心实意为客户着想，尽量满足客户的合理用电诉求。对客户的咨询等诉求不推诿，不拒绝，不搪塞，及时、耐心、准确地给予解答。用心为客户服务，主动提供更省心、更省时、更省钱的解决方案。

7.2.2　熟知本岗位的业务知识和相关技能，岗位操作规范、熟练，具有合格的专业技术水平。

7.2.3　严格执行供电服务相关工作规范和质量标准，保质保量完成本职工作，为客户提供专业、高效的供电服务。

7.3.2　为客户提供服务时，应礼貌、谦和、热情。与客户会话时，使用规范化文明用语，提倡使用普通话，态度亲切、诚恳，做到有问必答，尽量少用生僻的电力专业术语，不得使用服务禁语。工作发生差错时，应及时更正并向客户致歉。

（2）《国家电网有限公司员工服务“十个不准”》国家电网办〔2020〕16 号第六条不准漠视客户合理用电诉求、推诿搪塞怠慢客户。

案例点评

该案例反映出代收营业网点和营业厅的供电服务问题，一是代收营业网点服务意识淡薄，营业工作人员在不了解工作流程的情况下，依据自己个人理解错误指引客户，如果客户按照网点人员错误指引那么势必造成重复往返；二是营业厅工作人员未做到首问负责制落地实施，推诿搪塞怠慢客户；三是营业厅工作人员短暂离岗未按照供电服务标准要求执行，没有摆放“暂停服务”标志；四是根据供电服务标准要求，营业厅工作人员在为客户提供服务时，应礼貌、谦和、热情。

类似案例

受理内容：某市某区客户反映：到某供电营业厅领取发票，工作人员让其提供户主身份证，告知客户是税务局的通知，客户是自助终端缴费（有缴费凭条），经知识库系统查询有缴费凭条就可以领取发票，与实际不符，客户表示不满，提出投诉。

处理情况：属实。经核实，4 月 30 日客户来某营业厅打印增值税普通发票。由于客户第一次打印发票，按照某供电公司电费部门联合税务局要求，必须携带：房主身份证复印件或房本复印件或购房合同、电费通知单或缴费凭证、办理人的身份证复印件方可打印发票。但由于某分中心未及时更新知识库造成国网客服查询有凭条就可以领取发票。现客户已拿户主身份证复印件在营业厅打印发票成功。

本案例中暴露出如下问题：

95598 知识库是解答客户用电诉求的重要支撑依据，也是是否派发 95598 业务工单的重要依据，部分处理部门对 95598 知识库信息不够重视，不能保证知识库信息准确性以及报送及时性，造成答复客户内容与实际不符引发客户不满；工作人员缺乏与客户沟通技巧，遇到突发情况未能妥善安抚客户情绪、解决客户诉求（见图 1-8）。

图 1-8 调控中心工作场景图

案例 20 拒收个人零星费，服务推诿遭投诉

案例分类

投诉工单—营业投诉—电价电费—电价电费

摘要

某年 10 月 25 日，客户到某营业厅办理电费交纳业务（客户实际为预付电费），营业厅工作人员拒绝收取个人电费缴纳，并且强调自己只对片区电工收取整个片区的电费，要求客户交到片区电工那里。次日客户再次来到营业厅，营业大厅虽然准时开门，但工作人员还在仪容仪表整理没有正式上岗，客户等待将近 20 分钟，终于等到片区电工，电工提出让客户添加片区电工微信才能缴费，客户经历重复往返和等待，随即拨打 95598 投诉电话。经涉事营业厅核实后，该投诉属实且供电公司责任，已联系客户为其办理预付电费缴纳，并对责任人提出教育批评，同时加强人员责任意识及业务素质提升，严格首问负责制，耐心为客户服务，减少投诉发生。

案例内容

某年 10 月 25 日下午 16 时 30 分左右，客户刘女士到营业厅办理电费交纳业务，

工作人员让客户去网上国网或线上支付平台缴费，客户表示不会用线上支付方式交纳电费，要求用现金进行结算，但营业厅交费窗口的一位女性工作人员拒绝收取电费，让刘女士去找负责她片区的电工进行缴费，该收费人员表达她只对电工收取整个片区的费用，不对个人零星收取。随后工作人员拨打所属片区电工电话，电工表示当天有事情在外面，第二天才有时间让客户次日再来。

同年 10 月 26 日上午 8 时 30 分刘女士再次来到营业厅，当时营业厅内只有保安，没有工作人员，通过向保安询问，保安说营业员正在换装，让客户耐心等待。大约过了十多分钟一位男性工作人员进入柜台，刘女士询问缴费事项并强调说昨天一位女性工作人员让她向片区电工交纳电费，男性工作人员说自己是负责业务受理，不负责电费收缴，让客户继续等待。又等了几分钟，昨日接待客户的收费人员到岗，看到客户后收费人员主动联系片区电工，片区电工要求客户添加自己微信缴费，客户感觉交纳电费不需要添加微信好友也能交纳，对于片区电工的做法，客户很不满意随即拨打 95598 投诉电话，将前期发生的事情一并投诉。

处理部门回复调查结果：10 月 26 日涉事电费收缴投诉的营业厅接到工单后，经营业厅音视频监控核实，客户反映问题属实。客户于 10 月 25 日 16 时 28 分进入营业厅办理电费交纳事宜，客户表示不会使用线上支付方式缴费，工作人员告知客户需找电工处理，营业厅不收电费，或者可等电工出电费单据的时候再缴费，并告知客户只收取电工上缴的电费，不收取客户自行缴费。16 时 52 分客户离开营业厅。

通过系统核实客户已在 10 月 17 日缴纳过 10 月份电费 79.87 元，10 月 25 日到营业厅办理预交电费的问题，工作人员建议客户如果想预存电费联系片区电工使用线上缴费更方便，客户表示不会使用线上支付方式缴费，工作人员让其找电工学习。现在预交电费无法提供电费票据，因此不收取客户电费。经进一步了解，客户所使用的电话为老年机，没有网络缴费条件，客户自身也从未使用手机上过网或缴纳其他费用，对电子信息不够了解，现工作人员已联系客户解决客户预收电费问题。针对此类投诉公司将联系上级部门，完善算费系统，满足客户缴费需求，同时加强营业厅人员责任意识及业务素质，严格首问负责制，耐心为客户服务，减少此类投诉。

国家电网公司客户服务中心南方分中心客服专员于 11 月 2 日 17 时拨打刘女士电话进行回访，刘女士表示工作人员已上门办理了缴费业务，表示对处理结果满意。

存在问题

（1）营业厅工作人员漠视客户合理用电诉求、推诿搪塞怠慢客户较为严重。客户交纳预付电费，供电营业厅工作人员没有了解客户实际需求，直接拒收个人业务办理，只接受片区电工化零为整的做法错误严重。

（2）违反《国网营销部关于做好老年人客户差异化服务工作的通知》通知要求：为充分适应我国老龄化进程，切实解决在加快推进供电服务智能化、线上化的过程中，部分老年人等特定群体不会上网、不会使用智能手机等面临的不适用问题，主动践行

央企责任，对老年人客户做好差异化保障服务，使各类客户都能享受到便捷、高效的供电服务。

（3）工单回复避重就轻。工单内容对客户预交电费无法提供预交电费票据原因没有说明，且该项解释不能成为无法收取客户预交电费的原因。

（4）营业厅工作人员违反首问负责制。营业厅业务和收费人员均存在推诿搪塞怠慢客户现象，首问负责制没有真正落地实施。

（5）营业厅营业时间未按对外公示执行。营业厅工作人员仪容仪表整理时间不应该占用工作时间。

建议举措

（1）加强营业窗口适老保障，营业厅应适当保留一定数量的人工服务窗口，满足老年人基础服务需求，针对不同受众群体开展多种渠道推广模式。合理引导线上渠道缴费工作，进一步提升业务人员沟通技巧及沟通水平。利用多种方式宣传线上缴费优势，避免强硬推广引发客户不良感知，进一步加强工作人员沟通技巧培训，提升工作人员与客户沟通水平和服务质量。

（2）加强工单回复质量。回单人员应充分了解工单反应内容，调查事件起因、过程等问题成因，明晰事件发生及进展情况，在全面了解情况下进行工单回复；工单回复内容应简明扼要、意见明确、真实完整、逻辑正确；工单回复内容应紧密围绕客户诉求，针对诉求进行逐一、全面答复（含催办内容）；工单回复应提供相关诉求佐证材料。

（3）提高营业厅工作人员综合素质。一是严格落实国家电网有限公司员工服务十个不准，不准推诿搪塞怠慢客户；二是严格执行供电服务标准为客户提供服务时，应礼貌、谦和、热情。与客户会话时，使用规范化文明用语，提倡使用普通话，态度亲切、诚恳，做到有问必答；三是严格执行对外公示营业时间，不得以任何理由和借口延误工作。

政策依据

（1）《供电服务标准》（Q/GDW 10403—2021）：

5.1.8.3：营业人员必须提前做好各项营业准备工作，准点上岗，按照公告时间准时营业。因故必须暂时停办业务时，应列示“暂停服务”标志。临下班时，对于正在处理中的业务应照常办理完毕后方可下班。下班时如厅内仍有等候办理业务的客户，应继续办理。

5.1.8.4：实行首问负责制、一次性告知和限时办结制。居民客户收费办理时间一般每件不超过 5 分钟，用电业务办理时间一般每件不超过 20 分钟。

7.3.2：为客户提供服务时，应礼貌、谦和、热情。与客户会话时，使用规范化文明用语，提倡使用普通话，态度亲切、诚恳，做到有问必答，尽量少用生僻的电力专业术语，不得使用服务禁语。工作发生差错时，应及时更正并向客户致歉。

（2）《国家电网有限公司员工服务“十个不准”》国家电网办〔2020〕16 号第六条不准漠视客户合理用电诉求、推诿搪塞怠慢客户。

（3）《国家电网有限公司 95598 客户服务业务管理办法》国家电网企管〔2019〕907 号附件 3 国家电网有限公司 95598 一般诉求业务处理规范

回单审核

国网电动汽车公司，国网电商公司，省营销服务中心，地市、县公司对回单质量进行审核，对工单质量或处理意见不符合要求的，应注明回退原因后将工单回退至业务处理部门再次处理。工单回复审核时发现工单回复内容存在以下问题的，应将工单回退：未对客户提出的诉求进行答复或答复不全面、表述不清楚、逻辑不对应的；未向客户沟通解释处理结果的（除匿名、保密工单外）；应提供而未提供相关诉求处理依据的；承办部门回复内容明显违背公司相关规定；其他经审核应回退的。

案例点评

供电营业厅是电力企业的窗口，是服务广大客户的平台，通过本案例暴露出一些人员责任心不强，工作态度不认真，急需提高营业厅工作人员综合素质。一是严格落实国家电网有限公司员工服务十个不准，不准推诿搪塞怠慢客户；二是严格执行供电服务标准为客户提供服务时，应礼貌、谦和、热情。与客户会话时，使用规范化文明用语，提倡使用普通话，态度亲切、诚恳，做到有问必答；三是严格执行对外公示营业时间，不得以任何理由和借口延误工作。

案例 21　旧伤未好添新痕，服务不佳遭投诉

案例分类

投诉工单—营业投诉—电价电费—电价电费

摘要

2019 年 5 月 23 日，客户吕先生致电 95598 反映半年前自家房屋建造，申请三相临时用电，当时电工收取 240 元预收电费，但未提供任何发票或票据，接电还是客户自己另外找的电工进行接线，今年房屋建成，进行低压居民正式用电申请，给电工打电话，但电工回复说有时间了再装表接电，客户感觉两次两件事情都没有得到解决，

随即拨打 95598 投诉电话。后涉事单位工作人员对客户进行道歉，并完成低压居民新装用电申请及送电工作。

案例内容

2019 年 5 月 23 日 9 时 20 分左右，客户吕先生致电 95598 反映自己在半年前家中盖房申请三相临时用电，当时电工张某收取客户吕先生 240 元电费，但未向客户提供任何发票或收据，电工张某也未帮忙接电，因房屋建设着急用电便自行找人接电。

如今过去半年房屋已建成，准备申请正式居民新装用电，客户吕先生再次联系电工张某，电工张某答复说“什么时间有空了，什么时候再安装”，客户觉得半年前收了 240 元电费不明不白，如今正式新装用电又好像遥遥无期，随即拨打投诉热线。

处理部门回复调查结果：客户反映问题属实。经核实，张某为某供电所电工，客户于 2018 年 11 月到营业厅办理临时用电业务，现场勘查后电工张某发现客户不具备安装表计的条件，向客户收取了 240 元预交电费。由于电工不知预收电费能走 SG186 系统，未将钱交到电力公司，所以没有电费发票给客户。因电工当时有其他工作也未能帮客户接电，故客户侧产权内线由客户自行找人完成接电。

客户于 2019 年 5 月 23 日再次到营业厅办理低压居民新装，营业厅告知电工为其接电，客户因着急故打电话催促电工，电工告知客户会在规定的时间内帮其安装。现工作人员已经联系客户并为客户办理了低压居民新装业务，对电工收取费用未入账及服务态度问题表示了歉意，目前客户于 2019 年 5 月 23 日 14 时送电。

后经审核查询除工单投诉问题还发现 SG186 系统显示 10 时 29 分完成业扩新装流程，是由于业务员白某提前完成流程使系统时间与实际不符问题。

国家电网公司客户服务中心南方分中心客服专员于 6 月 20 日 17 时拨打刘女士电话进行回访，刘女士表示工作人员已上门办理了缴费业务，表示对处理结果满意。

存在问题

（1）临时用电办理违反供用电营业规则，安装用电计量装置，不具备安装条件的也应安装客户的用电容量、使用时间规定的电价去计收电费。但通过客户描述和后续工单反馈，临时用电电费收取由电工随意收取，不符合相关制度标准。

（2）营业厅业务工作流程及管理严重混乱。一是收取客户 240 元电费，不知道系统可以预收电费，客户如果不打电话，那么电费一直在电工处；二是 5 月 23 日，客户办理低压居民新装用电，营业厅未按照安装流程进行受理、勘察、答复客户，而是直接告知电工为客户接电；三是客户 5 月 23 日上午 9 点多投诉，系统工单在 10 点半左右已经完成全部流程，事实现场当天下午 14 点送电，工单系统流程与实际时间不符。

（3）工单回复内容不完善。工单内未针对临时用电的结果作出详细说明，只说明客户侧产权是由客户自行解决，客户侧产权供电公司不负责，供电侧的临时用电工单内容没有体现；电工预收客户 240 元电费，工单内容未体现是否进入系统，另外没有佐证这 240 元电费的来龙去脉，是根据那些负荷计算出来的。

（4）电工随意性较为严重。不论是回答客户诉求问题还是收取预收电费，电工身为电力人没有电力人的责任感和使命感，回答客户敷衍了事，收取电费不闭环。

建议举措

（1）提高营业厅业务人员业务水平。客户办理低压居民用电申请，业务人员没有受理过程，没有现场勘查直接告知电工进行接电，不懂基本流程，业务水平急需提升。

（2）加强工单回复质量。回单人员应充分了解工单反应内容，调查事件起因、过程等问题成因，明晰事件发生及进展情况，在全面了解情况下进行工单回复；工单回复内容应简明扼要、意见明确、真实完整、逻辑正确；工单回复内容应紧密围绕客户诉求，针对诉求进行逐一、全面答复（含催办内容）；工单回复应提供相关诉求佐证材料（应在工单附件中上传预收电费系统截图）。

（3）严格执行相关规章制度。一是杜绝系统流程与实际操作两张皮，系统流程应严格按照现场实际工作开展；二是杜绝系统工单体外流转，任何单位或个人新装用电，都应事先到供电企业用电营业场所提出申请，办理手续；三是临时用电的客户，应安装电能计量装置。经现场勘查人员确认不具备安装条件的，才可以按照用电容量、使用时间、规定电价计收电费。

（4）外勤人员综合素质有待提高。外勤人员时时刻刻都在接触客户，不论在优质服务上还是业务办理中，外勤人员的形象和业务能力水平都代表着公司的形象，所以提升外勤人员综合素质迫在眉睫。

政策依据

（1）《供电营业规则》中华人民共和国电力工业部令（第 8 号）。

第十六条　任何单位或个人需新装用电或增加用电容量、变更用电都必须按本规则规定，事先到供电企业用电营业场所提出申请，办理手续。供电企业应在用电营业场所公告办理各项用电业务的程序、制度和收费标准。

第十八条　客户申请新装或增加用电时，应向供电企业提供用电工程项目批准的文件及有关的用电资料，包括用电地点、电力用途、用电性质；用电设备清单、用电负荷、保安电力、用电规划等，并依照供电企业规定的格式如实填写用电申请书及办理所需手续。新建受电工程项目在立项阶段，客户应与供电企业联系，就工程供电的可能性、用电容量和供电条件等达成意向性协议，方可定址，确定项目。未按前款规

定办理的，供电企业有权拒绝受理其用电申请。如因供电企业供电能力不足或政府规定限制的用电项目，供电企业可通知客户暂缓办理。

第十九条　供电企业对已受理的用电申请，应尽速确定供电方案，在下列期限内正式书面通知客户：居民客户最长不超过五天；低压电力客户最长不超过十天；高压单电源客户最长不超过一个月；高压双电源客户最长不超过二个月。若不能如期确定供电方案时，供电企业应向客户说明原因。客户对供电企业答复的供电方案有不同意见时，应在一个月内提出意见，双方可再行协商确定。客户应根据确定的供电方案进行受电工程设计。

第三十八条　客户新装、增装或改装受电工程的设计安装、试验与运行应符合国家有关标准；国家尚未制订标准的，应符合电力行业标准；国家和电力行业尚未制定标准的，应符合省（自治区、直辖市）电力管理部门的规定和规程。

第四十七条　供电设施的运行维护管理范围，按产权归属确定。责任分界点按下列各项确定：公用低压线路供电的，以供电接户线客户端最后支持物为分界点，支持物属供电企业。

第七十六条　临时用电的客户，应安装用电计量装置。对不具备安装条件的，可按其用电容量、使用时间、规定的电价计收电费。

（2）《国家电网有限公司员工服务“十个不准”》国家电网办〔2020〕16 号第六条不准漠视客户合理用电诉求、推诿搪塞怠慢客户。

（3）《供电服务标准》（Q/GDW 10403—2021）：

7.3.2　为客户提供服务时，应礼貌、谦和、热情。与客户会话时，使用规范化文明用语，提倡使用普通话，态度亲切、诚恳，做到有问必答，尽量少用生僻的电力专业术语，不得使用服务禁语。工作发生差错时，应及时更正并向客户致歉。

（4）《国家电网有限公司 95598 客户服务业务管理办法》国家电网企管〔2019〕907 号附件 3 国家电网有限公司 95598 一般诉求业务处理规范。

回单审核

国网电动汽车公司，国网电商公司，省营销服务中心，地市、县公司对回单质量进行审核，对工单质量或处理意见不符合要求的，应注明回退原因后将工单回退至业务处理部门再次处理。工单回复审核时发现工单回复内容存在以下问题的，应将工单回退：未对客户提出的诉求进行答复或答复不全面、表述不清楚、逻辑不对应的；未向客户沟通解释处理结果的（除匿名、保密工单外）；应提供而未提供相关诉求处理依据的；承办部门回复内容明显违背公司相关规定；其他经审核应回退的。

案例点评

本案例存在供电营业厅员工和供电所电工没有严格按照供电服务相关规章制度及规范流程办理业务，一是营业厅员工未在窗口受理报装接电业务，而是告知客户拨打电工电话，违反首问负责制及推诿搪塞怠慢客户等问题；二是供电所电工预收客户电费未入账，对待客户需求简单粗暴，言语沟通较差，影响供电企业形象；三是遭客户投诉后，业扩报装流程体外流转，系统完成时间早于工单回复送电时间；四是工单回复质量有待提升（见图 1-9）。

图 1-9　工作环境图

案例 22　窃电查处不规范，电费滞留遭投诉

案例分类

投诉工单—营业投诉—业务收费—收费规则

摘要

2018 年 10 月，供电公司在打击窃电违法专项行动中发现客户窃电，未向客户说明原因便强制要求客户缴纳 1500 元罚金，客户认为供电公司就是“电老虎”，想收多少就收多少，于是拨打 95598 投诉。投诉后供电公司解释 1500 元罚金含窃电罚款 1123.2 元及预存电费 376.8 元，之后客户同意交纳。

因预存电费一直未到账，客户于 2019 年 1 月再次拨打 95598 查询电费到账情况，经客服人员系统核实，未查询到客户户号预存电费入账记录，系统内也无窃电处理相关流程，客户认为工作人员就是巧立名目乱收费、中饱私囊。

案例内容

2018 年 10 月 1 日 16 时，户号为 11××21 的客户李先生拨打 95598 投诉供电公司

乱收费。当天 15 时 10 分左右，有两位供电公司工作人员到客户家大力敲门，并在电表处拍照说客户有窃电行为，随后让客户缴纳 1500 元罚金。客户对 1500 元提出疑问，工作人员态度强硬地指着客户说“你承不承认窃电、再不承认就抓走你”。客户承认窃电，但对 1500 元罚款不认可，认为供电公司就是“电老虎”，行事太霸道，想收多少就收多少，要求解释为何罚款是 1500 元。

供电部门于 10 月 12 日 17 时 25 分回复处理情况：属实，是供电公司责任。经核实，客户 11××21 在打击窃电违法专项行动中被发现窃电，工作人员已现场拍照取证。依据此次专项行动某区政府《致广大居民的一封信》中规定：客户需缴纳窃电罚款 1123.2 元，之后供电公司给予更换电表，并在更换期间不断电，客户可继续使用至电表更换完毕。虽然区政府未要求预存电费，因零钱不足，且为方便用电，建议客户预存电费，故向客户收取 1500 元（含预存电费 376.8 元）。已向客户解释清楚，客户同意凑整，预存 376.8 元电费到账户。因客户对窃电罚款不认可，工作人员与客户沟通时态度有些强硬，已向客户致歉。

2019 年 1 月 14 日客户李先生再次拨打 95598，查询前期预存电费到账情况，客户表示工作人员在 1 个月前换表时告知换新表后需要同步，电费 1 月份可以到账，经客服人员系统核实，未查询到客户户号预存电费入账记录，系统内也无窃电处理相关流程，客户认为工作人员前期解释 376.8 元是预存电费都是骗人的，就是巧立名目乱收费、中饱私囊，要求供电公司尽快核实乱收费问题。

供电部门于 1 月 15 日回复处理情况：2019 年 1 月 15 日 10 时 30 分电话联系客户，客户反映情况属实，是供电公司责任。经核实，该客户于 2018 年 10 月 3 日缴纳窃电罚款 1123.2 元及预存电费 376.8 元，合计 1500 元。自 2018 年 9 月 30 日全市依法打击重点区域窃电违法犯罪专项行动以来，供电所各类业务陡增，因接受窃电处理、需更换电表客户较多，工作人员只能依序进行安装处理，故在 2018 年 12 月 8 日为该户更换新表，不存在工作人员说换表后需要同步、一月份可以到账的说法。因业务繁忙未能及时将客户预存电费存入客户账户，现已于 1 月 15 日 15 时 16 分将 376.8 元预收电费存入客户账户，该户窃电流程目前还未录入系统，供电所近期会统一安排补录。已将处理情况告知客户，客户表示理解。

存在问题

（1）工作人员未向客户解释窃电罚款金额如何计算得来，且在与客户沟通过程中服务态度强硬，给客户带来供电公司乱收费的感知。

（2）是否预存电费、预存多少应为客户自愿，工作人员在收取窃电罚款时，未征询客户意见，为凑整直接向客户收取 1500 元，存在强制预存电费的情况。

（3）客户 2018 年 10 月 3 日缴纳窃电罚款及预存电费，至 2019 年 1 月 14 日客户投诉两笔费用均未录入系统账户，存在滞留电费的情况。

（4）工作人员 2018 年 10 月 1 日查处窃电，2018 年 12 月才完成新表更换，至 2019

年 1 月中旬窃电流程仍未录入系统，责任单位存在窃电处理流程线下流转、工作效率低下的情况。

建议举措

（1）严格按照规范要求开展现场窃电查处工作，做好现场取证和客户签字确认工作，遇客户不配合、质疑窃电罚金等情况，应耐心向客户解释窃电罚款计算规则，说明窃电属于违法行为，情节严重将影响个人征信，规劝客户安全、合法用电，营造“诚信用电”的良好供用电氛围。

（2）预收电费应遵循客户自愿的原则，杜绝出现强制收费行为，避免给客户带来乱收费的不良感知。收取客户电费后应遵循电费“日清日结”的要求，及时入账，严禁截留、滞留电费资金，确保不发生电费资金安全事故。

（3）完善窃电处理及管理流程，在组织开展打击窃电违法专项行动前，合理规划查处窃电过程中的相关业务工作安排，做好人员调配，明确任务分工，确保各项工作有序、正常开展。同时健全窃电处理档案管理，实现质量可控、过程可溯、结果可查，坚决避免窃电流程线下流转。

政策依据

（1）《供电营业规则》第一百零三条：窃电量按下列方法确定：

1）在供电企业的供电设施上，擅自接线用电的，所窃电量按私接设备额定容量（千伏安视同千瓦）乘以实际使用时间计算确定；

2）以其他行为窃电的，所窃电量按计费电能表标定电流值（对装有限流器的，按限流器整定电流值）所指的容量（千伏安视同千瓦）乘以实际窃用的时间计算确定。窃电时间无法查明时，窃电日数至少以一百八十天计算，每日窃电时间：电力客户按 12 小时计算；照明客户按 6 小时计算。

（2）《供电服务标准》（Q/GDW 10403—2021）第七部分第一款第二条：真心实意为客户着想，尽量满足客户的合理用电诉求。对客户的咨询等诉求不推诿，不拒绝，不搪塞，及时、耐心、准确地给予解答。用心为客户服务，主动提供更省心、更省时、更省钱的解决方案。

（3）《供电服务标准》（Q/GDW 10403—2021）第七部分第三款第二条：为客户提供服务时，应礼貌、谦和、热情。与客户会话时，使用规范化文明用语，提倡使用普通话，态度亲切、诚恳，做到有问必答，尽量少用生僻的电力专业术语，不得使用服务禁语。工作发生差错时，应及时更正并向客户致歉。

（4）《国家电网有限公司电费抄核收管理办法》（国家电网企管〔2014〕717 号）第五章第五十三条：电费收取应做到日清日结，收费人员每日将现金交款单、银行进账单、当日实收电费汇总表传递至电费账务人员。

案例点评

坚决打击窃电行为，是供电公司维护自身合法利益的必要手段，在查处窃电过程中现场检查人员要树立依法合规查处违约用电、窃电行为意识，要严格按照规定的职权范围、程序处理违约用电、窃电行为，所有追补电费、违约使用电费应按规定进行追缴，并及时将现场检查情况录入系统，杜绝未按规定开展窃电查处工作、滞留电费或罚款等情况发生，影响供电企业形象。

现今，窃电方式越来越多样化，要彻底解决窃电问题，供电企业要进一步加强营销稽查监控运营管理，建立“线上+线下”反窃查违“三位一体”新模式，常态开展线上稽查、专项稽查及现场稽查，聚焦关键业务、重点问题、重要环节，全面排查“量价费损”、电力营商环境风险隐患；强化用电采集技术保障，加强技术反窃查违能力，推广应用反窃电稽查监控系统，探索反窃查违移动作业；强化横向专业协同、纵向各级联动，形成跨层级、跨专业齐抓共管的稽查工作合力，建立专业与稽查协同高效的闭环管控机制，充分发挥营销各专业质量管控主体责任和稽查监控对营销业务的监督与服务作用，强化稽查成果应用，针对稽查发现问题，协同专业做好风险溯源分析，从业务执行、流程环节、标准制度、专业协同等方面深入查找管理漏洞和服务问题，督促各专业从根源上进行整治，实现“发现一个、消除一片”的治理目标，推动营销风险管控由“事后治理”向“事前预防”转变，严控经营成果流失风险。

除不断完善稽查监控机制，提高稽查能力，加大检查力度外，在查处违约用电、窃电等行为过程中，应该同时广泛深入宣传电力法律法规，大力宣传窃电对社会的影响与危害，规劝客户安全、合法用电，充分运用征信等措施，规范征信警示流程和内容，完善电力客户的信用等级评定标准、守信激励和失信惩戒方法等相关内容，营造出“诚信用电”的良好供用电氛围，保护电力资源不再流失。

案例23　业扩报装乱收费，标准不明惹投诉

案例分类

投诉工单—营业投诉—业务收费—收费规则

摘要

两名客户分别到营业厅办理业扩报装业务，之后在现场施工过程中，均存在施工人员向客户收费的情况，引发客户对供电公司收费标准产生怀疑。

案例内容

事件 A：2021 年 4 月 15 日 10 时 25 分某市某县客户致电 95598，反映 4 月 1 日到大杖子营业厅办理低压非居民新装，资料齐全，营业厅工作人员受理后告知后续会有工作人员上门安装，让客户等待。直至今日有两名工作人员到客户家中装表，施工完成后工作人员表示需要收取“资料费、线费、表箱费、设计费”共 3500 元（客户未交），客户质疑此笔费用是否合理，要求供电公司尽快核实答复。

供电部门答复：属实，是供电公司责任。经核实，客户 2021 年 4 月 1 日 9 时到大杖子供电营业厅办理低压非居民新装业务，工作人员受理后因当日工作较多未及时录入系统，后在整理资料时发现客户报装材料，于 4 月 15 日派两名工作人员到客户现场施工。根据《供电营业规则》规定，以供电接户线客户端最后支持物为分界点，支持物属供电企业，即产权分界点以上（包括电表、表箱、电源线）由供电公司负责，无须客户承担费用，但产权分界点以下需客户自行承担费用。但因该两名工作人员新到营业厅，业务不熟练，未弄清楚产权分界点位置，故告知客户从大线到电表的电线均由客户出资，并且表箱也需要客户出资，大概 3500 元，即客户所述准备收取“资料费，线费，表箱费，设计费”费用 3500 元的情况，存在错误收费行为。已将上述情况向客户解释清楚并致歉，客户表示谅解。

事件 B：2021 年 2 月 8 日某市某县客户致电 95598，反映去年 11 月份到六道河供电营业厅申请办理电采暖业务，之后有 1 名自称是供电公司的工作人员（未穿工作服、无法确认是否为供电公司员工）到现场安装电表以及表箱，施工完成后向客户收取 2200 元费用，客户交费后向工作人员索要发票，工作人员告知安装费没有发票。近几日，客户发现村里其他客户办理电采暖业务时都是免费的。客户要求核实前期施工人员是否为供电公司员工、收费行为是否合理。

供电部门答复：属实，是供电企业责任。经核实，客户 2019 年 11 月 12 日到六道河供电营业厅申请办理电采暖业务，营业厅受理后安排工作人员到现场施工，客户所述工作人员是供电公司所派员工（确实未穿工作服）。工作人员现场施工时，发现客户侧缺少电线、开关、配电箱等材料，于是帮助客户购买材料花费 2200 元（材料为客户侧资产），并非向客户收取的安装费，因与客户缺乏沟通，造成客户误会。其他客户安装电采暖没有花钱，是因为其他客户材料齐全。已将上述情况向客户解释清楚，客户表示认可。

存在问题

（1）事件 A 中业扩报装服务执行不到位，营业厅 4 月 1 日受理客户业扩报装申请，4 月 15 日才到客户现场装表，违反业扩报装业务处理时限要求。

（2）事件 A 中营业厅 4 月 1 日受理客户业扩报装申请后，未及时录入营销系统、

发起系统流程，存在业扩流程线下流转、与实际不符的情况。

（3）事件 A 中两名工作人员因业务不熟练、未弄清楚产权分界点位置，险些造成乱收费行为，业务能力有待提高。

（4）根据《供电营业规则》规定“产权分界点以下部分由客户负责施工，客户可自主选择产权范围内工程的施工单位（具备相应资质）”，即使工作人员将产权分界点划分错误，但客户产权部分应由客户自主选择施工，工作人员在未接到客户委托情况下，便直接告知需要交 3500 元费用，存在客户不知情状态下为客户指定设计、施工单位或乱收费的嫌疑。

（5）事件 B 中工作人员到客户现场施工未穿工作服，引起客户质疑，不符合《供电服务标准》（Q/GDW 10403—2021）服务人员行为标准要求。

（6）事件 B 中责任部门回复所收费用为客户产权侧资料代买费用，但客户对此笔费用并不认可，说明工作人员代买材料之前并未与客户沟通所需采买材料及费用，存在未受到客户委托便直接采买的情况，且在前期现场安装时告知客户此笔费用为安装费，存在未告知便强行乱收费的嫌疑。

（7）两例业扩报装现场服务事件过程中均发生收费行为，暴露出部分工作人员道德品质修养及自我约束力不足，业扩报装管理和监管机制存在疏漏，对业扩流程、现场服务行为缺乏日常监督管理。

建议举措

（1）开展业扩服务全流程监督。完善线上渠道服务过程评价功能，对业扩报装业务受理、现场勘查、供电方案的制定、答复、设计、施工和验收送电等环节流程可能存在的廉洁风险点和问题，开展监督与评价，对业扩体外流转、乱收费等行为，实行“零容忍”态度进行责任追究，坚决杜绝乱收费、违规代买、搭车收费等违规收费行为。

（2）积极开展明察暗访、业扩报装乱收费专项整治工作。针对业扩报装业务可能存在的廉洁风险，制定业扩报装乱收费行为专项整治工作方案，重点对基层工作人员易存在违反规定标准乱收费、利用工作之便谋取不正当利益、损坏自身及供电企业形象问题开展专项整治，明确责任部门和整改目标，将专项行动融入日常工作之中，确保整治工作落实到实处。

（3）加强业务培训，提高人员业务技能水平。由于工作人员业务不熟练、未分清产权分界位置，险些造成乱收费行为，给客户带来不良感知。相关部门要加强一线员工业务技能培养，做好业务知识培训与实际业务相结合，准确、规范地为客户提供服务。为不断提升服务人员的业务素质与专业知识，国网公司搭建了 95598 智能知识库系统平台，各营业厅可以登录查询和学习，确保人员业务技能和答复口径与 95598 热线保持一致。

（4）加强一线员工服务行为监管，进一步提升现场工作人员服务意识，规范服务行为，开展员工职业道德教育，确保基层员工思想有触动、认识有提高、作风有转变、服务有提升。

政策依据

（1）《国家电网有限公司供电服务“十项承诺”》（国家电网办〔2020〕16 号）第六条：获得电力快捷高效。低压客户平均接电时间：居民客户 5 个工作日，非居民客户 15 个工作日。高压客户供电方案答复期限：单电源供电 15 个工作日，双电源供电 30 个工作日。高压客户装表接电期限：受电工程检验合格并办结相关手续后 5 个工作日。

（2）《国家电网公司业扩报装管理规则》（国家电网企管〔2019〕431 号）第六十八条：受理客户用电申请时，应主动向客户提供用电咨询服务，接收并查验客户申请资料，及时将相关信息录入营销业务应用系统，由系统自动生成业务办理表单（表单中办理时间和相应二维码信息由系统自动生成）。推行线上办电、移动作业和客户档案电子化，坚决杜绝系统外流转。

（3）《供电服务标准》（Q/GDW 10403—2021）第七部分第二款第一、二条：熟悉国家和电力行业相关政策、法律、法规的相关规定，掌握公司优质服务基本要求、沟通技巧、业务知识等。熟知本岗位的业务知识和相关技能，岗位操作规范、熟练，具有合格的专业技术水平。

（4）《供电服务标准》（Q/GDW 10403—2021）第七部分第一款第一条：严格遵守国家法律、法规，诚实守信、恪守承诺。爱岗敬业，乐于奉献，廉洁自律，秉公办事。

（5）《国家电网有限公司供电服务“十项承诺”》（国家电网办〔2020〕16 号）第四条：价费政策公开透明。严格执行价格主管部门制定的电价和收费政策，及时在供电营业场所、网上国网 App（微信公众号）、“95598”网站等渠道公开电价、收费标准和服务程序。

（6）《国家电网有限公司员工服务“十个不准”》（国家电网办〔2020〕16 号）第二条：不准违反政府部门批准的收费项目和标准向客户收费。

（7）《国家电网公司业扩报装管理规则》（国家电网企管〔2019〕431 号）第九十六条：严格按照价格主管部门批准的项目、标准计算业务费用，经审核后书面通知客户交费。收费时应向客户提供相应的票据，严禁自立收费项目或擅自调整收费标准。

（8）《供电服务标准》（Q/GDW 10403—2021）第七部分第三款第一条：供电服务人员上岗应按规定着装，并佩戴工号牌。保持仪容仪表美观大方，行为举止应做到自然、文雅、端庄。工作期间应保持精神饱满、注意力集中，不做与工作无关的事。

案例点评

近年来，国网公司大力开展优化电力营商环境、行风与优质服务规范提升专项行动等工作方案，着力压减自由裁量权，解决服务信息不透明、服务行为不规范、

服务质效不高等突出问题。各基层单位要结合“抓整改、除积弊、转作风、为人民”专项工作，充分认识开展行风与优质服务规范提升专项行动的重要意义，全面整治业扩报装服务过程中的突出问题，保障人民群众用电需求，切实维护客户权益和公司利益，全面提升客户体验，塑造新时代供电行业为民、亲民、规范服务的新形象（见图 1-10）。

图 1-10　现场工作图

案例 24　表计烧毁忘处理，业务不牢乱收费

案例分类

投诉工单—营业投诉—业务收费—收费规则

摘要

2021 年 9 月，客户拨打 95598 报修停电，经抢修人员现场查看停电原因为雷击导致电表烧毁，之后抢修人员为客户临时短接用电，并让客户自行联系营业站处理，但营业站为客户登记后一直未到现场换表。抄表人员在客户现场抄表时误以为客户窃电，先向客户收取窃电罚款，在客户解释后又向客户收取赔表费，引发客户不满投诉。

案例内容

2021 年 9 月 5 日 23 时 22 分，户号为 12××53 的客户致电 95598 报修，反映此处正在下雨，刚刚打雷后停电，请求尽快恢复供电。故障处理部门于 23 时 59 分回复工单处理情况“客户内部故障”。

9 月 27 日 11 时 13 分，客户再次拨打 95598 投诉，反映当天晚上报修后一直无人到现场，第二天早晨才有抢修人员到现场，检查后告知是电表烧毁，不归他们负责，给客户一个电话号码，让客户联系营业站处理，因客户着急用电，抢修人员暂时为客户短接处理。之后客户拨打营业站电话，接听人员为客户登记后告知最近工作忙，会尽快上门为客户装表，直到现在仍未装表。今日抄催人员到客户处发现短接用电，说客户窃电，让客户交 200 元罚款，客户将报修经过告诉抄催人员，抄催人员表示必须交 200 元赔表费才能换表，经查询知识库因不可抗力致使计费电能表出现或发生故障的不收取费用，客户要求尽快换表并退还。

处理部门于 9 月 28 日 15 时 52 分回复工单处理情况：客户反映情况属实。经核实，9 月 5 日夜间客户电表因雷击烧毁并拨打 95598 报修。因当晚雷雨天气无法抢修，抢修人员未赶往现场（故障工单回复错误），第二日现场检查后为客户临时短接用电，并告知客户联系营业站处理表计烧毁事宜。9 月 5 日 10 时 50 分客户拨打营业站电话反映电表烧毁问题，工作人员得知客户目前有电，为客户登记后告知因近期工作较多，会尽快安排人员上门换表，之后因工作较多未能及时上门换表。9 月 27 日抄表人员到客户现场抄表，发现客户短接用电，以为客户窃电，于是根据客户以往用电量估算让客户先交 200 元罚款，之后客户解释电表烧毁是雷击造成，工作人员误认为非供电企业责任造成的表计损坏均应由客户承担责任，于是向客户收取 200 元赔表费，已向客户解释清楚因供电企业责任或不可抗力致使计费电能表出现或发生故障的，换表不收费。已于 9 月 27 日 18 时为客户更换了新电表，现客户用电正常。

存在问题

（1）客户 9 月 5 日 23 时 22 分拨打 95598 报修，抢修人员第二日早晨才到现场处理，违反抢修到达现场时限要求。

（2）抢修人员当日未到达故障现场，故障工单却在当日回复“内部故障”，回复内容均与实际情况不符，工单回复质量有待提高。

（3）抢修人员到达现场后发现故障原因为表计烧毁，应为客户先行换表复电、营销人员事后进行计量加封及电费追补等后续工作，抢修人员为客户临时短接用电并让客户自行联系营业站处理，违反首问负责制及抢修规范要求。

（4）客户 9 月 5 日拨打营业站电话登记表计损坏问题，9 月 27 日仍未给客户换表接电，违反《供电服务标准》（Q/GDW 10403—2021）电能表异常业务 5 个工作日内处理的时限要求。

（5）抄催人员以为客户窃电、要求客户交纳窃电罚款的行为，超出其抄表人员职责权限，不符合抄催人员行为规范。

（6）抄催人员误认为非供电企业责任造成的表计损坏均应由客户承担责任并向客户收费，专业知识欠缺，违反《供电营业规则》规定，险些造成乱收费行为。

建议举措

（1）提高 95598 工单回复规范性、准确性。故障工单回复内容均与实际情况严重不符，建议责任单位高度重视 95598 工单处理质量，加强 95598 工单处理及回复准确性管理，加大对工单处理单位回单规范性、真实性的监督及考核力度，坚决避免回复内容与实际不符、虚假回单等问题出现，避免引发客户诉求升级，影响公司服务指标及企业形象。

（2）尽快提升人员业务能力。抢修人员、抄表人员在解决客户诉求过程中均存在业务能力不足、知识掌握不全面的表现，建议责任单位积极开展《国家电网有限公司 95598 客户服务业务管理办法》（国家电网企管〔2019〕907 号）、《供电服务标准》（Q/GDW 10403—2021）等相关业务培训，尽快提升人员业务知识和专业技能，严格按照规范要求开展各项工作，进一步提升客户服务质量和服务效率。

政策依据

（1）《国家电网有限公司 95598 客户服务业务管理办法》国家电网企管〔2019〕907 号 附件 5《国家电网有限公司 95598 故障报修业务处理规范》第五章第四条：抢修处理① 抢修人员在处理客户故障报修业务时，应及时联系客户，并做好现场与客户的沟通解释工作。② 抢修人员到达故障现场时限应符合：城区范围一般为 45 分钟，农村地区一般为 90 分钟，特殊边远地区一般为 120 分钟。抢修到达现场后恢复供电平均时限应符合：城区范围一般为 3 小时，农村地区一般为 4 小时。③ 低压单相计量装置类故障（窃电、违约用电等除外），由抢修人员先行换表复电，营销人员事后进行计量加封及电费追补等后续工作。

（2）《供电服务标准》（Q/GDW 10403—2021）第六部分第二款第五条：供电抢修

处理人员到达现场的时间一般为：城区范围 45 分钟；农村地区 90 分钟；特殊边远地区 2 小时。若因特殊恶劣天气或交通堵塞等客观因素无法按规定时限到达现场的，供电抢修处理人员应在规定时限内与客户联系、说明情况并预约到达现场时间，经客户同意后按预约时间到达现场。供电抢修处理人员到达现场后恢复供电平均时间一般为：城区范围 3 小时，农村地区 4 小时。

（3）《国家电网公司员工服务"十个不准"》（国家电网办〔2020〕16 号）第六条：不准漠视客户合理用电诉求，推诿搪塞怠慢客户。

（4）《供电服务标准》（Q/GDW 10403—2021）第七部分第一款第二条：真心实意为客户着想，尽量满足客户的合理用电诉求。对客户的咨询等诉求不推诿，不拒绝，不搪塞，及时、耐心、准确地给予解答。用心为客户服务，主动提供更省心、更省时、更省钱的解决方案。

（5）《供电服务标准》（Q/GDW 10403—2021）第六部分第五款第五条：受理客户服务申请后：a）电器损坏核损业务 24 小时内到达现场；b）电能表异常业务 5 个工作日内处理；c）抄表数据异常业务 5 个工作日内核实；d）服务平台异常业务 4 个工作日内核实处理；e）其他服务申请类业务 6 个工作日内处理完毕。

（6）《国家电网有限公司电费抄核收管理办法》（国家电网企管〔2014〕717 号）第三十条：现场作业发现异常按下列原则处理：（一）发现表计损坏、停走、倒走、飞走、采集示数与现场不符等异常情况，使用现场作业终端录入异常现象并发起换表流程，并进行相应处理。（二）发现窃电、表位移动、高价低接、用电性质变化等违约用电现象时，做好相应的记录。现场作业不得自行处理和 惊动电力客户，应及时与用电检查人员联系，待公司有关人员到达现场配合检查取证后方可离开，如仍有抄表工作未完成应先完成抄表工作。

（7）《供电营业规则》（电力工业部令第 8 号）第七十七条：计费电能表装设后，客户应妥为保护，不应在表前堆放影响抄表或计量准确及安全的物品。如发生计费电能表丢失、损坏或过负荷烧坏等情况，客户应及时告知供电企业，以便供电企业采取措施。如因供电企业责任或不可抗力致使计费电能表出现或发生故障的，供电企业应负责换表，不收费用；其他原因引起的，客户应负担赔偿费或修理费。

案例点评

遇低压单相计量装置类故障抢修人员未按规范先行换表并联系营销部门，违反首问负责制，是引发后续业务处理超时、抄催人员错误收费等一系列问题的直接原因。相关部门应加强抢修服务过程监督管控，畅通各部门内部协同机制，遵循"一口对外"原则，严禁推诿扯皮，快速妥善处置客户复电诉求，提升客户满意度。

该事件中各岗位人员均存在业务能力不足、工作缺乏责任心的表现，才引发后续产生越来越多的服务问题，给客户带来不良感知。相关部门应高度关注一线人员服务质量，员工一言一行皆代表着供电企业形象，进一步强化员工服务行为管控，加强员

工纪律教育，提升服务素养，对提升客户服务满意度尤为重要（见图 1-11）。

图 1-11　现场工作图

案例 25　私自收费无依据，接到投诉不悔改

案例分类

投诉工单—营业投诉—业务收费—收费规则

摘要

客户 2021 年 6 月 4 日去供电所申请临时接电，工作人员要求客户交 1000 元临时

接电费，客户请政府部门联系供电所才未收取该笔费用。6 月 6 日客户申请移表，工作人员让客户交 500 元添杆费，但没有提供单据，客户非常不满。供电公司答复为工作人员未执行物价局文件要求，自行答复客户需要缴纳 1000 元临时接电费用，违反了相关规定；6 月 6 日客户申请移表，因线路长度不足，电工为客户购买并更换，500 元为购买线路费用，但电工未告知客户，也未向客户提供收据，客户误解引发投诉。6 月 16 日，客户再次致电反映前期投诉收费问题后，遭到供电所工作人员威胁，供电所答复为个人行为，已对工作人员进行批评教育。

案例内容

客户来电反映 6 月 4 日去供电所申请临时接电，当时有一位王姓工作人员要求客户交 1000 元临时接电费，不然不给接电，客户说这是政府工程，该工作人员让客户找政府解决，之后乡书记找了供电所所长才没有收取该笔费用。6 月 6 日下午客户因修路用电请工作人员协助接电，工作人员现场给客户接电后，让客户交 500 元添杆费，不交不走，客户交了该笔费用，但工作人员没有提供单据，客户表示不满。

处理部门回复调查结果：经核实，客户为政府扶贫项目施工方，负责现场施工。6 月 2 日客户拨打供电所王姓工作人员电话，咨询申请施工临时接电，王姓工作人员不清楚公司最新业务要求，就答复客户需缴纳 1000 元临时接电费，工作人员并不知情客户处为政府工程，后客户与乡政府沟通，6 月 4 日乡政府赵乡长联系供电所所长，供电所为支持政府工程于 6 月 5 日 6 时为客户接电。6 月 6 日客户联系供电所相关人员进行移表，因线路长度不足，电工自费购买并帮忙接线，故此 500 元钱为购买线路的费用（并非添杆费），因在此过程中工作人员并未向客户提供收据，导致客户不清楚 500 元钱为购买线路的费用，引发客户投诉。现已将购买线路收据交付客户，客户认可。

6 月 16 日，客户再次致电进行投诉，表示前期投诉工作人员乱收费问题后，该工作人员打电话威胁客户，说再打投诉电话就给客户家断电，客户非常气愤。

处理部门回复调查结果：经核实，客户拨打投诉电话后，供电所对私自收费员工进行了处罚，而后该员工私下打电话以停电威胁客户，因此事为该员工个人行为，供电所已对该员工进行批评教育。

存在问题

（1）工作人员未执行公司有关规定，在不清楚最新业务要求的情况下，随意告知客户需要缴纳临时接电费 1000 元属于违规行为，同时存在极大服务风险；至于是否收费也不应由是否政府人员出面联系而决定，此种处理方式易导致客户误解。

（2）现场移表人员私自为客户购买材料，而未请客户自行选择或接受客户委托进行代购，同时也未告知具体购买物品及价格，且费用 500 元也与一般漏电保护器价格

出入较大，存在利用职务之便强行向客户收费的嫌疑，收费后也未向客户提供收据或发票，引发客户误解。

（3）供电所对于员工威胁客户问题解释为个人行为不妥，每一位供电公司员工都代表企业，因自身工作违规被投诉继而做出威胁客户的行为严重影响公司对外服务形象，供电所对员工采取批评教育的处置方式也不符合《国家电网公司员工奖惩规定》要求。

建议举措

（1）加强人员培训、考核。针对公司各级政策文件、业务规范以及最新要求及时开展培训，广泛而科学的选择各项业务典型投诉案例，结合各专业最新业务典型不规范案例及对案例事件的分析，介绍各专业最新工作要求及注意事项，使员工迅速且直观地了解到各项业务的风险点，约束自身不越界，做到令行禁止，有效提升工作人员对外服务能力。同时加强人员考核管理，对照《国家电网公司员工奖惩规定》相关条款，对违规行为按照供电服务三类过错进行处置，涉及乱收费的，应及时退还多收取费用并向客户真诚致歉，挽回公司对外服务形象。

（2）遵循首问负责制。对于客户疑问应及时现场答复，无法现场答复的，应记录客户诉求后，向相关专业咨询或转至相关专业处理，处理完毕后及时答复客户，杜绝在超出自身业务能外时随意答复客户，降低服务风险。

（3）建立监督机制。由供电公司主管领导监督，层层负责，杜绝工作人员私自收费，侵占客户利益等行为；在客户委托供电公司代为采购、施工的，应当签订委托协议及合同，采购及施工过程透明化，负责人应全程监督，产生的费用均须向客户提供收费凭据。

政策依据

违反《国家电网有限公司员工服务“十个不准”》（国家电网办〔2020〕16 号）第二条　不准违反政府部门批准的收费项目和标准向客户收费。第十条　不准利用岗位与工作便利侵害客户利益、为个人及亲友谋取不正当利益。

案例点评

供电公司员工一言一行代表国家电网公司对外服务形象，无论在业务能力、职业操守和服务规范方面，都应严格按照公司要求和规范执行，严禁为达个人目的私自向客户收费。供电公司应坚持“人民电业为人民”企业宗旨，最大限度维护客户权益，做到事实认定后严格按照公司奖惩制度进行处置，以奖惩结合的方式促进供电服务水平持续提升。

规范城镇供电收费促进行业高质量发展意见公示

尊敬的电力客户：

为促进企业提高生产经营效率和市场竞争力、优化营商环境，降低实体经济成本、减轻社会负担和提高人民群众满意度，着力清理规范城镇供水供电供气供暖行业收费、促进行业高质量发展，国务院办公厅转发国家发展改革委等部门《关于清理规范城镇供水供电供气供暖行业收费促进行业高质量发展的意见》，自2021年3月1日起施行。

清理取消用电报装工程接入环节收费

取消供电企业及其所属或委托的安装工程公司在用电报装工程验收接入环节向用户收取的下列等类似名目费用。

- 取消移表费
- 取消配电室试验费
- 取消调试费
- 取消计量装置赔偿费
- 取消环境监测费
- 取消低压电缆试验费
- 取消带电作业费
- 取消低压计量检测费
- 取消网络自动化费
- 取消高压电缆介损试验费
- 取消开闭站集资费
- 取消保护定值整定计算费
- 取消互感器试验费
- 取消高压电缆震荡波试验费

图 1-12　规范城镇供电收费促进行业高质量发展意见公示图

案例 26　分时电价惠民生，莫让客户心意冷

案例分类

投诉工单—营业投诉—用电变更—环节处理问题

摘要

客户致电 95598 反映到某供电服务营业厅办理居民分时电价业务，工作人员存在未一次性告知客户办理材料和告知材料与对外公示不符的情况，造成客户往返营业厅 3 次。营业厅工作人员受理客户申请后，由于供电公司原因无法及时为客户更换电能表、开通分时电价，工作人员便与客户约定换表及开通分时电价时间，客户认可。约定时间过后（已超过规定时限）客户致电 95598 查询分时电价开通情况，国网客服告知客户现在未执行分时电价，客户不满，引发投诉。经核实，由于业务人员业务不熟练，导致客户往返，并且存在办理分时电价超时限情况，供电公司在今后的工作中将加强电价政策宣传，做好窗口人员培训，不断提升人员素质及员工内部沟通，加强与客户的沟通能力，杜绝类似事件发生。

案例内容

某年 8 月 23 日，客户到某供电服务营业厅办理居民分时电价业务，工作人员存在未一次性告知情况。工作人员每次告知客户需要的申请材料都不一样，造成客户重复往返营业厅 3 次，最后一次营业厅要求客户提供环评报告，客户离开。客户回家后致电 95598 咨询居民分时电价申请材料，发现营业厅人员索要材料与对外公示不符。

同年 8 月 24 日，客户再次来到该供电服务营业厅找到工作人员，告知询问 95598 办理居民分时电价所需材料中没有环评报告，工作人员告知客户当时告知错误，客户材料齐全可以受理，回家等待即可。

同年 8 月 26 日工作人员联系客户与客户协商 9 月 15 日为其更换电表、开通分时电价，客户同意。

同年 9 月 17 日，客户致电 95598 查询分时电价开通情况，国网客服告知客户系统内显示客户仍未办理分时电价，引发客户不满投诉。

处理部门回复调查结果：客户反映问题属实，是供电公司责任。客户户号 14××92，投诉客户于 8 月 23 日到达某供电服务营业厅办理居民分时电价，由于工作人员业务不熟练，多次告知客户错误申请材料信息（包括向客户索要环评报告），导致客户多次往返营业厅。8 月 24 日客户再次来到该供电服务营业厅，工作人员表示之前工作人员答复客户错误，客户申请材料齐全可以受理，告知客户回家等待即可。由于表计比较紧缺，8 月 26 日工作人员联系客户协商 9 月 15 日为客户更换能电表、开通分时电价，客户表示同意。但因工作人员疏忽，忘记把具体情况告知换表人员，导致一直未给客户换表也未给客户开通分时电价。现客户处已经更换电表并使用手持终端在现场对电能表进行电价调整、进行系统流程，已确认客户现在所使用的电能表是已经执行分时电价的电能表，系统中已经为客户开通分时电价，变更不会影响电费计算或阶梯电价，由于客户刚开通分时电价所以系统未涉及调整退补情况。在今后的工作中将加强电价政策宣传，做好窗口人员培训，不断提升人员素质及员工内部沟通，加强与客户的沟通能力，杜绝类似事件发生。

存在问题

营业厅业务办理人员对业务规则不熟悉，且未经查证便随意答复、拒绝客户业务请求，给客户带来不良感知，客户到营业厅申请居民分时电价业务，接待客户工作人员不能全面、完整审核客户提交材料，未能一次告知业务所需材料，导致客户三次前往营业厅办理居民分时电价，最终引发投诉。

工作人员责任心不足、业务跟踪机制不完善。工作人员在与客户约定更换能表及开通分时电价时间后，由于工作人员疏忽未与换表人员沟通，导致未能按照约定时间为客户更换电能表及开通分时电价，也未跟踪该事件进展，导致客户诉求长时间未解决。

违反相关业务规范，因工作人员疏忽，导致客户办理居民分时电价超时限，同时也违背了公司优化办电流程，简化办电环节，真正让客户体验到服务创新带来的高效与便捷的宗旨。

建议举措

（1）严格落实“一次性告知”，确保窗口业务有序办理。责任单位应强化营业厅服务规范落实，严肃工作纪律，避免因工作要求执行不到位，影响客户诉求办理进度。

（2）严格按照相关规范办理客户业务，确保对外口径一致。供电公司应严格按照业务管理要求，不应私设申请材料项目，加大客户办理业务难度。统一编制一次性告知书，简化、明确业务办理资料、办理流程等内容，避免客户多次往返。

（3）加强营业厅人员管理，提升窗口服务水平，提高营业厅人员综合素质及业务能力。开展人员礼仪规范及技能培训，提高服务水平。

（4）加强营业厅日常营业业务培训，提升人员服务行为规范性。加强营业厅工作人员业务能力培训及服务行为规范管理，提升人员业务水平和服务行为标准，有效促进营业厅服务质量的提升。

（5）规范居民分时电价办理流程，杜绝业务违规操作。

（6）加强基层单位智能知识库的推广应用。目前国网智能知识库内容持续更新完善，可有效支撑 95598 智能客服与省市县业务人员查询使用，建议基层单位加强智能知识库的推广应用，为营业厅业务办理人员等一线服务人员配置账号、权限，以方便业务人员及时查询业务知识、提升业务能力和基层培训工作的开展，提升公司优质服务水平。

（7）优化客户诉求跟踪机制，提升业务管理及服务能力。遇到客户诉求第一时间不能办理完毕的，应做好登记和跟踪工作，优化客户诉求跟踪机制，提升业务管理及服务能力。

政策依据

《供电服务标准》（Q/GDW 10403—2021）：

5.1.8.2：供电营业厅应准确公示服务承诺、服务项目、业务办理流程、95598 供电服务热线、网上国网 App、95598 智能互动网站、服务监督电话、电价、收费项目及标准。

6.1.5.12：对基本电价计费方式变更、居民峰谷变更的改类业务，自受理之日起，不需换表的 2 个工作日内办理完毕，需换表的 5 个工作日内办理完毕；对调整需量用电的改类业务，自受理之日起，2 个工作日内办理完毕。

7.1.2：真心实意为客户着想，尽量满足客户的合理用电诉求。对客户的咨询等诉求不推诿，不拒绝，不搪塞，及时、耐心、准确地给予解答。用心为客户服务，主动提供更省心、更省时、更省钱的解决方案。

7.2.1：熟悉国家和电力行业相关政策、法律、法规的相关规定，掌握公司优质服务基本要求、沟通技巧、业务知识等。

7.2.2：熟知本岗位的业务知识和相关技能，岗位操作规范、熟练，具有合格的专业技术水平。

7.2.3：严格执行供电服务相关工作规范和质量标准，保质保量完成本职工作，为客户提供专业、高效的供电服务。

案例点评

通过此次投诉，可以发现几点问题：一是客户首次到达营业厅申请居民分时电价业务，工作人员业务能力不足，未能全面、准确地审核客户申请材料，告知客户错误信息，造成客户往返营业厅，从上述问题不难发现工作人员业务水平的高低是服务好客户的关键点；二是工作人员让客户提供环评报告，为客户办居民分时电价，所要材料违反了改类业务相关规范；三是受理客户居民分时电价业务后，因工作人员责任心差，未及时与相关工作人员沟通，业务跟踪机制不完善，导致客户居民分时电价业务办理超时限。

电力企业体制改革不断深化，工作标准不断提高，业务流程不断规范，服务质量要求高，抓好员工的业务技能素质的培训迫在眉睫，通过考试、实操等方式结果对工作人员工作业务技能等级进行评估，从而提升工作人员业务能力，建立良好的公司形象，打造优质服务的品牌。

类似案例

受理内容：客户投诉一个半月前去某供电服务营业厅申请新装用电，材料提交齐全，营业厅已受理批复。事后客户多次询问，供电所一直答复因没有电表，无法正常装表接电。

处理情况：客户反映情况不属实，不是供电公司责任。经调查，客户前期到供电所申请农业排灌新装（因摄像头角度无法照到业务受理一侧，故无法调取营业厅视频），由于当时客户未携带身份证，也未携带其他有效证件，工作人员并未受理客户新装申请，现场已明确告知客户此情况，未对客户说过没有电表的情况。

本案例暴露出的问题为：

（1）营业厅音视频使用不当，导致投诉发生后无法提供有效佐证。营业厅应加强音视频监控设备的维护、应用，有效利用音视频监控资料维护自身权益（若遇视频角度影响监控画面，可考虑使用音频进行佐证）。

（2）营业厅业务处理不规范，未及时与客户签订“用电业务办理告知书”。客户首次办理业扩报装业务时，应及时与客户签订“用电业务办理告知书”，并对客户做好解释说明工作，避免客户重复往返（见图 1-13）。

图 1-13　现场工作场景图

案例 27　销户业务难办理，客户往返遭投诉

案例分类

投诉工单—营业投诉—用电变更—环节处理问题

摘要

客户致电 95598 反映到某供电营业厅办理销户业务，工作人员未一次性告知客户办理材料，造成客户往返营业厅 2～3 次，并且营业厅要求客户提供的材料与对外公

示不符。客户最后提供了相关证明，工作人员告知客户已受理，3 天左右就可以办理成功了。7 个工作日以后客户到营业厅确认销户情况，工作人员告知还未处理。供电公司答复，确实存在未一次性告知客户所需材料，造成客户重复往返的情况，并且未在规定时间内为客户办理销户业务。经核实，在为客户办理销户过程中，由于工作人员未能一次性告知客户所需申请材料，造成客户往返，且由于工作人员疏忽造成销户流程未按时完成。客户销户业务已办理完成，并扣除营业厅涉事工作人员绩效 20%。

案例内容

某年 6 月 29 日，客户到某供电服务营业厅办理销户业务，工作人员存在未一次性告知问题。客户今天往返营业厅 2～3 次，工作人员每次告知需要的材料都不一样，造成客户重复往返。并且工作人员告知需要大队、村长、书记开介绍信。客户认为工作人员存在故意刁难。

同年 7 月 10 日，客户拿着工作人员要求客户提供的材料再次来到某供电服务营业厅申请办理销户业务。工作人员告知客户已受理，回家等待即可。

同年 7 月 26 日，客户再次到某供电服务营业厅查询销户业务办理情况，工作人员告知客户，销户业务未办理。

处理部门回复调查结果：客户反映问题属实，是供电公司责任。经核实，客户 6 月 29 日 16 时 15 分到某供电服务营业厅办理销户，工作人员告知需提供身份证复印件。客户复印身份证后 16 时 32 分返回营业厅，工作人员通过户名核查到多户同名信息，为避免销错户，工作人员联系管辖电工核实，电工未接听电话，客户表示自己去现场拍电表照片，于 17 时 10 分再次返回，称其电表被挪走，找不到（实际客户记错位置）。因无法确认客户编号，未能受理销户业务。在与客户沟通过程中了解到客户无房产证明，工作人员告知客户销户后调账需提供房产证明，若客户无法提供可开具村委会证明。客户 17 时 24 分离开营业厅后进行投诉。工作人员确实存在未一次性告知造成客户往返的情况。

7 月 10 日客户将资料提交给营业厅工作人员，工作人员当即受理客户销户业务。由于工作人员于当日工作疏忽，发起销户流程后未进行后续派工操作等，直到 7 月 26 日客户到营业厅查询销户时，才发现客户销户仍未处理。7 月 28 日客户销户业务已办理完成，并扣除涉事营业厅工作人员绩效 20%。

存在问题

（1）工作人员服务主动性匮乏。客户首次到营业厅申请销户业务时，工作人员以客户未带身份证复印件为由拒绝受理客户申请。客户申请销户需提供身份证原件及复印件，工作人员发现客户未带复印件情况下，应发挥主动服务意识，主动帮助客户复印身份证，而不是以未带身份证复印件为由拒绝受理客户业务。工作人员主动服务意识的匮乏，导致客户往返营业厅。

（2）客户到营业厅申请销户业务，接待客户工作人员不能全面、完整审核客户提交材料，未能一次告知业务所需材料，导致客户三次前往营业厅销户，最终引发投诉。

（3）工作人员已核查到多户同名信息。为避免销错户，工作人员联系管辖电工核实，电工未接听电话为由拒绝为客户销户。有多种方式确认客户销户信息，工作人员处理问题缺乏灵活性，导致客户往返营业厅。

（4）工作人员违反业务办理规范。根据相关规范，客户销户退费通过银行转账退至客户银行卡内，工作人员要求提供村委会证明进行调账处理，存在业务处理不规范问题。

（5）工作人员粗心大意，对待工作态度不认真。客户办理销户业务，因工作人员粗心大意，在系统已发起流程的情况下，因忘记下派工作任务，导致客户销户一直未办理成功，体现了工作人员业务水平不高，工作责任心不强。

建议举措

（1）严格落实“一次性告知”，确保窗口业务有序办理。责任单位应强化营业厅服务规范落实，严肃工作纪律，避免因工作要求执行不到位，影响客户诉求办理进度。

（2）严格按照相关规范办理客户业务，确保对外口径一致。供电公司应严格按照业务管理要求，不应私设申请材料项目，加大客户办理业务难度。统一编制一次性告知书，简化、明确业务办理资料、办理流程等内容，避免客户多次往返。

（3）加强营业厅人员管理，提升窗口服务水平，提高营业厅人员综合素质及业务能力。开展人员礼仪规范及技能培训，提高服务水平。

（4）规范销户退费流程，杜绝业务违规操作。供电公司应规范业务退费流程及电费退补处置方式，杜绝相关违规操作。

（5）专业管理不到位，业务流程应闭环管理。客户办理销户业务，工作人员在系统中发起流程，直至客户再次查询销户情况时，专业管理部门未发现系统中有未走完的业务流程，体现了专业管理存在漏洞，业务流程不闭环。

政策依据

《供电服务标准》（Q/GDW 10403—2021）5.1.8.4：实行首问负责制、一次性告知和限时办结制。居民客户收费办理时间一般每件不超过 5 分钟，用电业务办理时间一般每件不超过 20 分钟。

案例点评

通过此次投诉，可以发现几点问题：一是客户首次到达营业厅申请销户业务，工作人员未能全面审核客户申请材料，以无身份证复印件为由拒绝受理客户诉求。客户复印身份证后再次返回营业厅，工作人员又因无法确认客户用电信息为由，再次拒绝

客户销户申请，上述两次是造成客户往返的主要原因，从上述问题不难发现工作人员主动服务意识差，处理事情欠缺灵活性；二是工作人员让客户提供村委会证明，为客户办理销户退费，所要材料违反了销户业务相关规范；三是受理客户销户业务后，因工作人员责任心差，工作态度不严谨，导致客户销户业务未及时办理。

电力营业窗口作为电力企业形象，应提升整体服务管理水平。电力营业窗口服务的好坏，直接影响到供电企业在客户心目中的形象。我们应树立客户至上的服务理念和宗旨，全面提高服务人员的各项基本素质，定期展开服务人员培训，从根本上提升员工的个人素质，提升工作人员专业操作水平，使客户在办理业务或遇到问题的时候能够得到真正专业的服务。

总而言之，供电企业必须坚持客户第一的服务宗旨，提升服务人员各项基本素质，进一步规范营业窗口服务标准，提升供电营业窗口优质服务水平，树立良好的企业品牌行形象，为企业持续健康发展提供保障。

案例 28　表计接错电费高，违反承诺惹投诉

案例分类

投诉工单—营业投诉—抄表催费—抄表

摘要

客户致电 95598 反映近期电费和电量过高，客户表示用电正常。地市公司回复：经现场检查，客户的计量装置不存在故障，接线是正确的，不存在电表数据异常情况。国网客服中心回访客户，客户告知无人联系处理问题。因客户反映电表数据异常问题已超对外承诺时间（5 个工作日），国网下派投诉工单，供电公司回复：经核实客户处存在表计线路接错情况，因表计线路接错客户一直为邻居缴纳电费，所以会有电费和电量较高的情况发生，且工作人员在接到客户反映电表数据异常诉求后，在没有联系客户情况下，自行到客户处进行调查，调查后也未联系客户告知处理结果就回复了工单，违反了对外承诺 5 个工作日内答复客户电表数据异常问题。供电公司已经为客户调整表计线路，为客户办理相关退费，并向客户解释道歉，客户认可。

案例内容

某年 11 月 11 日，户号为 11××91 的客户反映，近期电费和电量过高，客户表示用电正常，已按照知识库流程进行排查，客户仍有异议，现申请核实抄表数据，请尽快核实处理。

处理部门回复调查结果：经某供电所工作人员宋某核实，户号 11××91 系该供电所辖区客户柴某。经现场检查客户的计量装置不存在故障，接线是正确，2020 年 8 月电量 149 度，电费 77.48 元；同年 9 月电量 217 度，电费 112.84 元；同年 10 月电量 200 度，电费 104 元。由于客户已经用上取暖设备导致客户用电量增加，如客户对电表有异议，可以到所属营业厅申请验表，11 月 14 日 8 时 15 分电话联系告知客户，客户表示满意。

同年 11 月 19 日国网客服中心回访客户，客户表示反映问题后没有供电公司人员与其联系处理，也没有人上门进行调查处理。

同年 11 月 19 日国网客户中心下派投诉工单，客户反映电表数据异常后未有工作人员联系处理与前期工单答复不符，且客户反映问题已经超过对外承诺时间（5 个工作日），请尽快核实处理。

处理部门回复调查结果：客户反映问题属实，是供电公司责任。经核实，客户户号 11××91，客户地址为某市某县小某庄 85 号。客户 11 月 11 日反映电表数据异常后，在未联系客户情况下，工作人员仅查看了客户系统内相关抄表数据便将工单回复，存在工单答复与实际情况不符问题，且未在规定时间内答复客户处理结果。客户处电费和电量过高问题是由于客户（85 号）与邻居（87 号）表计线路接错导致，9 月 8 日客户处进行卡表轮换智能表施工，11 月 19 日接到投诉工单后，工作人员于当日现场查看，发现客户处存在表计位置错误的情况，因当时施工人员的疏忽，错将某路 85 号（户号：11××91）、87 号（户号：11××96）的表计相互装反，现场已联系客户与 87 好客户，分别做好表底确认拍照留证工作，并告知后期会有当时施工的人员来处理表计位置错误及调账的问题。工作人员已于 11 月 21 日 18 时 30 分现场将错误表位更正，并于 11 月 23 日现场与客户及 87 号客户处理了线下调账事宜，退给客户（户号 11××912）125.54 元。供电公司将加强表计管理，对责任人进行 500 元罚款，并向客户表示了歉意，目前客户处表计及接线正确，用电正常，电费正常，客户表示理解。

存在问题

（1）工作人员违反《国家电网有限公司供电服务“十项承诺”》。工作人员受理客户电表数据异常问题后，超过对外承诺 5 个工作日内核实并答复客户。

（2）工作人员存在捏造处理结果情况。工作人员在没有做现场调查的情况下，直接回复“经现场检查客户的计量装置不存在故障，接线是正确”，存在回复与实际不符的情况，造成回访回复不一致工单。

（3）工作人员未向客户沟通解释处理结果。工作人员在处理完客户诉求后，没有联系客户告知处理结果，而是将工单直接反馈回国网客服中心。

（4）表计线路管理较弱，现场计量作业质量不高。客户反映电表数据异常，地市公司反馈为户表轮换时施工人员将电表接反，可见施工队现场装表时未落实逐户核对、试拉试送工作要求，造成客户表计线路接错。

建议举措

（1）加强工作人员服务意识、工作状态、工作责任心，严格执行公司相关业务管理规范，严禁出现违反十项承诺、十不准等事件发生，工作人员应重视客户诉求，及时处理客户问题。

（2）严禁工作人员弄虚作假，掩盖供电服务问题。客户反映问题后，工作人员应及时确认客户诉求，需现场核查的，与客户约定查验时间和地点，到达现场核查过程中要主动留存图片、音频、视频等佐证材料。客户诉求处理完毕后，应及时将处理结果告知客户，并填写真实事件调查结果、处理结果等进行工单回复。对于在工作中弄虚作假的，应加大考核力度。

（3）加强计量表计安装现场规范管理，提高计量现场作业质量，相关单位应加强工作人员现场操作的规范管理，严格落实公司有关服务规范，有效提升计量现场施工作业质量和优质服务水平。

（4）规范客户诉求处理，避免诉求升级。客户反映电表数据异常后因工作人员现场处理不及时，处理完成后也未将处理结果告知，导致客户诉求升级。相关部门应进一步规范客户诉求处理，严格执行“五必五不准”服务要求，及时处理客户合理诉求，建立有效沟通，避免因诉求处理不及时、解释不清晰、未向客户告知处理结果等问题导致客户诉求升级。

政策依据

（1）《国家电网有限公司供电服务“十项承诺”》（国家电网办〔2020〕16 号）第七条　电表异常快速响应：受理客户计费电能表校验申请后，5 个工作日内出具检测结果。客户提出电表数据异常后，5 个工作日内核实并答复。

（2）《国家电网有限公司 95598 客户服务业务管理办法》（国家电网企管〔2019〕907 号）附件 3　国家电网有限公司 95598 一般诉求业务处理规范：国网电动汽车公司，国网电商公司，省营销服务中心，地市、县公司对回单质量进行审核，对工单质量或处理意见不符合要求的，应注明回退原因后将工单回退至业务处理部门再次处理。工单回复审核时发现工单回复内容存在以下问题的，应将工单回退：未对客户提出的诉求进行答复或答复不全面、表述不清楚、逻辑不对应的；未向客户沟通解释处理结果的（除匿名、保密工单外）；应提供而未提供相关诉求处理依据的；承办部门回复内容明显违背公司相关规定；其他经审核应回退的。

案例点评

工作人员捏造事实回单，且未与客户及时有效地沟通，是造成此次投诉事件的主要原因。施工人员在轮换户表过程中，也未按照规范进行作业，造成客户处表计线路接错，电费和电量出现异常情况。

在今后的工作中，应实事求是，把客户的诉求放在第一位，及时有效解决客户诉求，与客户建立良好的沟通，认真执行相关规范，提高工作规范性，提高现场施工质量，提升现场服务质量（见图 1-14）。

图 1-14　现场工作图

案例 29　异常电量需重视，服务意识要提升

案例分类

投诉工单—营业投诉—抄表催费—抄表

摘要

客户致电 95598 反映向当地抄表员反映自家电表数据异常问题后，工作人员未在对外承诺时间（5 个工作日）内告知客户核查结果。经抄表员核查，客户处确实存在电表数据异常情况，具体情况为客户处连续 3 个周期无抄表示数，存在漏抄情况。供电公司告知客户需要补交 1 千多元电费，客户对此电费有异议，并表示：之前房子是租给别人住的，现在租客离开了，该笔费用无人承担。供电公司确实存在超过承诺时间回复客户调查结果和未对异常抄表情况进行现场核实的问题，供电公司对相关人员进行考核处理，并向客户道歉解释。

案例内容

某年 9 月 14 日，户号为 14××15 客户向管辖抄表员反映电表数据异常问题。客户表示家中正常用电，但是自 4 月开始就一直没有产生电费，抄表员告知客户会尽快核实后答复客户，期间无工作人员联系客户也无工作人员到客户处进行核实处理。9 月 24 日客户再次找到抄表员询问电表数据异常问题，抄表人员表示忘记了，现在去核实处理。

9 月 26 日抄表员联系客户告知，客户处确实存在电表数据异常情况，由于采集系统问题导致连续 3 个周期以上无抄表数据。客户表示房子是租给别人住的，现在租客离开了，该笔费用无人承担。工作人员告知需要客户补交电费，客户不满，致电 95598 投诉。

处理部门回复调查结果：客户反映问题属实，是供电公司责任。经核实，系统内核查客户编号 14××15，抄表方式为远采集抄。抄表段信息显示抄表周期为每月（抄表台账显示为双月抄表），抄表例日为每月 12 日，电价电费计算方式为预付费，表计类型为远程费控。经核实，9 月 14 日客户向管辖抄表员反映电表数据异常问题后，由于抄表员疏忽，忘记客户反映问题一事。直到客户 9 月 24 日再次找到抄表员，抄表员才记起此事，并立即帮助客户进行抄表数据核实。经查，由于工作人员工作失误，现场换表后，未在营销系统内走换表流程，造成抄表数据采集不成功，显示为 0，因此出现漏抄情况。工作人员发现问题后，于 9 月 27 日在系统内进行了换表流程，使用的仍为之前更换的电表，采集恢复正常后重新采集到数据为 2210 度，共计 1299.35 元，造成客户欠费、系统自动执行停电。经工作人员与客户沟通解释，客户现已缴清电费，用电正常。对出现的工作失误已向客户致歉，客户表示满意。供电公司对责任人批评教育并进行了考核处理。

存在问题

（1）工作人员违反《国家电网有限公司供电服务“十项承诺”》。工作人员受理客户电表数据异常问题后，超过对外承诺 5 个工作日内核实并答复客户。

（2）工作人员责任心差，对待工作态度松懈。客户反映电表数据异常问题后，由于工作人员的疏忽，忘记为客户核实处理相关问题，导致答复客户超时。

（3）抄表员违反《国家电网公司电费抄核收管理规则》。客户处存在 3 个周期以上未有抄表数据，工作人员未及时发现异常情况，也未到客户处进行现场补抄，造成供电公司及客户损失。

（4）客户系统档案存在系统电表信息与现场实际不符、抄表段信息维护的抄表周期与抄表台账显示的抄表周期不一致的情况。回单表示抄表段信息显示抄表周期为每月与抄表台账显示为双月抄表不一致。

建议举措

（1）加强工作人员服务意识、工作状态、工作责任心。严格执行公司相关业务管理规范，严禁出现违反十项承诺、十不准等事件发生，工作人员应重视客户诉求，及时处理客户问题，处理完成后需将处理结果告知客户。

（2）加强客户档案管理，确保现场情况与系统档案信息准确性、一致性。供电公司应实现各级单位营销客户档案的标准化、规范化和信息化管理。加强档案信息维护管理及监督核查工作，避免出现类似流程、信息不符等情况。

（3）加强电费抄核收管理，规范电费抄核收作业，提高精益化、标准化管理水平。

（4）加强抄表工作管理，提高员工责任意识和抄表工作质量。严格按照规定的抄表周期进行抄表工作，对连续多个抄表周期为“0”的客户进行密切关注，对于采用远程自动抄表方式的，当抄表例日无法正确抄录数据时，应在抄表当日安排现场补抄，并立即进行消缺处理，以免影响客户阶梯电费计算以及给公司造成电量损失。

（5）加强用电信息采集系统运维，定期维护系统，确保系统稳定性，采集成功率。

政策依据

（1）《国家电网有限公司供电服务“十项承诺”》（国家电网办〔2020〕16 号）第七条　电表异常快速响应：受理客户计费电能表校验申请后，5 个工作日内出具检测结果。客户提出电表数据异常后，5 个工作日内核实并答复。

（2）《国家电网有限公司电费抄核收管理办法》[国网（营销/3）273—2019] 第三章　抄表管理　第二十条　严格按规定的抄表周期和抄表例日对电力客户进行抄表。抄表数据原则上必须是抄表例日当日 0 时用电计量装置冻结数据。应严格通过远程自动化抄录用电计量装置记录的数据，严禁违章抄表作业，不得估抄、漏抄、错抄。具备条件的省公司可以分步建立所有电力客户或部分重要电力客户的全省抄表集中模式，不断提升公司的集约化、精益化管理水平。

（3）《国家电网有限公司电费抄核收管理办法》[国网（营销/3）273—2019] 第三章　抄表管理　第三十一条　定期开展抄表质量检查：

1）新接电电力客户应在两个抄表周期内进行现场核对抄表。发现数据异常，立即处理。

2）应重点针对连续三个抄表周期的零度表通过远程召测分析，对于分析异常的应及时消缺处理，无法确认的异常应到现场核实后处理。

3）连续出现三个抄表周期采集失败（手工抄表）的电力客户，应安排不同

的工作人员对抄表示数进行复核。

4）对实行远程自动采集抄表方式的电力客户，应定期安排现场核抄。

5）对于存在总分表的电力客户，应对总表、分表示数进行核查，如出现分表电量大于总表电量的情况，应立即安排现场核查。

6）通过采集系统相关功能模块定期对采集示数进行核对检查，发现异常立即安排现场核查。

7）对于协议定量户，要与定量设备产权方在供用电合同中明确定量设备数量、设备容量、定量电量、收费方式等内容；每年至少对定量设备现场核定一次，原供用电合同中相关内容发生变化的，应立即进行调整，确保电量电费及时准确发行。

（4）《国家电网公司电力客户档案管理规定》[国网（营销/3）382—2014]第十三条地市供电企业办公室对本地区电力客户档案工作履行业务指导、监督检查的职责。

（5）《国家电网公司电力客户档案管理规定》[国网（营销/3）382—2014]第十四条市、县供电企业营销部门作为电力客户档案业务执行部门，履行以下职责：

（一）开展日常的客户档案（含电子档案）工作，包括收集、交接、整理、归档、保管、借阅、统计、销毁和检查等工作。

（二）明确专人负责客户档案管理工作，客户档案管理人员负责监督客户资料的收集、流转、更新；负责客户档案（包括纸质、电子档案）建档、分类整理、存放、保管、借阅和安全保密工作；负责对业务办理部门移交的客户资料进行审核，并办理交接手续。

（6）《国家电网公司电力客户档案管理规定》[国网（营销/3）382—2014]第十七条　客户纸质资料记录与营销业务应用系统和客户现场信息相一致。

案例点评

客户在向电工反映电表数据异常问题后，由于工作人员责任心不强，对待工作态度不认真，忘记客户诉求，一直未给客户处理，导致违反对外十项承诺，引发投诉。在处理客户诉求过程中，发现客户处存在长时间抄表数据为零的情况，也未有工作人员到现场核查零度抄表户现场抄表情况，导致客户处一直在未缴纳电费的情况下正常用电，在追缴欠费时，由于租户已经离开，只能客户自行承担电费，为供电公司和客户都带来了经济损失。

供电企业在发展过程中，在不断追寻自身的效益提高，其最终目的也是使自身的企业能够快速发展。体现供电企业效益的主要因素，便是供电企业的抄表催费工作，因此，抄表催费的工作效率，对供电企业的效益也具有较大的影响，应全面深化提升抄催作业标准化、服务规范化水平。抄催人员作为抄表催费工作的重要环节，应全面提升抄表催费人员整体服务水平，打造规范化服务的抄表催费队伍，提高抄表人员的服务意识和服务技能。

案例30　业务办理不负责，客户不满遭投诉

案例分类

投诉工单—营业投诉—业扩报装—业扩报装超时限

摘要

某年6月18日上午，客户张先生至当地供电营业厅办理其别墅低压增容用电业务。在出示房产证却未携带身份证的情况下，工作人员受理其申请。多日后无工作人员联系客户并为其装表送电等事宜。造成客户的别墅装修工期延误，一怒之下拨打955988引发投诉。

案例内容

某年6月18日上午，客户张先生至当地供电营业厅办理其别墅用电低压增容业务。在出示房产证却未携带身份证的情况下，客户要求供电企业先受理，资料待后续环节补交。窗口营业厅工作人员小林口头按照“一证受理”受理客户提交申请后，将该项目录入业务系统内。

6月21日，因小林休假，项目移交给营业厅工作人员小王办理。小王认为这个项目申请资料不齐全也未留有客户相关身份证件和联系方式，故按不具备受理条件处理，在未通知客户补充申请资料的情况下就将项目流程终止。

至次月16日，无工作人员联系客户答复供电方案、通知缴费等事宜，也未帮其装表接电，造成客户的别墅装修工期延误，客户张某因此拨打95598供电服务热线进行投诉。

存在问题

（1）人员请假、岗位变更的交接制度落实不到位，小林请假前未将该项目的特殊情况和处理意见充分告知小王，导致项目流程失控，是造成客户投诉的最直接原因。

（2）客户代表小王工作责任心不强，发现项目申请资料不全，未积极采取措施进行补救，而是简单地将项目流程终止，未与客户代表小林进行联系确认。

（3）发生本事件的供电企业业扩流程各环节管理制度不健全或者制度落实不到位，申请环节资料不全，客户代表未书面告知；流程终止过于随意，未进行严格把关。

建议举措

（1）强化人员请假、岗位变更交接管理制度的执行，针对岗位移交中的不到位情况，确定后续责任划分，并加强考核。

（2）修订和完善业扩流程管理相关制度，明确各环节作业要求，加强上下道工序间的监督，确保业扩报装各环节流程的规范性操作。

（3）充分利用营销稽查监控系统，对各类业扩流程的资料完整性、正确性、流程时限等进行跟踪、管控，提出考核意见。通过及时跟踪、反馈，不断提高业扩全流程的服务规范性。

（4）加强客户代表的业务培训，不断提高业务能力和工作责任心；规范客户代表的业务执行考核，通过考核强化各项工作标准的执行力。

政策依据

（1）《国家电网有限公司员工服务“十个不准”》（国家电网办〔2020〕16 号）第六条　不准漠视客户和利用电诉求、推诿搪塞怠慢客户。

（2）《国家电网有限公司员工服务“十个不准”》（国家电网办〔2020〕16 号）第三条　不准无故拒绝或拖延客户用电申请、增加办理条件和环节。

（3）《国家电网公司供电服务质量标准》（Q/GDW 403—2009）6.1 和《国家电网公司供电服务“十项承诺”》（国家电网办〔2020〕16 号）的规定：获得电力快捷高效。低压客户平均接电时间：居民客户 5 个工作日，非居民客户 15 个工作日。高压客户供电方案答复期限：单电源供电 10 个工作日，双电源供电 20 个工作日。高压客户装表接电期限：受电工程检验合格并办结相关手续后 3 个工作日。

（4）《国家电网公司供电服务质量标准》（Q/GDW 403—2009）6.7 的规定：对客户用电申请资料的缺件情况、受电工程设计文件的审核意见、中间检查和竣工检验的整改意见，均应以书面形式一次性完整告知，由双方签字确认并存档。

案例点评

落实国家优化营商环境要求的重要举措不到位，员工主动适应电力体制改革，坚持以客户为中心、市场为导向，积极构建全环节适应市场和服务建设机制还不完善。思想转变较慢，员工不能提升适应市场竞争能力、加快业扩接电速度为目标的整体要求。

员工责任心不强，对待客户没有做到“首问负责制”，对待客户的诉求存在推诿搪塞怠慢客户的情况。客户在报装用电申请后，客户代表小林因休班就未做业务交接，造成客户办电业务终止，客户代表小王对待客户申请用电手续和申请如同儿戏，不核对就主观意愿地将客户的业务终止。

近几年，国网公司多次要求简化业扩报装手续、优化流程，要求本着为客户服务的角度，换位思考，出具各种举措。这些举措未真正落实到基层工作人员，未真正惠及客户，供电公司工作人员仍旧按照固定服务模式和思维，服务客户的态度和责任心仍旧没有改变。未能做到问政于民、问需于民、问计于民，着力解决突出问题。

简化业扩报装手续、优化流程，顺应电力客户期盼，加强服务型企业建设是供电公司的重要举措之一。这些举措最根本是要落实到每一位员工，包括最基层对接客户的工作人员。作为服务社会民生的电力供应企业，当前业扩报装仍以企业内部管理为导向，尚未从本质上落实客户导向的服务理念，业扩受理渠道单一、业务收资内容复杂、业务流程繁琐，在一定程度上影响客户感知。因此迫切需要以客户需求为导向对业扩流程进行重新设计。

要加强业扩专业管理，坚决遵守基层服务基本原则。坚持手续最简、流程最优原则。最大限度减少客户提交的资料，按照“一证受理”的原则服务好客户，做到取消冗余环节，串行改并行。坚持协同运作、一口对外原则。客户需求、配电网资源等信息共享和业扩报装服务“一口对外、内转外不转”。坚持全环节量化、全过程管控原则。对所有流程环节统一完成时限和质量要求，并纳入系统进行管控。坚持互动化、差异化服务原则。拓展电子化互动服务渠道，健全绿色通道制度，提供可选择“套餐服务”。

实现客户服务的主要目标。坚持客户导向，构建公司统一的“一口对外、流程精简、智能互动、协同高效、全程管控”的业扩报装精益化管理新模式，进一步提高业扩报装运作效率、工作质量和服务水平。

加强持续开展业扩报装宣贯培训，保证培训宣贯到位。将公司业扩报装新模式的培训宣贯到每一位员工，做到培训内容真正入脑入心，落实到工作中。结合供电服务技能竞赛，将以客户为导向的营销服务理念和业务操作要求落实到每一个岗位、每一个业务环节，并跟踪业扩报装新模式的实施效果，进行持续调整和完善提升。

通过推广线下体验+线上办理，减少环节+精简资料，压降成本+金融增值，缩短用时+主动对接，电力专家+能源管家的“5+服务”办电服务新模式，打造全国一流、卓越服务的电力营商环境，坚持目标引领。强化以客户为中心，对标国网最高标准和先进做法，以提升客户“获得电力”满意度为目标，精准发力，推动客户“获得电力”更省力、更省时、更省钱。坚持创新驱动。利用新理念、新方法、新技术驱动服务创新，从根本上推动服务方式变革、服务手段完善、服务流程优化，持续提升服务能力。

类似案例

受理内容：客户反映：2019 年 11 月，通过某供电营业厅和网上国网提交业扩申请单办理非居民新装业务，客户本人申请办理、资料齐全。但是疫情过后一直也没安装，工作人员来过现场查看，告知表没有拿回来，要换变压器换模块。客户现在需要

核实什么时候能安装上。已超规定时限非居民客户 15 个工作日。请相关部门尽快核实处理。

处理情况：客户反映情况属实，是供电公司责任。经核实，客户于 2019 年 12 月 31 日到某供电营业厅办理低压非居民新装业务，并没有在网上国网办理新装申请。由于受理人员没有及时联系台区经理告知，将此事耽误。之后受疫情影响，一直未给客户办理，确实存在业扩报装超时限问题。2020 年 11 月 17 日，因客户再次联系台区经理询问，台区经理到现场查看并以“表没有拿回来，要换变压器换模块”为理由，没有给客户及时进行装表接电。接到工单后，12 月 1 日台区经理为客户完成装表接电。调查处理结果已告知客户，客户表示满意（见图 1-15）。

图 1-15　现场工作图

案例 31　表计轮换未告知，解释不当引投诉

案例分类

投诉工单—营业投诉—业扩报装—环节处理不当

摘要

某年 2 月 25 日，客户张某拨打 95595 电话询问自己电能表更换情况。反映供电企业未告知，将其电表更换。

3 月 1 日，客户张某到当地供电所核对原电能表表数，想了解换表后用电情况。但未核对到，供电所表示未找到原电能表。客户再次拨打 95598 进行投诉。

案例内容

某年 2 月 5 日供电企业工作人员因客户表计到轮换周期，未进行任何通知就对按月抄表的某小区电能表进行批量轮换工作。换表过程中，由于客户张某不在家，便进行了换表工作，口头将张某的电表底数告知了其邻居王某并请其转达。邻居王某未转告张某有关电能表更换原表底数。

2 月 25 日张某核对自家电能表表码，发现自己家用电能表被更换，想了解是否供电企业更换其家用电能表，故拨打 95598 进行询问。95598 告知其电表是供电企业开展周期轮换工作，将其电能表进行更换，如有疑问可到当地供电所查询相关更换情况。

3 月 1 日，张某认为自己表码抄错到供电所核对表码。供电所为其查找原更换下的电能表，经过 2 个多小时未找到电能表，供电所将该情况告知客户。客户拨打了 95598 供电服务热线进行投诉。

存在问题

（1）供电所工作中规范化、标准化程度不高，工作人员服务行为随意性较强。

1）未履行提前告知。低压客户电能表换装前，应在小区和单元张贴告知书，或在物业公司（村委会）备案。

2）现场换表作业不规范。换装电能表前应对装在现场的原电能表进行底度拍照，更换电能表时应与客户核对原表底数，经客户核对无误后签字确认。如居民客户不在家，应以其他方式通知其电表底数，以确保客户确实接收到原电能表底数信息。

3）客户致电 95598 询问电能表轮换情况，未能及时道歉并做好解释工作，也未及时告知客户原电能表底数和新电能表起数，以便客户更好地了解知晓自己的用电情况，为后期客户赴所咨询和诱发投诉留下伏笔。

（2）供电所表库管理工作存在漏洞，拆回的电能表存放周期不符合公司的相关规定。

供电企业拆回的电能表应在表库至少存放 1 个抄表或电费结算周期，以便客户后期核对电能表底数和信息。同时应该留存换表时现场照片、原电能表底数照片和新更换电能表起数照片。

（3）工作流程缺乏有效的监督环节，未能及时发现和制止工作人员的违规行为。

1）进行现场换表工作前，未能监督确保告知宣传工作落实到位，就开展换表工作。

2）开展电能表周期轮换工作，未能及时监督梳理轮换工作现场留档资料是否完善。

3）轮换下的电能表未能做到规范化存储和管理。

（4）工作人员服务意识不强，敏感警惕投诉生成意识不强。

受理客户核对电能表表底示数业务后，未能做好有效解释工作，对前期未经客户同意知晓就进行换表进行道歉和解释，争取客户理解，为后期投诉留下隐患。

在不能及时找寻到换下电能表时，未能及时灵活应对答复客户，让客户留下联系方式，待后期核对查找后再答复客户，致使客户久等未果，客户不满情绪深化引发投诉。

建议举措

（1）派工作人员核查具体情况，向客户赔礼道歉，取得客户谅解。

（2）清点核对轮换下的电能表，加强电能表库存管理工作，做好标记台账，并确保留有表底照片和工作单，保证材料现场一致性。

（3）建立新装轮换电能表管理台账，做好轮换记录和轮换台账。确保查必有据，查找方便快捷，核对清晰准确。

（4）梳理规范换表工作流程，制定管理制度。确保各环节流程流转顺畅，衔接到位。

（5）按照“四不放过”的原则，对相关责任人员进行责任追究。

（6）加强业务培训，提高员工政治敏感性及服务意识，举一反三，避免类似的事情再次发生。

政策依据

（1）《供电营业规则》（电力工业部令第 8 号）第七十二条　供电企业在新装、换装及现场校验后应对用电装置加封，并请客户在工作凭证上签章。

（2）《国家电网公司供电服务“十项承诺”》（国家电网办〔2020〕16 号）第七条　电

表异常快速响应。受理客户计费电能表校验申请后，5 各工作日内出具检测结果。客户提出电表数据异常后，5 个工作日内核实并答复。

案例点评

电能表轮换工作在开展的过程中，由于数量大、参与工作人员和工作流程环节多，涉及区域和台区分散，同时在工作日工作时间开展，会出现多数客户不在家中，换表时间与客户时间冲突的情况。难免在与客户沟通核对表示数和签订确实凭证时出现问题，表计更换后表计记录或者在录入营销系统时发生错误，或者在营销系统信息录入时客户手机号录入错误，不能及时找到相应用电客户等。供电所在开展电能表轮换工作前，做好流程流转，环节衔接的安排部署工作，提前做好宣传告知，让客户心里有所认知和对供电企业开展此项的有所预知。

供电所现场工作人员在进行轮换工作前，应首先联系客户现场确认电能表底数和新表起数，保证客户知情权。在争取客户理解和允许后开展电能表现场更换工作。对于未在家中不能到现场的客户可通过电话等方式联系客户，与其协商达成一致后再进行换表工作，可通过照片、微信链接等方式告知客户现场表计轮换情况，做到一户一告知一对答。对于无法联系上的客户做好记录（重点做好现场影像资料的留存标记），以备后期查找联系方式，做到及时告知。

供电所现场工作人员应做好现场轮换记录，每日做好工作台账并清点核对表计信息和影像资料。

工作人员每日现场操作完后及时回所登记交接库房管理人员，做好交接记录和库存管理。将现场更换影像资料和凭证确认单做好台账备存，做到清晰便于查找。将当日未能成功与客户联系并告知相关表计轮换信息的客户形成专有台账，通过费控系统再次查找核对客户联系方式，或通过物业联系查找联系方式。及时将表计更换情况告知客户，做到告知到位，一户不遗漏，做好销号记录。

同时核对客户系统内信息的准确性，并及时更新维护。对于客户信息应在所有信息录入完之后再进行认真核实，如果客户档案信息维护正确，就方便了日后其他工作的开展，也预防本案例的发生。

95598 工单处理人员应加强专业沟通和工单中客户诉求的解答处理，在受理第一次客户咨询电能表更换时，及时联系相关工作人员获取客户表计轮换信息，并告知清晰客户家旧电能表表底和新表起数、表号等，并争取客户的理解和认可。同时告知客户如有其他诉求和意见及时联系供电企业，态度谦和、热情，为客户提供温暖沟通服务。

客户到供电所营业厅核对电能表更换信息时，供电所工作人员了解到前期客户未能得到有效告知和知情权时，应第一时间安抚并向客户致歉，对前期工作中出现的疏忽给予客户心理的安抚，以致其不满情绪不会恶化和发酵，同时降低化解其

投诉倾向。

供电所营业厅工作人员及时跟进客户电能表信息调取情况，当发现表计不能及时找寻到时，应灵活应答客户，向客户解释并留下联系方式，不让客户久等2个多小时产生不耐烦等反感情绪。在确认电能表无法查找，应用承认工作疏忽的态度向客户致歉，争取客户的理解，并及时解决问题，与客户协商下一步解决方式，为客户核对其家用电量与往月对比是否合理，解除客户对于用电量计量是否准确的顾虑，并表示日后将改正工作中的疏忽点，保证类似事件不会发生，得到客户的理解，及时制止事件恶化的演变。

在发现客户出现不满情绪时，应及时安抚解释，不应致使状况不可控，直接引发投诉。

案例32　业务办理出纰漏，惹烦客户遭投诉

案例分类

投诉工单—营业投诉—业扩报装—环节处理不当

摘要

某年11月份，17时07分客户拨打95598反映近期电费异常，系统显示从11月5日到11月18日测算电费为987.81元，客户觉得家中并未用这么多电，已向客户解释可能存在时间差，客户不认可。

后于17时35分再次拨打95598反映其属于政府统一煤改电地区，客户在2017年12月左右办理过峰谷分时电价，并且未办理过取消分时业务，经系统内查询客户2018年2月电费确实是按照分时电价结算的，但现在没有开通分时，且近期电费也没有显示分时，请相关部门尽快核实处理。

案例内容

11月18日接到意见工单后，供电所人员立即联系客户，经核实，客户属于远程费控客户，某年9月份发行电量108度，电费56.16元；10月份发行电量85度，电费44.2元；11月份发行电量918度，电费512.71元。经现场和系统核实，客户抄表数据正常，表计情况无异常，表计接线正常。系统显示从11月5日测算到11月18日测算电费为987.81元、电量为1204度，由于客户在11月份使用取暖设备，执行阶梯电价（0.82元/1度），导致电费增高。供电所人员于下午17时30分将此处理结果与客户沟通解释，客户表示满意。

后于 2018 年 11 月 18 日下午 17 时 35 分，客户经过分析供电公司答复结果后，认为供电公司未按照其要求执行分时电价，引发投诉。

11 月 18 日接到投诉工单后，供电所人员立即联系客户，经核实，客户（户号为 2505423487）为远程费控客户，在 2017 年 12 月份通过政府统一煤改电方式，提交用电变更申请办理分时电价，在得到客户允许的情况下，客户办理分时电价只是在冬季取暖期（每年 11 月 1 日至次年 3 月 31 日）内执行分时电价，取暖期以外还是正常执行居民照明电价，营销系统中客户用电类别“非居民照明”存在系统录入错误的情况（正确用电类别应为“乡村居民生活用电”）。系统内查询客户处 2017 年开通分时电价流程编号 151712829242，关闭分时电价流程编号 151805288101。2018 年开通分时电价流程编号 151811045410。客户 2018 年 2 月份电费属于取暖期内故发票是按照分时电价计算的，由于 12 月份发行 11 月份电费，故客户最近查看发票未执行分时电价，待下月电费发行后发票将体现分时电价。因客户误以为 11 月发行电费为 11 月份用电量，误以为供电公司未给其执行分时电价引发投诉。现已将此情况向客户详细解释说明，后客服专员于 11 月 19 日 17 时拨打夏先生电话进行回访，客户表示非常满意。

存在问题

（1）工单回复内容前后不一致、避重就轻。经与费控项目组技术人员确认，客户 11 月 1 日至 18 日（投诉日之前）每日结算电费并未执行峰谷分时电价，执行的为居民阶梯第三档电价。实际执行峰谷分时电价的时间为 11 月 21 日，即投诉回单中“2018 年开通分时电价流程编号 151811045410”之后，与投诉回单表述的“11 月份电费发行时间为 12 月份故客户最近查看发票未执行分时电价”“客户误以为 11 月发行电费为 11 月份用电量，误以为供电公司未给其执行分时电价引发投诉”不符，因此处理部门确实存在未及时给客户开通分时电价的情况，投诉处理结果避重就轻。且如果 11 月份多收电费处置不合理，会形成新的客户投诉风险点。

（2）工作责任心不足，错误更正不及时。投诉处理过程中相关部门已经发现客户用电类别“非居民照明”录入错误，并在回单中进行表述，但至今仍未在 186 系统内将客户用电类别更改为正确的“乡村居民生活用电”，未对前期工作出现的疏忽予以重视，工作责任心严重不足。

（3）加强对煤改电客户电采暖电价执行情况的关注，避免出现电费差错。进入采暖高峰期以后，按照往年经验，高峰期出现较多的为电费差错类诉求。相关部门应提高对煤改电客户的关注意识，及时核查系统内电采暖电价的执行情况，避免出现电采暖电价执行不及时、电费结算错误、甚至造成客户费控停电的情况发生，保证煤改电客户温暖过冬。

建议举措

（1）发现用电类别录入错误问题时，供电所人员及时与客户沟通确认后，营销各系统内将数据进行重新维护，保证客户信息全部更新完毕。

（2）供电所人员在回单时要严格落实回单要求。

（3）供电所人员在推行煤改电业务时，要对 SG186 归档后的客户信息逐一进行核对，发现错误信息要及时进行纠正。

（4）供电所人员应做好本单位营销业务应用系统中客户档案、业务流程、电量电费、计量、用电检查等信息更新和维护，县公司应定期开展数据质量校核。

政策依据

（1）《国家电网公司电力客户档案管理规定》[国网（营销/3）382—2014] 第十七条　客户纸质资料记录与营销业务应用系统和客户现场信息一致。

（2）《国家电网有限公司 95598 客户服务业务管理办法》（国家电网企管〔2019〕907 号）第五十九条　省公司，地市、县公司应做好本单位营销业务应用系统中客户档案、业务流程、电量电费、计量、用电检查等信息更新和维护，定期开展数据质量校核。

（3）《国家电网有限公司 95598 客户服务业务管理办法》（国家电网企管〔2019〕907 号）附件 1 《国家电网有限公司供电服务投诉业务处理规范》第八部分：回单审核，国网客服中心、省营销服务中心，国网电动汽车公司，县公司逐级对回单质量进行审核，对回单内容或处理意见不符合要求的，应注明原因后将工单回退至投诉处理部门再次处理。对无法在时限内办结的客户投诉，继续对投诉处理情况跟踪督办。工单回复审核时发现工单回复内容存在以下问题，应将工单回退：

1）回复工单中未对客户投诉的问题进行答复或者答复不全面的。

2）除保密工单外，未向客户反馈调查结果的。

3）应提供而未提供相关 95598 客户投诉处理依据的。

4）承办部门回复内容明显违背公司相关规定或表述不清晰、逻辑混乱的。

5）其他经审核应回退的。

案例点评

由于煤改电业务大部分集中于冬季采暖期、业务受理量大、送电有时限要求，难免在与客户签订协议时出现问题，或者在录入营销系统时发生错误，或者在费控系统信息录入时客户信息录入错误。供电所人员应在所有信息录入完之后进行认真核实，如果客户档案信息维护正确，就避免了本案例的发生。

客户 11 月份 17 时 07 分收到客户因电费原因第一次拨打 95598 电话时，客服专员未引起足够重视，认为进行电费查询即能答复客户疑问，且后续未及时恢复（回访）客户。导致该客户疑问未能全部解开，后根据意见工单答复，结合自己办理分时电价时段，认为未按照其要求执行分时电价，一气之下又拨打了 95598 投诉电话。

类似案例

受理内容：客户反映：2018 年 12 月 15～16 日左右，通过某供电营业厅提交业扩申请单办理电采暖业务，办理资料齐全。经系统查询，未查到其有开通记录，请相关部门尽快核实处理。

处理情况：客户反映情况属实，是供电公司责任。经核实，客户于 2018 年 12 月 25 日到某供电所申请开通电采暖业务（即更改电采暖电价），手续齐全。因年底事务较多，工作人员存在未按规定时限为客户开通电采暖业务的情况。客户拨打电话意在询问何时可以办理业务。现已于 1 月 7 日为客户开通电采暖业务。

该案例暴露出业务处理不规范的问题。工作人员在受理客户变更电价业务后，未能按照业务规范及时完成相应业务流程，存在责任心不强、业务未闭环的情况。建议加强工作人员业务培训，不断提高业务能力和工作责任心，各项受理业务严格闭环处理，有效减少此类情况发生。

案例 33　现场接线出错误，客户不满引投诉

案例分类

投诉工单—营业投诉—业扩报装—环节处理不当

摘要

某年 4 月 2 日，来自某县的一位客户拨打 95598 来电反映某供电所的电工霍某存在私自帮助其他人在客户表下接线的行为，是今天中午接的，客户表示已跟该工作人员核实。

案例内容

客户所属某供电所供电辖区，为农业排灌动力户，客户名称：王某（排灌），户主王某。某年 3 月 10 日王某等 5 人口头协议由王某报装立户，5 人共用一块计费表，计费表以下主干低压线路由 5 人共同建设使用。

4 月 2 日，口头协议 5 人中的辛某在未征得户主王某同意的情况下，联系当地供电所供电服务工霍某在上述 5 人共建的低压线路末端进行接线，供电所工作人员

霍某个人主观地认为辛某是用电人之一，未对产权情况进行核实就进行了作业，擅自接线。

客户王某得知此事后，拨打 95598 电话进行投诉，投诉供电所的电工霍某存在私自帮助其他人在客户表下接线的行为，属不规范行为。

4 月 3 日上午，供电公司派人员到客户王某处对现场进行了检查，检查过程中发现线路接线存在安全隐患，已将接线摘除。

客服专员于 4 月 5 日 14 时拨打王先生电话进行回访，王先生未接电话，客服专员随后于 16 时 15 分再次拨打王先生电话，将此事对客户进行了解释，并将处理结果告知王先生，王先生表示满意。

存在问题

（1）供电所业务流程落实存在执行不到位、不严格的问题。

（2）供电所供电服务工作人员责任心不强，在进行接线前未对被接线路的产权情况和被接线人的身份进行核实。

（3）供电所供电服务工作人员作业技能水平有待提高。在现场检查时发现线路接线存在安全隐患并已摘除，暴露出工作人员作业技术和专业技能问题，如未及时发现排除将存在极大安全隐患。

（4）供电所供电服务工作人员无法律风险意识和服务风险意识，规章制度执行不严，工作随意性较大。

建议举措

（1）对私自接线事情发生后，供电所供电服务人员应及时与客户联系并快速安排工作人员到达现场对事情进行解决。

（2）对具有安全隐患的线路供电所供电服务人员应尽快安排工作人员到达现场排除安全隐患。

（3）供电所应按照相关规定严肃考核责任人和有关负责人，严格规范用电业务流程，强化服务风险意识。相关部门应加强用电业务流程监督及审核，严格按照规范流程作业，坚决杜绝习惯性违章，并加强对一线服务人员法律风险、服务意识、纪律意识方面教育。

（4）加强现场作业质量监督，提高人员作业技能水平。相关部门要进一步加强现场作业质量监督检查，加强人员业务技能培训，避免因工作疏失引发安全事故。

政策依据

（1）《中华人民共和国电力法》（中华人民共和国主席令第 23 号）第四章　第二十七条　电力供应与使用双方应当根据平等自愿、协商一致的原则，按照国务院制定的电力供应与使用办法签订供用电合同，确定双方的权利和义务。

（2）《中华人民共和国电力法》（中华人民共和国主席令第二十三号）第四章 第二十八条 供电企业应当保证供给客户的供电质量符合国家标准。对公用供电设施引起的供电质量问题，应当及时处理。客户对供电质量有特殊要求的，供电企业应当根据其必要性和电网的可能，提供相应的电力。

（3）《中华人民共和国电力法》（中华人民共和国主席令第二十三号）第四章 第三十一条 客户应当安装用电计量装置。客户使用的电力电量，以计量检定机构依法认可的用电计量装置的记录为准。客户受电装置的设计、施工安装和运行管理，应当符合国家标准或者电力行业标准。

（4）《中华人民共和国电力法》（中华人民共和国主席令第二十三号）第四章 第三十一条 客户应当安装用电计量装置。客户使用的电力电量，以计量检定机构依法认可的用电计量装置的记录为准。

（5）《中华人民共和国电力法》（中华人民共和国主席令第二十三号）第四章 第三十二条 客户用电不得危害供电、用电安全和扰乱供电、用电秩序。对危害供电、用电安全和扰乱供电、用电秩序的，供电企业有权制止。

（6）《中华人民共和国电力法》（中华人民共和国主席令第二十三号）第四章 第三十三条 供电企业应当按照国家核准的电价和用电计量装置的记录，向客户计收电费。供电企业查电人员和抄表收费人员进入客户，进行用电安全检查或者抄表收费时，应当出示有关证件。客户应当按照国家核准的电价和用电计量装置的记录，按时交纳电费；对供电企业查电人员和抄表收费人员依法履行职责，应当提供方便。

（7）《中华人民共和国电力法》（中华人民共和国主席令第二十三号）第九章 第七十一条 盗窃电能的，由电力管理部门责令停止违法行为，追缴电费并处应交电费五倍以下的罚款；构成犯罪的，依照刑法第一百五十一条或者第一百五十二条的规定追究刑事责任。

（8）《中华人民共和国电力法》（中华人民共和国主席令第二十三号）第九章 第七十二条 盗窃电力设施或者以其他方法破坏电力设施，危害公共安全的，依照刑法第一百零九条或者第一百一十条的规定追究刑事责任。

（9）《电力供应与使用条例》（国务院令第 196 号）第三十一条 客户应当安装用电计量装置。客户使用的电力电量，以计量检定机构依法认可的用电计量装置的记录为准。客户受电装置的设计、施工安装和运行管理，应当符合国家标准或者电力行业标准。

（10）《电力供应与使用条例》（国务院令第 196 号）第三十三条 供电企业应当按照国家核准的电价和用电计量装置的记录，向客户计收电费。供电企业查电人员和抄表收费人员进入客户，进行用电安全检查或者抄表收费时，应当出示有关证件。客户应当按照国家核准的电价和用电计量装置的记录，按时交纳电费；对供电企业查电人员和抄表收费人员依法履行职责，应当提供方便。

（11）《电力供应与使用条例》（国务院令第 196 号）第七十二条　用电计量装置包括计费电能表（有功、无功电能表及最大需量表）和电压、电流互感器及二次连接线导线。计费电能表及附件的购置、安装、移动、更换、校验、拆除、加封、启封及表计接线等，均由供电企业负责办理，客户应提供工作上的方便。高压客户的成套设备中装有自备电能表及附件时，经供电企业检验合格、加封并移交供电企业维护管理的，可作为计费电能表。客户销户时，供电企业应将该设备交还客户。供电企业在新装、换装及现场校验后应对用电计量装置加封，并请客户在工作凭证上签章。

（12）《电力供应与使用条例》（国务院令第 196 号）第八十一条　用电计量装置接线错误、保险熔断、倍率不符等原因，使电能计量或计算出现差错时，供电企业应按下列规定退补相应电量的电费。

案例点评

在日常线路接线中，由于有些供电工作人员的规范意识不是很强，难免会出现没弄清楚情况接错线的事情。有时由于某些工作人员工作时不够细心而导致产生一些安全隐患。如果供电所工作人员在进行接线前对被施工线路的产权情况进行了解并工作细心，就可以避免了本案例的发生。

作为变电所工作人员应在收到接线请求时首先核实请求人和请求线路的产权情况是否一致，只有一致方可按规定规范进行接线。而变电所工作人员在收到接线请求的第一时间并没有对请求人的身份以及所请求的线路产权情况进行了解。只是在工作人员的主观意识下就直接进行了接线。

工作人员在进行接线时应细心规范的进行，以免留下安全隐患。而该案例中的工作人员在工作时并未细心规范工作，所接的线路存在安全隐患，还好及时发现并除掉了隐患，不然将造成巨大的安全隐患。

作为计量工作人员对于客户反馈的现场用电问题，计量班人员在送电、更换电表、用电问题整改等实际现场工作中一定要再三确认用电正常后才可离去，同时应尽可能避免客户自行操作现场计量设备，避免事故隐患。擅现场停电问题，计量人员在进行装表接电，更换电能表、负控设备等任务时可能会进行停电，会对客户的用电造成一定的影响，对此，计量人员在现场工作时要提前和客户做好沟通，提前告知停电范围及停电时间，在工作进行完毕后告知客户来电，并确认客户用电正常后方可离开。

近一年来公司多次进行规范培训，并多次进行工作人员业务技能培训，避免因工作疏失引发安全事故。加强对现场的管理监督以及对工作人员的程序意识和法律意识进行培训。后续计量班将继续开展相关学习自查工作，发现问题及时整改，确保计量工作的安全准确执行。

在国网公司任何岗位都是环环相扣的，哪一个出现问题都会对整个公司带来巨大影响。只有供电公司的工作人员工作规范细心，将每一件事做好，才能让公司蒸蒸日上。

案例 34　业务流程未理顺，客户工单不等人

案例分类

投诉工单—营业投诉—电能计量—验表

摘要

在网上国网 App 线上业务推广之初，客户通过该软件提报业务申请，由于供电部门工作人员未能及时理顺业务流程，致使客户对应提报业务超出规定时限。后经供电部门工作人员审核，因客户提供资料不全，未能受理客户线上诉求，转由线下处理。

案例内容

某年 12 月 13 日，户号为 15××11 的客户拨打 95598 供电服务热线，表示其 12 月 1 日通过网上国网 App 的方式提交验表申请单以及分时电价调整申请单，办理资料齐全，已超出规定时限，一直没得到办理，请相关部门尽快核实处理。

供电部门工作人员于当天就客户反映问题进行调查。经核实，户号为 15××11 的客户，12 月 1 日通过网上国网 App 申请验表及办理分时电价业务（改类）。因涉及软件处于推广之初，相关流程尚未捋顺，工作人员对业务处理流程不熟悉，未在营销业务系统中及时发现该客户的相关申请，导致流程超过规定办理时限。接到工单后，供电部门工作人员系统内查询了客户所诉工单，因客户提交资料不全，无法线上受理客户诉求，已将情况告知客户。本着以客户需求为导向的原则，供电部门工作人员线下指导客户进行业务申请，由于办理分时电价业务需更换计量表计，客户对之前表计的校验申请取消。供电部门已于 12 月 20 日为客户完成更换电表、更改电价业务。客户对处理结果表示满意。

存在问题

在网上国网 App 线上业务推广之初，供电部门管理人员未能按照业务推广需求理顺内部工作流程、工作人员不了解具体操作方式，致使客户使用该软件提报的业务工单未能及时受理、处置，导致工单处置超出规定时限，影响客户诉求处置的及时性。

建议举措

及时理顺业务流程，做好相关培训。在上级推广新业务、新规程后，基层单位应结合属地实际情况，及时根据业务内容理顺相关业务流程，组织相关工作人员开展业务培训，避免因内部管理原因致使客户诉求无法及时处理、影响新业务推广。

政策依据

（1）《供电营业规则》（电力工业部令第 8 号）第七十九条　供电企业必须按规定的周期校验、轮换计费电能表，并对计费电能表进行不定期检查。发现计量失常时，应查明原因。客户认为供电企业装设的计费电能表不准时，有权向供电企业提出校验申请，在客户交付验表费后，供电企业应在七天内检验，并将检验结果通知客户。如计费电能表的误差在允许范围内，验表费不退；如计费电能表的误差超出允许范围时，除退还验表费外，并应按本规则第八十条规定退补电费。客户对检验结果有异议时，可向供电企业上级计量检定机构申请检定。客户在申请验表期间，其电费仍应按期交纳，验表结果确认后，再行退补电费。

（2）《供电服务标准》（Q/GDW 10403—2021）6.1.5.12 中规定　对基本电价计费方式变更、居民峰谷变更的改类业务，自受理之日起，不需换表的 2 个工作日内办理完毕，需换表的 5 个工作日内办理完毕；对调整需量用电的改类业务，自受理之日起，2 个工作日内办理完毕。

案例点评

随着互联网的发展、社会的不断进步，为了更方便、快捷的服务客户，国网公司陆续统推了网上国网 App、国网商城等线上服务软件、系统。基层单位作为统推软件、系统的实际落地单位，及时理顺内部业务流程、加强相关人员业务培训，对于软件、系统的推广具有积极作用，同时可有效减少新软件、系统推广衍生的各类客户诉求工单。

类似案例

案例一

某年 10 月 23 日，户号为 15××21 的客户拨打 95598 供电服务热线，表示其于 8 月 30 日通过网上国网 App 提交校验电表的申请，目前系统显示仍在处理中，已超出规定时限。且客户于 10 月 8 日再次通过网上国网 App 提交校验电表的申请，目前也显示处理中。同时，该系统内只能查询到 10 月 8 日的申请流程。客户对此有异议，请相关部门尽快处理。

供电部门工作人员于当天就客户反映问题进行调查。经核实，客户分别于8月30日、9月16日和10月8日通过网上国网App申请了校验电表的服务，供电公司工作人员分别于8月31日14时14分、9月2日15时28分、9月17日14时26分、9月21日11时24分、10月9日8时45分和10月13日15时44分多次拨打客户电话，但均无法接通，因此工作人员无法告知客户验表流程且无法与客户预约上门校验电表的时间。工作人员将客户的校验电表申请流程分别于9月2日、9月21日和10月13日予以办结。关于客户反映的“目前网上国网App对应流程显示仍然为处理中”的情况，经核实为网上国网App系统工单积压，导致工单状态未同步成功，此问题与供电公司工作人员无关，现系统已恢复正常。因客户的校表流程在9月2日、9月21日和10月13日分别予以终止，经系统核实和咨询项目组，无法显示办结时间，所以不存在客户所述“超出规定时限”的情况。现工作人员已告知客户验表具体流程，客户要求查看近三月发行电量电费情况后表示暂时无须验表，若有验表需求时会自行联系当地工作人员进行验表。调查处理结果已告知客户，客户表示满意。

案例二

某年11月23日，客户拨打95598供电服务热线，表示曾于11月14日通过网上国网的方式提交户号25××16的验表申请单、办理资料齐全。现已超出规定时限，且一直没有供电部门工作人员联系客户，请相关部门尽快核实处理。涉及网上国网申请编号：15××65。

供电部门工作人员于当天就客户反映问题进行调查。经核实，户号25××16的房主为投诉客户房先生的父亲。客户房先生于11月14日通过网上国网App提出了校验电表申请，属地单位接到工单后安排工作人员于11月16日10时38分到客户现场，结合客户家用电设备情况，告知客户父亲造成其家中电费高的可能原因，并表示要为其提供校验电表服务。经过工作人员解释，客户父亲表示本次先不验表、再观察一段时间之后再决定是否需要校验电表。为方便客户，工作人员将联系方式告知客户，表示如后期有校验电表的需要，可随时与其联系。期间投诉客户一直没在家中。工作人员回到单位后，于当日对前期校验电表申请工单进行了审核未通过回复。该工单于11月14日13时6分提交，11月16日10时11分审核不通过，正常情况下11月22日客户手机端服务记录该工单情况应为“已终止”，但因系统信息同步失败，客户手机端服务记录该工单情况为“处理中”。投诉客户冯先生因不知道供电部门工作人员已联系过其父亲，故拨打95598供电服务热线咨询业务处理进度、引发该投诉工单。将情况告知客户后，投诉客户房先生及其父亲都表示暂时观察电量、不需校验电表，对产生的误会表示歉意（见图1-16）。

用电业务办理告知书

低压居民客户

① 申请受理

办理说明

→ 在受理您用电申请后，请您与我们签订供用电合同。您需提供的申请材料应包括：房屋产权证明以及与产权人一致的用电人身份证明。

→ 若您暂时无法提供房屋产权证明，我们将提供"一证受理"服务，先行受理启动后续工作。

② 施工接电

办理说明

→ 受理您用电申请后，我们将在5个工作日内装表接电。

低压非居民客户（适用于三零服务用户）

① 申请受理

办理说明

→ 您在办理用电申请时，请提供以下申请材料：

→ 用电人有效身份证件（自然人客户提供身份证、军人证、护照、户口簿或公安机关户籍证明等；法人或其他组织提供法人代表有效身份证明（同自然人）、营业执照等）；

→ 房屋产权证明或土地权属证明文件；

→ 若您暂时无法提供房屋产权证明或土地权属证明文件，我们将提供"一证受理"服务，先行受理启动后续工作。

② 施工接电

办理说明

→ 在受理您申请后，签订《供用电合同》后，我们将在15个工作日内为您装表接电。

注：增容、变更用电时，客户前期已提供、且在有效期以内的资料无需再次提供。

请您对我们的服务进行监督，如有建议或意见，请及时拨打95598服务热线或登录"网上国网"手机APP，我们将竭诚为您服务！

图 1-16　用电业务办理告知书

三、停送电投诉篇

案例 35　无故停电引慌乱，业务违规惹头痛

案例分类

投诉工单—停送电投诉—停电问题—无故停电

摘要

2021 年 6 月份，客户致电 95598 反映家中无电，受理人员排除欠费及内部故障后派发故障报修工单，现场抢修人员查看后答复“客户处存在陈欠电费，工作人员进行了现场停电。”，客户对此答复不认可，反映未收到相关欠费通知，且家中冰箱内存放贵重物品，要求尽快复电，产生损失将要求赔偿。经最终调查，为工作人员私自为客户代缴电费，且停电前未按照规范进行催缴，造成客户投诉。投诉后工作人员将前期代缴电费的详单交付给客户，客户认可，将电费结清后恢复供电。

案例内容

2021 年 6 月 26 日上午 7 时 15 分，某市某县张女士致电 95598，客户编号：15××47 反映家中无电。95598 受理人员通过客户地址未查询到该地有计划停电及大面积故障，系统查询客户编号继电器状态查询为通（电表有电），引导客户检查内部设备，排除客户内部故障后进行抢修工单派发。

6 月 26 日上午 7 时 30 分某县抢修班工作人员李某到达现场，现场为客户一户停电，排查客户内部无故障，查看电表处发现表下线被拔，经确认得知，因存在陈欠电费，故进行了现场停电，7 时 50 分告知客户需要先到营业厅缴清电费后办理复电手续。

6 月 26 日上午 8 时张女士再次致电 95598，对答复“存在陈欠电费”不认可，要求投诉，表示自己每月都查看费用，费用充足，不可能欠费，也从未接收到任何欠费通知，而且 7 时 15 分联系 95598 时受理人员也确认过不欠费，要求尽快进行复电。冰箱内存放着药材、海鲜等贵重物品，如果产生损失将要求供电公司照价赔偿。

6 月 26 日 14 时 30 分电话联系客户，经某县某供电所工作人员李某核实，客户反映情况属实，是供电公司责任，为个人责任。户名：张某，客户编号：15××47，地址：某市某县某乡某村1组。该客户为远程费控客户，停电方式为审批停电，经核实，客户2020年7月发行电费68.12元，违约金1元，欠费69.12元，9月发行电费57.2元，欠费57.20元；11月发行电费56.16元，违约金1元，欠费57.16元；2021年1月发行电费47.84元，欠费47.84元，2021年3月发行电费21.84元，违约金1元，欠费22.84元，共计欠费254.16元。抄催人员李某因私人原因，未进行上门催缴，也未粘贴催款通知单，未直接进行欠费停电处理，而是将以上电费代缴，电费收据打出。6月26日7时抄表员到客户处催缴以上电费，但因客户家一直没有人，对客户处实施欠费停电。接到抢修后抢修人员7时50分告知为欠费停电，请客户尽快缴纳电费，可以为其先送电，客户随即拨打95598引发此投诉。客户已于6月27日8时将以上电费结清，抄表员将此前打印出的电费详单交付客户，客户核对后对电费明细认可，工作人员现场为客户恢复送电，现客户处用电正常。因客户存在欠费导致停电，无法赔偿客户损失。6月27日15时45分与客户沟通处理结果，客户表示知晓。加强电费催费工作流程，严格规范欠费停复电流程，提高抄催人员服务意识，加强与客户的沟通技巧，做好客户解释工作，保障优质服务。

 存在问题

（1）抄催人员履职不当。抄催人员在履行抄催工作时，未按照规范要求进行电费催收，而是多次将客户电费垫付，造成公司电费回收风险。通过停电的方式来进行电费催收，更加引起客户不满，造成服务诉求升级，影响企业服务形象，属国家电网有限公司供电服务奖惩规定的二类或三类过错。

（2）业务监管不到位。抄催人员无视公司规章制度，从2020年9月起开始违规垫付，直至2021年6月事件暴露。长期进行电费垫付、通过给客户停电的方式代替催费工作，管理部门未在违规过程中及时发现并纠正，而是当客户投诉后才知晓其违规行为，可见责任单位对电费催收业务重视程度不够，监管制度存在漏洞。

（3）管理职责履行不当。公司有明确的奖惩制度，责任单位在处理服务事件过程中并没有对违规人员的进行过错处理，未落实业务管理责任。

 建议举措

（1）合理运用智能平台，规避业务风险。建议责任单位严格按照规定流程及时限执行欠费停电，在SG186系统中履行审批手续，停电通知书专人审核、专档管理，充分采用短信催费、电话催费、上门催费等多种催缴方式。同时充分利用远程费控平台功能，依托系统电费余额自动测算、余额信息自动预警、自动停复电等功能实现余额信息预警、停电、复电等信息精准执行，减少不可控因素造成的业务风险。

（2）加强电费催收监管，杜绝业务违规行为。应切实发挥业务管理责任，加强电

费催收业务的过程管控，对现有业务监管制度认真梳理，查漏补缺，对违规垫付、以停代催等违规行为加大查处力度，避免因监管机制缺失或不完善，导致违规行为屡禁不止。

（3）坚决抵制不良之风，确保业务良性运转。此次服务事件的起因是抄催人员未履行抄催职责，对客户而言大大影响了实际用电体验，给生活带来了诸多困难；对同事而言，徒增了无谓的工作量，浪费工作精力；对企业而言直接影响服务形象，带来电费回收风险；个人违规行为的影响从来不局限于个人，每一个服务事件都应引起足够重视，对视规章制度于不顾的违规人员有责必问，有错必纠，严明工作纪律，树立良好工作风气，确保业务的正向运作。

政策依据

（1）《国家电网有限公司电费抄核收管理办法》[国网（营销/3）273—2019]第四十一条　电费发行后，电量电费信息应及时以电子账单方式或其他与电力客户约定的方式告知电力客户。账单内容包括本期电量电费信息、交费方式、交费时间、服务电话及网站等。第四十五条　采用柜台收费（坐收）方式时，应核对户号、户名、地址等信息，告知电力客户电费金额及收费明细，避免错收，收费后应主动向电力客户提供收费票据。电力客户同时采取现金、支票与汇票支付一笔电费的，应分别进行账务处理。严格按照电力客户实际交费方式在营销系统中进行收费操作，确保系统中收费方式、实收金额与实际一致。

（2）《国家电网有限公司供电服务奖惩规定》[国网（营销/3）377—2014]第四章　惩处　第二节供电服务过错　第二十六条　供电服务过错根据问题性质和影响程度分为三类：一类过错、二类过错和三类过错。

（一）一类过错

情节严重，长期存在，给客户造成1万元及以上5万元以下直接经济损失，或给企业形象造成较大影响的供电服务过错。

（二）二类过错

情节较重，频繁发生，给客户造成1万元以下直接经济损失，或在一定范围内给企业形象造成不良影响的供电服务过错。

（三）三类过错

情节较轻，偶尔发生，未造成不良影响的供电服务过错。

第二十七条　发生供电服务过错，惩处可采取经济处罚或者组织处理。

（一）发生一类过错，对责任人按以下规定处理：

（1）对责任单位上级有关部门负责人予以通报批评。

（2）对责任单位主要负责人、有关分管负责人予以通报批评。

（3）对部门、班组级负责人予以通报批评、调整岗位或待岗。

（4）对主要责任人予以通报批评、调整岗位或待岗。

（5）对次要责任人予以通报批评或调整岗位。

（6）对上述责任人予以 500～3000 元经济处罚。

（二）发生二类过错，对责任人按以下规定处理：

（1）对主要责任人予以通报批评、调整岗位或待岗。

（2）对次要责任人予以通报批评或调整岗位。

（3）对上述责任人予以 100～2000 元经济处罚。

（三）发生三类过错，对责任人按以下规定处理：

（1）对主要责任人予以通报批评或调整岗位。

（2）对次要责任人予以通报批评。

（3）对上述责任人予以 1000 元以下经济处罚。

案例点评

随着社会主义市场经济的高速发展，电力早已成为人们日常生活的重要组成部分，人们对电力有着迫切的需求，停电不仅仅意味着失去光亮、娱乐消遣的暂停，还会导致通信的中断、财产经济的损失、甚至影响生命安全。供电企业承担着为电力客户提供保障安全、经济、清洁、可持续电力供应的基本使命，要始终贯彻服务至上、以客户为中心的服务理念，严厉查处损害企业形象的违纪违规行为，不断改进服务质量，摒弃以往“以我为主、与我方便”的作风，服务理念要更新、服务管理要到位，在规范中完善服务、提高质量，赢得客户的真诚信赖（见图 1–17）。

图 1–17　95598 工作现场交流图

案例 36　被窃电且被停电，服务纠纷止不住

案例分类

投诉工单—停送电投诉—停电问题—无故停电

摘要

2021 年 8 月 13 日 14 时 15 分李先生报修家中无电。14 时 40 分再次拨打 95598，反映邻居告知是供电公司把电表给摘走了，说是窃电，要罚款，李先生表示自己连自家电表位置在哪都不清楚，不可能窃电。调查发现客户家中曾因电表故障换过电表，换表人员没有将新的电表编号更新进业务系统，8 月 13 日用电检查人员检查发现李先生用的电表与系统显示编号不符，怀疑窃电，将电表摘走。李先生对被供电公司认定为“窃电”和无故被供电公司“停电”表达强烈不满，进行投诉，工作人员将表号在系统中进行更正，客户处用电恢复正常，客户对供电公司仍有不满。

案例内容

2021 年 8 月 13 日 14 时 15 分，某市某区某村李先生拨打 95598 反映家中停电，客服专员引导客户查看现场电表状态，但因客户不清楚自家电表位置，客服专员排除客户欠费和内部故障后派发故障报修，安排抢修。

8 月 13 日 14 时 40 分，李先生再次致电，反映有邻居说是供电公司把电表给摘走了，因为存在窃电，要去供电营业厅把罚款交了才能把表给装回来。李先生表示自己不清楚自己电表位置，不可能窃电，要求核查。

8 月 14 日 11 时 40 分，李先生第三次拨打 95598，反映有供电公司的工作人员上门查看，确认现场无窃电行为。李先生对无故被停电问题不满，要求投诉。

工作人员于 8 月 14 日联系客户，经某供电所工作人员张某核实，该客户反映情况属实，是供电公司责任。客户编号：25××78，资产编号为 16××52。2020 年 11 月 20 日客户欠费停电，因送电时电表自动合闸损坏不能进行正常送电报修，抢修人员现场更换电表，更换后系统未能及时更新电表号，导致与系统表号不一致。2021 年 8 月 13 日某供电所在某村进行营业普查工作，发现该客户使用电能表为合格在库状态，因多次联系客户未果，不能确定电能表所属户，工作人员现场将电能表摘除，客户后期联系供电公司才确定电能表归属。工作人员于 8 月 15 日对客户电能表轮换，客户处现已用电正常，电量电费已恢复正常，系统表号已在系统中进行更

正。供电公司今后将加强换表流程规范性管理，换表后及时在系统中更新，避免类似情况产生，此情况已和客户解释清楚，客户现已用电正常，对被认定窃电和被停电表示不满。

存在问题

（1）计量资产出入库管理缺失。2020 年 11 月 20 日由抢修处理人员为李先生更换使用资产编号为 16××52 的计量设备，2021 年 8 月 13 日用电检查人员查看该设备状态为“合格在库”，可见抢修人员未按管理要求将此资产出库处理，而故障设备是否入库也不可知。

（2）计量资产拆装记录未维护。根据规范要求，计量资产的安装、拆回应及时录入在营销业务应用系统，抢修人员并没有按照规范执行，形成了服务隐患。

（3）窃电现场检查执行不规范。根据业务要求，窃电现场检查时应由客户随同配合检查，而客户是停电报修后才知晓被现场检查认定为窃电，可见责任部门在现场检查时未按照规范执行。

（4）专业判断不准确。公司资产的管理绝不会是客户可操作执行的，当用电检查人检查发现在库资产被使用时应协同资产管理人员、台区经理等相关负责人共同核查清楚，不应在线索不足的情况直接判定客户窃电。

（5）忽视客户权益，违规停电操作。查获的窃电行为，应事先通知客户，才可中止供电。案例中用电检查人员以无法确认使用人为由对客户电表进行摘除停电，侵害了客户合法权益，导致服务诉求升级。

建议举措

（1）加强资产规范管理，有效防范业务风险。责任单位应围绕管理实施细则，定期组织现场稽查，及时发现异常情况，并对差错人员给予处罚及督促落实整改，确保规范、有序地开展资产管理工作，有效防范业务风险。

（2）规范用电检查行为，确保现场作业质量。用电检查时应严格执行公司工作流程和服务要求，确保现场作业质量，有效防范现场作业风险。

（3）健全服务监督制度，提高服务管理水平。责任单位应建立或健全服务监督机制，定期对业务服务质量进行抽检，从规范性、精准性两方面开展，规范性不足的应结合实际情况，对责任单位进行监督与评价，精准性不足的应总结提炼关键节点和薄弱之处，提供技术支持与指导，不断提升服务管理水平。

（4）加强人员技能培养，提高客户服务体验。各级单位应加强人员专业能力培养，提升业务队伍的专业技术平，提高对客户诉求的重视程度及服务风险意识，与客户建立有效沟通，不断提升优质服务水平。

政策依据

（1）《国家电网公司计量资产全寿命周期管理办法》[国网（营销/4）390—2014] 第三十条　计量资产质量分析：各级供电企业应构建计量资产质量评价指标体系，实现单个计量资产和批次计量资产的质量分析，并根据评价结果辨识影响计量资产质量的关键因素，为提高计量资产全寿命周期管理水平提供决策依据。

1）省公司计量中心应通过计量生产调度平台（MDS 系统）正确维护计量资产的采购到货、设备验收、检定检测环节的状态变更记录和检定不合格信息；

2）省公司计量中心应通过计量生产调度平台（MDS 系统）正确维护从省公司计量中心库房配出的资产状态变更信息；地市、县供电企业应通过营销业务应用系统正确维护计量资产在二、三级库房的配送记录以及配送环节的故障息；

3）各级供电企业应通过营销业务应用系统维护计量资产的安装、运行、拆回的状态变更记录，甄别故障原因，正确录入各类信息；

4）各级供电企业应通过营销业务应用系统维护申请报废资产的报废原因以及状态变更记录。省公司计量中心负责维护资产正式报废的状态变更记录。

（2）《国家电网公司计量资产全寿命周期管理办法》[国网（营销/4）390—2014] 第四十六条　第（三）款：（三）出入库管理。计量资产出入库应遵循“先进先出、分类存放、定置管理”的原则。检定合格的成品电能表不得在库房存放超过 6 个月后使用。5.对换装、拆除、超期、抽检、故障等拆回的暂存电能表做好底码示数核对，保存含有资产编号和电量底码的数码档案，并及时异地备份，及入库操作数据维护。拆回的电能表，按照一定规则有序存放，方便今后查找，至少存放两个抄表周期以上。6.成品电能计量器具的出库操作。工作人员凭工单、传票对各类成品电能计量器具配置出库，同时在计量生产调度平台或营销业务应用系统的相应模块做好状态维护，确保计算机数据、台账与实物状态相一致。

（3）《国家电网有限公司反窃电管理办法》[国网（营销/3）987—2019] 第四章　第一节：

第三十条　各单位应充分应用反窃电稽查监控、用电信息集、营销业务应用等系统，持续完善数据分析模型，运用大数据技术开展窃电线索分析，精准定位窃电信息，确定检查对象。

第三十一条　反窃电检查人员通过各营销业务系统，归集被检查对象信息，根据客户性质、现场环境、历史用电信息等，制定检查方案。检查前做好保密措施和组织措施，填写《用电检查工作单》，履行审批程序，必要时联合当地电力管理部门、公安部门等共同检查。

第三十二条　反窃电现场检查时，检查人数不得少于两人。

第三十三条　现场检查前，反窃电检查人员应严格按照现场作业安全规范要求，做好必要的人身防护和安全措施，携带摄影摄像仪器或现场记录仪、万用表、钳形电流表、证物袋等工具设备。

第三十四条　现场检查时应主动出示证件，并应由客户随同配合检查。对于客户不愿配合检查的，应邀请公证、物业或无利益关系第三方等，见证现场检查。

第三十五条　现场检查的取证应程序合法，证据链完整，实证清晰准确。可采取拍照、摄像、封存等手段，提取能够证明窃电行为存在及持续时间的物证、书证、影像资料等证据材料。

第三十六条　确有窃电的，应现场终止客户的窃电行为，并立即开具《用电检查结果通知书》一式两份，一份送达客户并由客户本人、法定代表人或授权代理人签字确认，一份存档备查。

第三十七条　各单位对查获的窃电行为，应予制止并可当场中止供电，中止供电时应符合下列要求：

（一）应事先通知客户，不影响社会公共利益或者社会公共安全，不影响其他客户正常用电。

（二）对于高危及重要电力客户、重点工程的中止供电，应报本单位负责人及当地电力管理部门批准。

案例点评

优质服务是电力企业改革、发展及生存的必要条件，在实践过程中会遇到诸多问题，通过此次案例，一是要开展违规问题的溯源分析，认真对照反思，深刻吸取教训。二是对违规问题进行全面排查，按照“发现一个、解决一类”原则进行问题治理，将影响重大、屡查屡犯问题纳入通报考核，切实提高各级员工对公司的规范化管理的思想意识。

案例 37　四年欠费一起算，违规停电惹麻烦

案例分类

投诉工单—停送电投诉—停电问题—无故停电

摘要

2021 年 9 月 15 日，14 时张先生家中停电，查看电表时发现电表被摘走，现场张贴故障轮回工作票，张先生拨打 95598 反映该情况。17 时 20 分工作人员联系告诉张先生，他之前有 249.04 元的陈欠电费，摘表是因为欠费，因此进行停电。张先生对此不认可，再次致电 95598，询问：没有人通知欠费，并且停电时家中有人，为什么不告知就直接停电，要求尽快复电。他的家中养鱼，时间长缺氧会死，产生损失将要求

赔偿。调查核查后发现，张先生四年间确实存在多月欠费，工作人员代缴后催缴无果，由于前期工作人员现场撤线停电后客户私自接回，故此次进行摘表停电。接到客户反映情况后，工作人员将通知单照片微信发送给了张先生，9 月 16 日张先生到营业厅缴清了陈欠，营业厅为客户装回了电表。

案例内容

2021 年 9 月 15 日 14 时 35 分某市某区张先生致电 95598 反映今日 14 时家中无电，查看时发现电表被拆，电表处贴了一张电表故障轮回工作票。张先生表示家中一直都有人，电表故障为什么不告知就直接摘表，要求处理答复。

9 月 15 日 17 时 20 分张先生再次致电 95598，反映有供电公司员工通过 13×× 88 联系，告知是因为很早之前有欠费 200 多元才拆电表的，客服专员经系统查询并没有到该笔欠费，张先生也表示从来没有接到过任何欠费通知，对此有异议，要求尽快处理，停电时间长的话家里的鱼可能会缺氧死亡，若造成损失要求由供电部门来承担。

处理部门回复调查结果：2021 年 9 月 16 日 13 时 15 分某营业站现场联系张先生。客户反映情况属实，是供电公司责任。客户编号：11×× 52。客户名称：张某。用电地址：某小区某号楼 1 单元 302 室。经某营业站某某核实，该客户陈欠 2018 年 9 月、2018 年 11 月、2019 年 4 月、2019 年 5 月、2020 年 5 月、2020 年 6 月陈欠电费合计 249.04 元，前期多次催缴，2019 年 8 月 15 日与 2020 年 7 月 10 日张贴停电通知单，客户依然未缴费，工作人员 2021 年 8 月 17 日现场对其执行过撤线停电，督促客户缴费，但客户自行恢复了撤线，依然未到营业厅现场缴纳陈欠，用电至今。介于该情况，9 月 15 日 14 时，工作人员将客户电表摘走，为防止客户不了解情况，现场张贴工作票（即客户提到的有公章的电表故障工作票）并向客户写明：是由于陈欠电费而摘表，需到营业厅缴清陈欠，方可装表用电。随后 17 时 09 分营业厅抢修人员（号码：13××67）再次联系告知客户，是因陈欠 200 多元电费拆表。由于该属于陈欠电费，电费由工作人员代缴，并已入账，因此系统无法查询到。前期抄收人员已多次在其门上张贴通知单告知客户，并非没有任何通知。该客户于 9 月 16 日来营业厅现场缴清了陈欠，同时工作人员将通知单照片微信发送给了客户，随后营业厅为客户重新安装了电表。客户未再提及如果出现损失是否赔偿的问题（由于客户为欠费停电，供电公司无法对客户提出的损失进行赔偿）。现客户用电正常，客户表示认可。营业站今后将进一步强化电费催收工作，加强停复电管理，规范停电流程，做好优质服务工作，避免类似情况发生。对于处理结果，客户表示认可。

存在问题

（1）电费催收不到位。电费发行后，工作人员未按照规定将电量电费信息及时告知电力客户，并且未按规定程序张贴电费催交通知书，导致客户对产生的费用不知晓。

（2）实际交费与系统不符。95598 客服专员系统查询张先生并未欠费，责任部门称存在多月欠费，可见责任部门曾在系统中进行违规操作，导致系统查询结果与实际不符。

（3）擅自更改停电时间。当客户欠费时应按照规定程序通知并停电，客户 2018 年 9 月已欠费，工作人员 2021 年 8 月 17 日进行第一次停电，存在擅自更改停电时间的行为。

（4）工作票使用不规范。现场张贴电表故障工作单，与实际执行摘表的原因不符，工作流程不规范，工作人员服务行为比较随意。

（5）停电前未通知。停电通知书须按规定履行审批程序，在停电前三至七天内送达电力客户，工作人员停电前未按照规定程序通知客户，而是直接将电表拆走进行停电。

（6）抄催业务日常管理存在疏漏。抄催人员 2018 年出现此类违规行为，直至 2021 年客户诉求的发生，期间相关管理部门未及时发现并制止该违规行为，管理存在疏漏。

建议举措

（1）加强电费账务规范管理，降低电费回收风险。抄催人员在 2018 年未结清电费的情况下 2019 年、2020 年仍然反复垫付，造成了公司电费回收的风险。责任单位应进一步加强电费账务规范管理，做好电费回收服务，坚决禁止类似的违规操作。

（2）切实提升人员服务水平，提高业务处置规范性。9 月 15 日因客户长期欠费进行摘表停电操作，存在以下不规范的行为：一是在现场张贴电表故障工作单，与实际执行摘表的原因不符；二是摘表前未通知到客户，因此客户要求赔偿停电损失。相关部门应加强欠费停电规范管理，提高人员对于客户服务意识和风险意识，确保业务执行规范，并做好业务资料留存。

（3）加强抄核收业务监管，制定有效管理措施。责任单位应制定有效措施，加强过程管控，实时掌握问题情况，优化考核内容，完善奖惩制度，建立违规问责制度，严肃处理每起违规违纪行为，保证公司要求有效落地，业务环节合理高效。

政策依据

（1）《国家电网有限公司电费抄核收管理办法》［国网（营销/3）273—2019］第四十一条　电费发行后，电量电费信息应及时以电子账单方式或其他与电力客户约定的方式告知电力客户。账单内容包括本期电量电费信息、交费方式、交费时间、服务电话及网站等。第四十五条　采用柜台收费（坐收）方式时，应核对户号、户名、地址等信息，告知电力客户电费金额及收费明细，避免错收，收费后应主动向电力客户提供收费票据。电力客户同时采取现金、支票与汇票支付一笔电费的，应分别进行账务处理。严格按照电力客户实际交费方式在营销系统中进行收费操作，确保系统中收费方式、实收金额与实际一致。

（2）《国家电网有限公司电费抄核收管理办法》[国网（营销/3）273—2019] 第五十六条　对欠费电力客户应有明细档案，按规定的程序催交电费。

（一）电费催交通知书、停电通知书应由专人审核、专档管理。电费催交通知书内容应包括催交电费年月、欠费金额及违约金、交费时限、交费方式及地点等。停电通知书内容应包括催交电费日期、欠费金额及违约金、停电原因、停电时间等。鼓励采用电话、短信、微信等电子化催交方式，现场发放停电通知书应通过现场作业终端等设备拍照上传，做好取证留存工作。

（二）加强欠费停电管理，严格按照国家规定的程序对欠费电力客户实施欠费停电措施。对未签订智能交费协议的电力客户，停电通知书须按规定履行审批程序，在停电前三至七天内送达电力客户，可采取电力客户签收或公证等多种有效方式送达，并在电力客户用电现场显著位置张贴，拍照留存上传至营销业务应用系统。对重要电力客户的停电，应将停电通知书报送同级电力管理部门，在停电前通过录音电话等方式再通知电力客户，方可在通知规定时间实施停电。

（三）智能交费电力客户根据协议约定，当可用余额低于预警值时，应通知电力客户及时交费；当可用余额小于停电阈值，采取停电措施。

（四）停电操作前，应再次核对电力客户当前是否欠费以及停电通知送达情况，确认无误后执行停电操作。欠费停电操作不得擅自扩大范围或更改时间。

（五）电力客户结清电费及违约金后，应在 24 个小时内恢复供电，如特殊原因不能恢复供电的，应向电力客户说明原因。

案例点评

推广和应用智能交费业务对电费回收具有重要意义，各单位应提高服务技能和业务推广意识，向客户宣传电费余额测算、余额信息自动预警、停复电指令自动发送等便捷功能，促进智能交费业务的推广，依托信息化的手段，实现业务的高效管理，切实降低电费回收时的服务风险。

除此之外，还需持续强化电费回收风险防控意识，结合电力客户实际情况逐户制定电费回收风险防控预案。注重对日常工作的自查整改过程的督导和整改质量的检查，研究出台有效管用的制度规定，巩固深化自查整改成果，建立长效机制。对发现的问题，不手软、不姑息，通过严肃查处等方式坚决杜绝业务链条上的违规操作。

案例 38　别人欠费自家停，施工疏忽引投诉

案例分类

投诉工单—停送电投诉—停电问题—无故停电

摘要

2021 年 6 月 17 日 7 时张先生家中停电，张先生以为电费不足停电，直接通过网上缴费。张先生 18 时 15 分回到家中发现仍无电，联系国网客服中心进行核查，调查后发现是表计线路与对面住户李先生接反，李先生欠费造成张先生无故被停电，冰箱冷藏药品也无法使用，张先生对此不满，进行投诉。接到张先生投诉后，工作人员于 6 月 18 日将错误接线更正，并由错接的施工人员承担差错电费，张先生表示理解。

案例内容

2021 年 6 月 17 日 7 时家住某市某区张先生起床上班时发现家中停电，以为因电费不足造成停电，张先生在上班途中充值 200 元电费。

6 月 17 日 18 时 15 分张先生回家后发现仍无法用电，致电 95598 热线核实具体情况，客服专员核实后告知并无欠费，引导张先生排除内部故障后依然无电，客服专员详细记录客户信息及现场故障现象后派发至抢修部门处理。

6 月 17 日 18 时 30 分，某抢修服务站工作人员上门查看，经现场确认，张先生表计线路与对面住户李先生接反，而李先生电力账户已欠费，造成张生生家中停电。现场联系两家客户分别做好表底确认工作（拍照留证），告知后期会有工作人员联系处理。

6 月 18 日 13 时 30 分，张先生再次致电 95598，表示工作人员告知是表计线路接错导致停电，目前仍未将线路调整，张先生对无故被停电不满，并且因停电冰箱内存放的胰岛素等需冷藏的药品已无法使用，要求赔偿损失，多扣的电费也尽快退还。

2021 年 6 月 20 日 13 时某营业站电话联系张先生。客户反映情况属实，是供电公司责任。经核实，张先生用电地址为某小区 1 号楼 201 室。2021 年 3 月 8 日进行卡表轮换智能表施工。6 月 17 日 18 时张先生拨打 95598 客服热线反映家中停电，某抢修班工作人员于当日 18 时 30 分现场查看，发现现场存在表计线路接反的情况，因当时施工人员的疏忽，错将 201 室（张先生，户号：13××08）、202 室（李先生，户号：13××12）的表计线路相互装反，因 202 室电费不足造成了 201 室停电。现场查看的抢修工作人员并非当时施工的人员，需进一步调查处理，现场已联系张先生、李先生分别做好表底确认拍照留证工作，并告知后期会有当时施工的人员来处理表计线路错误及调账的问题。（仅做了现场取证工作，未进行更正表位操作）。因客户比较急切，故于 6 月 18 日 13 时 30 分再次拨打客服热线反映此问题，施工人员已于 6 月 18 日 14 时 15 分现场将错误接线更正，并于 6 月 18 日 15 时与两位客户处理了线下调账事宜：退给户号 13××08 客户 225.54 元，户号 13××12 的客户应补交 225.54 元，但因此次事件是供电公司责任，故已由施工人员替客户补交此笔费用，目前两位客户表计及接线正确，用电正常，电费正常。张先生停电造成药品损坏不再追究。营业站将加强施工人员工作严谨性，提升工作人员现场及电话的沟通能力，尽量将处理过程与处理完成的时间与客户解释清楚，避免类似情况再次发生。经过解释，客户对处理结果表示理解。

存在问题

（1）施工人员责任心不足。施工人员工作马虎，责任心不强，错误将张先生与李先生表计线路接反，为后续的服务埋下隐患。

（2）施工作业监管不到位。表计线路接反的问题可通过逐户核对、试拉试送等方式进行排查，而案例中问题由用电客户欠费停电得以发现，可见责任单位在施工完成时未对作业质量进行确认，造成施工差错问题未及时纠正。

（3）无故中止供电。客户张先生并无拖欠电费行为，但因施工人员表计线路接反造成张先生家中停电，并造成经济损失。

（4）现场差错处置不及时。根据规范要求，轻微人为差错可直接进行处理，抢修人员在 6 月 17 日 18 时 30 分确认差错问题后未及时处理差错问题，6 月 18 日 13 时 30 分仍未处理引起客户不满，造成诉求升级。

（5）电费退补不规范。因线路接错产生电费差错，责任单位未发起电费退补流程，由施工人员为客户解决报销，存在电费退补不规范的情况。

建议举措

（1）加强计量现场施工管理，确保计量现场作业质量。责任部门应强化电能表装接施工队伍管理和现场技术监督管理，及时跟踪、指导基层单位排查、整改，严格实行施工质量量化评价和动态考核，确保计量现场施工作业质量。

（2）加强业务重视程度，全面排查业务隐患。责任部门应加强对本次发现问题的总结、分析，针对相关施工队伍组织开展重点隐患排查，力争在引发客户投诉和舆情事件发生前解决问题。

（3）提高客户诉求处理质量，避免业务诉求升级。因业务处理人员未及时处置客户现场差错问题，引起客户不满，导致诉求升级。责任单位应切实提高人员服务水平和业务处置质量，严格按照规范流程进行业务操作，无法及时处置应与客户建立有效沟通，及时跟踪反馈业务进度，避免客户对诉求处理质量不满而导致的诉求升级。

（4）加强电费退补规范管理，确保业务规范执行。因线路接错产生电费差错，责任单位未发起电费退补流程，由施工人员为客户解决报销。暴露出责任单位对差错电费的退补处理不规范，建议责任单位切实履行业务管理职责，加强电费退补流程的监督和审核，确保业务规范执行。

政策依据

（1）《供电营业规则》电力工业部令第 8 号 第六十六条　在发供电系统正常情况下，供电企业应连续向客户供应电力。但是，有下列情形之一的，须经批准方可中止供电：

1）对危害供用电安全，扰乱供用电秩序，拒绝检查者；

2）拖欠电费经通知催交仍不交者；

3）受电装置经检验不合格，在指定期间未改善者；

4）客户注入电网的谐波电流超过标准，以及冲击负荷、非对称负荷等对电能质量产生干扰与妨碍，在规定限期内不采取措施者；

5）拒不在限期内拆除私增用电容量者；

6）拒不在限期内交付违约用电引起的费用者；

7）违反安全用电、计划用电有关规定，拒不改正者；

8）私自向外转供电力者。

有下列情形之一者，不经批准即可中止供电，但事后应报告本单位负责人：

1）不可抗力和紧急避险；

2）确有窃电行为。

（2）《国家电网公司电能计量故障、差错调查处理规定》[国网（营销/4）385—2014] 第九条　电能计量故障、差错分为设备故障和人为差错两大类。按其性质、差错电量、经济损失及造成的影响大小，设备故障分为重大设备故障、一般设备故障、障碍；人为差错分为重大人为差错、一般人为差错、轻微人为差错。第十一条　人为差错（三）轻微人为差错：因工作人员失误造成差错电量每次 1 万 kWh 以下，但未造成电量或经济损失者。

（3）《国家电网公司电能计量故障、差错调查处理规定》[国网（营销/4）385—2014] 第十二条　故障、差错受理。在客户报修、周期校验、常规巡视、用电检查、在线监测等过程中发现的电能计量故障、差错，由相关责任部门进行业务受理，并通知地市供电企业营销部（客户服务中心）、县供电企业营销部（客户服务中心）处理。

（一）地市供电企业营销部（客户服务中心）、县供电企业营销部（客户服务中心）接到故障、差错处置要求后，应立即安排人员到现场处置。

（二）居民客户计量故障、差错处理到达现场时间：城区范围 45 分钟、农村地区 90 分钟，特别偏远地区 2 小时。

（4）《国家电网公司电能计量故障、差错调查处理规定》[国网（营销/4）385—2014] 第十九条　故障、差错报修处理。地市（县）营销部（客户服务中心）计量人员应依据《供电营业规则》等有关规定进行电能计量装置故障、差错处理，涉及计量抢修应由运维检修部门处理。

（一）故障、差错现场处置人员应准确分析判断现场故障情况。当客户有违约用电及窃电行为时，应立即报告用电检查人员处理；如属于重大设备故障、重大人为差错、一般设备故障、一般人为差错的情况，应保护好现场，立即向上级报告，由调查组进行处理；属于障碍、轻微人为差错可直接进行处理。

（二）故障电能计量装置处理和换装应严格执行《国家电网公司电力安全工作规程（配电部分）》和《国家电网公司计量标准化作业指导书》等有关规定，规范、有序地开展现场作业，有效防范作业风险。

（三）现场信息记录应详细、准确，电能表、计量箱封印等更换前后，应在工单上记录相关信息并拍照取证，并请客户确认和签字。

（四）故障、差错处理完毕后，应认真检查、核对，确保无新的故障、差错发生。

（五）故障、差错电能计量装置更换后，地市（县）营销部（客户服务中心）计量人员应于 2 个工作日内，在营销业务管理系统按规范的故障填报口径完成相关信息维护，涉及省公司计量中心检测业务范围内的计量故障信息应在 MDS 中及时维护。

案例点评

供电公司应不断贯彻“你用电，我用心”的服务理念，深度剖析企业在供电质量、服务行为等方面的隐患和短板，了解客户真实需求。在客户主动提出诉求需求时，与客户建立有效沟通，做好业务跟踪闭环管理，合理合规开展诉求处理工作，不断提高客户诉求处置能力和处理效率，为广大电力客户提供更加优质、高效、便捷的供电服务（见图 1-18）。

图 1-18　现场工作场景图

案例 39　抢修服务超时限，违反承诺失信任

案例分类

投诉工单—停送电投诉—抢修服务—超时限

摘要

2021 年 2 月 20 日，客户拨打 95598 客服热线，反映因有火灾隐患要求供电公司配合现场进行停电操作（故障地点为城区范围）。国网客服中心派发故障工单后，地市公司配电抢修指挥人员由于工作疏忽，漏派故障报修工单，导致抢修人员未按承诺时限及时到达现场。为避免故障工单超期，接单人员在系统中回复已经到达现场，工单回复与实际情况不相符，引发客户强烈不满，拨打 95598 引发投诉。

案例内容

2021 年 2 月 20 日（周六）下午 15 时 46 分，某省某市某人某区政府院内办公的客户张先生，拨打“95598”供电服务热线进行故障报修。张先生在电话中很着急，说单位食堂里有一个设备冒烟了，担心着火存在安全隐患，请求供电公司相关部门尽快到达现场配合停电。

客服专员经系统查询得知客户报修故障的地点属于城区范围，于 15 时 48 分派发了城区范围的故障工单。

16 时 38 分，客户张先生再次拨打“95598”热线，很着急地说一直没有工作人员与其联系也未到达现场，十分担心如果着火会引发人身及财产安全，再次请求尽快安排人员与其联系并到达现场进行处理。客服专员在系统中查看到故障工单显示人员已到达现场，于是在 16 时 40 分派发了第二个工单，工单类型是催办工单，督促抢修人员尽快与客户取得联系。

16 时 54 分，距客户张先生报修时间已经过去了 1 个小时 6 分钟，始终没有抢修人员到达现场，也没有工作人员与其取得联系。客户在又急又气的情况下第三次拨打“95598”进行了投诉，要求供电公司给其一个交代，必须知道工作人员迟迟不到现场的原因。于是，客服专员在系统中派发了第三个 95598 工单，工单类型为抢修超时限类投诉工单，投诉单被标注为“红线问题”。

接到投诉工单以后，工作人员于 2 月 21 日（周日）18 时 10 分电话联系了客户。经调查，客户反映情况属实，是供电公司责任，确实存在抢修人员到达现场时间超出承诺时限 45 分钟的情况。报修客户为某市某区机关事务服务中心的工作人员，该单位的户号是 15××58，用电地址在某市某区政府院内。客户报修后，供电公司配电抢修指挥人员赵某因工作疏忽未能及时看到系统内的故障工单，当看到催办工单后得知遗漏了工单，才开始通知抢修部门尽快到达现场。为避免工单系统显示超期，故障处理部门在系统中将到达现场时间填写为 16 时 33 分。

抢修人员接到报修工单后于 17 时 5 分到达故障现场，系统记录的到达时间“16 时 33 分”属于赵某回复错误。经现场勘察，故障为第三方资产设备，已告知客户联系相关部门处理。现客户处用电正常。此处理结果与客户沟通后，客户表示满意。

存在问题

（1）故障处理超时限，触碰红线问题。客户拨打“95598”供电服务热线，如反映的问题涉及违反了供电企业对社会、对客户的承诺，就属于红线问题。触碰了红线问题，无论客户是否有明确的投诉意愿，都会派发投诉工单。客户拨打 95598 报修后，抢修人员未及时到达故障现场的情况严重违反了《国家电网有限公司供电服务“十项承诺”》中，关于城区范围内 45 分钟到达现场的承诺时限，触碰红线问题必出投诉。

（2）服务意识欠缺，责任心不强。配电抢修指挥人员工作流程、标准执行不严格，岗位操作不规范，工作马虎不认真，对于故障报修工单的处理时限不够重视；抢修人员于 16 时 38 分接到配电抢修指挥人员派发的故障工单，在已经延误抢修的情况下，未及时联系客户，导致客户第三次拨打电话引发投诉。

（3）值班管理不到位。配电抢修值班制度流于形式，配电抢修指挥人员值班期间注意力不集中，遗漏工单派发。且一个人独立在岗无人监督，漏派工单未能及时发现。

（4）报修工单回复不真实。在接到催办工单后，为规避故障工单到达现场超时限的问题，在系统中维护到达现场时间与实际情况不相符。故障工单回复不真实会导致客户重复报修、国网客服中心回访时引发客户不满导致诉求升级等问题。同时还会导致客户对抢修服务不满意，拉低抢修业务处理满意率等问题。

（5）投诉处理不及时。投诉处理人员超过 24 小时才与客户取得联系，易造成客户不良感知，认为供电公司不重视客户诉求。投诉意味着客户已有不满情绪，如不及时联系进行安抚，就会导致客户向其他渠道投诉的倾向，存在服务风险隐患。

建议举措

（1）严格按照《国家电网有限公司供电服务“十项承诺”》中的要求开展工作。快速、高效处置客户应急诉求，不能因为内部管理原因贻误抢修工作，给客户带来不便和损失。

（2）部门内部应建立完善的值班管理制度，并加强故障抢修系统录入工作管控。

（3）提升配电抢修指挥人员责任心，高度重视客户报修诉求，严谨客观地如实反馈故障处理结果。故障单填写不真实、与现场情况不一致，势必引发客户诉求升级。

（4）加强人员培训，提升服务意识。抢修人员接到客户报修后，应及时与客户取得联系，让客户第一时间知晓工作进度。

政策依据

（1）《国家电网有限公司供电服务"十项承诺"（修订版）》（国家电网办〔2020〕16 号）第三条　快速抢修及时复电。提供 24 小时电力故障报修服务，供电抢修人员到达现场的平均时间一般为：城区范围 45 分钟，农村地区 90 分钟，特殊边远地区 2 小时。到达现场后恢复供电平均时间一般为：城区范围 3 小时，农村地区 4 小时；第九条　服务投诉快速处理。"95598"电话（网站）、网上国网 App（微信公众号）等渠道受理客户投诉后，24 小时内联系客户，5 个工作日内答复处理意见。

（2）《国家电网有限公司员工服务"十个不准"（修订版）》（国家电网办〔2020〕16 号）第一条　不准违规停电、无故拖延检修抢修和延迟送电。第六条　不准漠视客户合理用电诉求、推诿搪塞怠慢客户。

（3）《国家电网有限公司 95598 客户服务业务管理办法》（国家电网企管〔2019〕907 号）附件 2　《国家电网有限公司 95598 故障报修业务处理规范》第五部分第四条第二款：抢修人员在处理客户故障报修业务时，应及时联系客户，并做好现场与客户的沟通解释工作。

（4）《国家电网公司供电服务标准》（Q/GDW 10403—2021）第六部分第五条第一款：受理客户投诉后，24 小时内联系客户，5 个工作日内答复客户；第七部分第二条第二款：熟知本岗位的业务知识和相关技能，岗位操作规范、熟练，具有合格的专业技术水平；第七部分第二条第三款：严格执行供电服务相关工作规范和质量标准，保质保量完成本职工作，为客户提供专业、高效的供电服务；第七部分第三条第一款：供电服务人员上岗应按规定着装，并佩戴工号牌。保持仪容仪表美观大方，行为举止应做到自然、文雅、端庄。工作期间应保持精神饱满、注意力集中，不做与工作无关的事。

案例点评

对客户诉求的快速响应是优质服务的基本要求。95598 供电服务流程、环节分工明确，时限规定精准，是国家电网公司对客户做出的承诺。

2020 年，国家电网公司重新修订了《供电服务"两个十条"》。修订"十项承诺"的目的，就是让客户用上"放心电""安心电""省心电""便利电""便捷电""明白电”“舒心电”，保障客户知情权，服务投诉快速处理，减少客户等待，保底服务尽职履责，主动服务售电公司等市场主体；修订“十个不准”的目的，是为了规范停送电服务，缩短客户停电时间；规范用电报装服务，公平对待客户和市场主体；强化窗口工作纪律，保障客户信息权益；维护客户合理诉求，确保客户利益不受漠视侵害；严抓服务行风，保障供电服务风清气正。

2021 年，国家电网公司出台了《供电服务标准》（Q/GDW 10403—2021），该标准替代了原有的《国家电网公司供电服务质量标准》《国家电网公司供电客户服务提供标准》和《国家电网公司供电服务规范》。新制度、新标准的出台，证明了国家电网公司一直在持续推动优质服务规范化、制度化的进程，同时也充分彰显了国家电网公司优秀的品牌形象。

古语有云：“欲知平直，则必准绳，欲知方圆，则必规矩。”作为国家电网公司的一员，我们要及时转变思想观念，不断适应新的供电服务形势，维护用电客户的合理诉求，确保客户利益不受漠视侵害。

案例 40　抢修途中接工单，仅凭猜测下定论

案例分类

投诉工单—停送电投诉—抢修服务—超时限

摘要

2021 年 2 月 20 日，客户拨打 95598 客服热线，反映因有火灾隐患要求供电公司配合现场进行停电操作（故障地点为城区范围）。国网客服中心派发故障工单后，地市公司配电抢修指挥人员由于工作疏忽，漏派故障报修工单，导致抢修人员未按承诺时限及时到达现场。同时，为避免故障工单超期，接单人员错误回复到达现场时间。客户认为抢修人员没有及时到达现场，拨打 95598 引发投诉。

案例内容

2021 年 7 月 21 日 10 时 32 分，家住某市某县某小区 1 号楼六单元的客户杜先生拨打 95598 热线报修故障。客户反映一户无电，95598 客服专员经过询问得知，客户家中开关未跳闸，表下总开关也未跳闸。初步判定为非内部故障，经过知识库查询，得知客户所在区域为城区，于是在系统中派发了城区范围内的故障抢修工单。

7 月 21 日 12 时 25 分，工作人员在系统中反馈故障抢修处理结果为：于 21 日 10

点 32 分联系客户，21 日 10 时 45 分到达现场，经现场核实客户欠费，现在客户已交清欠费恢复送电。同时在系统中维护设备产权属性为：客户资产。

7 月 21 日 12 时 18 分，客户杜先生再次拨打 95598，在电话中明确表示拨打报修电话后一直在家，但至今也没有抢修人员到达现场。95598 客服专员再次和客户核对地址并查询知识库，明确故障地点确实属于城区，因此判定抢修人员到达故障现场时限超过了承诺的 45 分钟，因此派发了抢修服务超时限类投诉。工单中标注：红线问题。

接到投诉工单后，工作人员于 2021 年 7 月 21 日 14 时 5 分首次电话联系客户。经核实，客户反映情况属实，是供电公司责任。

经调查：报修客户编号为 15××74，用电地址为某市某县某小区 1 号楼六单元。客户于 7 月 21 日 10 时 32 分拨打 95598 报修。因当日该县城地区发生大面积故障停电，急修人员均在现场处理故障，看到该客户报修为单户停电，误以为客户处为欠费停电，未及时电话联系客户，也未及时到达故障现场，存在抢修到现场超时限的情况。报修工单中的到达现场时间维护为“10 时 45 分”、故障原因为“客户欠费停电”，均属于抢修记录和故障修复时间人为回复错误。

接到投诉后，抢修人员于 7 月 21 日 12 时 45 分到达现场。经检查客户处为漏电保护器跳闸导致停电，产权为客户资产。此情况实际应为客户自行处理，供电公司本着优质服务的原则协助客户恢复送电，目前客户家中已正常用电。处理单位已约谈辖区供电所负责人及该抢修人员，并进行批评教育。

存在问题

（1）故障处理超时限，触碰红线问题。客户拨打“95598”供电服务热线，如反映的问题涉及违反了供电企业对社会、对客户的承诺，就属于红线问题。触碰了红线问题，无论客户是否有明确的投诉意愿，都会派发投诉工单。客户拨打 95598 报修后，抢修人员未及时到达故障现场的情况严重违反了《国家电网有限公司供电服务“十项承诺”》中，关于城区范围内 45 分钟到达现场的承诺时限，触碰红线问题必出投诉。

（2）抢修人员服务观念淡薄。抢修人员接到报修后，因为抢修工作繁忙，未及时联系客户进行故障处理。没有做到真正“以客户为中心”，真心实意地为客户排忧解难。

（3）抢修人员工作不严谨。客户报修一户没电，不一定就是欠费停电。客户故障现场错综复杂，不能靠经验、靠猜测，凭个人主观判断就认定是欠费停电。

（4）供电所管理不规范。客户报修意味着客户急需用电的紧迫诉求，故障到达现场时长、故障修复时长就代表了供电企业的抢修效率。供电所应急抢修值班制度不完善，导致大面积停电等紧急情况下，抢修工作无法兼顾，抢修人员有诺不践。

（5）报修工单回复不真实。抢修人员为规避故障工单到达现场超时限和未真正到达故障现场的问题，在系统中维护到达现场时间、故障原因与实际情况不相符。故障工单回复不真实会导致：客户重复报修、国网客服中心回访时引发客户不满导致诉求升级。同时还会导致客户对抢修服务不满意，降低抢修业务处理满意率等问题。

建议举措

（1）严格按照《国家电网有限公司供电服务“十项承诺”》中的要求开展工作。快速、高效处置客户应急诉求，不能因为供电企业内部原因贻误抢修工作，给客户带来不便和损失。

（2）组织抢修人员对投诉事件进行反思学习，熟知岗位职责，梳理工作漏洞，举一反三，提高工作责任心和服务意识。

（3）建立完善的应急抢修值班管理制度，如遇大面积停电、极端恶劣天气等不可抗力等原因，能够保证抢修队伍充足，故障抢修无遗漏。

（4）加强业务培训，高度重视客户报修诉求。严谨客观地如实反馈故障处理结果，确保工单处理各环节均应严格按照工作要求执行。

政策依据

（1）《国家电网有限公司供电服务“十项承诺”（修订版）》（国家电网办〔2020〕16 号）第三条　快速抢修及时复电。提供 24 小时电力故障报修服务，供电抢修人员到达现场的平均时间一般为：城区范围 45 分钟，农村地区 90 分钟，特殊边远地区 2 小时。到达现场后恢复供电平均时间一般为：城区范围 3 小时，农村地区 4 小时。

（2）《国家电网有限公司员工服务“十个不准”（修订版）》（国家电网办〔2020〕16 号）第一条　不准违规停电、无故拖延检修抢修和延迟送电。第六条：不准漠视客户合理用电诉求、推诿搪塞怠慢客户。

（3）《国家电网有限公司 95598 客户服务业务管理办法》（国家电网企管〔2019〕907 号）附件 2《国家电网有限公司 95598 故障报修业务处理规范》第五部分第四条第二款：抢修人员在处理客户故障报修业务时，应及时联系客户，并做好现场与客户的沟通解释工作。

（4）《国家电网公司供电服务标准》（Q/GDW 10403—2021）第七部分第二条第二款：熟知本岗位的业务知识和相关技能，岗位操作规范、熟练，具有合格的专业技术水平。第七部分第二条第三款：严格执行供电服务相关工作规范和质量标准，保质保量完成本职工作，为客户提供专业、高效的供电服务。

案例点评

提供 24 小时故障报修服务是国家电网公司对社会、对用电客户做出的郑重承诺，高效快速抢修是抢修人员的根本职责。而且客户服务工作是一项细致的工作，容不得半点马虎。本案例中的抢修人员仅凭主观判断就认定客户是欠费停电，在未真正到达现场的情况下擅自回单为客户原因。不严谨的工作态度引发客户重复报修，最终导致诉求升级为投诉。故障抢修工作人员应自觉规范服务行为，学会换位思考，快速、高效地处置客户诉求。

类似案例

受理内容：客户来电投诉：8 月 5 日 11 时 27 分拨打 95598 报修后，至今没有抢修人员到达现场。客户表示供电公司工作人员联系过他，表示需要一个小时以后才能帮其处理，存在超出承诺时限的情况，客户表示非常不满。

处理情况：客户反映情况属实，是供电公司责任。经调查，客户于 2018 年 8 月 5 日 11 时 27 分拨打 95598 报修家中无电。因抢修人员都在其他现场抢修无法立刻到达，故电话联系客户，希望客户等待一下。工作人员于 12 时 40 分到达客户处，确实存在抢修人员到达现场超时限情况。故障报修单到达现场时间维护错误。

本案例中，① 电力故障报修服务未遵守供电服务“十项承诺”。供电服务十承诺中第二条规定：提供 24 小时电力故障报修服务，供电抢修人员到达城区现场的时间不超过 45 分钟。责任单位故障抢修业务管控存在不到位情况，对于故障报修业务较多时，未能采取有效举措。② 故障抢修工单到达现场时间填写错误。抢修人员以在其他现场抢修无法立刻到达为由，电话告之客户需要一个小时以后才能到达现场，然后将故障抢修工单到达现场时间填写成 11 时 41 分（实际到达现场为 14 时 40 分），存在主观人为因素导致系统到达现场时间与实际不符的情况。建议加强故障抢修系统录入工作管控（见图 1–19）。

图 1–19　现场工作场景图

案例 41　工作人员懒作为，企业利益当儿戏

案例分类

投诉工单—停送电投诉—抢修服务—超时限

摘要

客户长达三年时间未交电费，供电公司工作人员发现后，对客户处实施停电方式方法生硬。2021 年 5 月 28 日至 6 月 21 日期间，客户拨打 95598 热线 19 次，从而引发 1 件故障工单、1 件投诉工单和 18 件催办工单。供电公司工作人员由于工作疏忽，在近三年的时间，导致供电公司损失电量近 8 万度，所欠电费高达 8 万余元。同时因服务风险辨别能力不足，险些引发社会不良服务事件。

案例内容

2021 年 5 月 28 日 15 时 37 分，位于某市某县某小区的“双语艺术幼儿园”周先生拨打 95598，在电话中反映该幼儿园突发停电，由于幼儿园孩子多而且年龄比较小，十分着急用电。95598 客服专员经查询知识库，判定客户所在地址为城区，于是派发了城区范围内的抢修工单。城区范围内的抢修工单，抢修人员应该 45 分钟到达现场。

15 时 58 分，客户第二次致电 95598，很急切地表示幼儿园有很多孩子，很不安全，担心孩子磕着碰着，要求加急处理。95598 客服专员派发了催办工单，督促抢修人员尽快到达现场。

16 时 15 分，客户第三次致电 95598，强调幼儿园有一二百个孩子，比较着急，请求工作人员尽快处理。95598 客服专员派发了第 2 张催办工单，再次督促抢修人员尽快到现场。

16 时 28 分，客户第四次致电 95598，反映一直没有抢修人员为其处理故障。95598 客服专员与客户核实是否本人在现场，客户周先生表示一直在现场等待。此时距离客户报修已经超过 45 分钟，95598 客服专员依据客户所述情况，初步判定抢修人员到达现场存在超出承诺时限的情况，因此派发了抢修服务超时限类投诉工单。因客户诉求涉及国网公司“十项承诺”内容，故投诉单中标注为“红线问题”。

17 时 4 分，客户第五次致电 95598，表示有工作人员联系他，被告之为该幼儿园停电是供电公司行为。客户表示现场有很多孩子着急用电，请求先恢复用电。

17 时 59 分，投诉处理人员电话联系了投诉客户。经调查：客户反映情况不属实，非供电企业责任。

经核实：抢修人员张某和王某于 5 月 28 日 15 时 37 分接到 95598 报修工单后，于 15 时 43 分到达现场，并不存在到达现场超时限的情况。报修客户编号是：15××75，电能表条形码是：11××53。经现场检查，该表计正常运行，并未停电。抢修人员于 15 时 59 分电话联系并将情况告知了客户。但由于抢修人员手机未开启录音功能，无法提供通话录音。随后将故障单抢修记录回复为：表计正常运行未停电，设备产权属性是客户资产。

经进一步调查：系统中显示户号 15××75，户名是某县某商贸有限公司，并非幼儿园，客户提供编号有误。经查，该幼儿园所用电表是供电公司产权的考核电能表，户号是 25××04，条形码是 16××18。幼儿园在此用电之前，是供电公司所属某部门在此租房办公所用，该考核表非计费电能表，不发行电费，不对外部客户使用。2018 年初，供电公司此部门已搬走，之后幼儿园租用此处房屋。幼儿园用电并没有报装立户，也未缴纳过该处电费。2021 年 5 月 28 日，供电公司工作人员将考核表停电，工作人员认为考核表是供电公司产权内部用表，供电公司有权停电，无义务告知幼儿园。但停电前已告知房屋户主贾某。

5 月 28 日至 6 月 3 日，6 天之内客户周先生又分别致电 95598 十五次，电话中多次表示“幼儿园因停电导致停课，家长都着急，要联名向省供电公司反映该情况”、“供电所长和当事电工不作为，要拨打 12398 反映”等诉求。95598 客服专员按客户诉求，分别下派了 15 个催办工单，督促尽快处理投诉。

6 月 7 日，客户最后一次拨打 95598，要求核实考核表是否会产生电费。还要求工作人员告知为什么三年来没有人通知，当时考核表为什么没有迁走，这些年问题出现在哪，急切要求解决幼儿园电的问题。95598 客服专员派发了第 18 个催办工单。

供电公司坚决要求按客户所使用考核表的电量进行电费追缴，追补电量近八万度，所欠电费三万元，其补交金额需客户配合告知租房日期后才能确定，但客户不认可此事且不配合处理。供电公司认为客户使用考核表期间一直未产生电费，没有及时上报供电公司，供电公司不知此情况故没有拆回考核表。且认为客户报修停电只是为了造成舆论压力，并不存在幼儿园孩子受伤的情况。

后经多次协商，直至 6 月 21 日，投诉客户已配合处理，补交了其租房期间（2018 年 7 月 31 日至 2021 年 5 月 28 日）使用的电费共计 30 252.94 元，并向供电公司申请了报装用电。现已为客户新装了电能表，户号是 25××13，户名是某县某幼儿园有限公司。客户已可正常用电。

存在问题

（1）投诉处理超时限。客户于 5 月 28 日进行了投诉，处理单位于 6 月 21 日才回复投诉处理意见。违反了投诉 5 个工作日内答复客户的规定。

（2）抢修工单填写不规范。接到报修工单后，抢修人员已经按照承诺时限到达现场，但由于系统维护到达现场时间滞后，导致 95598 专员误以为人员未到达现场。

（3）抢修人员现场工作不严谨、不规范。抢修人员到达抢修现场后，未与客户见面，仅凭借客户所报的客户编号和表号来判断是否有电，然后电话告之客户，并未与客户见面核实现场的停电情况。

（4）实施停电时工作方法欠妥。客户几年没有交纳电费，也未主动联系供电公司。追缴电费是硬性指标，被实施停电前虽然告知了房屋的户主，但租房的是幼儿园，应考虑幼儿园实际情况，酌情通知或实施。

（5）工作人员辨别服务风险的意识不足。同一个客户在近一个月的时间里重复拨打 95598 热线十九次，多次提出向上级单位、12398 及其他渠道投诉倾向，极易引发其他渠道投诉事件，甚至引发社会不良服务事件。但相关部门却缺乏风险评估能力。

（6）抄表员责任心欠缺，供电所长管理不到位。近三年的时间，供电公司损失电量近 8 万度，所欠电费高达 8 万余元，供电所抄表员及所长却都没有及时发现，影响了电费回收的同时也必定影响线损指标。

建议举措

（1）快速、高效处置客户投诉，严格按照承诺时限答复客户处理意见。

（2）加强抢修业务管控，有效提升抢修人员服务意识水平，到达抢修现场必须及时电话联系客户，抢修处理结束应和客户确认现场是否恢复供电。

（3）严格执行供电服务相关工作规范和质量标准，规范停电流程。

（4）加强服务能力培训，提升一线人员服务风险预判能力。

（5）加强人员责任心及专业技能培训，杜绝因工作人员失误造成供电公司直接经济损失。

政策依据

（1）《国家电网有限公司供电服务“十项承诺”（修订版）》（国家电网办〔2020〕16 号）第九条：服务投诉快速处理。“95598”电话（网站）、网上国网 App（微信公众号）等渠道受理客户投诉后，24 小时内联系客户，5 个工作日内答复处理意见。

（2）《国家电网公司供电服务标准》（Q/GDW 10403—2021）第四部分第五条第一款：受理客户投诉后，24 小时内联系客户，5 个工作日内答复客户；第七部分第一条第二款：真心实意为客户着想，尽量满足客户的合理用电诉求。对客户的咨询等诉求不推诿，不拒绝，不搪塞，及时、耐心、准确地给予解答。用心为客户服务，主动提供更省心、更省时、更省钱的解决方案；第七部分第二条第三款：严格执行供电服务相关工作规范和质量标准，保质保量完成本职工作，为客户提供专业、高效的供电服务。

（3）《国家电网有限公司 95598 客户服务业务管理办法》（国家电网企管〔2019〕907 号）第三十八条第一部分第五点：处理部门回复工单时，应做到规范、全面、真

实。附件 2《国家电网有限公司 95598 故障报修业务处理规范》第五部分第四条第二款：抢修人员在处理客户故障报修业务时，应及时联系客户，并做好现场与客户的沟通解释工作。

（4）《供电营业规则》（电力工业部令第 8 号）第八十三条：供电企业应在规定的日期抄录计费电能表读数。由于客户的原因未能如期抄录计费电能表读数时，可通知客户待期补抄或暂按前次用电量计收电费，待下次抄表时一并结清。因客户原因连续六个月不能如期抄到计费电能表读数时，供电企业应通知该客户得终止供电。

案例点评

效益是确保国家电网公司持续健康发展的基础。“电费回收，颗粒回仓”是供电公司的核心利益。本案例中的投诉客户几年未交电费，也未和供电公司联系，客户虽有错在先，但供电公司也难逃责任。同时抢修现场错综复杂，抢修人员需要高度的责任心去发现故障现场的点点滴滴，不能仅凭系统排查、一通电话就轻易地处理每一处故障。抢修人员、供电所工作人员因工作疏忽，引发客户投诉事件。现场抢修服务可以发现更多的服务隐患，是服务战线的先头兵。不论是抄表人员、供电所长，还是抢修人员，都应做好工作衔接，不给违规行为可乘之机。

案例 42　突降暴雨忙抢修，工作疏忽漏工单

案例分类

投诉工单—停送电投诉—抢修服务—超时限

摘要

2021 年 7 月 1 日，客户拨打 95598 客服热线报修单户没电。抢修人员因电力抢修车故障不能按承诺时限及时到达现场，后又突发冰雹和暴雨，因忙于抢修 10kV 故障而遗漏了客户处故障。客户多次拨打 95598 引发投诉。为避免故障工单超期，工作人员错误回复到达现场时间和抢修送电时间。因工单回复与实际情况不相符，导致抢修工单不满意归档。

案例内容

2021 年 7 月 1 日 17 时 38 分，家住承德市某区某街道 3 号楼 701 的客户张先生，拨打 95598 热线报修一户没电。经查询知识库，95598 客服专员初步判定该客户所在区域为城区，于是派发了城区范围内的故障抢修工单。

当晚 18 时 39 分，距客户报修过去了近一个小时的时间，张先生再次拨打 95598 反映没有抢修人员到达现场为其处理故障，也没有工作人员与其联系告之未到达现场的原因。于是，95598 客服专员于 18 时 48 分派发了催办工单，督促抢修人员与客户电话联系并尽快到达现场。

19 时 47 分，客户第三次拨打 95598 投诉抢修人员处理故障不及时。客户反映从报修至今，已经过去了两个多小时，一直没有为其处理故障，家里有老人十分不便，要求供电公司给其明确答复。于是 95598 客服专员派发了抢修服务超时限类投诉工单，由于客户投诉问题涉及供电企业承诺问题，投诉单被标注为“红线问题”。

接到投诉工单以后，处理单位工作人员于 7 月 1 日 21 时电话联系客户。经调查：投诉客户编号为 15××24，用电地址在承德市某区某街道 3 号楼 701。客户反映情况属实，是供电公司责任。

经核实：客户于 7 月 1 日 17 时 38 分拨打 95598 报修无电，工作人员于当日 17 时 43 分电话联系客户，客户联系电话为 13××54。张先生拨打 95598 报修时，提供了 2 个电话号码，分别是 13××54 和 15××15，13××54 电话为投诉客户张先生本人所使用，15××15 电话是其父亲所使用。客户报修地址为其父家中，张先生本人并不在此居住，由于父亲年迈因此代其报修故障停电。抢修人员接到工单后拨打了 15××15 与张先生的父亲联系确认故障地址后，告知马上到达故障现场排查停电原因。挂断电话后，城区范围突发冰雹和暴雨，造成辖区内多条 10kV 线路突发故障停电。市区道路积水严重、交通阻塞，抢修车因积水发生故障，故急修人员于 18 时 13 分电话联系张先生父亲告知其车辆故障，让其稍作等待，但在电话中并未与客户约定后续到达现场的时间，客户表示理解并认可。

抢修车辆修好后，抢修人员又忙于处理 10kV 故障，忘记了张先生父亲家单户没电的故障点，导致到达现场超时限事件发生。接到投诉以后，投诉处理人员电话提醒抢修人员，才想起未处理此处故障。抢修人员于 7 月 1 日 21 时 54 分为客户处恢复送电，故障原因是：客户资产导致的开关跳闸。抢修过程中，工作人员一直拨打的都是张先生父亲电话，张先生其间也曾与其父亲联系确认故障抢修进度，由于父亲年迈，没有及时接听电话，造成张先生误认为抢修人员没有与父亲联系。

客户处恢复送电后，为避免系统显示报修单超期。工作人员将到达现场时间和抢修送电时间维护为不超期后，进行了回复。经回访，客户张先生对投诉工单处理结果表示满意，但对故障工单处理结果不满意，认为到达现场时间就是超出承诺时限了，没有必要造假。

存在问题

（1）到达现场超时限，引发红线投诉。国家电网公司在不断地优化 95598 投诉派发条件后，最新的“投诉受理判定标准”明确指出：触碰供电服务“十项承诺”、员工服务“十个不准”等红线问题，无论客户是否有投诉意愿，均派发投诉工单。抢修

人员处理城区故障时，超出承诺的 45 分钟到达现场。

（2）抢修人员对于规章制度掌握不透彻。抢修人员与客户联系时只是解释了不能如期到达现场的原因，并未预约到达现场的具体时间。对于抢修相关规章制度并不熟知。

（3）抢修人员工作不严谨，有诺不践。在为客户提供抢修服务的期间内突发意外情况，征求客户同意后已经和客户重新约定抢抢事宜，但没有进行详细的记录，导致工作繁忙遗漏工单，未能做到有诺必践。

（4）应急抢修预案执行不到位。因雷雨天气突发大面积故障停电，抢修资源不足时，应严格执行应急抢修预案，增加值班人员及抢修车辆。

（5）抢修工单回复不真实。抢修工单中到达现场时间和抢修送电时间维护不真实，存在工单造假嫌疑。报修工单回复不真实，势必引发客户不满影响抢修业务处理满意率。

建议举措

（1）快速、高效处置客户应急诉求，不能因雷雨恶劣天气影响贻误抢修工作，给客户带来不便和损失。

（2）加强抢修业务管控，有效提升抢修人员服务意识水平，遇有特殊情况应对客户做好解释说明工作，同时与客户约定好后续处置时限，并严格按照约定时限履诺。

（3）组织抢修人员学习相关文件政策，熟知抢修工作流程及注意事项，梳理工作漏洞，规避类似事件发生。

（4）加强 95598 业务工单回单管控，杜绝弄虚作假，严格按照实际情况进行回单，避免因回单内容与实际情况不一致引发客户投诉。

政策依据

（1）《国家电网有限公司供电服务“十项承诺”（修订版）》（国家电网办〔2020〕16 号）第三条中规定：快速抢修及时复电。提供 24 小时电力故障报修服务，供电抢修人员到达现场的平均时间一般为：城区范围 45 分钟，农村地区 90 分钟，特殊边远地区 2 小时。到达现场后恢复供电平均时间一般为：城区范围 3 小时，农村地区 4 小时。

（2）《国家电网公司供电服务标准》（Q/GDW 10403—2021）第六部分第五条第一款中规定：供电抢修处理人员到达现场的时间一般为：城区范围 45 分钟；农村地区 90 分钟；特殊边远地区 2 小时。若因特殊恶劣天气或交通堵塞等客观因素无法按规定时限到达现场的，供电抢修处理人员应在规定时限内与客户联系、说明情况并预约到达现场时间，经客户同意后按预约时间到达现场；第七部分第一条第二款中规定：真心实意为客户着想，尽量满足客户的合理用电诉求。对客户的咨询等诉求不推诿，不拒绝，不搪塞，及时、耐心、准确地给予解答。用心为客户服务，主动提供更省心、更省时、更省钱的解决方案；第七部分第二条第三款中规定：严格执行供电服务相关工作规范和质量标准，保质保量完成本职工作，为客户提供专业、高效的供电服务。

（3）《国家电网有限公司员工服务“十个不准”（修订版）》（国家电网办〔2020〕16 号）第一条中规定：不准违规停电、无故拖延检修抢修和延迟送电。第六条中规定：不准漠视客户合理用电诉求、推诿搪塞怠慢客户。

（4）《国家电网有限公司 95598 客户服务业务管理办法》（国家电网企管〔2019〕907 号）附件 2《国家电网有限公司 95598 故障报修业务处理规范》第五部分第四条第二款中规定：抢修人员在处理客户故障报修业务时，应及时联系客户，并做好现场与客户的沟通解释工作。

（5）《国家电网有限公司 95598 客户服务业务管理办法》（国家电网企管〔2019〕907 号）第三十八条第一部分第五点中规定：处理部门回复工单时，应做到规范、全面、真实。

案例点评

随着电力体制改革的深入推进，用电客户也对供电企业提出了更高的服务要求。客户的期望值已经不仅仅满足于能够用上电，而是希望能够享受到高效便捷的贴心服务。本案例中，由客户替父亲报修，显而易见，老年人独自在家更需要快速恢复供电。我们的抢修服务本应是雪中送炭，却由于工作疏忽遗漏了故障点，辜负了客户对供电抢修的这份信任。为了弥补工作失误，还刻意维护错误的到达现场时间，用一个错误去弥补另一个错误，最终带来的是客户对供电服务的不满意。抢修工作人员应自觉规范服务行为，学会换位思考，为客户传递光明和温暖。

类似案例

受理内容：客户反映，9 月 21 日 18 时拨打 95598 报修单户故障停电，直至 19 时仍没有抢修人员到达现场。经知识库查询，故障地点属于城区，故障到达现场承诺时限为 45 分钟。经系统查询，距报修请求结束时间已过去 70 分钟，存在超出承诺时限的情况。

处理情况：客户反映情况属实，是供电公司责任。经调查，客户 9 月 21 日 18 时 41 分拨打 95598 报修，因当天晚上某路某线路故障停电，抢修人员都在故障点抢修，接到客户报修后，工作人员以为客户家停电是某路某线路故障停电导致，故未及时联系客户，确实存在未在规定时间联系客户并到现场抢修情况。某路某线路恢复送电后，工作人员到达该客户处于 21 时 54 分将故障排除，恢复送电。

本案例暴露了抢修人员优质服务意识淡薄的问题。抢修人员缺乏优质服务意识，

在接到报修工单后，未及时与客户取得联系，存在对客户停电诉求处理不重视、工作流程执行不规范的情况。

案例 43　班组管理不规范，延误抢修客户怨

案例分类

投诉工单—停送电投诉—抢修服务—超时限

摘要

客户拨打 95598 客服热线报修故障停电，市区配网抢修指挥班人员因工作失误将工单错误分派给市区抢修班，而市区抢修班人员接到工单后发现非本辖区工单，对其置之不理。客户多次拨打 95598 进行催问后，市区配网抢修指挥班人员才发现工单派发错误，工单重新进行分派后，抢修到达现场超过 90 分钟，从而引发投诉事件。

案例内容

2019 年 1 月 7 日 14 时 12 分，家住河北省某市某县某村的客户刘先生拨打 95598 热线，报修家中突发故障停电。95598 客服专员经查询知识库，判定客户所在区域为农村，抢修人员应该在 90 分钟内到达现场，于是派发了农村区域的故障抢修工单。

故障工单被派发到市区配网抢修指挥班。市区配网抢修指挥班（负责市区故障单分派工作）工作人员在接到该故障单后因未注意故障单地址，将该故障单错误分派到市区抢修班。市区抢修班工作人员看到工单后，研判为非本辖区工单，未进行系统回退也未及时电话告知市供电公司配网抢修指挥班。

15 时 45 分，距离客户报修时间过去了 93 分钟，客户再次拨打 95598，反映没有抢修人员到达现场，也无人与他联系。95598 客服专员和客户确认是否一直在现场，客户表示一直在现场等待，如果人来了不会看不到抢修人员。于是 95598 客服专员派发了催办工单，督促抢修人员尽快到达现场并与客户联系。

市区配网抢修指挥班工作人员接到催办工单后，发现工单错派到市区抢修班。马上联系市区抢修班进行工单回退，重新将工单派发至某县配网抢修指挥班。18 时 10 分，抢修人员到达现场，经核实：停电原因为客户资产内部故障停电，现场已恢复送电。

为避免故障工单系统显示超期，抢修人员将工单中的到达现场时间填写为“14 时 50 分”，实际到达现场时间为“16 时 12 分”，与实际情况并不相符。

由于客户诉求涉及抢修人员违反了国家电网公司“十项承诺”问题，确实存在超出承诺时限 90 分钟到达现场的情况，95598 客服专员追派了抢修人员超时限投诉工单。

同时工单中标注为“红线问题”。

投诉处理人员于 1 月 7 日 18 时电话联系客户。经调查：客户反映情况属实，是供电公司责任。工作人员对给客户带来的不便表示了歉意。同时也向客户承诺今后一定加强工作人员责任心，加强对分派工单的准确性，避免此类投诉再次发生。

经 95598 客服专员对客户回访，客户对投诉处理结果表示满意，但对故障处理结果不满意。

存在问题

（1）抢修到达现场超时限。客户于 1 月 7 日 14 时 12 分报修故障，抢修人员于 18 时 10 分到达现场，用时 3 个小时 58 分钟。违反了农村范围内 90 分钟到达现场的承诺时限。

（2）市区配网抢修指挥班人员工作不严谨。市区配抢班工作人员值班期间注意力不集中，故障工单错派至市区抢修班，直接导致了投诉事件的发生。

（3）市区抢修班人员工作责任心不强。市区抢修班人员发现工单派发错误，未及时回退工单也未提醒配抢班工作人员，间接引发了投诉。

（4）某县抢修人员报修工单回复不真实。为了规避故障工单超期，抢修人员刻意维护错误的到达现场时间和故障修复时间。故障工单回复不真实最终导致了客户对抢修结果不满意，拉低抢修业务处理满意率指标。

（5）基层单位值班管理不规范。市区配抢班、抢修班接派工单无人监督，工单错派、应退未退情况均未能及时发现；县级抢修班工单回复不规范，无专人监管。

建议举措

（1）快速、高效处理客户投诉，严格按照承诺时限为客户开展抢修服务工作。

（2）基层班组应建立完善的值班管理制度，加强故障抢修系统录入工作管控，加强值班管理，工作时应 1 人系统操作、1 人监管，避免人员疏忽操作错误。

（3）严格执行供电服务相关工作规范和质量标准，规范停电流程。

（4）严谨客观地如实反馈故障处理结果。避免因故障单填写不真实、与现场情况不一致，引发客户诉求升级。

（5）加强人员责任心培训，开展事件分析，举一反三，避免出现类似事件。

政策依据

（1）《国家电网有限公司供电服务“十项承诺”（修订版）》（国家电网办〔2020〕16 号）第三条：快速抢修及时复电。提供 24 小时电力故障报修服务，供电抢修人员到达现场的平均时间一般为：城区范围 45 分钟，农村地区 90 分钟，特殊边远地区 2

小时。到达现场后恢复供电平均时间一般为：城区范围 3 小时，农村地区 4 小时。

（2）《国家电网公司供电服务标准》（Q/GDW 10403—2021）7.1.2：真心实意为客户着想，尽量满足客户的合理用电诉求。对客户的咨询等诉求不推诿，不拒绝，不搪塞，及时、耐心、准确地给予解答。用心为客户服务，主动提供更省心、更省时、更省钱的解决方案。

（3）《国家电网公司供电服务标准》（Q/GDW 10403—2021）7.2.2：熟知本岗位的业务知识和相关技能，岗位操作规范、熟练，具有合格的专业技术水平。

（4）《国家电网公司供电服务标准》（Q/GDW 10403—2021）7.2.3：严格执行供电服务相关工作规范和质量标准，保质保量完成本职工作，为客户提供专业、高效的供电服务。

案例点评

本案例中，通过一个小小的故障抢修工单，暴露出了我们基层班组的工作短板：市区配网抢修指挥班人员工作疏忽，派错工作却未能及时发现；市区抢修班人员责任心不强，和自己无关的工单就“事不关己高高挂起”；县级抢修班人员怕工单超期，系统回复错误。基层班组工作人员责任心不强是引发投诉的主要原因。

优质服务工作不是一个人、一个班组的事，需要各部门、各专业做好协同。抢修工单流转的每一个环节出了错误，都会影响客户的服务体验。

客户服务工作点多面广，所以说，服务无小事，只怕有心人。供电公司的工作人员应该真心实意为客户着急，真正做到“你用电，我用心”。

类似案例

受理内容：客户反映，2 月 2 日 22 时左右，联系 95598 报修单户故障，但至 2 月 3 日 7 时仍未有抢修人员到达现场。经知识库查询，故障地点属于农村，故障到达现场承诺时限为 90 分钟。后经系统查询，距报修请求结束时间已过去 537 分钟，存在超出承诺时限的情况，请相关部门尽快核实处理（工单编号：20××26）。

处理情况：客户反映情况属实，客户反映情况属实，是供电公司责任。经核实，客户于 2 月 2 日 22 时 7 分报修家中停电。责任单位值班人员于 2 月 2 日 21 时左右检查系统登录正常、办公手机运行正常，便将办公手机放在桌子上，直至 2 月 3 日早晨，值班人员才发现手机处于关机状态，造成未及时接到该客户报修工单，造成抢修人员未按规定的时限到达故障现场。

本案例暴露出抢修值班人员工作态度不严谨的问题。抢修值班人员在确认系统和办公手机均正常后，一夜未再次确认系统及手机状况，造成因设备问题影响故障处置的情况，反映出值班人员工作态度不严谨、责任心不强的问题。建议加强抢修人员教育培训，提高值班人员责任心，严格按照值班要求检查设备，及时发现并处置问题，避免此类情况重复发生。

案例 44 餐馆停电干着急，态度不好惹投诉

案例分类

投诉工单—停送电投诉—抢修服务—抢修人员服务行为

摘要

某年 11 月份，客户拨打 95598 反映抢修人员用 13××92 的电话号致电客户处理客户前期故障报修问题时，存在威胁、辱骂客户的问题，同时让客户自行处理停电问题，客户表示不方便处理后，跟客户说“爱学不学，不学拉倒”。

案例内容

11 月 19 日上午 11 时 8 分，尼女士开的餐馆因欠费被费控系统自动实施了欠费停电操作。当时正值午饭高峰的时段，尼女士赶紧拨打了 95598 电话进行报修，电话中明确跟客服人员说明了自己是开饭店的，如果停电，损失巨大，着急用电。

11 时 20 分，尼女士接到抢修人员电话，抢修人员先是询问客户是否因欠费导致停电，尼女士表示自己未收到催费短信，认为不是因为欠费导致的停电。

11 时 45 分，尼女士在等候多时未见抢修人员到达现场，又一次拨打 95598，要求工作人员尽快处理，一再表示餐馆需要营业，如果有损失需要电力局进行赔偿。

12 时 20 分，抢修人员到达尼女士餐馆，通过查询系统了解到停电的原因是“欠费停电”，并告诉客户需要缴纳电费。客户缴费成功后系统显示已经下发复电指令（客户缴费时间为 11 月 19 日 12 时 25 分，复电指令下发时间 12 时 30 分），因复电指令完成后需要手动触发电表上复电按钮才能恢复送电，抢修人员于 12 时 34 分到达客户电表箱处，拨打尼女士电话想让尼女士到电表处告知其如何操作自己按复电按钮复电，以便以后欠费停电时能够快速送电，尼女士因高峰时段吃饭人较多且无电，接到电话时说话语气较为激动，表示不方便到达现场，要求赶紧送电，工作人员不耐烦地说：“爱学不学，不学拉倒，以后再停电就等着吧。”并挂断了尼女士电话。

地市工作人员回单表示抢修人员回复工单时填写的到达现场时间和送电时间均维护不准确。

客服专员于 11 月 20 日 17 时拨打尼女士电话进行回访，将处理结果与尼女士沟通后，尼女士表示非常不满意，并表示未收到停电催费短信，不知道自己家是欠费停电。客服专员了解到尼女士意愿，再次下发了意见工单。

地市供电所人员接到工单后，经系统内核查，确实存在客户所说情况，因工作人员疏忽，手机号码录入错误，导致尼女士未收到停电催费短信。现已将户号 15××26 的联系电话更改为 13××92。工作人员将处理结果与客户沟通后，客户表示满意。

存在问题

（1）抢修人员抢修不规范，未按十项承诺时间内到达客户现场。抢修人员于 11 时 20 分接到工单，询问客户现场情况后，在 12 时 20 分才到达客户现场，客户报修地址属于城区范围，违反了抢修人员到达现场时限要求，按照《国家电网有限公司供电服务“十项承诺”》中要求，供电抢修人员到达现场的平均时间一般为：城区范围 45 分钟，农村地区 90 分钟，特殊边远地区 2 小时。此问题极易造成超时限投诉。

（2）抢修人员服务意识不强，客户在等待抢修过程中下发了故障催办工单，抢修人员仍未能关注客户的心理变化并及时安抚客户焦急的情绪，导致了后续处理中客户对抢修人员的不满。

（3）抢修人员服务规范不规范，与客户电话沟通过程中没有对客户进行耐心地解释说明，以命令的口吻要求客户造成客户不良感知。并且在客户没有挂断电话的情况下，抢修人员先不耐烦地挂断了客户的电话，这也是本次案件导致客户诉求升级的关键点。

（4）抢修人员责任心不强，对抢修单到达现场和送电时间填写错误。

（5）供电所人员责任心不强，在推广智能缴费业务录入基础信息时，未能准确核对客户信息。

（6）客户档案信息缺乏规范管理，审核不严谨，造成数据信息录入不准确。

建议举措

（1）抢修人员应该在接到故障报修工单后第一时间联系客户，确认客户报修地址，尽快赶到客户现场。

（2）要增强抢修人员换位服务意识，多站在客户角度考虑问题，急客户之所急，想客户之所想，通过换位思考的灵活机动来增强服务意识。

（3）在电话沟通的情况下，由于见不到客户的面部表情，抢修人员更需要注意体会客户的语气，建议抢修人员在电话沟通时要保持耐心、礼貌、亲切的交流环境。

（4）抢修人员在回单时要严格落实回单要求，按照现场实际情况进行回单。

（5）供电所人员在推行费控业务时，要对所有客户基础信息逐一进行核对，发现错误要及时进行纠正。

（6）供电所人员应做好本单位营销业务应用系统中客户档案信息更新和维护，有问题及时整改，县公司应定期开展数据质量校核，建立数据核查、整改、更新长效机制。

（7）加强抢修人员的业务技能培训，做到抢修及时、服务到位。

政策依据

《供电服务标准》（Q/GDW 10403—2021）：

1）6.2.5.1：供电抢修处理人员到达现场的时间一般为：城区范围 45 分钟；农村地区 90 分钟；特殊边远地区 2 小时。若因特殊恶劣天气或交通堵塞等客观因素无法按规定时限到达现场的，供电抢修处理人员应在规定时限内与客户联系、说明情况并预约到达现场时间，经客户同意后按预约时间到达现场。

2）7.1.2：真心实意为客户着想，尽量满足客户的合理用电诉求。对客户的咨询等诉求不推诿，不拒绝，不搪塞，及时、耐心、准确地给予解答。用心为客户服务，主动提供更省心、更省时、更省钱的解决方案。

3）《国家电网公司电力客户档案管理规定》[国网（营销/3）382—2014]第十七条：客户纸质资料记录与营销业务应用系统和客户现场信息一致。

4）《国家电网有限公司 95598 客户服务业务管理办法》国家电网企管〔2019〕907 号第五十九条：省公司，地市、县公司应做好本单位营销业务应用系统中客户档案、业务流程、电量电费、计量、用电检查等信息更新和维护，定期开展数据质量校核。

5）《国家电网有限公司 95598 客户服务业务管理办法》国家电网企管〔2019〕907 号中规定：各级单位提供 24 小时电力故障抢修服务，抢修到达现场时间应满足公司对外的承诺要求。具备条件的单位，抢修人员到达故障现场后 5 分钟内将到达现场时间录入系统，抢修完毕后 5 分钟内抢修人员填单向本单位调控中心反馈结果，调控中心 30 分钟内完成工单审核、回复工作；不具备条件的单位，抢修人员到达故障现场后 5 分钟内向本单位调控中心反馈，暂由调控中心在 5 分钟内将到达现场时间录入系统，抢修完毕后 5 分钟内抢修人员向本单位调控中心反馈结果，暂由调控中心在 30 分钟内完成填单、回复工作。国网客服中心应在接到回复工单后 24 小时内回访客户。

案例点评

在此案件中不难看出，抢修人员在没有到达客户现场时，未能及时安抚客户焦急的情绪。在抢修过程中，没有耐心倾听客户诉求，也没有将建议和意见耐心地与客户进行解释。客户在焦急等待的过程中就会有诉求升级的风险，抢修人员缺乏服务意识没有预判到这样的事情，故引发投诉。

服务无小事，并不是夸大，在服务中要勇于做小事，让客户从细节中享受到优质服务。尤其基层工作人员，首先要明确自己的岗位职责，遇到问题不敷衍、不推诿以真心热情的工作状态去为客户办实事，也要把每一件小事办好，这样即增强了客户的满意度，也赢得群众的口碑。这正是折射了国电电网公司“人民电业为人民”的企业

宗旨。

类似案例

受理内容：客户来电投诉4月8号拨打95598报修后抢修人员到达现场，抢修人员服务态度差，客户表示抢修人员说“你们非得打客服干嘛”，客户表示平常找抢修人员，抢修人员都说自己不在家，客户表示非常不满，要求供电公司相关部门尽快核实处理并尽快给客户合理解释（工单编号：20××26）。

处理情况：客户反映情况属实，是供电公司责任。4月8日王女士因家中停电拨打了95598报修电话。抢修人员赶到王女士家中进行抢修，复电成功后对王女士说：“都是一个村的，为了方便以后有事直接打我电话就行”。未对客户说“你们非得打客服干嘛”等类似言语，也不存在客户所说的平常找抢修人员，抢修人员都说自己不在家的情况。

本案例暴露出以下问题：

（1）抢修人员抢修服务不规范。95598是国家电网公司统一供电服务热线。抢修人员在处理客户故障过程中，有屏蔽、旁路95598的嫌疑，此类行为是国网、冀北公司明察暗访的重点之一。

（2）抢修人员服务意识淡薄。抢修人员在处理客户故障过程中，沟通联系客户时所用话术不规范甚至是过于随意，没有意识到自己的言行代表的是供电公司形象，反映出人员服务培训不到位。

案例45　抢修人员不耐烦，行为不妥被投诉

案例分类

投诉工单—停送电投诉—抢修服务—抢修人员服务行为

摘要

客户反映某日晚上，抢修人员在现场抢修过程中，有国家电网工作人员存在酒后上岗未穿工作服的情况，并且与客户发生争执，态度不好，不耐烦，而且和客户沟通过程中与客户发生争执就差动手，还说就不给客户电。客户非常不满。

案例内容

7月26日晚上，孙女士家突发停电。孙女士以为自己家是欠费停电，利用网上国网App查询，发现并未欠费，再看看邻居家也没有电，7月26日晚21时5分便直接

在网上国网 App 上进行报修。

21 时 27 分，抢修人员接到孙女士报修工单后直接开车前往孙女士报修地点，并未电话联系孙女士。

21 时 40 分，孙女士在等待过程中又拨打了 95598 客服电话，电话中告知客服人员，已在网上国网 App 内进行了故障报修操作，但是未有工作人员与其联系。95598 客户人员下发了催办工单。

22 时 20 分，抢修人员骑摩托车到达客户报修现场，由于未穿工作服，孙女士要求抢修人员出示工作证，抢修人员表现出很不耐烦的情绪。在抢修过程中因客户着急用电心情比较激动，态度强硬，一直催促抢修人员尽快复电，抢修人员未安抚客户，并表示故障点需要逐一排查，并告诉客户别再问了，耽误抢修，该有电的时候就有电了。

22 时 50 分，经抢修人员排查客户停电原因为配电箱内低压熔断器故障导致停电，抢修人员告知客户需要回供电所拿材料才能进行修复。

22 时 55 分，客户拨打 95598，客服人员下派投诉工单。

23 时 20 分，抢修人员再次回到客户报修现场，于次日 0 时 35 分恢复客户处用电。

地市工作人员回单表示关联客户故障单到达现场时间和送电时间均维护不准确。抢修人员未酒后上岗。

客服专员于 7 月 27 日 15 时拨打孙女士电话进行回访，将处理结果与孙女士沟通后，孙女士表示非常不满意，表示抢修时间过长，抢修人员态度不好。

存在问题

（1）抢修人员抢修不规范，未在规定时间内到达客户现场。抢修人员于 21 时 27 分接到工单，在 22 时 20 分才到达客户现场，客户报修地址属于城区范围，违反了抢修人员到达现场时限要求，按照《国家电网有限公司供电服务“十项承诺”》中要求，供电抢修人员到达现场的平均时间一般为：城区范围 45 分钟，农村地区 90 分钟，特殊边远地区 2 小时。

（2）抢修人员违反故障报修业务处理规范，抢修人员在接到报修工单后未第一时间联系客户，询问客户现场情况，客户在等待抢修过程中下发了故障催办工单，产生了焦急的情绪。

（3）抢修人员服务不规范，抢修人员未穿工作装，到客户现场工作时，没有携带必备的工具和材料，造成重复往返，导致客户的诉求升级。

（4）抢修人员与客户沟通时服务态度差。抢修人员未能及时安抚客户焦急的情绪，导致了后边客户对抢修人员的不满。与客户沟通过程中没有对客户进行耐心的解释说明，以不耐烦的态度跟客户说话，这也是本次案件导致客户诉求升级的关键点。

（5）抢修人员责任心不强，对抢修单到达现场和送电时间填写错误。

建议举措

（1）抢修人员应该在接到故障报修工单后第一时间联系客户，确认客户报修地址并做好与客户的沟通解释工作。

（2）抢修人员应该按要求在规定时间内尽快赶到客户现场。

（3）要规范抢修人员现场抢修规范，统一着装，主动出示工作证，并携带必备的工具和材料。

（4）抢修人员在向客户解释现场情况时态度应该有耐心，说话要通俗易懂，确保客户对抢修人员有一定的理解和见谅。不得使用不规范用语等措辞，以免引起客户误会。

（5）抢修人员在回单时要严格落实回单要求，按照现场实际情况进行回单。

政策依据

（1）《供电服务标准》（Q/GDW 10403—2021）：

6.2.5.1　供电抢修处理人员到达现场的时间一般为：城区范围 45 分钟；农村地区 90 分钟；特殊边远地区 2 小时。若因特殊恶劣天气或交通堵塞等客观因素无法按规定时限到达现场的，供电抢修处理人员应在规定时限内与客户联系、说明情况并预约到达现场时间，经客户同意后按预约时间到达现场。

7.1.2　真心实意为客户着想，尽量满足客户的合理用电诉求。对客户的咨询等诉求不推诿，不拒绝，不搪塞，及时、耐心、准确地给予解答。用心为客户服务，主动提供更省心、更省时、更省钱的解决方案。

（2）《国家电网有限公司 95598 客户服务业务管理办法》国家电网企管〔2019〕907 号中规定：各级单位提供 24 小时电力故障抢修服务，抢修到达现场时间应满足公司对外的承诺要求。具备条件的单位，抢修人员到达故障现场后 5 分钟内将到达现场时间录入系统，抢修完毕后 5 分钟内抢修人员填单向本单位调控中心反馈结果，调控中心 30 分钟内完成工单审核、回复工作；不具备条件的单位，抢修人员到达故障现场后 5 分钟内向本单位调控中心反馈，暂由调控中心在 5 分钟内将到达现场时间录入系统，抢修完毕后 5 分钟内抢修人员向本单位调控中心反馈结果，暂由调控中心在 30 分钟内完成填单、回复工作。国网客服中心应在接到回复工单后 24 小时内回访客户。

案例点评

在此案件中，客户家中无电，他们是最希望的是尽快能解决停电问题，但抢修人员在接到客户故障报修工单后并未第一时间联系客户，安抚客户焦急情绪，同时存在到达故障现场超时的现象。抢修人员在抢修过程中，没有为客户耐心解释故障原因，也没有带齐抢修所需要的材料，致使客户一直在等待，导致客户所求升级。

供电公司应加强员工优质服务培训和服务规范培训，不断提高员工自身素质。定期开展车辆、工器具和材料的清理，持续提高抢修效率和工作质量，做到抢修工作反应迅速、抢修及时，保障居民可靠用电，同时提高与客户的沟通能力，避免此类投诉再次发生。

类似案例

受理内容：客户反映，8 月 1 日 16 时左右，拨打某供电营业厅抢修人员电话，报修多户无电的问题，该工作人员到达现场后维修表前线路，并向客户收取每户 30 元的费用，告知客户是电线费用，客户对此非常不满。(工单编号：20××27)。

处理情况：客户反映情况不属实，不是供电公司责任。经核实，抢修人员接到报修、现场查看后，告知客户家人其表后线路（客户产权）烧断，同时造成供电公司产权表前线路故障。抢修人员将供电公司产权表前线路抢修完毕后，告知客户家人表后线路为客户产权，需客户自行购买表后导线，由供电公司协助更换。客户家人因不知道去哪购买，委托工作人员帮其购买。工作人员根据表后线路损坏长度购买了 30 元的导线，客户家人将 30 元交付工作人员，工作人员更换完毕后离开现场。后因客户家人仅告知客户工作人员收取 30 元电线费用，引发此投诉。

本案例暴露出以下问题：

（1）抢修人员解释工作不到位。工作人员在协助维修客户产权故障前，未明确告知客户可自行维修，易使客户误认为客户产权故障也需供电公司进行维修，不利于抢修工作开展。建议工作人员在协助维修客户产权故障前，应明确告知客户，供电公司无义务维修非供电企业产权设备，若客户无法自行解决，本着“以客户为中心”的服务理念，可协助客户进行维修。

（2）抢修人员未履行购买电线委托手续。供电公司人员协助客户购买电线，未与客户签订委托协议，事后也未向客户提供收据，资金使用情况不明确，易引发纠纷。建议遇有协助客户购买材料等涉及资金方面的额外服务，需向客户做好解释说明工作，并签订委托书；在材料购买完毕后，应及时向客户提供购物发票，做到资金使用情况明确，避免纠纷。

案例 46　供电产权惹纠纷，客户投诉抢修者

案例分类

投诉工单—停送电投诉—抢修服务—抢修人员服务行为

摘要

客户反映：首先，该地点出现好几次停电不通知的情况，给客户的生活带来困扰；其次，客户反映当地服务态度不好，营业厅人员不在岗，怠慢客户。客户报修后看到有供电公司的车停小区内，询问上面的人员为什么不在微信公众号、微信、手机上短信发停电通知，该人员头也没回、话也没说、开车就走了，存在不搭理客户的情况，客户情绪激动，拨打电话要求投诉该人员。关联故障工单号码：20××64。

案例内容

10 月 13 日 9 时 45 分，马先生在小区地下停车场准备开车外出，突发停电，导致车辆被锁车库内。客户步行至所属供电营业厅询问，到达营业厅后马先生发现营业厅工作人员未在工作岗位上，而是在柜台前高脚椅上坐着与其他人员聊天。马先生询问该工作人员，工作人员告知马先生：自己不清楚其停电原因，停电只有计划停电和临时停电前会通知大客户，这种突发停电不会进行通知，工作人员让客户联系抢修人员。

10 时 10 分，马先生拨打 95598 报修其小区停电。抢修人员第一时间联系马先生，并按时限要求到达马先生所在小区。

10 时 25 分，马先生回到小区，看见小区内停放了抢修车辆，并上前询问什么原因造成停电，为什么没有接到停电通知，抢修人员告知小区停电是由于小区内配电室故障导致的，并非电力产权设备故障导致，已交由物业人员处理，客户关于为什么没有接到通知的问题，抢修人员未进行告知。

12 时 10 分，由于小区一直没有来电，马先生再次拨打抢修人员电话，询问什么时候能送电，并要求抢修人员尽快送电，表示自己需要开车出去。抢修人员告知客户小区配电室故障不归供电公司管，所以不知道具体什么时候送电，让客户拨打其小区物业进行处理。

12 时 30 分，马先生觉得电费交给电力公司，现在出现故障应由电力公司进行处理，然后拨打了 95598，投诉前期营业工作人员和抢修人员服务态度不好，客服人员下派了投诉工单。

地市工作人员回单表示关联客户故障单到回单内容和送电时间均维护不准确。

客服专员于 10 月 14 日 16 时拨打马先生电话进行回访，将处理结果与马先生沟通后，马先生对处理结果表示非常满意。

存在问题

（1）营业厅工作人员服务不规范，工作人员在上班期间擅自离岗，并与其他人员聊天，客户来营业厅没有热情接待，依然坐在椅子上与客户说话，让客户感觉自己被怠慢。

（2）营业工作人员未执行首问负责制，在客户询问该小区停电原因时，工作人员让客户自己拨打抢修人员电话。

（3）营业厅服务意识不强，客户因故障问题未能解决产生焦急情绪，工作人员没有及时对客户进行情趣安抚，导致后期客户电话报修后问题始终未解决，从而导致客户诉求升级。

（4）抢修人员与客户沟通时服务态度差。抢修人员未能关及时安抚客户焦急的情绪，对于产权问题没有对客户进行耐心的解释说明，导致客户的理解有障碍，认为停电了就应该是供电公司解决。

（5）抢修人员责任心不强，对抢修单回单内容和送电时间填写错误。

建议举措

（1）客户办理业务时应主动热情，主动询问客户需求。应进一步规范一线营业厅工作人员服务行为，提升员工服务意识和沟通技巧。

（2）营业厅工作人员应坚持“首问负责制”。当客户询问的业务不在自己的工作范围内时，应该做到向客户说明原因，给予必要的解释，不得以任何借口推诿、拒绝和搪塞，及时与专业部门进行协调，为客户解决诉求。

（3）提高工作人员主动服务意识。对于临时的突发停电，应协同物业通过微信群等告知客户停电原因。

（4）抢修人员在向客户解释现场情况时态度应该有耐心，说话要通俗易懂，确保客户对抢修人员有一定的理解和见谅。

（5）抢修人员在回单时要严格落实回单要求，按照现场实际情况进行回单。

政策依据

（1）《供电服务标准》（Q/GDW 10403—2021）7.1.2 中规定：真心实意为客户着想，尽量满足客户的合理用电诉求。对客户的咨询等诉求不推诿，不拒绝，不搪塞，及时、耐心、准确地给予解答。用心为客户服务，主动提供更省心、更省时、更省钱的解决方案。

（2）《国家电网有限公司 95598 客户服务业务管理办法》国家电网企管〔2019〕907 号中规定：各级单位提供 24 小时电力故障抢修服务，抢修到达现场时间应满足公司对外的承诺要求。具备条件的单位，抢修人员到达故障现场后 5 分钟内将到达现场时间录入系统，抢修完毕后 5 分钟内抢修人员填单向本单位调控中心反馈结果，调控中心 30 分钟内完成工单审核、回复工作；不具备条件的单位，抢修人员到达故障现场后 5 分钟内向本单位调控中心反馈，暂由调控中心在 5 分钟内将到达现场时间录入系统，抢修完毕后 5 分钟内抢修人员向本单位调控中心反馈结果，暂由调控中心在 30 分钟内完成填单、回复工作。国网客服中心应在接到回复工单后 24 小时内

回访客户。

（3）《国家电网有限公司员工服务“十个不准”》（国家电网办〔2020〕16 号）中规定：六，不准漠视客户合理用电诉求，推诿搪塞怠慢客户。八，不准营业窗口擅自离岗或做与工作无关的事。

案例点评

客户的车因停电被困在车库后并没有着急地拨打 95598 电话，而是来到附近营业厅询问停电原因，但是由于营业厅工作人员主动服务意识不强，让客户觉得自己被怠慢，产生误解，随后抢修人员又未耐心的解释产权问题，导致客户诉求升级，引发此次投诉。

供电公司应该增强一线工作人员主动服务意识，要树立以客户为先，积极主动的与客户沟通，加强优质服务管控力度，有效提升营业厅、抢修等一线人员服务水平，避免给客户造成不良服务感知。

优质服务是国家电网的生命线，不仅仅体现在客服人员一声亲切的问候，营业厅人员一个灿烂的笑容。每当天气恶劣、阖家团圆时，也是我们电力人最忙碌的时候，我们是光明的守护者，时刻准备着。我们每一次的努力都换来了广大电力客户的笑脸，所以我们不能松懈，坚持每一次的努力都要得到客户的认可，坚持每一次的抢修都可以给客户带来光明。

类似案例

受理内容：客户反映，客户反映 7 月 1 日，客户报修完，抢修人员用 13××65 电话致电客户处理问题时，告知先让客户自己找人查看，客户拒绝并告知自家无故障后，工作人员表示一会再过来，通话中态度非常恶劣，特别不耐烦。请相关部门尽快核实处理。（工单编号：20××48）。

处理情况：客户反映情况属实，是供电公司责任。7 月 1 日 20 时 4 分客户因家中停电拨打 95598 报修，抢修人员接到报修工单后，用 13××65 电话致电客户处了解停电情况。沟通中，抢修人员指导客户检查家中空开是否跳闸，但并未说先让客户自己找人查看，客户拒绝并表示自家无故障。抢修人员表示现在另一处故障点抢修，稍后去客户处。通话中客户咨询的问题比较多，通话时间比较长，由于抢修人员当时在忙，见客户还不愿挂断电话，产生一些急躁情绪，未注意说话语气和方式，造成客户不良感知引发此投诉。后工作人员到客户处为其恢复送电。

本案例暴露出抢修人员服务意识有待提升的问题。抢修人员在接到客户报修后，在电话与客户沟通过程中，存在未注意说话语气和方式的问题，给客户造成不良服务感知。建议通过培训等方式，有效提升抢修人员服务意识和服务能力，在与客户沟通过程中，注意沟通技巧，避免此类情况发生。

案例 47　误挂客户的电话，抢修人员遭投诉

案例分类

投诉工单—停送电投诉—抢修服务—抢修人员服务行为

摘要

客户反映，客户拨打 95598 报修后，抢修人员致电客户询问问题时，工作人员态度恶劣，挂断客户电话，由于停电造成自己一台电视损坏，需要供电公司进行赔偿。而且客户所在地长时间电压异常，一致未得到处理。

案例内容

12 月 11 日 21 时 32 分，刘女士发现家中电器不能正常使用，紧接着刘女士家停电了，刘女士随后拨打了 95598 供电服务热线，报修家中无电，该客户前期因低电压问题下派咨询工单 2 件。

21 时 40 分，抢修人员接到报修工单第一时间联系到刘女士，在询问现场情况时手机信号不好挂断了电话，由于此次停电为大面积停电，抢修人员直接到达了故障地点，期间再未联系刘女士，刘女士多次拨打 95598 供电服务热线，共下发 5 件故障催办工单。

22 时 30 分，抢修人员将现场故障处理完毕，恢复送电后，电话联系刘女士告知刘女士此次停电是由于电采暖负荷激增变压器故障导致停电，但是刘女士情绪激动，说因为这次停电导致家中一台电视机损坏，不能开机，要求工作人员进行赔偿。抢修人员说会告知相关处理部门联系刘女士，对家用电器损坏问题进行处理，便挂断了电话。

22 时 35 分，刘女士拨打 95598 供电服务热线，表示抢修人员态度恶劣，要求投诉抢修人员，同时告知 95598 座席人员，由于这次停电导致家中电视机损坏，要求供电公司赔偿，客服人员根据客户需求对地市公司派发了抢修人员服务行为投诉工单及家用电器损坏服务申请工单。

由于 12 月 12 日为周日，12 月 13 日地市工作人员上班后联系相关人员赴客户现场进行调查、核实，对家用电器名称、型号、数量、使用年月、损坏现象等进行登记和取证。

对于客户反映低电压问题，地市供电公司工作人员到客户现场进行勘察，考虑到现场实际情况结合煤改电等负荷发展，制定了相关解决措施，将在客户所在地新建高压电缆 400m，新装 200kVA 变压器一台，永久解决电压低问题。地市工作人员也承诺

客户在 12 月 25 日前完成新增变台的施工及送电工作。

客服专员于 12 月 14 日 15 时拨打刘女士电话进行回访，将处理结果与刘女士沟通后，刘女士表示非常满意。

存在问题

（1）地市工作人员服务意识不强，该客户因低电压问题已经下派过 2 次咨询工单，工作人员也没有重视客户的诉求。

（2）抢修人员在与客户联系时因手机信号问题导致电话挂机，抢修人员没有再次拨打客户电话与客户进行解释，导致客户认为抢修人员态度不好，加深了客户不满情绪。

（3）抢修人员在知道故障地点后，没有到达客户所在地，也没有与客户进行沟通，直接去了故障点进行抢修，导致客户误以为抢修人员一直未到达现场，增加了客户的焦急情绪。

（4）对于客户家用电器因此次故障导致损坏的情况，抢修人员未坚持“首问负责制”及时与相关专业联系。

（5）地市工作人员在接到客户家用电器赔偿的咨询工单后，没有在 24 小时内安排工作人员赴客户现场进行调查、核实。

建议举措

（1）加强地市工作人员的服务培训，增强工作人员的服务意识。

（2）在保证优质服务的前提下，与客户联系时不能随意挂断客户电话，如果因为信号不好，误操作等原因挂机，应立即回拨电话做好客户的解释工作。

（3）抢修人员应该及时与客户进行沟通，在知道具体故障原因的情况下，应与客户做好解释工作后，直接前往故障点进行抢修。

（4）抢修人员应坚持“首问负责制”，当客户询问的业务不在自己的工作范围内时，应该做到向客户说明原因，给予必要的解释，及时与专业部门进行协调，为客户解决诉求。

（5）地市工作人员应该在 24 小时内派员赴现场进行调查、核实，应会同客户村委会共同对受害居民客户损坏的家用电器名称、型号、数量、使用年月、损坏现象等进行登记和取证。

政策依据

（1）《供电服务标准》（Q/GDW 10403—2021）7.1.2：真心实意为客户着想，尽量满足客户的合理用电诉求。对客户的咨询等诉求不推诿，不拒绝，不搪塞，及时、耐心、准确地给予解答。用心为客户服务，主动提供更省心、更省时、更省钱的解决方案。

（2）《国家电网有限公司企业标准供电服务标准》（Q/GDW 10403—2021）6.5 用电异常服务申请

6.5.1 服务内容 供电企业受理客户的欠费复电登记、电器损坏核损、电能表异常、抄表数据异常、服务平台异常等服务申请，按规定向客户回复处理结果。

6.5.5 项目质量标准

受理客户服务申请后：

a） 电器损坏核损业务 24 小时内到达现场；

b） 电能表异常业务 5 个工作日内处理；

c） 抄表数据异常业务 5 个工作日内核实；

d） 服务平台异常业务 4 个工作日内核实处理；

e） 其他服务申请类业务 6 个工作日内处理完毕。

案例点评

此案例不难看出，如果前期地市工作人员服务意识够强，对于客户两次低电压咨询工单加以重视，后期就不会衍生出客户其他诉求工单，最终造成投诉。抢修人员对于自己未到达客户现场也没有过多的与客户进行解释，而且与客户电话沟通过程中，因手机信号问题挂断了客户电话，导致客户对抢修人员的误解也是本案例中的关键点。

近些年煤改电服务需求大增，取暖季期间客户“电采暖”的大量使用，导致负荷中心向农村配网转移，再加上冬季恶劣天气和外力破坏对设备安全运行造成威胁，极易造成用电负荷高峰时段低压设备故障多发，更应该加强取暖季期间优质服务工作，畅通报修服务电话，加强抢修人员服务意思，为广发客户温暖可靠用电，温暖度冬保驾护航。

类似案例

受理内容：客户诉求为红线问题。客户反映：11 月 30 日 17 时 31 分，客户拨打 95598 投诉，四分钟前，抢修人员用 15××65 电话致电客户，责怪客户不应该打 95598，表示这样给自己下了单子了，并且辱骂客户。经查询，有 20××53 故障工单已关联。事件发生未超过 3 个月，请相关部门尽快核实处理。客户反映，客户所在地近期由于气温骤降，采暖设备增加，导致负荷过大出现停电情况，客户拨打 95598 供电服务热线后抢修人员到达现场查找故障点，但由于客户心情比较急躁，希望抢修人员尽快复电，抢修人员没有耐心为客户解答，并且与客户说话嗓门较大，让客户觉得语气不好，导致投诉（工单编号：20××53）。

处理情况：客户反映情况属实，是供电公司责任。经核实，客户于 11 月 30 日 17 时 25 分报修，当时该区域修人员正在现场处理故障，因报修工单有时限要求，故台

区经理委托村电工协助向客户进行解释，存在不规范的情况。即客户所述“态度恶劣、辱骂客户”的人非供电公司人员，是受委托的村电工。该村电工在与客户联系时未注意说话方式和语气，告知客户有问题可以直接拨打自己手机或者与台区经理联系，不用直接拨打 95598 下发工单，在与客户沟通过程中发生争吵，客户拨打 95598 进行投诉。客户处于 12 月 1 日 0 时 11 分恢复送电，现客户处用电正常。抢修人员已对未及时联系客户的情况向客户表示歉意，客户对处理结果表示满意。

本案例暴露出抢修业务开展不规范的问题。工作人员在处理抢修业务过程中，委托非电力公司工作人员联系报修客户，抢修业务存在不规范情况。建议各单位严肃抢修工作要求，严禁委托非供电公司工作人员联系报修客户；在遇有抢修业务繁忙情况，及时对报修客户做好解释说明工作，以获得客户理解。

案例 48　擅闯邻居家抢修，引发投诉担责任

案例分类

投诉工单—停送电投诉—抢修服务—抢修人员服务行为

摘要

户号为 13××05 的客户来电反映：前几天，邻居家停电，喊管理该片区的电工维修，邻居家电表在自己家院中，当时由于自己不在家，邻居给自己打电话未接到，电工就跳墙到自己家院中，回来时发现自己家大门开着，看到电工在邻居家房顶上维修就询问为何不关门，电工表示自己修完了会把门关上的且质问客户“你和我横什么？”客户表示：工作人员语气很蛮横、强势。客户对此表示不满，客户表示自己家院中有 5、6 家表箱，认为位置不合理，要求移走处理。

案例内容

12 月 17 日 8 时 27 分，沈女士家里突发停电，家里冰箱里有需要冷藏的药品，沈女士赶紧拨打了 95598 供电服务热线，报修家中无电，座席人员查询沈女士不是因为欠费停电，下派故障报修工单。

9 时，抢修人员接到报修工单第一时间联系到沈女士，询问了现场情况及沈女士家详细地址，抢修人员于 9 时 25 分到达沈女士家中。

经抢修人员现场勘查，沈女士家停电是因为近期由于气温骤降，本村电采暖设备增加，导致负荷过大导致。沈女士家由于 2000 年供电设备低压改造时电杆架、表箱均架设在邻居家（此案件投诉人）院内，该房屋当年架设时为村部房屋，后转给个人。

但是现在这种情况下抢修人员需要到邻居家内抢修，就告知沈女士打电话联系下该户户主，但是打了好几个电话户主没接。由于沈女士着急用电，便让抢修人员在沈女士家中翻墙进去邻居家院内进行抢修。

9 时 30 分，孙先生返回家中，看到家中大门敞开，而且有陌生人在家，情绪比较激动，要求抢修人员尽快离开自己家中，并且询问抢修人员姓名及工号。抢修人员未告知客户。孙先生问抢修人员为何会在自己家中，为什么不关门，抢修人员表示抢修完了会把门关上的，并说又不是我们要进来的。

抢修人员离开后，孙先生拨打了 95598 供电服务热线，表示抢修人员私自进入自己院子，并且态度蛮横，要求供电公司将自己院里表箱及电杆移除客户院内，同时投诉抢修人员，客户专员下派投诉工单。

对于客户反映的问题，地市供电公司工作人员到客户现场进行勘察，经与客户沟通，供电公司承诺于 2021 年 1 月 31 日前将该电杆及表箱移出该客户院内，并与客户解释抢修人员态度蛮横问题，是由于当时抢修人员在房顶上查看线路，距离投诉人较远，与客户说话嗓门较大，让客户觉得语气不好，已消除误会，客户表示理解。

客服专员于 12 月 20 日 16 时拨打孙先生电话进行回访，将处理结果与孙先生沟通后，孙先生表示满意。

存在问题

（1）供电公司抢修人员在未征得户主孙先生的同意擅自进入客户家中进行抢修，造成孙先生的不满情绪，也没有及时对错误进行道歉，而是一副理所应当的样子。

（2）抢修人员在客户回家时没有主动出示工作证，也没有及时向客户解释他们在客户家院子的原因，造成客户误解。

建议举措

（1）供电部门将规范抢修管理，严禁出现未经当事人允许擅自进入房屋、院落的情况，规范服务行为，避免造成不必要的误会。

（2）加强抢修人员沟通能力，抢修人员应该征得投诉客户的同意再进入客户院内进行抢修，进入客户家中应主动出示工作证件，并进行自我介绍，避免客户因抢修人员未经同意的情况下进入客户家内，导致客户情绪激动，诉求升级的情况发生。

政策依据

（1）《供电服务标准》（Q/GDW 10403—2021）7.1.2：真心实意为客户着想，尽量满足客户的合理用电诉求。对客户的咨询等诉求不推诿，不拒绝，不搪塞，及时、耐心、准确地给予解答。用心为客户服务，主动提供更省心、更省时、更省钱的解决

方案。

（2）《供电服务标准》（Q/GDW 10403—2021）5.4.6 渠道质量标准：5.4.6.1 到客户现场服务前，应与客户预约时间，讲明工作内容和工作地点，请客户予以配合；现场服务时，应按约定时间准时到达现场，高效服务。5.4.6.2 进入客户现场时，应主动出示工作证件，并进行自我介绍。5.4.6.3 到客户现场工作时，应携带必备的工具和材料。工具、材料应摆放有序，严禁乱堆乱放。如需借用客户物品，应征得客户同意，用完后应先清洁再轻放回原处，并向客户致谢。

案例点评

这个案例不难看出，抢修人员在抢修过程中存在抢修不规范的情况。抢修人员在没有征得客户同意的情况下擅自进入客户家院子内进行抢修，自己错误在先的情况下也没有及时地对客户表示歉意，而是对客户表现出一种事不关己的态度。

基层供电所是电力系统与客户直接对接的一个环节，对于供电所的工作人员素质特别是服务水平会有较高的要求，然而现状是供电所内部工作人员工作及整体素质参差不齐，有的员工有很好的技术，但是与客户之间缺乏沟通技巧，总认为干完自己的活就可以了，不会设身处地地为客户着想。有的员工虽然与客户之间关系很好，但是缺少相关的技术。这就需要供电公司加大供电所人员的培训，从政治理论方面、技术方面、优质服务方面等全方位地对供电所的工作人员进行培训，规范基层供电所工作人员服务行为，大力开展技能比武等多种形式的激励机制，培养“技术过硬、服务一流”的员工队伍，不断提高供电所工作人员供电服务能力和服务水平。只有把基层供电所和客户紧密地连接在一起，才符合现在优质服务形势下的要求，最终才能更好地服务社会、服务群众。

类似案例

受理内容：客户反映家中无电，需要把电表闸拉下再合上进行送电，已于 3 月 28 日联系供电所工作人员，工作人员答复 3 月 29 日到客户处处理。客户 3 月 29 日再次致电该供电所，接电话工作人员态度极其恶劣，表示自己不管维修、只是值班的，便挂断电话。客户要求投诉此人，并要求尽快处理故障，请相关部门尽快核实处理（工单编号：20××15）。

处理情况：客户反映情况属实，是供电公司责任。经核实，客户于 3 月 28 日下午电话联系某供电所，反映家里不跳闸、电表闸也不跳，但家中无电。工作人员电话指导客户自行恢复送电，并约定 3 月 29 日为客户进行现场检查（未约定具体时间）。客户于 3 月 29 日 9 时 30 分再次致电该供电所，当日工作人员（非 3 月 28 日与客户约定时间的工作人员）告知客户：自己正在值班，无法到达现场为客户检查，需另行安排其他工作人员去现场。工作人员在电话沟通过程中不存态度恶劣、挂断客户电话的情况，但因语气生硬、未能及时疏导客户情绪导致客户不满，引发此投诉。现工作人员已为客户修复故障开关（客户资产），客户处用电正常，客户表示非常满意。

本案例暴露出电话服务不规范的问题。工作人员在电话答复客户用电诉求过程中，未能有效解决客户用电诉求，因服务技巧欠缺、语气生硬的问题，引发客户投诉。建议各单位加强工作人员电话服务技能培训，使工作人员能够在电话服务过程中有效解答客户诉求，避免同类问题重复发生。

案例 49　计划停电未公告，惹怒客户遭投诉

案例分类

投诉工单—停送电投诉—停送电投诉—停送电信息公告

摘要

2021 年 6 月 25 日 9 时某市某区李女士家中停电，拨打 95598 报修后工作人员联系告知因政府修建某公路，5～7 号杆线路改电缆入地，所以进行停电，将于 17 时恢复送电。李女士不满，质疑计划停电未提前通知和安排时间不合理，工作人员答复“那我管不着，我就是一个抢修的，安排也不是我安排的，我只负责告诉给你，其他管不了”李女士对此不满，进行投诉。经调查，因该工作人员对停电通知流程不熟悉、未公布原因不知晓，客户当时也比较着急、情绪激动，工作人员没有组织好语言，存在言语不当，工作人员已向客户致歉，客户表示理解。

案例内容

2021 年 6 月 25 日某市某区李女士家中装修，请假在家等待工人上门装修，8 时装修工人上门施工，9 时突然停电，李女士以为电费不足导致停电，立即通过微信充值 100 元电费，缴费后接到短信提示余额为 230 元，于是李女士拨打 95598 寻求帮助。

李女士 9 时 10 分致电 95598 核查停电原因，客服专员通过系统未查询到客户所在区域的停电公告信息，详细记录客户信息和故障现象后下派故障报修处理。

9 时 30 分某抢修班工作人员接到李女士的报修工单，核查发现该地区为计划停电，9 时 35 分联系李女士，告知此次停电属政府修建某公路，5～7 号杆线路改电缆入地，所以进行停电，将于 17 时恢复送电。李女士听后心有不满，便问工作人员为什么要安排在用电高峰期进行施工，这样的安排影响老百姓的生活生产，并且计划怎么不做提前通知，如果提前通知也就不安排今天装修了，现在不仅导致白请了一天假，装修

工费也已经支付了，还干不了活。抢修人员直接答复“那我管不着，我就是一个抢修的，安排也不是我安排的，我只负责告诉给你，其他管不了”，李女士直接挂断电话，拨打 95598 进行投诉。

6 月 25 日 14 时 30 分电话联系客户，经某区某工作人员某核实，客户反映情况属实，是供电公司责任。客户所在线路为由 ×× 线路 ×× 出线 ×× 变台提供电源。客户反映当日的停电情况为：6 月 25 日 9 时停电，于 17 时恢复供电，停电原因 10kV 某开闭站某出线某分支 005 号–007 号杆由杆线改为地下电缆。系统查询停电信息 20 ×× 15，操作时间：2021–06–17 14 时 47 分 53 秒，状态：报送失败。因信息发布人员没有确认该信息报送状态，所以失败后没有再次报送，导致停电信息未成功公布。已与客户电话解释此次停电为配合政府道路拓宽工程，客户表示理解。针对客户反映报修人员服务态度差的问题，因该工作人员对停电通知流程不熟悉、未公布原因不知晓，客户当时也比较着急、情绪激动，工作人员没有组织好语言，给客户造成不良感知已向客户致歉，今后加强停电发布管理，规范计划停电流程，做好优质服务工作，避免类似情况发生，客户表示认可。

存在问题

（1）抢修人员业务技能不足。工作人员对业务规定流程不熟悉，岗位知识不扎实，无法为客户快速准确的解答各类业务。

（2）抢修人员缺乏服务沟通技能。面对客户咨询的诉求，抢修人员未做到及时、耐心、准确地给予解答，无法化解矛盾，反而一副与我无关的处理态度，更加引起客户反感，导致投诉事件发生。

（3）计划检修未提前 7 天公告。因供电设施计划检修需要停电时，应提前七天通知客户或进行公告，责任单位未提前在 95598 进行信息公告。

（4）系统功能不稳定，报送失败无人跟进。因业务系统不顺畅，停电信息报送失败，而业务缺少复核环节，无人跟进处理，导致计划停电未按照规定时间公告，造成业务违规。

（5）员工服务行为缺乏有效管控。抢修人员和停电信息报送人员在服务过程中存在服务过错，造成不良影响，责任单位没有对服务人员的过错行为进行问责，存在管理缺失。

建议举措

（1）强化人员服务理念，树立企业服务形象。责任部门应积极培育基层员工服务理念，树立全员服务、主动服务意识，对客户的诉求不推诿、不拒绝，真心实意为客户着想，提升客户服务感知，树立良好企业服务形象。

（2）加强业务技能培训，提高人员业务水平。组织人员业务知识培训，并对培训内容进行效果的测评，确保人员熟练掌握岗位的业务知识和相关技能。

（3）开展系统功能优化，增加业务复核环节。一是关注业务系统缺陷，跟进完成功能优化，提升系统性能与稳定性。二是在关键业务流程增设复核环节，加强对业务流程的质量把关。

（4）建立有效监管机制，确保规范落地执行。责任单位应尽快完善监管制度，制定有效措施，建立违规问责制度，严肃处理每起违规违纪行为，确保公司规范要求落地执行。

政策依据

（1）《国家电网有限公司 95598 客户服务业务管理办法》国家电网企管〔2019〕907 号第四十六条：计划检修停电应提前 7 天，临时检修停电应提前 24 小时，其他停电应及时完成停送电信息报送工作。

（2）《供电服务标准》（Q/GDW 10403—2021）7.1.2：真心实意为客户着想，尽量满足客户的合理用电诉求。对客户的咨询等诉求不推诿，不拒绝，不搪塞，及时、耐心、准确地给予解答。用心为客户服务，主动提供更省心、更省时、更省钱的解决方案。

（3）《国家电网有限公司供电服务"十项承诺"》国家电网办〔2020〕16 号第二条：停电限电及时告知。供电设施计划检修停电，提前通知用户或进行公告。临时检修停电，提前通知重要用户。故障停电，及时发布信息。当电力供应不足，不能保证连续供电时，严格按照政府批准的有序用电方案实施错避峰、停限电。

（4）《国家电网有限公司员工服务"十个不准"》国家电网办〔2020〕16 号第六条：不准漠视客户合理用电诉求、推诿搪塞怠慢客户。

（5）《供电营业规则》（电力工业部令第 8 号）第六十八条：因故需要中止供电时，供电企业应按下列要求事先通知用户或进行公告：

1）因供电设施计划检修需要停电时，应提前七天通知用户或进行公告；

2）因供电设施临时检修需要停止供电时，应当提前 24 小时通知重要用户或进行公告；

3）发供电系统发生故障需要停电、限电或者计划限、停电时，供电企业应按确定的限电序位进行停电或限电。但限电序位应事前公告用户。

（6）《国家电网有限公司供电服务奖惩规定》[国网（营销/3）377—2014] 第四章惩处 第二节供电服务过错：

第二十六条　供电服务过错根据问题性质和影响程度分为三类：一类过错、二类过错和三类过错。

（一）一类过错

情节严重，长期存在，给客户造成 1 万元及以上 5 万元以下直接经济损失，或给企业形象造成较大影响的供电服务过错。

（二）二类过错

情节较重，频繁发生，给客户造成 1 万元以下直接经济损失，或在一定范围内给企业形象造成不良影响的供电服务过错。

（三）三类过错

情节较轻，偶尔发生，未造成不良影响的供电服务过错。

第二十七条　发生供电服务过错，惩处可采取经济处罚或者组织处理。

发生一类过错，对责任人按以下规定处理：

（1）对责任单位上级有关部门负责人予以通报批评。

（2）对责任单位主要负责人、有关分管负责人予以通报批评。

（3）对部门、班组级负责人予以通报批评、调整岗位或待岗。

（4）对主要责任人予以通报批评、调整岗位或待岗。

（5）对次要责任人予以通报批评或调整岗位。

（6）对上述责任人予以 500～3000 元经济处罚。

发生二类过错，对责任人按以下规定处理：

（1）对主要责任人予以通报批评、调整岗位或待岗。

（2）对次要责任人予以通报批评或调整岗位。

（3）对上述责任人予以 100～2000 元经济处罚。

发生三类过错，对责任人按以下规定处理：

（1）对主要责任人予以通报批评或调整岗位。

（2）对次要责任人予以通报批评。

（3）对上述责任人予以 1000 元以下经济处罚。

案例点评

企业在服务过程中要深入践行“人民电业为人民”的企业宗旨，在做停电安排时切实考虑客户用电体验，尽量避开生活活动密集的时间段，合理安排计划检修，减少对客户日常生活的影响。要始终保持以人民为中心的发展思想，切实做到一切为了人民、一切依靠人民、一切服务人民，积极培育基层员工服务理念，树立全员服务、主动服务意识，更好的服务群众。

四、供电质量篇

案例 50　频繁停电无保障，客户不满要投诉

案例分类

投诉工单—供电质量—供电可靠性—频繁停电（见图 1-20）。

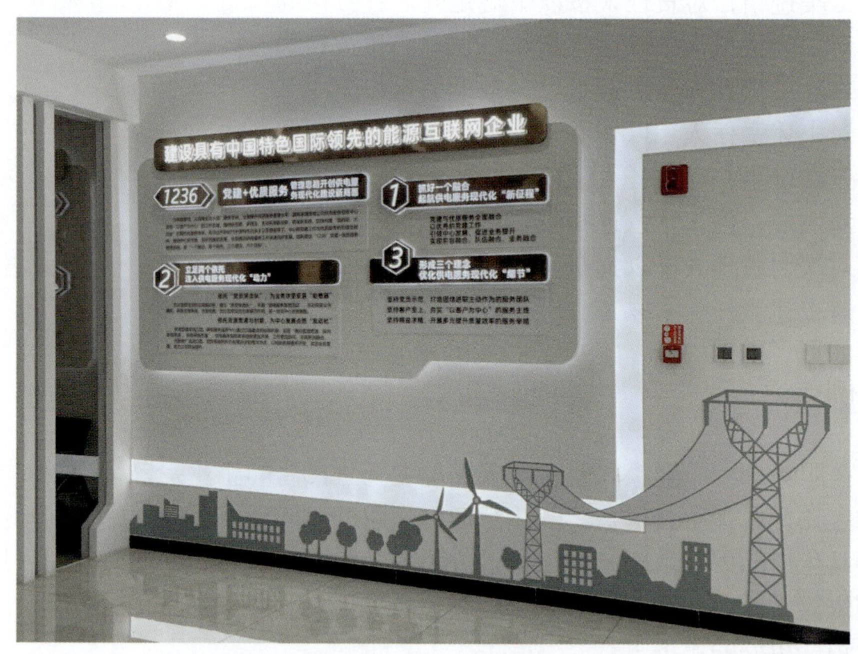

图 1-20　工作实景图

摘要

2020 年 6 月 6 日至 7 月 18 日期间，某变电站 10kV 牛沟一路 513 线路某家属楼变压器公用 005 变台共发生 4 次故障停电，产权均为供电公司。客户王先生因不满意多次停电情况，拨打 95598 热线要求进行投诉，称频繁严重影响自家超市的生意，最终导致投诉单不满意归档。

案例内容

2020 年 7 月 18 日，家住河北省某市某区的客户王先生拨打 95598 热线报修故障停电。王先生在电话中反映：该区域在半个月内出现了 3 次停电，由于自己家在该小区底商有经营中的小超市，这么频繁地停电严重影响了超市的生意。

由于在系统中没有查询到关于此处停电的重要事项报备记录，按照频繁停电下派条件："客户反映供电公司产权区域经常停电问题，近 2 个月内停电次数达到 3 次及以上。"95598 客服专员于 7 月 18 日 17 时 50 分派发了频繁停电类投诉工单。

接到投诉工单后，处理单位的工作人员于 7 月 19 日 21 时 20 分首次电话联系客户。经过调查：客户反映情况属实，是供电公司责任。经核实：投诉客户编号是 15××96。客户所在地点由某变电站 10kV 牛沟一路 513 线路某家属楼变压器公用 005 变台提供电源。近两个月客户处停电 4 次，停电情况分别是：

（1）6 月 6 日 11 时 5 分，10kV 牛沟一路 513 线路南沟分支低压电缆烧毁，因需要更换电缆，导致客户处第一次故障停电。工作人员于 11 时 30 分在系统中录入了故障停电信息，停电信息编号为 20××14。此次停电涉及 2 个故障报修工单，由于工作人员失误，将工单故障原因回复为：客户产权设备停电。涉及故障工单号是；20××14 和 20××25。

（2）7 月 13 日，因 10kV 牛沟一路 513 线路南沟分支低压导线再次烧毁，导致客户处发生第二次故障停电，系统中未录入停电信息。

（3）7 月 14 日，因客户产权设备某房地产箱变高压柜进蛇导致 10kV 牛沟一路 513 线路南沟分支线路跳闸，导致客户处发生第三次故障停电。停电信息编号为 20××25。

（4）7 月 18 日 17 时 39 分至 18 时 35 分，因 10kV 牛沟一路 513 线路石洞沟家属楼变台低压断路器发生故障，因需要更换断路器，导致客户处发生第四次故障停电。涉及故障单号为 20××62。

处理结果反馈至系统后，95598 业务支持系统主动发起回访，投诉客户评价为不满意。

存在问题

（1）首次联系客户时间超过 24 小时。95598 客服专员于 7 月 18 日 17 时 50 分派发投诉，投诉处理人员于 7 月 19 日 21 时 20 分首次电话联系客户。首次联系客户时间超出 24 小时：一是不符合承诺时限要求；二是易造成客户不良感知认为供电公司不重视客户诉求。极易引发客户向其他渠道投诉，存在服务风险隐患。

（2）故障停电信息录入不及时。6 月 6 日 11 时 5 分线路突发故障停电，工作人员于 11 时 30 分在系统中录入故障停电信息，停电信息录入时间超出 10 分钟。发生故障停电后，如不及时录入停电信息，就会引发客户重复报修、95598 话务量激增。

（3）报修工单回复不真实。现场发生供电公司产权设备故障停电后，工作人员在故障工单处理结果中错误录入“客户产权设备停电”，存在工单回复造假行为。故障工单回复不真实会导致：客户重复报修、国网客服中心回访时引发客户不满导致诉求升级。同时还有潜在的客户对抢修结果不满意，拉低业务处理满意率指标的隐患。

（4）停电信息管理不规范。7 月 13 日发生故障停电未如实录入停电信息。停电信息上报及时、准确，就可以让客户第一时间知晓停电原因、停电范围和送电时间，可以有效缓解 95598 话务压力、减少 95598 工单下派。

（5）配电运维管理不到位。供电公司产权设备线路两个月内发生多次故障停电，说明该条 10kV 线路及台区巡视维护、消缺、隐患排查治理均不到位。在多次发生故障后，仍未彻底消除隐患，造成了频繁停电发生。

建议举措

（1）严格按照承诺时限联系投诉客户。快速、高效处置客户诉求，可以安抚客户情绪，还可以有效避免客户诉求升级。

（2）部门内部应建立完善的管理制度，不断规范停电信息录入工作，有效支撑 95598 座席，减少工单下派。

（3）应组织相关部门召开专题会议，对频繁停电的原因逐一进行分析，制定专项整治方案。

（4）加强对线路的巡视力度，加强对供电设备的维护力度，避免和减少线路故障的发生率。

政策依据

（1）《国家电网有限公司供电服务“十项承诺”（修订版）》（国家电网办〔2020〕16 号）第九条服务投诉快速处理：“95598”电话（网站）、网上国网 App（微信公众号）等渠道受理客户投诉后，24 小时内联系客户，5 个工作日内答复处理意见。

（2）《供电服务标准》（Q/GDW 10403—2021）6.4.5.1：受理客户投诉后，24 小时内联系客户，5 个工作日内答复客户。

（3）《国家电网有限公司 95598 客户服务业务管理办法》（国家电网企管〔2019〕907 号）附件 1《国家电网有限公司供电服务投诉业务处理规范》七（一）：承办部门从国网客服中心受理客户投诉（客户挂断电话）后 24 小时内联系客户（除保密工单外），4 个工作日内按照有关法律法规、公司相关要求进行调查、处理，答复客户，并反馈国网客服中心。如遇特殊情况，投诉处理时限按上级部门要求的时限办理。

（4）《国家电网有限公司 95598 客户服务业务管理办法》（国家电网企管〔2019〕907 号）第四章第四十五条：按照《国家电网有限公司 95598 停送电信息报送规范》规定，计划停电、临时停电、电网故障停限电、超电网供电能力停限电、其他停电报送内容包

括停电类型、所属供电单位、停电范围、供电设施名称及编号、客户清单、设备清单、停送电时间和停电原因、影响高危及重要用户说明、发布渠道、停电变更轨迹等。

（5）《国家电网有限公司 95598 客户服务业务管理办法》（国家电网企管〔2019〕907 号）附件 5《国家电网有限公司 95598 停送电信息报送规范》七（二）3：故障停送电信息：配电自动化系统覆盖的设备跳闸停电后，营配信息融合完成的单位，配网抢修指挥相关班组应在 15 分钟内向国网客服中心报送停电信息；营配信息融合未完成的单位，各部门按照专业管理职责 10 分钟内编译停电信息报配网抢修指挥相关班组，配网抢修指挥相关班组应在收到各部门报送的停电信息后 10 分钟内汇总报国网客服中心。配电自动化系统未覆盖的设备跳闸停电后，应在抢修人员到达现场确认故障点后，各部门按照专业管理职责 10 分钟内编译停电信息报配网抢修指挥相关班组，配网抢修指挥相关班组应在收到各部门报送的停电信息后 10 分钟内汇总报国网客服中心。故障停电处理完毕送电后，应在 10 分钟内填写送电时间。

（6）《国家电网有限公司 95598 客户服务业务管理办法》（国家电网企管〔2019〕907 号）第三十八条（一）5：处理部门回复工单时，应做到规范、全面、真实。

（7）《供电服务标准》（Q/GDW 10403—2021）7.2.2：熟知本岗位的业务知识和相关技能，岗位操作规范、熟练，具有合格的专业技术水平。

（8）《供电服务标准》（Q/GDW 10403—2021）7.2.3：严格执行供电服务相关工作规范和质量标准，保质保量完成本职工作，为客户提供专业、高效的供电服务。

（9）《供电营业规则》（电力工业部令第 8 号）第五十七条：供电企业不断改善供电可靠性，减少设备检修和电力系统事故对用户的停电次数及每次停电持续时间。供用电设备计划检修应做到统一安排。供用电设备计划检修时，对 35kV 及以上电压供电的用户的停电次数，每年不应超过一次；对 10kV 供电的用户，每年不应超过三次。

案例点评

本案例中：供电公司产权范围内同一公共变台在两个月的时间停电次数多达 4 次，严重影响了老百姓的生产生活，是引发投诉的主要原因。频繁停电事件暴露出供电公司停电信息管理、设备管理、抢修管理均存在着一系列的问题。应该加强设备线路巡视，针对频繁线路、台区进行分析，制订切实可行的方案，避免频繁停电事件的发生。安全、可靠地供电，不仅仅是客户的需求，也是供电企业生存、壮大、发展的需求。只有真心实意地为客户提供不间断地供电，才能赢得客户认同，树立良好的企业形象。

类似案例

受理内容：6 月 25 日某供电分公司连续发生两件频繁停电投诉，客户主要诉求均反映两个月内发生频繁停电情况，严重影响居民正常生活，且至今未解决（工单编号：

20××14）。

处理情况：客户反映情况属实，是供电公司责任。经核实，该区域 2018 年 6 月 4 日 5 时 30 分至 18 时 30 分停电，2018 年 6 月 25 日 9 时 10 分至 23 时 5 分停电，停电原因均为该供电分公司某变电站检修，但经系统查询检修均未发布停电计划。

本案例暴露出以下问题：停送电信息报送管理缺失。该分公司停电管理制度不健全，未按计划（临时）停电进行停电信息发布和公告，缺乏优质服务意识，造成客户诉求升级，引发投诉。

案例 51　旅游高峰频停电，景区餐馆苦不堪

案例分类

投诉工单—供电质量—供电可靠性—频繁停电

摘要

客户有投诉意愿，客户反映，其电费交给国家电网，客户所在地 7 月 1 日停电五六次，前天也停了五次是几秒钟就来，导致餐馆收费电脑损坏，至今无人管。今天 8 点又停电了，打电话询问是计划停电，但是供电所未提前通知。查询重要事项后可核减 0 次。核减停电后仍达到 3 次停电，客户为景区餐饮行业，影响客户正常生活，请相关部门尽快核实处理。

案例内容

7 月 1 日 8 时 50 分，王先生餐馆突发停电。刚要拨打 95598 供电服务热线进行报修，就来电了，因为中午餐馆需要备菜，王先生没管那么多继续干活。9 时 25 分餐馆再次停电，但没有 1 分钟又来电了，这种情况直到 11 时又发生了两次。期间王先生拨打了 95598 供电服务热线，座席人员下派了抢修工单，抢修人员告知因客户所在区域下雨导致线路故障，正在排查线路故障点，王先生强调了自己在景区里开餐馆，希望这样的事情不要再发生了，抢修人员说他们也预判不了。7 月 1 日王先生报修的故障工单回单内容填写为：因雷雨天气导致线路故障，系统内未发布停电信息。

7 月 13 日 14 时 20 分，王先生餐馆又一次停电。来电后王先生发现前台收费电脑损坏，王先生随即又拨打了 95598 客户服务热线，要求供电公司赔偿其电脑。但由于当天为周末工作人员未查看系统内工单，未及时到王先生家进行勘察。

7 月 15 日 8 时，王先生餐馆再次停电。拨打 95598 供电热线被告知：王先生餐馆所在地为计划停电，预计送电时间为 17 时。由于王先生未收到计划停电信息通知，

导致7月15日餐馆未能营业，王先生表示自己的餐馆在景区内，7、8、9月正值旅游高峰期，天天停电严重影响客户收入，而且表示每次接到抢修人员电话时，抢修人员总是用专业术语告诉他停电问题，也未见抢修人员到达现场查看线路，而且损坏的电脑至今没有人修理，只有工作人员上门查看，人后就走了。王先生要求投诉该地区频繁停电。

客户反映情况属实，是供电公司责任。客户地点7月1日停电原因为雷雨天气导致线路故障停电；7月13日停电原因为客户所在线路故障导致停电；7月15日为客户所在线路计划检修停电。客户电脑赔偿问题已与客户约定时间进行赔偿，客户对此表示满意，但对于频繁停电问题客户并不认可。

客服专员于7月22日9时拨打王先生电话进行回访，将处理结果与王先生沟通后，王先生表示不满意。

存在问题

（1）配网指挥班组在供电设备发生线路故障时未能在规定时间内发布停电信息。

（2）供电公司因供电设施计划检修停电未提前7天通知客户。

（3）地市工作人员在接到客户家用电器赔偿的咨询工单后，没有在24小时内安排工作人员赴客户现场进行调查、核实。

建议举措

（1）配网指挥班组应该在系统内上报故障停电信息，在知道具体故障原因后第一时间将故障原因告知国网客户专员，以便于客户专员对客户做好解释。

（2）加大停电宣传力度，利用微信公众号，广播电视台，短信等多渠道开展停电信息短信通知工作。

（3）地市工作人员应该在24小时内派员赴现场进行调查、核实，应会同客户村委会共同对受害居民客户损坏的家用电器名称、型号、数量、使用年月、损坏现象等进行登记和取证。

（4）合理安排计划停电，针对供电设备消缺处理，设备隐患排查等工作，采取负荷转带、带电作业、凌晨作业等方式，最大限度降低客户的供电影响。遇到恶劣天气导致故障停电应积极采取应对措施尽快恢复送电，加强设备管理，加强抢修管理，缩短抢修时间。

政策依据

（1）《供电营业规则》电力工业部令第8号第五十七条中规定：供电企业应不断改善供电可靠性，减少设备检修和电力系统事故对用户的停电次数及每次停电持续时间。供用电设备计划检修应做到统一安排。供电设备计划检修时，对 35kV 及以上电压供电的用户的停电次数，每年不应超过一次；对 10kV 供电的用户，每年不应超过三次。

（2）《供电营业规则》电力工业部令第 8 号第六十八条中规定：因故需要中止供电时，供电企业应按下列要求事先通知用户或进行公告：

1）因供电设施计划检修需要停电时，应提前七天通知用户或进行公告；

2）因供电设施临时检修需要停止供电时，应当提前 24 小时通知重要用户或进行公告；

3）发供电系统发生故障需要停电、限电或者计划限、停电时，供电企业应按确定的限电序位进行停电或限电。

（3）《国家电网有限公司 95598 客户服务业务管理办法》国家电网企管〔2019〕907 号第四章 95598 停送电信息报送管理内容及要求，第四十七条中规定：供电设备跳闸停电后，配网指挥相关班组应在 15 分钟内向国网客户中心报送停电信息。

（4）《供电服务标准》（Q/GDW 10403—2021）中 6.2.5 项目质量标准规定：

6.2.5.1　供电抢修处理人员到达现场的时间一般为：城区范围 45 分钟；农村地区 90 分钟；特殊边远地区 2 小时。若因特殊恶劣天气或交通堵塞等客观因素无法按规定时限到达现场的，供电抢修处理人员应在规定时限内与客户联系、说明情况并预约到达现场时间，经客户同意后按预约时间到达现场。

6.2.5.2　电网故障导致客户停电时，在故障点明确后 20 分钟内发布故障停电信息。客户查询故障抢修情况时，应告知客户当前抢修进度或抢修结果。

6.2.5.3　供电抢修处理人员到达现场后恢复供电平均时间一般为：城区范围 3 小时，农村地区 4 小时。

（5）《国家电网有限公司 95598 客户服务业务管理办法》国家电网企管〔2019〕907 号附件 2 国家电网有限公司 95598 故障报修业务处理规范：六、客户内部故障处理 2.抢修人员到达现场后，发现由于电力运行事故导致客户家用电器损坏的，抢修人员应做好相关证据的收集及存档工作，并及时转相关部门处理。

（6）《国家电网有限公司企业标准供电服务标准》（Q/GDW 10403—2021）6.5 用电异常服务申请。

6.5.1　服务内容。

供电企业受理客户的欠费复电登记、电器损坏核损、电能表异常、抄表数据异常、服务平台异常等服务申请，按规定向客户回复处理结果。

6.5.5　项目质量标准。

受理客户服务申请后：

a）电器损坏核损业务 24 小时内到达现场；

b）电能表异常业务 5 个工作日内处理；

c）抄表数据异常业务 5 个工作日内核实；

d）服务平台异常业务 4 个工作日内核实处理；

e）其他服务申请类业务 6 个工作日内处理完毕。

案例点评

案例中王先生深受停电问题的困扰，7、8、9 月雷雨季节较多，又赶上旅游旺季，只要遇到刮风、下雨便有停电的事情发生，对于普通客户而言也影响了正常的生活，更不必说对于在景区里的商业客户。

现如今供电网络遍布各大乡镇，电网不仅设备多、所带客户多、线长、面广，管理难度大，地域广分散性强。为了切实提升供电可靠性，更好地服务地方经济社会发展及广大电力客户，供电公司应该把频繁停电治理工作作为重点工作来抓，对线路频繁停电分布区域、发生规律进行分析，根据相关数据对频繁停电线路开展巡视工作，在巡视工作中发现隐患点及时记录，制定整改措施。合理安排计划检修停电，做到一停多用，将巡视工作中发现的问题集中解决，避免重复停电，进一步提升优质服务水平。

类似案例

受理内容：2018 年 10 月 6 日，某省某市某区客户反映：其所在地区 10 月 1 日至 10 月 6 日期间每天停电。影响居民正常生活，请相关部门尽快核实处理。经座席人员系统内核实，无重要事项报备信息，停电次数已达到 3 次以上。（工单编号：20××14）。

处理情况：经核实投诉属实，是供电公司责任。经某运维检修部核实，客户反映地区为某线路所带，近 2 个月内供电公司产权停电 17 次，系统内客户所在地区有故障报修单多件，因涉及工单较多，不再一一列举停电情况。客户投诉当日停电是为了配合市政府打击窃电违法犯罪专项行动而造成停电。

本案例暴露出以下问题：

（1）加强线路设备运维管控，提高供电可靠性。客户所在地区两个月内供电公司产权停电达到 17 次，严重影响客户正常生活，相关部门应尽快加强对低压线路及设备的运行维护，及时消除设备隐患，提高供电可靠性。

（2）做好服务风险评估，严格重要服务事项报备。2018 年 9 月 29 日某市人民政府印发关于《某市依法打击重点区域窃电违法犯罪专项行动实施方案》的通知，打击、整治违约用电行为（行动时间为 2018 年 10 月 1 日至 2018 年 11 月 30 日），行动期间，供电公司配合政府拉开线路处理窃电、造成线路所带客户停电情况。活动开展前，某公司未及时进行重要服务事项报备，造成 10 月 1 日开始频繁停电投诉激增（10 月 1 日某公司频繁停电投诉 64 件），10 月 2 日某公司报送报备材料，省中心线下报送至某中心，10 月 8 日某公司线上报送重要服务事项报备。10 月 1 日至 7 日某频繁停电投诉 210 件，占公司投诉总量的 48.95%。以此为鉴，对于配合政府部门开展相关停电工作可能造成客户侧停电的事件，应提前做好客户服务风险预测及重要服务事项报备等信息传递工作，有效避免投诉量激增造成的服务资源浪费。

案例 52　重要事项未报备，频繁停电确属实

案例分类

投诉工单—供电质量—供电可靠性—频繁停电

摘要

客户反映，该地点总停电，座席代表询问客户近两个月内出现几次停电，客户表示 9 月 11 日、9 月 18 号、9 月 21 日、10 月 7 日—9 日停电，两个月停电 6 次，报备核减 0 次，客户家欠费停电 1 次，实际停电 5 次，影响居民正常生活，客户表示电费是在支付宝上交的，根据客户前期来电记录判断为国网直供户，请相关部门尽快核实处理。

案例内容

9 月 11 日 8 时 50 分，郝先生家突然停电了，郝先生拨打 95598 供电服务热线报修家中无电，要求抢修人员前来处理（关联报修工单：20××42）。9 时 10 分抢修人员到达郝先生家中，勘查现场后告知郝先生家停电是因为漏电保护器烧毁导致的，需要郝先生自行修理，但是郝先生认为电费是交给国家电网的，所以必须由抢修人员进行修理，抢修人员跟郝先生说明了设备产权问题后，本着优质服务的原则协助郝先生更换了漏电保护器。

9 月 18 日 20 时 20 分，郝先生家因欠费再次停电。

9 月 21 日 8 时，郝先生家所在线路因配合变电站检修停电，停电时间为 8 时至 17 时。

10 月 6 日 14 时，郝先生所在村委会通知，供电公司将进行“煤改电”施工，施工期间会停电。自 10 月 7 日开始为期 3 天，每天 7 时停 17 时送，郝先生对此次停电施工时间不满意，拨打了 95598 供电服务热线，郝先生告知客服专员，近两个月家里总是停电，算上煤改电停 3 天电，一共停了 6 次，严重影响正常生活用电。

此次时间经地市供电公司工作人员核实，客户反映情况属实，是供电公司责任。近 2 个月客户处停电 6 次，9 月 11 日，停电原因为客户家漏电保护器烧毁导致停电，抢修人员已协助客户处理完毕；9 月 18 日，停电原因为客户欠费导致停电；9 月 21 日，停电原因为客户所在线路计划检修停电；10 月 7 日—10 月 9 日，停电原因为煤改电工程施工需停电，此次停电是客户拨打投诉电话的起因。现在客户处用电正常。调查处理结果已告知客户，客户表示满意。

客服专员于 7 月 22 日 9 时拨打郝先生电话进行回访，将处理结果与郝先生沟通后，

郝先生表示满意，同时郝先生表示自己家电费欠费没有提前收到通知短信，要求尽快核实。

地市供电所人员接到工单后，经系统内核查，确实存在客户所说情况，因工作人员疏忽，手机号码录入错误，导致郝先生未收到停电催费短信。现已将户号 15××65 的联系电话更改为 13××56。工作人员将处理结果与客户沟通后，客户表示满意。

存在问题

（1）供电公司对于电力设施产权划分、客户侧有偿服务等宣传力度不够。

（2）对于配合政府开展的项目施工没有及时进行报备。

（3）供电所人员责任心不强，对于客户系统内信息维护不正确，导致客户未能收到催费短。

（4）客户档案信息缺乏规范管理，审核不严谨，造成数据信息录入不准确。

建议举措

（1）供电公司应开展丰富多彩的活动对电力设施产权划分、客户侧有偿服务等进行宣传，使客户接受有偿服务的观念，以舆论引导客户树立正确的消费服务观念，使其正确地看待供电企业优质服务的理念和作用。

（2）对于配合乡镇级及以上政府部门工作，需要采取停限电等措施影响供电服务的事项，一定要进行服务事项报备，避免这类客户诉求升级。

（3）供电所人员在推行费控业务时，要对所有客户基础信息逐一进行核对，发现错误要及时进行纠正。

（4）供电所人员应定期开展客户档案维护，多方面核查数据，建立客户档案整改、更新长效机制。

政策依据

（1）《供电营业规则》电力工业部令第 8 号第四十七条：供电设施的运行维护管理范围，按产权归属确定。责任分界点按下列各项确定：

公用低压线路供电的，以供电接户线用户端最后支持物为分界点，支持物属供电企业。

（2）《供电营业规则》电力工业部令第 8 号第五十七条中规定：供电企业应不断改善供电可靠性，减少设备检修和电力系统事故对用户的停电次数及每次停电持续时间。供用电设备计划检修应做到统一安排。供电设备计划检修时，对 35kV 及以上电压供电的用户的停电次数，每年不应超过一次；对 10kV 供电的用户，每年不应超过三次。

（3）《供电营业规则》电力工业部令第 8 号第六十八条中规定：因故需要中止供电时，供电企业应按下列要求事先通知用户或进行公告：

1）因供电设施计划检修需要停电时，应提前七天通知用户或进行公告；

2）因供电设施临时检修需要停止供电时，应当提前 24 小时通知重要用户或进行公告；

3）发供电系统发生故障需要停电、限电或者计划限、停电时，供电企业应按确定的限电序位进行停电或限电。

（4）《国家电网有限公司 95598 客户服务业务管理办法》国家电网企管〔2019〕907 号第四章 95598 停送电信息报送管理内容及要求，第四十七条中规定：供电设备跳闸停电后，配网指挥相关班组应在 15 分钟内向国网客户中心报送停电信息。

（5）《国家电网有限公司 95598 客户服务业务管理办法》国家电网企管〔2019〕907 号第四章 95598 服务支持管理，第三十一条：重要服务事项报备（一）在供用电过程中，因不可抗力、配合政府工作、系统改造升级、新业务或重点业务推广等原因，给客户用电带来影响的事项，或因客户不合理诉求可能给供电服务工作造成影响的事项，可发起重要服务事项报备。（二）省、市、县公司按职责范围发起重要服务事项报备申请，根据业务分类，由省公司专业部门或电动汽车公司审核发布。其中，自然灾害类报备由市（县）公司直接发布应用。符合报备范围的，国网客服中心做好客户解释，原则上以咨询办结，不再派发投诉工单。（三）事件跨度时间原则上不应超过 3 个月，其中最终答复类报备不超过 6 个月。

案例点评

在此案件中如果供电公司对配合政府部门的煤改电工作进行报备，此工单报备核减停电 3 次、客户欠费停电 1 次，实际客户 2 个月内停电 2 次，不属实。但由于供电公司工作人员未对煤改电工作进行报备，导致此次投诉属实性认定为是。

案件中还有个很重要的问题是客户对供电设施产权问题不甚了解，这就体现出供电公司对于供电设施产权分界点维护责任宣传不够，加之供电企业长期“超范围”免费入户服务造成客户从思想上认为自己家里的线路、开关等设备理所应当时由供电企业管理，出现故障往往怪罪供电企业，这种情况如果强行收费或者不收费就不给客户抢修，那么客户势必会向上级投诉。由此看来供电公司应该加大宣传力度，使客户充分认识到产权分界点以内的问题应由客户自行处理，客户可以选择供电公司提供服务产权以内的服务，但必须按照有关规定收取相应费用，同时也要建立有偿服务举报制度，对于乱收费、私吞服务费的工作人员进行处罚。

供电服务是供电企业永恒的主题，供电公司应该建立与客户良好的沟通机制，主动向客户宣传电力行业的特点、法律法规等，真诚地为客户答疑解惑，使客户理解和支持供电企业。

案例 53　改造工程受阻碍，解释敷衍被投诉

案例分类

投诉工单—供电质量—电压质量—电压质量长时间异常

摘要

客户致电 95598 反映该地点多户电压长时间较低，灯会灭会自己亮，晚上更严重些，客户知晓线已拉好但未投运，工作人员告知台区正改造，部分线路还不具备投入使用的条件。具体情况是供电公司在解决电压线路改造过程中，因占用居民土地，多次沟通无果，工作人员接到客户诉求后，未及时就解决电压低过程中受阻原因进行详细解释说明，造成客户认为供电公司敷衍了事，不满提出投诉诉求。

案例内容

2020 年 11 月 12 日 18 时 10 分，客户致电 95598（无投诉意愿），反映该地点一直电压低，客厅的灯会灭了又自已亮，电灯灯光很微弱无法正常用，白天稍微好点，晚上很严重；有时水泵还会倒水，同时表示线已经拉好了很长时间了，还没接火投入使用，客户对此有异议，请相关部门尽快核实处理。关联报修单：20××29。

处理部门回复调查结果：工作人员 2020 年 11 月 13 日 11 时电话联系客户，客户处由某 110kV 变电站，工业东 511 线路某西配变供电。经查，客户处确实存在低电压情况，正在进行台区改造工作，部分供电线路虽已拉好，但还不具备投入使用的条件，工作人员建议客户耐心等待，投入使用后，当地供电公司会第一时间告知此台区所在客户，涉及报修单 20××29 为急需解决，要工作人员尽快联系本人，经工作人员与客户联系，客户表示满意。

同年 11 月 26 日 21 时 8 分，客户致电 95598 反映想知道此处台区改造什么时候能正式投入使用，要求给其一个具体解决的时间。现申请对客户侧用电需求进行操作，请尽快核实处理。

同年 11 月 26 日 21 时 14 分，客户致电 95598 反映前期事件急需解决，过年之前要求解决，工作人员尽快联系处理。

2020 年 11 月 26 日 21 时 36 分，客户致电 95598 反映该地点多户电压长时间低，已经有一年时间了，测量该地点供电电压为 160V。前期已通过电话途径反映该问题，客户要求知道春节之前能不能解决，请相关部门尽快核实加急处理，希望年底能解决。

处理部门回复调查结果：工作人员于 2020 年 11 月 27 日 8 时 30 分电话联系客户，

客户反映情况属实，非供电公司责任。客户编号：15××16，资产编号13××82，条形码11××68。客户所在地点由某110kV变电工业东511线路某西变台供电。现场测量的电压值分别为：2020年11月27日8时30分现场测量电压为225V、2020年11月27日12时30分现场测量电压为193V，2020年11月27日16时30分现场测量电压为184V，该台区在负荷高峰时电压低于198V（220V单相供电电压允许偏差值下限）的情况，存在电压低的情况。客户所在地点低电压情况供电部门前期已知晓并已制定相关施工计划，故在该客户投诉前，即2020年7月30日供电公司与村委会沟通此事，村委会大力支持，故供电公司安排施工队对其所在区域进行线路改造解决电压低问题，2020年7月31日所用设备（挖掘机）及材料已第一时间备齐。已具备施工条件，水泥杆已运输到位。就在施工人员准备立杆的时候。受到本村居民李某祥的阻拦（阻拦原因：水泥杆所在位置占用居民李某祥的土地）。经供电所及村委会多次与其协商，此人拒绝施工方施工。现在辖区内客户已联名及村委会证明此事，现供电公司还在跟客户李某祥协商此事，待协商完成后第一时间施工届时解决客户处低电压问题。具体协商完成时间现在供电部门无法确定准确时间，因此也无法确定准确施工时间，无法告知客户春节前能否解决，供电公司会对此事进行督促。调查处理结果已告知客户，客户表示认可。

存在问题

（1）工作人员服务意识不强、业务能力欠缺。工作人员知道2020年7月30日供电公司与村委会沟通低电压治理，供电公司已安排施工队对其所在区域进行线路改造解决电压低问题，切在2020年7月31日所用设备（挖掘机）及水泥杆等材料均已备齐，施工人员立杆受阻未告知客户，这是此案例中低电压治理未能顺利推进的关键所在，也是客户诉求未能得以解决的关键所在。但工作人员未对客户进行沟通解释。

（2）解决诉求不主动，产生重复诉求。供电公司工作人员未积极处理客户诉求，客户多次致电95598反映同一诉求，供电公司多次答复处理结果基本一致，并未针对客户重复致电提供更详细解释说明，也未积极主动提供相关证明依据，对待该客户处理方式仍与一般客户处理方式一致，导致客户诉求长时间得不到解决，多次致电95598产生重复诉求。

（3）在客户诉求处理过程中，未能及时向客户反馈改造进度。供电部门工作人员在处。

处理客户诉求过程中，未能及时、有效地将阶段性进展的情况及改造电压低受阻原因向客户进行解释说明，致使客户多次通过拨打95598供电服务热线也未曾获取具体的处理情况。

（4）客户诉求不能及时解决时，未给客户预计解决时间。客户诉求就是想知道台区改造什么时候能正式投入使用，低电压问题的具体解决时间，供电公司告知目前客户处所在台区正在进行台区改造，具体完工时间还不能确定。在上述情况下，供电公

司未给出其他有效解决办法。

（5）工单回复内容存在答复不全面、未针对客户诉求一一答复等问题。客户首次致电表示该地点一直电压低，灯会灭了又自已亮，电灯灯光很微弱无法正常用，处理部门回复内容只简单告知正在进行台区改造工作，部分供电线路虽已拉好，但还不具备投入使用的条件，建议客户耐心等待，并未对客户处电压低改造进度做出明确答复；客户反映“台区改造什么时候能正式投入使用，要求给其一个具体解决的时间”，回单未针对此问题进行答复；供电公司多次回单，均告知目前客户处所在台区正在进行台区改造，具体完工时间还不能确定，工单回复内容存答复不全面、未针对客户诉求一一答复。

（6）由于配网改造需要资金，部分地区的资金有限，使得电网结构仍处于薄弱环节，尤其是偏远地区的电压质量异常情况更明显一些。

建议举措

（1）在处理客户各类诉求过程，均应做到及时、积极、有效地向客户进行解释说明，并主动询问客户是否理解。针对客户存疑的地方，应使用通俗易懂的语言向客户进行解释，尽可能避免使用专业词汇，使客户理解困难。

（2）工单回复内容应紧密围绕客户诉求，针对诉求进行逐一、全面答复（含催办内容）。

（3）明确客户诉求处理方案、时间节点等关键要素，短时间内不能解决的，应注明预计时间（对于非供电责任或第三方产权的协助告知具体处理单位或部门）。

政策依据

（1）《供电营业规则》（电力工业部令第 8 号）第四十九条规定：由于工程施工或线路维护上的需要，供电企业须在用户处进行凿墙、挖沟、掘坑、巡线等作业时，用户应给予方便，供电企业工作人员应遵守用户的有关安全保卫制度。用户到供电企业维护的设备区作业时，应征得供电企业同意，并在供电企业人员监护下进行工作。作业完工后，双方均应及时予以修复。

第五十四条规定：在电力系统正常状况下，供电企业供到用户受电端的供电电压允许偏差为：

35kV 及以上电压供电的，电压正、负偏差的绝对值之和不超过额定值的 10%；

10kV 及以下三相供电的，为额定值的 ±7%；

220V 单相供电的，为额定值的+7%，−10%。

在电力系统非正常状况下，用户受电端的电压最大允许偏差不应超过额定值的 ±10%。

用户用电功率因数达不到本规则第四十一条规定的，其受电端的电压偏差不受此限制。

（2）《供电服务标准》（Q/GDW 10403—2021）6 服务项目标准 6.4 投诉、举报、意见和建议受理服务 6.4.1 服务内容供电企业受理客户的投诉、举报、意见和建议，按规定向客户回复处理结果。6.4.4 服务流程 6.4.4.1 投诉本服务子项的流程为：由受理客户投诉开始，经过联系客户，调查处理，应客户要求回复回访，办结归档等流程环节，服务结束。6.4.5 项目质量标准 6.4.5.1 受理客户投诉后，24 小时内联系客户，5 个工作日内答复客户。

（3）《供电服务标准》（Q/GDW 10403—2021）4 供电产品质量标准 4.1 电力系统应满足《电力系统安全稳定导则》GB 38755—2019 中规定的安全标准。标称频率为 50Hz 的电力系统频率偏差限值：电力系统正常运行条件下频率偏差限值为 ±0.2Hz。当系统容量较小时，偏差限值可以放宽到 ±0.5Hz。冲击负荷引起的系统频率变化为 ±0.2Hz，根据冲击负荷性质和大小以及系统的条件也可适当变动限值，但应保证近区电力网、发电机组和用户的安全、稳定运行以及正常供电。4.2 在电力系统正常状况下，供电企业供到用户受电端的供电电压允许偏差为：a）35kV 及以上电压供电的，电压正、负偏差的绝对值之和不超过标称电压的 10%；b）20kV 及以下三相供电的，为标称电压的 ±7%；c）220V 单相供电的，为标称电压的 +7%，−10%。在电力系统非正常状况下，用户受电端的电压最大允许偏差不应超过标称电压的 ±10%。

（4）《电力供应与使用条例》（1996 年 4 月 17 日中华人民共和国国务院令第 196 号发布根据 2016 年 2 月 6 日《国务院关于修改部分行政法规的决定》修订）第二十八条规定：供电企业应当保证供给用户的供电质量符合国家标准，对公用供电设施引起的供电质量问题，应当及时处理。用户对供电质量有特殊要求的，供电企业应当根据其必要性和电网的可能，提供相应的电力。

（5）《国家电网有限公司供电服务标准》（电力工业部令第 8 号）第六部分第五条第一款规定：受理客户投诉后，24 小时内联系客户，5 个工作日内答复客户。

（6）《国家电网有限公司 95598 客户服务业务管理办法》（国家电网企管〔2019〕907 号）

附件 3. 国家电网公司 95598 一般诉求业务处理规范：国网电动汽车公司，国网电商公司，省营销服务中心，地市、县公司对回单质量进行审核，对工单质量或处理意见不符合要求的，应注明回退原因后将工单回退至业务处理部门再次处理。工单回复审核时发现工单回复内容存在以下问题的，应将工单回退：未对客户提出的诉求进行答复或答复不全面、表述不清楚、逻辑不对应的。

案例点评

低电压问题直接影响广大人民群众的生产生活，是制约经济社会发展的重要瓶颈，也是供电服务“最后一公里”问题的矛盾核心。解决低电压线路改造过程中，改造项目涉及部门较多，流程复杂，很容易引起客户不满。此案例施工立杆受阻，工作

人员与客户沟通过程中，未向客户详细说明施工受阻情况，造成客户认为供电公司敷衍了事。现阶段，供电部门已将低电压治理最为工作的主要内容，此项治理工作的推进过程中，面临着改造难度大与施工受阻等难题，需要相关部门做好协调工作，各地供电所积极参与，在遇到个别群众拒绝改善电压质量的尴尬局面时，要与客户沟通到位，学会换位思考，一方面要尽快解决电杆、变压器供电等问题的情况下，另一方面也要在此过程中及时、积极地将工作进度向有关客户反馈，取得客户谅解，避免引发投诉。

案例 54　虚接打火闹异常，处理恰当被认可

案例分类

投诉工单—供电质量—电压质量—电压质量长时间异常

摘要

2020 年 2 月某日，客户致电 95598 要求投诉，反映该地点存在 3 年之久的电压低，近期家用电器损坏都用不了，照明也受影响，且客户处距离变压器比较远，大概 2～3km 距离，表示电压低是变压器无法更换造成，工作人员发现是客户进户线接头负荷过大造成虚接打火，致使用电设备使用不正常，客户误以为电压低而引发投诉，故障报修工单：20××34，请相关部门尽快核实处理，客户表示若再不能解决问题，将向上级单位或媒体进行曝光。

案例内容

2020 年 2 月某日 19 时 15 分工作人员首次电话联系客户，客户反映情况不属实，非供电公司责任。客户所在地点由某变电站某子农电 511 线路 10kV 石槽×沟村变台公变 070 变压器供电。户号 15××26，户名张某国，用电地址某市某县某沟村。现场测量的电压值分别为：2 月 10 日 19 时 45 分 205V，2 月 11 日 8 时 25 分电压值 219.4V，2 月 11 日 13 时 5 分 220.4V，电压值在允许偏差值范围内，不存在低电压的情况。经现场核实，客户进户线接头由于负荷过大造成虚接打火，致使用电设备使用不正常，客户误以为电压低而引发投诉，实际客户侧也不存在低电压的情况。该台区变压器容量为 100kVA，带有客户 128 户，不存在变压器容量不够问题。该台区供电半径 550m，其中四线长度 300m，两线长度 250m，线路为 LGJ−35，不存在客户所述距离变压器比较远，大概 2～3km 的情况。也不存在客户所述低电压情况存在 3 年之久。故障回单工作人员在回复配抢中心故障报修工单信息时，填写回复报修信息不准确，涉及报

修工单 2020××。现客户处用电正常。

同年 2 月 14 日接到国网回访客户内容与处理情况不一致退单原因后，2 月 14 日 19 时 45 分电话联系客户，再次和客户解释说明，因客户家中进户线接头负荷过大造成虚接打火导致客户处频繁跳闸停电，造成客户处用电设备使用不正常，本着优质服务的原则，工作人员告知客户待疫情过后对此进行更换进户线处理（现无法确定具体时间），客户对此表示认可。

同年 2 月 15 日 9 时 30 分，国网南中心回访客户时，客户未告知南中心，疫情之后供电工作会协助处理即为客户产权更换进户线导致其退单。在未更换进户线期间，已告知客户减少用电设备同时使用的情况，客户处可正常用电。此情况不影响客户处供电资产和客户资产电压质量。已将处理结果告知客户，客户表示认可。

备注：客户处不存在低电压情况，但系统中低电压原因无“无”或“不存在电压低”等类似选项，即低电压原因点选“客户自身原因”。

存在问题

（1）与有投诉意愿的客户联系时，如不及时联系进行安抚或不重视客户诉求，会导致客户向其他渠道投诉的倾向，存在服务风险隐患。

（2）供电公司工作人员风险敏感度较低。客户在反映问题过程中提及要向上级单位、媒体反映，存在产生 12398 工单或造成舆情等服务风险，工作人员未采取任何措施，存在风险升级问题。

（3）回单内容未按照实际情况进行反馈，关联故障工单故障原因回复错误，存在故障工单回复内容与实际情况不一致。

建议举措

（1）提升现场抢修人员及系统回单人员责任心，高度重视客户报修诉求，严谨客观地如实反馈故障处理结果。故障单填写不真实、与现场情况不一致，势必引发客户诉求升级。

（2）加强舆情监测。强化全过程监督，精准监测舆情信息，当与利益相关当事人发生的冲突、纠纷或分歧，客户明确要向上级单位、媒体等渠道反映，有可能引起媒体和社会广泛关注存在供电服务舆情隐患时，应谨慎、及时、规范处理客户诉求，避免舆情事件的产生。

（3）建议加强故障报修回单管控。回单内容要严格按照实际情况进行反馈，工单回复内容应简明扼要、意见明确、真实完整、逻辑正确，避免因回单内容与实际情况不一致引发客户投诉。

（4）在处理客户各类诉求过程，均应做到及时、积极、有效地向客户进行解释说明工作，并主动询问客户是否理解。针对客户存疑的地方，应使用通俗易懂的语言向

客户进行解释，尽可能避免使用专业词汇，使客户理解困难。

（5）建议加强负荷集中区域电压检测，科学制定低电压治理方案，强化低电压问题的管理，有效减少此类投诉的发生。

（6）加强安全用电知识的宣传，发现家中电器不能正常使用或电压不稳时，立即拉闸断电，并向当地供电公司反映，要求来人检修，查明原因，避免造成电器损坏。

政策依据

（1）《供电服务标准》（Q/GDW 10403—2021）6 服务项目标准 6.4 投诉、举报、意见和建议受理服务 6.4.1 服务内容供电企业受理客户的投诉、举报、意见和建议，按规定向客户回复处理结果。6.4.4 服务流程 6.4.4.1 投诉本服务子项的流程为：由受理客户投诉开始，经过联系客户，调查处理，应客户要求回复回访，办结归档等流程环节，服务结束。6.4.5 项目质量标准 6.4.5.1 受理客户投诉后，24 小时内联系客户，5 个工作日内答复客户。

（2）《供电服务标准》（Q/GDW 10403—2021）4 供电产品质量标准 4.1 电力系统应满足《电力系统安全稳定导则》GB 38755—2019 中规定的安全标准。标称频率为 50Hz 的电力系统频率偏差限值：电力系统正常运行条件下频率偏差限值为 ±0.2Hz。当系统容量较小时，偏差限值可以放宽到 ±0.5Hz。冲击负荷引起的系统频率变化为 ±0.2Hz，根据冲击负荷性质和大小以及系统的条件也可适当变动限值，但应保证近区电力网、发电机组和用户的安全、稳定运行以及正常供电。4.2 在电力系统正常状况下，供电企业供到用户受电端的供电电压允许偏差为：a）35kV 及以上电压供电的，电压正、负偏差的绝对值之和不超过标称电压的 10%；b）20kV 及以下三相供电的，为标称电压的 ±7%；c）220V 单相供电的，为标称电压的 +7%，−10%。在电力系统非正常状况下，用户受电端的电压最大允许偏差不应超过标称电压的 ±10%。

（3）《供电营业规则》（电力工业部令第 8 号）第二章 供电方式。

第六条　供电企业供电的额定电压：

（1）低压供电：单相为 220V，三相为 380V；

（2）高压供电：为 10、35（63）、110、220kV。

除发电厂直配电压可采用 3kV 或 6kV 外，其他等级的电压应逐步渡到上列额定电压。

用户需要的电压等级不在上列范围时，应自行采取变压措施解决。用户需要的电压等级在 110kV 及以上时，其受电装置应作为终端变电站设计，方案需经省电网经营企业审批。

（3）《电力供应与使用条例》（1996 年 4 月 17 日中华人民共和国国务院令第 196 号发布根据 2016 年 2 月 6 日《国务院关于修改部分行政法规的决定》修订）第四十二条 供电企业或者用户违反供用电合同，给对方造成损失的，应当依法承担赔偿责任。

第四十三条　因电力运行事故给用户或者第三人造成损害的，供电企业应当依法承担赔偿责任。

因用户或者第三人的过错给供电企业或者其他用户造成损害的，该用户或者第三人应当依法承担赔偿责任。

（4）《供电营业规则》（电力工业部令第 8 号）第五十四条 在电力系统正常状况下，供电企业供到用户受电端的供电电压允许偏差为：

35kV 及以上电压供电的，电压正、负偏差的绝对值之和不超过额定值的 10%；

10kV 及以下三相供电的，为额定值的 ±7%；

220V 单相供电的，为额定值的 +7%，−10%。

在电力系统非正常状况下，用户受电端的电压最大允许偏差不应超过额定值的 ±10%。用户用电功率因数达不到本规则第四十一条规定的，其受电端的电压偏差不受此限制。

（5）《冀北电力有限公司无功电力和电压质量管理办法》（冀北电运检〔2012〕73 号）第二十一条 客户服务中心（四）负责受理客户关于电压质量的投诉，组织用户侧电压质量事件的调查、处理等工作。（五）负责客户端电压监测点管理，做好客户端电压监测点的设置、调整、装置运维、数据采集及统计、分析、上报等工作。（六）负责客户端电压监测点电压监测仪的首次校验和定期校验等工作。

案例点评

此次案例发生的主要原因是客户进户线接头负荷过大造成虚接打火，致使用电设备使用不正常，客户误以为电压低而引发投诉。与客户的服务过程中，供电部门未对客户处的虚接打火进行及时处理，且故障回单工作人员存在填写回复报修信息不准确的情况。随着科技和经济的发展，居民对低压配电网的供电可靠性的关注度在不断提升。进户线虚接程度不严重，用电负荷不大的时候，漏保进线端虚接可能带来的影响仅仅是漏保发热，无规律的跳闸，然而进户线接头松动所引发的危险恐怕不止跳闸这么简单，更有引发火灾的危险，那么，怎么才能避免此类情况的发生？作为供电企业，对内加强日常负荷集中区域电压检测外，要开展台区总漏保专项治理，杜绝客户擅自退出或绕越末级漏保用电的情况，对外加强安全用电知识的宣传，发现电压异常立即拉闸断电，并向当地供电公司反映，要求来人检修，查明原因。通过本案例，对于降低“低电压”投诉率，保障居民生活的用电需求和电压质量，提高客户的用电满意率。

案例 55　蓄意而为多自扰，迎刃而解获满意

案例分类

投诉工单—供电质量—电压质量—电压质量长时间异常

摘要

客户致电 95598 反映此处电压不够，两家同时使用机器时就带不起来，工作人员告知没有问题，也有向电长反映了，所长告知不批变压器，客户想方设法坚持要增加一个变压器，希望更换旧变压器，担心后期盖房时发生电压不够的情况，实际不存在客户反映电压不够和同时使用机器时带不起来的情况，经多次做客户工作，客户回访非常满意。

案例内容

2021 年 6 月，客户致电 95598 反映此处电压不够，两家同时使用机器时就带不起来，工作人员告知没有问题，也向电长反映了，所长告知不批变压器，客户坚持要增加一个变压器，工作人员且客户表示从 2017 年持续到现在都是电压不够，三家同时使用机器就启动不了，且客户表示其现在已经六十多岁，小时候就使用这个变压器，且表示供电公司之前拉了三根杆，要安装变压器，后期也没有安装变压器，且客户表示大伙出资买变压器，供电公司也不批，请相关部门尽快核实处理。

处理部门回复调查结果：工作人员于 6 月 9 日 16 时 27 分现场联系客户，客户反映情况不属实，非供电企业责任。经核实，客户所在地区某省某市某县荒地某门村 3、4 组由某变电站某 513 线路某门村台供电，属于供电公司产权，客户户号：15×49，经工作人员到现场测量客户侧电压，6 月 9 日 17 时 30 分电压值 230.6V，6 月 10 日 7 时 30 分电压值 220.1V，12 时 10 分电压值 224.3V，根据居民电压允许正常偏差值为 198～235.4V，电压值处于正常状态，经测量不存在客户反映“从 2017 年持续到现在都是电压不够”的情况。

经核实，客户实际诉求希望更换旧变压器，主要原因是担心后期盖房时发生电压不够的情况，为引起供电公司重视从而更换变压器，因此反映说电压不够，实际不存在客户反映电压不够和同时使用机器时带不起来的情况。

客户于 2020 年 6 月直接向当地供电所反映此问题，未拨打 95598 热线，工作人员现场测量电压值为 216V（由于时间久远，未能留存现场测量照片），电压值处于正常范围，不存在低电压的情况，因此未批复客户更换变压器的申请，工作人员按照实际情况答复客户，不存在不负责任的情况。由于客户所在某村 3、4 组负荷较低，现有变压器能够满足客户日常用电需求。客户反映变压器 2000 年后更换过，现变压器出厂日期为 2000 年 11 月（变压器铭牌右下角的两个数字为年月，原有印刷字已被自然腐蚀），不存在客户反映从小时候就使用这个变压器的情况。客户反映的三根电杆为 2020 年低压线路改造工程遗留物料，用于后期抢修或其他工程使用，现场无安全隐患，客户表示自己是从其他客户处听说此电杆是用于安装变压器，供电公司工作人员并未告知过客户此电杆用途。经核实，供电公司并未收到客户反映的“大伙出资买变压器”

的申请，此事不存在供电公司不批的情况。

现客户处用电正常。已将处理结果告知客户，客户表示满意（因低电压原因选项没有无低电压选项，所以点选客户自身原因）。

回访情况已将处理结果告知客户，客户表示非常满意，同意归档。

存在问题

（1）施工管理不规范。本案中客户反映的三根电杆为 2020 年低压线路改造工程遗留物料，未及时清理

（2）供电设施施工用电宣传不到位。

（3）施工企业没有制定科学合理的电力工程项目施工现场物资计划性管理策略，出现了资源浪费等问题，影响了电力工程项目施工质量和企业经济效益的提升。

建议举措

（1）本案中客户反映的三根电杆为 2020 年低压线路改造工程遗留物料，未及时清理。建议加强现场施工管理，严格施工过程管控，现场施工后及时做好施工现场恢复。

（2）充分利用电压监测系统实时对电压质量进行监测，结合“95598”电话（网站）、网上国网 App（微信公众号）等渠道对电压质量异常情况的反馈，有针对性对台区供电半径长、线径细、变压器容量小的台区进行排查、摸底，建立低电压问题台区清册，同时结合变压器容量、供电线路长度、线径、用电负荷分布情况和客户自身原因等方面，分析产生低电压问题的原因，摸清问题症结所在，为低电压治理及时提供资料。

（3）强化低电压问题的管理及整改力度，确保居民正常有序用电。

（4）应加强业务培训，提高员工政治敏锐性及服务意识，防微杜渐，举一反三，避免类似事情再次发生。

（5）深入推进配网抢修网格化建设工作，协同营销部把故障抢修、电力知识宣传、电力设施保护、特殊群体困难帮扶等工作全部纳入网格化管理，提供网格员与客户“零距离”服务，减少中间扭转环节，以“无间隔”快速服务降低故障抢修工单数。

（6）客户反映的三根电杆为 2020 年低压线路改造工程遗留物料，用于后期抢修或其他工程使用。为达到节约物资采购成本和生产成本的目的，提高施工企业的经济效益，施工企业必须制定科学合理的电力工程项目施工现场物资计划性管理策略，避免因为出现资源浪费等问题，影响电力工程项目施工质量和企业经济效益的提升。

政策依据

（1）《供电服务标准》（Q/GDW 10403—2021）6 服务项目标准 6.4 投诉、举报、意见和建议受理服务 6.4.1 服务内容供电企业受理客户的投诉、举报、意见和建议，

按规定向客户回复处理结果。6.4.4 服务流程 6.4.4.1 投诉本服务子项的流程为：由受理客户投诉开始，经过联系客户，调查处理，应客户要求回复回访，办结归档等流程环节，服务结束。6.4.5 项目质量标准 6.4.5.1 受理客户投诉后，24 小时内联系客户，5 个工作日内答复客户。

（2）《电力供应与使用条例》（1996 年 4 月 17 日中华人民共和国国务院令第 196 号发布根据 2016 年 2 月 6 日《国务院关于修改部分行政法规的决定》修订）第五十四条规定：在电力系统正常状况下，供电企业供到用户受电端的供电电压允许偏差为：

35kV 及以上电压供电的、电压正、负偏差的绝对值之和不超过额定值的 10%；

10kV 及以下三相供电的，为额定值的 ± 7%；

220V 单相供电的，为额定值的+7%，−10%。

在电力系统非正常状况下，用户受电端的电压最大允许偏差不应超过额定值的 ± 10%。

用户用电功率因数达不到本规则第四十一条规定的，其受电端的电压偏差不受此限制。

（3）《电力中华人民共和国电力法》（中华人民共和国主席令第二十三号）第二十八条 供电企业应当保证供给用户的供电质量符合国家标准。对公用供电设施引起的供电质量问题，应当及时处理。用户对供电质量有特殊要求的，供电企业应当根据其必要性和电网的可能，提供相应的电力。

（4）《国家电网有限公司 95598 客户服务业务管理办法》（国家电网企管〔2019〕907 号）

附件 1　国家电网公司供电服务投诉处理规范二、投诉分类 4.4. 供电质量投诉指供电企业向客户输送的电能长期存在电压偏差、频率偏差、电压不平衡、电压波动或闪变等供电质量问题，影响客户正常生产生活秩序引发的客户投诉，主要包括电压质量、供电频率、供电可靠性等方面。

（5）《供电服务标准》（Q/GDW 10403—2021）5 服务渠道标准 5.4 客户现场 5.4.6 渠道质量标准 5.4.6.5 现场工作结束后应立即清理，不能遗留废弃物，做到设备、场地整洁。7 服务人员行为标准 7.1 基本道德 7.1.2 真心实意为客户着想，尽量满足客户的合理用电诉求。对客户的咨询等诉求不推诿，不拒绝，不搪塞，及时、耐心、准确地给予解答。用心为客户服务，主动提供更省心、更省时、更省钱的解决方案。7.2 服务技能 7.2.3 严格执行供电服务相关工作规范和质量标准，保质保量完成本职工作，为客户提供专业、高效的供电服务。7.2.4 主动了解客户用电服务需求，创新服务方式，丰富服务内涵，为客户提供更便捷、更透明、更温馨的服务，持续改善客户体验。7.2.5 积极宣传推广新型供电服务渠道和服务产品，主动引导客户使用，提升客户获得感和满意度。在服务过程中，应尊重客户意愿，不得强制推广。

案例点评

此案例造成投诉的主要原因是工作人员未及时了解到客户的实际诉求，即担心后期盖房时发生电压不够的情况，为引起供电公司重视从而想尽办法更换变压器。今年来，随着全国社会经济的持续稳定和快速发展，城区及农村居民生活水平大幅度提高，用电需求一直保持快速的增长势头，电压质量要求也越来越高，部分城区及农村台区未能跟上时代的步伐及时改造，低压现象日趋明显，人民群众怕影响正常生活用电也是可以理解。本案例中提到三根电杆为 2020 年低压线路改造工程遗留物料，属于电力施工物资，而电力工程项目施工现场物资管理作为电力工程项目建设的重要工作内容之一，因此，施工企业必须采取积极有效的措施，减少电力工程建设的物资消耗量，一方面控制工程建设的整体成本，达到促进电力工程建设经济效益有效提升的目的，另一方面可以避免客户以此为借口，引起不满诉求。

案例 56　客户资产引异常，服务到位解难题

案例分类

投诉工单—供电质量—电压质量—电压质量长时间异常

摘要

客户曾 2 次拨打 95598 供电服务热线，反映① 该村所在地存在一年多时间电压低的情况；② 自己测电压为 165～170V，前期已通过当地供电所以及 95598 途径反映该问题，且供电公司的领导存在威胁性的语气，说话很硬气（前期工单编号为 20××37）；③ 今天报修家中电压低，工作人员一直到现在都没有到场。实际情况是工作人员到达现场，发现客户家中线路老化，线径细且接触不良，问题线路属客户产权，因当时光线较暗，不利于检查，工作人员告知客户母亲次日天亮再来维修，客户到家后未与家人沟通，当发现家中灯有闪烁，误认为工作人员未到现场处理，引发不满拨打 95598 投诉。关联单号：20××17（客户表示要在年前把电压低的问题处理好，否则自己后期天天会打电话，同时也会向政府及媒体反映）。

案例内容

2019 年 11 月某日，户号为 15××92 的客户反映该地点两客户从去年过年到现在一直电压低，热水器等电器无法使用，且去年过年期间家人已经向当地供电公司反映

过，请相关部门尽快核实处理。关联：20××95、20××85。

接到意见工单后，工作人员于11月11日17时28分现场联系客户，客户反映情况不属实，不是供电企业责任。经核实，户号为：15××92，资产编号为：11××27，条码号：11××78，客户所在地区由110kV某变电站某店518线路马某村台供电，属于供电公司产权，经工作人员到现场测量客户侧电压，11月11日19时8分电压值218.3V，11月12日8时10分电压值231.8V；11时51分电压值为221.2V。根据居民电压允许正常偏差值为198～235.4V，该地点不存在低电压情况。关联报修单20××95、20××85现场测量电压在正常范围内。经核实，去年过年期间客户家人未向当地供电公司反映过此类问题，工作人员询问客户时客户表示时间太久不记得了。故不存在客户所述从去年过年到现在一直电压低，热水器等电器无法使用的情况。该处理结果已和客户沟通，客户对此表示知晓。

回访情况内容：已将处理结果告知客户，客户表示非常满意，同意归档。

2020年1月某日，户号15××92客户再次拨打95598电话反映，该村电压低，一般下午四五点的时候以及晚上电压一直很低，晚上的时候最严重，这种情况已经持续了一年多了，自己测量该地点供电电压为165～170V，前期已通过当地供电所以及95598途径反映该问题)；同时客户反映今天报修家中电压低，但是当地的工作人员一直到现在都没有到场，只是打电话告知客户说他知道了，关联单号：20××17，请相关部门尽快核实处理。

处理部门回复调查结果：工作人员于1月13日8时16分现场联系客户，客户反映情况属实，不是供电企业责任。经核实，户号为：15××92，资产编号11××27，条码号11××78，客户所在地区由110kV某变电站某店518线路马某村台供电，供电公司在产权分界点实际测量电压如下：1月13日8时25分电压值225.9V，12时8分电压值221.1V；17时52分电压值为234.9V。根据居民电压允许正常偏差值为198～235.4V。工作人员耐心向客户解释由于客户家中线路老化，线径较细，接触不良，导致客户家中电压偏低，问题线路属客户产权。客户反映“当地的工作人员一直到现在都没有到场，只是打电话告知客户说他知道了”，实际情况是某供电所抢修工作人员于1月12日17时6分到达现场，查看客户电能表电压227V，不存在低电压问题，随后工作人员到客户家中帮助客户检查线路设备，由于客户家中布线较乱，且有暗线，室内开关较多，需一一进行检查，且当时光线较暗，不利于检查，工作人员告知客户母亲次日天亮再来维修。由于工作人员到达现场时投诉客户本人不在家中，待客户回到家时未来得及与家人沟通，发现家中灯还在闪烁，因误认为工作人员未到现场处理引发不满拨打95598投诉，由于客户拨打95598投诉时情绪较为激动，且家人一直在家中，因此误说自己一直在家等待。客户反映“供电公司的领导存在威胁性的语气，说话很硬气”情况不存在，客户只是想引起供电公司的重视，而把问题表述严重。故障单20××17回复错误。现工作人员已经帮助客户更换老旧线路，客户处现正常用电，电压正常。已将处理结果告知客户，客户表示满意。

存在问题

（1）抢修人员接到客户报修后，按时限到达现场，知道故障原因或协助客户排查用电难题时，遇到拨打诉求电话人员不在现场时，未及时与拨打诉求电话的客户取得联系。

（2）故障报修工单回复错误，未真实地记录、反馈实际抢修情况。

（3）工作人员服务风险敏感度较低。客户在反映问题过程中提及要向上级单位、媒体反映，存在产生 12398 工单或造成舆情等服务风险，工作人员未积极采取措施，存在服务风险升级隐患。

建议举措

（1）相关部门应加强客户诉求重视程度，及时妥善处理客户侧用电需求，注意与客户沟通方式及沟通技巧，避免客户诉求升级。

（2）提升配电抢修指挥人员责任心，高度重视客户报修诉求，严谨客观地如实反馈故障处理结果。故障单填写不真实、与现场情况不一致，势必引发客户诉求升级。

（3）加强报修人员培训，提升服务意识。抢修人员接到客户报修后，按时限到达现场，知道故障原因或协助客户排查用电难题时，遇到拨打诉求电话人员不在现场时，不仅要与其家人沟通好，应及时与拨打诉求电话的客户取得联系，让客户第一时间知晓工作进度。

（4）加强工单回单管理。工单回复内容应简明扼要、真实准确。

政策依据

（1）《供电服务标准》（Q/GDW 10403—2021）6 服务项目标准 6.4 投诉、举报、意见和建议受理服务 6.4.1 服务内容供电企业受理客户的投诉、举报、意见和建议，按规定向客户回复处理结果。6.4.4 服务流程 6.4.4.1 投诉本服务子项的流程为：由受理客户投诉开始，经过联系客户，调查处理，应客户要求回复回访，办结归档等流程环节，服务结束。6.4.5 项目质量标准 6.4.5.1 受理客户投诉后，24 小时内联系客户，5 个工作日内答复客户。

（2）《供电服务标准》（Q/GDW 10403—2021）4 供电产品质量标准 4.1 电力系统应满足《电力系统安全稳定导则》（GB 38755—2019）中规定的安全标准。标称频率为 50Hz 的电力系统频率偏差限值：电力系统正常运行条件下频率偏差限值为 ±0.2Hz。当系统容量较小时，偏差限值可以放宽到 ±0.5Hz。冲击负荷引起的系统频率变化为 ±0.2Hz，根据冲击负荷性质和大小以及系统的条件也可适当变动限值，但应保证近区电力网、发电机组和用户的安全、稳定运行以及正常供电。4.2 在电力系统正常状况下，供电企业供到用户受电端的供电电压允许偏差为：a）35kV 及以上电压供电

的，电压正、负偏差的绝对值之和不超过标称电压的 10%；b）20kV 及以下三相供电的，为标称电压的 ±7%；c）220V 单相供电的，为标称电压的 +7%，−10%。在电力系统非正常状况下，用户受电端的电压最大允许偏差不应超过标称电压的 ±10%。

（3）《供电服务标准》（Q/GDW 10403—2021）6 服务项目标准 6.2 故障抢修服务 6.2.5 项目质量标准 6.2.5.1 供电抢修处理人员到达现场的时间一般为：城区范围 45 分钟；农村地区 90 分钟；特殊边远地区 2 小时。若因特殊恶劣天气或交通堵塞等客观因素无法按规定时限到达现场的，供电抢修处理人员应在规定时限内与客户联系、说明情况并预约到达现场时间，经客户同意后按预约时间到达现场。6.2.5.2 电网故障导致客户停电时，在故障点明确后 20 分钟内发布故障停电信息。客户查询故障抢修情况时，应告知客户当前抢修进度或抢修结果。6.2.5.3 供电抢修处理人员到达现场后恢复供电平均时间一般为：城区范围 3 小时，农村地区 4 小时。

（4）《国家电网公司 95598 客户服务业务管理办法》（国家电网企管〔2019〕907 号）

附件 2. 国家电网公司 95598 故障报修业务处理规范第五部分第四条第二款规定：抢修人员在处理客户故障报修业务时，应及时联系客户，并做好现场与客户的沟通解释工作。

（5）《电力供应与使用条例》（1996 年 4 月 17 日中华人民共和国国务院令第 196 号发布根据 2016 年 2 月 6 日《国务院关于修改部分行政法规的决定》修订）第五十四条规定：在电力系统正常状况下，供电企业供到用户受电端的供电电压允许偏差为：

35kV 及以上电压供电的、电压正、负偏差的绝对值之和不超过额定值的 10%；

10kV 及以下三相供电的，为额定值的 ±7%；

220V 单相供电的，为额定值的+7%，−10%。

在电力系统非正常状况下，用户受电端的电压最大允许偏差不应超过额定值的 ±10%。

用户用电功率因数达不到本规则第四十一条规定的，其受电端的电压偏差不受此限制。

（6）《中华人民共和国电力法》（中华人民共和国主席令第二十三号）第二十八条规定：供电企业应当保证供给用户的供电质量符合国家标准。对公用供电设施引起的供电质量问题，应当及时处理。用户对供电质量有特殊要求的，供电企业应当根据其必要性和电网的可能，提供相应的电力。

（7）《供电服务标准》（Q/GDW 10403—2021）7.3.2：为客户提供服务时，应礼貌、谦和、热情。与客户会话时，使用规范化文明用语，提倡使用普通话，态度亲切、诚恳，做到有问必答，尽量少用生僻的电力专业术语，不得使用服务禁语。工作发生差错时，应及时更正并向客户致歉。

（8）《国家电网有限公司 95598 客户服务业务管理办法》（国家电网企管〔2019〕907 号）1.第六条 各单位在 95598 业务处理过程中应严格执行公司《供电服务规范》《供电服务“十项承诺”》《员工服务“十个不准”》《配网故障抢修管理规定》《配网抢修指挥工作管理办法》等制度和技术标准。

（9）《国家电网有限公司 95598 客户服务业务管理办法》（国家电网企管〔2019〕907 号）附件 1 国家电网公司供电服务投诉处理规范 二、投诉分类 4. 供电质量投诉指供电企业向客户输送的电能长期存在电压偏差、频率偏差、电压不平衡、电压波动或闪变等供电质量问题，影响客户正常生产生活秩序引发的客户投诉，主要包括电压质量、供电频率、供电可靠性等方面。

案例点评

客户服务是一项细致的工作，容不得半点马虎。工作人员的任何疏漏都可能为客户带来不良感知，给供电企业形象造成负面影响。本案例中基层工作人员就因为工作不细致，在帮助客户检查线路设备时，由于客户家中布线较乱，且有暗线，室内开关较多等不利检查的情况下，工作人员仅告知客户母亲次日天亮再来维修，却疏忽了与拨打诉求电话的人员沟通联系，引发客户的不满和投诉。为了更好地服务客户，需要多一通确认的电话，多一句耐心的解释，这样就可以避免很多的误解和不满，真正在细微之处彰显优质服务。

案例 57　不明外因电压高，解答不准遭投诉

案例分类

投诉工单—供电质量—电压质量—电压质量长时间异常

摘要

客户向当地供电所反映某地点电压突然升高，造成家用电器损坏（报修单：20××55），供电公司之前到过现场，告知是由于外力致使电压升高造成家用电器烧坏，并不是供电公司责任，后经警防排查，发现一辆拉树货车把该户电表箱的中性线扯断，货车司机应对该事件负全部责任，该处理结果已和客户解释说明清楚，客户表示知晓。

案例内容

某年 8 月 24 日上午 9 时 30 分，客户张先生向当地供电所反映，他家的好多家用电器由于电压突然升高导致烧坏。供电公司赔补专责联合当地供电所人员经过现场勘察，发现是由于外力把张先生家电能表所在表箱的中性线扯断，电压突然升高造成的家用电器烧坏，不属于供电公司的责任，供电公司不承担赔偿责任。

8 月 25 日，张先生对处理结果不满意向 95598 进行了投诉，工作人员于 8 月 26 日 15 时 20 分首次电话联系客户。客户反映情况属实，非供电公司责任。经核实，客户所在地区某市某县某乡银某镇某村 1.2 组由 10kV 银 × 镇 514 线路银某镇某村 1.2 组公变供电，属于供电公司产权直供电，客户编号为：15××56，户名：张某某，资产编号为：13××12，条码号：11××12。经工作人员到现场测量客户侧电压，8 月 26 日 17 时 30 分电压值 246V，8 月 27 日 7 时 50 分电压值 295V，8 月 27 日 11 时 45 分电压值 252V，根据居民电压允许正常偏差值为 198～235.4V，电压值高于电压允许偏差范围，但由于外力把张先生家电能表所在表箱的中性线扯断，电压突然升高造成的家用电器烧坏，按照《电力供应与使用条例》中华人民共和国国务院令第 196 号发布根据 2016 年 2 月 6 日《国务院关于修改部分行政法规的决定》修订第四十三条　因电力运行事故给客户或者第三人造成损害的，供电企业应当依法承担赔偿责任。因客户或者第三人的过错给供电企业或者其他客户造成损害的，该客户或者第三人应当依法承担赔偿责任。供电公司建议张先生拨打 110 报警。经过警方排查确认，造成中性线被扯断的原因，是由一辆拉树的货车经过时树枝挂住电线拖拽造成的损坏，货车司机应对该事件负全部责任。目前客户处电压已恢复正常，且用电正常。关联报修单 20××55 回复测量现场电压值正常，工单回复信息错误，该处理结果已和客户解释说明清楚，客户表示知晓。

存在问题

（1）工作人员对客户前期诉求处理不到位，引发投诉工单。客户前期找供电所及通过拨打 95598 故障报修方式反映电压质量异常问题，如果当时工作人员能有效彻底跟客户解释清楚，并一一列举相关法律法规等条款，客户就可以清楚地了解不赔损的原因。但是，供电公司在不承担赔偿责任的情况下，由于工作人员没有对客户讲清楚相应的法律法规，没有及时帮助客户指出解决问题的方法，让客户误认为是供电公司在推卸责任。

（2）电力设施保护工作的宣传力度不够。很多群众不能很好地认识到问题的严重性，遇到破坏电力设施的行为不制止，造成本可弥补的损失。

（3）供电所工作人员粗心大意，责任心不强，在第一次客户反映电压高的情况时，仅是去现场核实，并未与客户进行沟通确认，也未对不赔偿原因进行详细说明，造成客户误解，认为供电公司推卸责任。

建议举措

（1）供电所人员与客户沟通确认后，要在营销各系统内将数据进行重新维护，保证客户诉求及核实处理后的信息全部更新完毕。

（2）故障抢修人员到达现场，要将现场真实情况反馈给系统回单人员，故障报修人员在回单时要严格落实回单要求。

（3）当客户家中出现电压高的情况时，建议在总开关下安装全自动电子稳压器，该稳压器的优点是全自动稳压，不需要人工操作。

（4）故障报修工单回复内容不准确。建议加强抢修工单回单管控，严格按照实际情况进行回单，避免回单内容与实际不符引发投诉。

（5）加强电力设施保护工作。建议实行电力管理部门、公安部门、电力企业和人民群众相结合的原则，对破坏电力设施的行为，要依据法律严格处罚，以减少破坏行为的发生。

政策依据

（1）《供电服务标准》（Q/GDW 10403—2021）6 服务项目标准 6.4 投诉、举报、意见和建议受理服务 6.4.1 服务内容供电企业受理客户的投诉、举报、意见和建议，按规定向客户回复处理结果。6.4.4 服务流程 6.4.4.1 投诉本服务子项的流程为：由受理客户投诉开始，经过联系客户，调查处理，应客户要求回复回访，办结归档等流程环节，服务结束。6.4.5 项目质量标准 6.4.5.1 受理客户投诉后，24 小时内联系客户，5 个工作日内答复客户。

（2）《国家电网有限公司 95598 客户服务业务管理办法》（国家电网企管〔2019〕907 号）第六条 各单位在 95598 业务处理过程中应严格执行公司《供电服务规范》《供电服务“十项承诺”》《员工服务“十个不准”》《配网故障抢修管理规定》《配网抢修指挥工作管理办法》等制度和技术标准。

（3）《国家电网公司 95598 客户服务业务管理办法》（国家电网企管〔2019〕907 号）附件 2. 国家电网公司 95598 故障报修业务处理规范 第五点第九款：对非故障停电无须到达现场抢修的，应及时移交给相关部门处理，并由责任部门在 45 分钟内与客户联系，并做好与客户的沟通解释工作。

（4）《供电营业规则》（电力工业部令第 8 号）第五十一条 在供电设施上发生事故引起的法律责任，供电设施产权上归属确定。产权归属于谁，谁就承担其拥有的供电设施上发生事故引起的法律责任，但产权所有者不承担受害者因违反安全或其他规章制度，擅自进入供电设施非安全区域内而发生事故引起的法律责任，以及在委托维护的供电设施上，因代理方民发生事故引起的法律责任。第五十四条规定：在电力系统正常状况下，供电企业供到用户受电端的供电电压允许偏差为：

1）35kV 及以上电压供电的，电压正、负偏差的绝对值之和不超过额定值的 10%；

2）10kV 及以下三相供电的，为额定值的 ±7%；

3）220V 单相供电的，为额定值的+7%，−10%；

4）在电力系统非正常状况下，用户受电端的电压最大允许偏差不应超过额定值的 ±10%；

5）用户用电功率因数达不到本规则第四十一条规定的，其受电端的电压偏差不受此限制。第五十八条 供电企业和用户应共同加强对电能质量的管理。因电能质量某项指标不合格而引起责任纠纷时，不合格的质量责任由电力管理部门认定的电能质量技术检测机构负责技术仲裁。

（5）《电力设施保护条例》（2011 年 1 月 8 日中华人民共和国国务院令第 588 号）第四条 电力设施受国家法律保护，禁止任何单位或个人从事危害电力设施的行为。任何单位和个人都有保护电力设施的义务，对危害电力设施的行为，有权制止并向电力管理部门、公安部门报告。电力企业应加强对电力设施的保护工作，对危害电力设施安全的行为，应采取适当措施，予以制止。

第九条 电力线路设施的保护范围：（一）架空电力线路：杆塔、基础、拉线、接地装置、导线、避雷线、金具、绝缘子、登杆塔的爬梯和脚钉，导线跨越航道的保护设施，巡（保）线站，巡视检修专用道路、船舶和桥梁，标志牌及其有关辅助设施；（二）电力电缆线路：架空、地下、水底电力电缆和电缆联结装置，电缆管道、电缆隧道、电缆沟、电缆桥，电缆井、盖板、入孔、标石、水线标志牌及其有关辅助设施；（三）电力线路上的变压器、电容器、电抗器、断路器、隔离开关、避雷器、互感器、熔断器、计量仪表装置、配电室、箱式变电站及其有关辅助设施；（四）电力调度设施：电力调度场所、电力调度通信设施、电网调度自动化设施、电网运行控制设施。

（6）《电力供应与使用条例》（1996 年 4 月 17 日中华人民共和国国务院令第 196 号发布根据 2016 年 2 月 6 日《国务院关于修改部分行政法规的决定》修订）第四十二条 供电企业或者用户违反供用电合同，给对方造成损失的，应当依法承担赔偿责任。第四十三条 因电力运行事故给用户或者第三人造成损害的，供电企业应当依法承担赔偿责任。

因用户或者第三人的过错给供电企业或者其他用户造成损害的，该用户或者第三人应当依法承担赔偿责任。

案例点评

本案例中，有个关键点必须弄清楚，此次事件是由于外力致使电压突然升高造成的家用电器烧坏，本案争议的焦点是电器损坏是否属于供电公司责任。事故调查取证应注意的问题有：① 供电企业责任造成客户家用电器损坏时，客户应及时向供电企业投诉，并保持家用电器损坏原状。供电企业在接到投诉后，应在 24 小时内派员赴现场调查、核实。② 供电企业应会同居委会或其他有关部门，共同对客户损坏的家用电器名称、型号、数量、使用年月、损坏现象等进行登记和取证。登记笔录材料应由受损客户签字确认，作为理赔处理的依据。③ 从家用电器损坏之日起 7 日内，受损客户未向供电企业投诉并提出索赔的，即视为已自动放弃索赔权。④ 在客户家用电器损坏理赔过程中，供电企业和受损客户因赔偿问题达不成协议的，由县级以上电力管理部门调解；调解不成的，可向司法机关申请裁定。⑤ 第三人责任致使客户家用电器损坏的，供电企业应协助客户向第三人索赔。作为供电企业，应该及时检查供电线路运行情况，发现隐患，及时采取措施，防止广大客户财产受损的事件发生，进一步优化企业的外部环境。

案例 58　台区高峰电压低，赔偿无果遭投诉

案例分类

投诉工单—供电质量—电压质量—电压质量长时间异常

摘要

客户王先生反映，该地点持续几年存在电压问题，导致四个电器损坏，现场测得客户处电压正常，且所在台区并未停电，后发现客户处开关跳闸故障停电，是客户内部故障不属于供电公司产权，损坏设备不在供电公司赔偿范围，客户对此不满，多次通过 95598 反映因电压低造成电器损坏，并要求尽快核实处理（关联服务申请 20× ×11，报修单 20××56）。

案例内容

2019 年 6 月 22 6 时 6 分，客户王先生致电 95598（选择其他按键）反映，因供电公司的电压低原因，造成单位电器设备损坏。具体电器设备种类和数量为：一个冰柜，一个大保鲜柜，一个电脑主机，一个充电电器。现申请对损坏电器进行现场核损，请尽快核实处理。

处理部门回复调查结果:处理人员于 2019 年 6 月 22 日 17 时联系客户并到达现场。客户编号：户号 15××06，客户表计类型：电子式智能远程费控，客户所在地点由某县 35kV 变电站 10kV 安小某农电 512 线路某村变台供电，电压等级：交流 220V，是供电公司产权，客户反映因供电公司的电压低造成单位电器设备损坏。经核实，6 月 22 号造成 6 时左右客户所在台区并未停电，检查发现客户处开关跳闸故障停电，是客户内部故障属于客户产权，不属于供电公司产权，故客户损坏设备不在供电公司赔偿范围，供电公司不应给予赔偿，客户虽要求赔偿，但供电公司没有负责赔偿的相关法律依据。客户如有其他疑问可致电当地供电所所长张某（电话：13××65），也可通过法律途径解决。经与客户沟通，客户表示不认可。

2019 年 6 月 24 日，客户再次致电 95598（选择投诉按键）反映，该地点持续几年存在电压问题，具体现象为电器无法正常使用，且导致客户四个电器损坏，前期已向当地电工反映但一直未解决，且 6 月 22 日 6 时通过 95598 反映因电压低造成电器损坏，

至今没有人上门核损，客户对此不满，请相关部门尽快核实处理。

处理部门回复调查结果：工作人员于 2019 年 6 月 24 日 12 时首次电话联系客户，客户反映情况属实，是供电公司责任。客户所在地点由某县 35kV 变电站 10kV 安小某农电 512 线路某村变台供电，主线路电压正常。客户属供电公司产权直供电。户号 15 ×× 06，户名王某商店，资产编号 11 ×× 12，条形码 11 ×× 20。6 月 24 日 18 时 18 分对客户电能表电压实测为 190V；6 月 25 日 8 时 20 分对客户电能表电压实测为 185V；客户所在台区，近年来台区所带客户用电设备功率增长明显，且部分客户使用水泵功率较大，存在超出报装容量用电的情况，导致该台区在负荷高峰时电压低于 198V（220V 单相供电电压允许偏差值下限）的情况。报修单 20 ×× 56，客户资产回复错误。某县供电分公司已经上报改造项目，但因涉及部门较多，流程复杂，该台区改造项目初步预计 2020 年 7 月 31 日前完成，届时将彻底解决台区低电压问题。6 月 22 日接到客户服务申请工单，单号 20 ×× 11，客户反映，6 月 22 号造成 6 点左右客户所在台区并未停电，检查发现客户处开关跳闸故障停电，是客户内部故障属于客户产权，不属于供电公司产权，故客户损坏设备不在供电公司赔偿范围，供电公司不应给予赔偿，客户虽要求赔偿，但供电公司没有负责赔偿的相关法律依据。客户如有其他疑问可致电当地供电所所长张某（电话：13 ×× 65），也可通过法律途径解决。经与客户沟通，客户表示不认可。

存在问题

（1）前期诉求处置不当引发投诉。

（2）客户曾以 95598 服务申请方式反映所在地电压质量异常问题，属地单位答复为“客户处开关跳闸故障停电，是客户内部故障属于客户产权，不属于供电公司产权，故客户损坏设备不在供电公司赔偿范围，供电公司不应给予赔偿，客户虽要求赔偿，但供电公司没有负责赔偿的相关法律依据。”而未及时有效引导客户科学错峰用电。

（3）基层供电所普遍缺员导致基层员工的工作压力比较大，且基层技术人员专业能力以及水平不高。

（4）台区运行维护存在不到位情况。对台区运行维护管理过程中，基层供电所未能有效落实完善的台区维护机制，往往是出现低压线路故障才会抢修，而不是主动地对隐患线路进行发现，也没有很好地执行台区设备周期预试定检，定期负荷监控等工作，进而影响了供电线运行可靠性。

（5）用电检查工作有待加强。工单反馈中明确提出“部分客户使用水泵功率较大，存在超出报装容量用电的情况”。

建议举措

（1）加强法律法规宣传，通过安全用电宣传、加强用电检查等方式，避免超出报装容量用电情况发生，引导客户依法用电。

（2）建议加强基层技术人员专业培训，提高基层技术人员能力以及水平。

（3）建议多开展专业技能及职业道德的教育，提高台区运行维护人员责任心，提升基层技术人员专业能力。

（4）建议科学制定施工方案编制解决台区低电压问题实施工作方案，梳理出现存低电压台区清单，理清工作思路，明确工作目标和内容，建立组织机构明确领导小组成员及工作小组成员，明确各相关部门工作职责。

（5）规范电力客户超容量用电稽查工作。通过加强质量稽查，强化计量装置管理稽查，规范超容量用电稽查工单的填写，强化营销信息系统稽查功能，加强防控窃电等措施，实现规范电力客户超容量用电稽查工作。维护正常的电力营销市场秩序，保障电力企业合法的经济效益。

政策依据

（1）电力供应与使用条例（1996 年 4 月 17 日中华人民共和国国务院令第 196 号发布根据 2016 年 2 月 6 日《国务院关于修改部分行政法规的决定》修订）第四十二条 供电企业或者用户违反供用电合同，给对方造成损失的，应当依法承担赔偿责任。第四十三条　因电力运行事故给用户或者第三人造成损害的，供电企业应当依法承担赔偿责任。

因用户或者第三人的过错给供电企业或者其他用户造成损害的，该用户或者第三人应当依法承担赔偿责任。

（2）《中华人民共和国电力法》（中华人民共和国主席令第二十三号）第十九条 电力企业应当加强安全生产管理，坚持安全第一、预防为主的方针，建立、健全安全生产责任制度。电力企业应当对电力设施定期进行检修和维护，保证其正常运行。第二十九条　供电企业在发电、供电系统正常的情况下，应当连续向用户供电，不得中断。因供电设施检修、依法限电或者用户违法用电等原因，需要中断供电时，供电企业应当按照国家有关规定事先通知用户。用户对供电企业中断供电有异议的，可以向电力管理部门投诉；受理投诉的电力管理部门应当依法处理。

（3）《中华人民共和国电力法》（中华人民共和国主席令第二十三号）第十九条 电力企业应当加强安全生产管理，坚持安全第一、预防为主的方针，建立、健全安全生产责任制度。电力企业应当对电力设施定期进行检修和维护，保证其正常运行。第二十九条　供电企业在发电、供电系统正常的情况下，应当连续向用户供电，不得中断。因供电设施检修、依法限电或者用户违法用电等原因，需要中断供电时，供电企业应当按照国家有关规定事先通知用户。用户对供电企业中断供电有异议的，可以向电力管理部门投诉；受理投诉的电力管理部门应当依法处理。

（4）《供电服务标准》（Q/GDW 10403—2021）6 服务项目标准 6.4 投诉、举报、意见和建议受理服务 6.4.1 服务内容供电企业受理客户的投诉、举报、意见和建议，

按规定向客户回复处理结果。6.4.4 服务流程 6.4.4.1 投诉本服务子项的流程为：由受理客户投诉开始，经过联系客户，调查处理，应客户要求回复回访，办结归档等流程环节，服务结束。6.4.5 项目质量标准 6.4.5.1 受理客户投诉后，24 小时内联系客户，5 个工作日内答复客户。

（5）《供电营业规则》（电力工业部令第 8 号）第五十四条 在电力系统正常状况下，供电企业供到用户受电端的供电电压允许偏差为：

35kV 及以上电压供电的，电压正、负偏差的绝对值之和不超过额定值的 10%；

10kV 及以下三相供电的，为额定值的 ±7%；

220V 单相供电的，为额定值的 +7%，−10%。

在电力系统非正常状况下，用户受电端的电压最大允许偏差不应超过额定值的 ±10%。用户用电功率因数达不到本规则第四十一条规定的，其受电端的电压偏差不受此限制。第一百零四条 因违约用电或窃电造成供电企业的供电设施损坏的，责任者必须承担供电设施的修复费用或进行赔偿。因违约用电或窃电导致人财产、人身安全受到侵害的，受害人有权要求违约用电或窃电者停止侵害，赔偿损失。供电企业应予协助。第五十八条 供电企业和用户应共同加强对电能质量的管理。因电能质量某项指标不合格而引起责任纠纷时，不合格的质量责任由电力管理部门认定的电能质量技术检测机构负责技术仲裁。

（6）《供电监管办法》（电监会 27 号令）第二章第八条 电力监管机构对供电企业设置电压监测点的情况实施监管。

供电企业应当按照下列规定选择电压监测点：

低压供电用户，每百台配电变压器选择具有代表性的用户设置 1 个以上电压监测点，所选用户应当是重要电力用户和低压配电网的首末两端用户。

供电企业应当于每年 3 月 31 日前将上一年度设置电压监测点的情况报送所在地派出机构。

供电企业应当按照国家有关规定选择、安装、校验电压监测装置，监测和统计用户电压情况。监测数据和统计数据应当及时、真实、完整。

案例点评

随着经济发展和生活品质的提升，人们对供电质量的要求不断提升，配网用电负荷的增加会造成台区低电压问题，例如台区所带客户用电设备功率增长明显，且部分客户使用功率较大，存在超出报装容量用电的情况，导致该台区在负荷高峰时电压低，需要采取科学有效的应对措施，提升台区电压质量，提高配电运行的可靠性和稳定性。低电压台区问题，是一个动态并且长期的系统性问题。因此，在对问题进行实际处理的过程中，只有对低电压台区的原因进行十分清楚地掌握和了解，才可以有针对性的进行改造，采用科学且先进的手段，有效减少低电压台区数量，以便可以在有效降低问题出现概率的同时，还能够对地区经济的可持续发展打下坚实基础。

案例 59　电压过低需处理，沟通不当惹投诉

案例分类

投诉工单—供电质量—电压质量—电压质量长时间异常

摘要

某年 9 月，客户来电反映此处持续电压低，造成电器损坏，供电公司联系保险公司，负责赔损保险公司指派维修工前去维修，因客户提出自行返厂维修，未提出其他要求即维修工视为放弃维修，后因返厂有维修费，客户对此不满，再次拨打 95598 引发投诉。

案例内容

2019 年 9 月 8 日下午 18 时 14 分，家住某县的客户王先生反映，此处持续电压低。尤其是每当到做饭时间或用电高峰期就会电压低，造成电器烧损。接到客户诉求后，管片电工联系供电部门负责电器赔损专责，该专责第一时间与保险公司取得联系，保险公司就指派一名维修工到现场核损电器，经查损坏电器：瑞琦仕饮水机一台，当时保险公司指派的维修工说饮水机修不了后，客户提出饮水机要自行返厂维修，同时并未提出其他要求，故工作人员视于其放弃。11 日下午维修工在该台区其他客户家中维修时，王先生又提出要该供电部门负责维修，当时维修工回复原话依然是"我们修不了"，后自行咨询过厂家需要维修费三百元。"并表示自测电压为 188～190V，客户对此不满，请核实处理（报修单：20 ×× 45）。

工作人员于 2019 年 9 月 9 日 16 时 45 分电话与客户取得联系。客户反映情况不属实，非供电公司责任。经调查：客户所在地区为 ×× 110kV 变电站县城农电 511 线路某台区供电。户号为：15 ×× 14，资产编号为：11 ×× 52，条形码为 11 ×× 20。9 月 8 日 20 时 15 分抢修人员现场测量电压为 203.4V；9 月 9 日 8 时 45 分测量电压为 227.8V，9 月 9 日 11 时 45 分测量电压为 225V。根据居民电压允许正常偏差值为 198～235.4V，电压值均处于正常状态，故不存在低电压情况。此电压值已得到客户认可，目前客户用电正常。关联报修单 20 × ×79 已现场测量电压正常，客户内部故障回复不准确。经与客户解释说明，客户对烧毁的电器不再要求赔付，并对此次处理结果表示非常满意。

存在问题

（1）客户诉求处理不到位，管片电工没有与客户建立良好的沟通机制。客户前期拨打 95598 报修，反映电压低、电器损坏问题，责任单位未能及时有效处理客户诉求，引发本次投诉。建议相关单位规范处理客户合理诉求，避免矛盾升级引发不必要的投诉。

（2）管片电工业务水平较差，部分单位处理客户家用电器损坏工作效率低下，在维修家用电器过程中未全程调查处理，未按《居民用户家用电器损坏处理办法》执行，事后缺少与客户及时沟通。

（3）管片电工责任意识、服务意识不强。

（4）保险公司人员未到现场，指派维修工想在短时间内核损家电情况，在听到王先生提出自行返厂维修话语后，未进行继续核损确认或经其签字，便主观意识上认为该客户为主动放弃。

（5）虽客户存有恶意索取赔偿的嫌疑，但由于指派的维修工缺乏相关经验，激怒客户情绪，也未联系管片电工、保险公司，致使供电部门未在第一时间了解事态发展情况。

建议举措

（1）与时俱进，树立供电优质服务意识，培养责任意识、服务意识和大局意识，真正做到“始于客户需求，终于客户满意”，把客户需求作为供电服务的起点。

（2）抢修人员在处理客户故障报修业务时，应及时联系客户，并做好现场与客户的沟通解释工作。抢修人员到达现场后，发现由于电力运行事故导致客户家用电器损坏的，抢修人员应做好相关证据的收集及存档工作，并及时转相关部门处理。

（3）加强现场核损工作人员对《居民用户家用电器损坏处理办法》《供电营业规则》等法律、法规和专业业务知识方面的培训学习，提升现场工作人员业务技能和服务水平。

（4）经供电部门、客户及保险公司三方共同协商后，组织相关人员尽快到客户家中进行现场解释处理，问明客户真实投诉原因和要求后，现场与客户达成文字协议，合理安排处理意见并得到客户认可满意后签字生效，并不再进行投诉。

（5）要做好台区低压线路和设备的管理。做好运行维护工作，及时检测三相负荷平衡度，根据季节不同及时处理，从根本上消除因线路设备运行、人员维护或负荷不平衡造成的缺相、相序误接、三相位移、零线带电、零线烧断等情况出现。

（6）供电部门应和保险公司达成共识，并会同居委会或其他相关部门，共同对客户损坏的家电名称、型号、数量、厂家、生产日期、购买日期、使用年限、损坏现象等进行登记和取证。相关图片及登记材料应有受损客户签字确认，作为理赔处理的依据。这样就能一次性完善所有程序，有效避免了客户的投诉。

（7）应向保险公司指定的维修人员讲明维修注意事项，需要注意跟客户讲话的方式及态度；对客户提出确实供电公司责任的，应进行维修，若确实提出超范围的维修，可委婉拒接客户，或请保险公司指定的维修人员与供电部门相关工作人员联系，确保保险公司指定的维修人员不与家电受损客户发生正面或间接冲突，从而稳定客户情绪，避免投诉事件发生。

（8）供电所或管片电工应该对整个事态进展情况进行及时沟通和关注，及时通过电话回访等其他方法，对前期受理的客户做好相关解释和沟通工作，能够帮助客户了解维修进展情况，缓解客户的急躁情绪确保整个事件快速、有效得以解决。

（9）应加强工作人员工作责任心教育和业务知识培训，对相关人员进行考核，提升工作责任性，提高工作效率，防范服务风险。

政策依据

（1）《国家电网有限公司 95598 客户服务业务管理办法》（国家电网企管〔2019〕907 号）1.第六条　各单位在 95598 业务处理过程中应严格执行公司《供电服务规范》《供电服务“十项承诺”》《员工服务“十个不准”》《配网故障抢修管理规定》《配网抢修指挥工作管理办法》等制度和技术标准。

（2）《供电服务标准》（Q/GDW 10403—2021）4 供电产品质量标准 4.1 电力系统应满足《电力系统安全稳定导则》GB 38755—2019 中规定的安全标准。标称频率为 50Hz 的电力系统频率偏差限值：电力系统正常运行条件下频率偏差限值为 ±0.2Hz。当系统容量较小时，偏差限值可以放宽到 ±0.5Hz。冲击负荷引起的系统频率变化为 ±0.2Hz，根据冲击负荷性质和大小以及系统的条件也可适当变动限值，但应保证近区电力网、发电机组和用户的安全、稳定运行以及正常供电。4.2 在电力系统正常状况下，供电企业供到用户受电端的供电电压允许偏差为：a）35kV 及以上电压供电的，电压正、负偏差的绝对值之和不超过标称电压的 10%；b）20kV 及以下三相供电的，为标称电压的 ±7%；c）220V 单相供电的，为标称电压的 +7%，−10%。在电力系统非正常状况下，用户受电端的电压最大允许偏差不应超过标称电压的 ±10%。

（3）《供电服务标准》（Q/GDW 10403—2021）6 服务项目标准 6.4 投诉、举报、意见和建议受理服务 6.4.1 服务内容供电企业受理客户的投诉、举报、意见和建议，按规定向客户回复处理结果。6.4.4 服务流程 6.4.4.1 投诉本服务子项的流程为：由受理客户投诉开始，经过联系客户，调查处理，应客户要求回复回访，办结归档等流程环节，服务结束。6.4.5 项目质量标准 6.4.5.1 受理客户投诉后，24 小时内联系客户，5 个工作日内答复客户。

（4）《供电营业规则》（电力工业部令第 8 号）第五十四条　在电力系统正常状况下，供电企业供到用户受电端的供电电压允许偏差为：

35kV 及以上电压供电的，电压正、负偏差的绝对值之和不超过额定值的 10%；

10kV 及以下三相供电的，为额定值的 ±7%；

220V 单相供电的，为额定值的 +7%，-10%。

在电力系统非正常状况下，用户受电端的电压最大允许偏差不应超过额定值的 ±10%。用户用电功率因数达不到本规则第四十一条规定的，其受电端的电压偏差不受此限制。

（5）《中华人民共和国电力法》（中华人民共和国主席令第二十三号）第十九条　电力企业应当加强安全生产管理，坚持安全第一、预防为主的方针，建立、健全安全生产责任制度。电力企业应当对电力设施定期进行检修和维护，保证其正常运行。第二十九条　供电企业在发电、供电系统正常的情况下，应当连续向用户供电，不得中断。因供电设施检修、依法限电或者用户违法用电等原因，需要中断供电时，供电企业应当按照国家有关规定事先通知用户。用户对供电企业中断供电有异议的，可以向电力管理部门投诉；受理投诉的电力管理部门应当依法处理。

（6）《供电营业规则》中华人民共和国电力工业部令（第 8 号）第一百零四条　因违约用电或窃电造成供电企业的供电设施损坏的，责任者必须承担供电设施的修复费用或进行赔偿。因违约用电或窃电导致人财产、人身安全受到侵害的，受害人有权要求违约用电或窃电者停止侵害，赔偿损失。供电企业应予协助。

（7）电力供应与使用条例（1996 年 4 月 17 日中华人民共和国国务院令第 196 号发布根据 2016 年 2 月 6 日《国务院关于修改部分行政法规的决定》修订）第四十二条　供电企业或者用户违反供用电合同，给对方造成损失的，应当依法承担赔偿责任。

第四十三条　因电力运行事故给用户或者第三人造成损害的，供电企业应当依法承担赔偿责任。

因用户或者第三人的过错给供电企业或者其他用户造成损害的，该用户或者第三人应当依法承担赔偿责任。

（8）《供电服务标准》（Q/GDW 10403—20217）服务人员行为标准 7.1 基本道德 7.1.2 真心实意为客户着想，尽量满足客户的合理用电诉求。对客户的咨询等诉求不推诿，不拒绝，不搪塞，及时、耐心、准确地给予解答。用心为客户服务，主动提供更省心、更省时、更省钱的解决方案。7.2 服务技能 7.2.1 熟悉国家和电力行业相关政策、法律、法规的相关规定，掌握公司优质服务基本要求、沟通技巧、业务知识等。7.2.2 熟知本岗位的业务知识和相关技能，岗位操作规范、熟练，具有合格的专业技术水平。7.2.3 严格执行供电服务相关工作规范和质量标准，保质保量完成本职工作，为客户提供专业、高效的供电服务。

案例点评

随着居民生活水平的提高，用电负荷日益攀升，部分台区线路状况较差、半径长、三相不平衡、线路老化严重，均是导致低电压的主要原因。作为供电企业，肩负着社会责任，一方面要加强电压质量管理，提高电压质量管理水平；另一方面倡导首问负责制，加强业务培训力度，提高抢修等现场工作人员工作责任意识，引导工作人员与群众建立长期有效、快捷的沟通机制，如果客户的诉求在第一时间得到彻底解决，就可以避免本案例的发生。

案例 60　电压异常难处理，重复投诉教训深

案例分类

投诉工单—供电质量—电压质量—电压质量长时间异常

摘要

重复诉求作为 95598 工单的一类定性问题，处理难度大且造成不良影响。客户致电 95598 反映该地持续五年以上电压长时间低，电脑无法正常使用/测量该地点供电电压为 180V。前期已通过电话致电 95598 途径反映该问题，但一直未彻底解决，供电公司为解决电压质量异常问题，已将原 200kVA 变台更换为 315kVA 变台，并更换低压线路及配套设备，且已上报改造项目，并将情况告知客户，但因涉及部门较多，流程复杂，项目具体批复时间尚不能确定，预计于 2019 年 12 月 31 日前完成，已跟客户沟通多次，客户均表示不认可，提出投诉诉求。

案例内容

2018 年 8 月 3 日 15 时 46 分，客户通过 17××71 致电 95598 首次投诉，反映此处电压低持续好几年了，严重影响居民的正常生活生产，至今仍未解决，客户表示非常不满，客户表示和当地反映过说是要换变压器但是一直没有落实，客户要求供电公司相关部门尽快彻底解决此问题并尽快给其回复处理结果（涉及前期工单：20××23）。当地测电压 160～180V。

处理部门调查回复内容：工作人员于 8 月 4 日 10 时首次电话联系客户，客户反映情况属实，是供电公司责任。经核实，客户所在地由某县六某 35 变电站 513 线路供电，主线路电压正常。属供电公司产权直供电。户号 15××90，户名陈丽云，资产编号 11××58，条形码 11××86。因夏季炎热居民客户多用空调制冷，空调功率较大，部分客户存在超出报装容量用电的情况，导致该台区在负荷高峰时电压低于 198V（220V 单相供电电压允许偏差值下限）的情况，整改措施：针对此情况我公司已列入 2019 年储备项目（预计 2019 年 12 月 31 日前完成），将原 200kVA 变台更换为 315kVA

变台，并更换低压线路及配套设备，以解决电压质量异常问题。即故障单 20××23 客户资产回复错误。经与客户核实，客户未和工作人员反映过更换变压器一事，故不存在要换变压器但是一直没有落实的情况。经与客户沟通，客户表示不认可。

回访内容：已将处理结果告知客户，客户表示不满意，认为反映后电压好了，之后又出现这种情况，每年都要反映。

2018 年 8 月 18 日 15 时 41 分，客户 17××71 致电 95598 再次投诉，反映某市某县某村街东头和供电站一个变压器地点电压长时间不稳，无法正常用电，经系统查询，确为 2 次及以上反映该问题，请相关部门尽快核实处理。

处理部门调查回复内容：工作人员于 1 月 18 日 18 时首次电话联系客户，客户反映情况属实，是供电公司责任。经核实，客户所在地由某县 35kV 变电站 513 线路供电，主线路电压正常。属供电公司产权直供电。户号 15××90，户名某药店，资产编号 11××58，条形码 11××86。客户所在台区为六某中街变台，台区客户多用电取暖设备，功率较大，部分客户存在超出报装容量用电的情况，1 月 19 日 9 时电压值 177V，1 月 19 日 11 时 50 分电压值 186V；18 时 18 分电压值 165V，根据居民电压允许正常偏差值为 198～235.4V，电压值低于正常状态，存在电压低的情况。为此，供电公司已经于 2019 年 1 月上报改造项目，该供电所所长已将改造项目上报一事告知客户，并告知客户项目具体批复时间尚不能确定，客户需要等待，该台区改造项目初步预计 2019 年 12 月 31 日完成，届时将彻底解决台区低电压问题。公司将进一步加强台区隐患排查，消除低电压风险，进一步提高供电质量。已将处理结果告知客户，客户表示不认可。

2019 年 6 月 21 日 12 时 4 分，客户末次投诉：某市某县某村持续 6、7 年电压长时间低，电脑无法正常使用/测量该地点供电电压为 180V，前期已通过 17××71 电话致电 95598 途径反映该问题，请相关部门尽快核实处理。关联报修单：20××79。

处理部门调查回复内容：工作人员于 2019 年 6 月 21 日 15 时首次电话联系客户，客户反映情况属实，是供电公司责任。客户所在地点由某县 35kV 变电站 513 线路供电。客户属供电公司产权直供电。户号 15××90，户名某药店，资产编号 11××58，条形码 11××86。接到投诉工单后，6 月 21 日 18 时 38 分对客户电能表电压实测为 190V；6 月 22 日 8 时 58 分对客户电能表电压实测为 185V；近年来台区所带客户用电设备功率增长明显，且部分客户使用水泵功率较大，存在超出报装容量用电的情况，导致该台区在负荷高峰时电压低于 198V（220V 单相供电电压允许偏差值下限）的情况。关联报修单 20××79 客户资产回单错误。为此，供电公司已经于 2019 年 1 月已经上报改造项目，供电所所长已将改造项目上报一事告知客户，但因涉及部门较多，流程复杂，预计于 2019 年 12 月 31 日前完成，届时将彻底解决台区低电压问题。公司将进一步加强台区隐患排查，消除低电压风险，进一步提高供电质量。已将处理结果告知客户，客户表示不认可。

回访内容：已将处理结果告知客户，客户表示不评价。

存在问题

（1）客户处用电电压异常问题长时间未处理。

（2）客户诉求未能一次性得到解决是引发重复投诉的主要原因。

（3）部分工单因其处理的特殊性，无法确定在具体的时限内完成，后期没有进行有效的跟踪回访，造成客户不满引起投诉。

（4）低电压治理是一项系统工程，且涉及部门较多，流程复杂。

（5）低压线路供电能力不足。

（6）针对同一客户同一事件重复投诉未引起高度重视，仍按一般投诉事件处理。建议重复投诉按照投诉升级处置原则处理。

（7）用电检查人员对违章用电和窃电的监管力度不够。工单反馈中明确提出“部分客户使用水泵功率较大，存在超出报装容量用电的情况。”未及时有效引导客户科学错峰用电。

建议举措

（1）客户处电压低的问题未能及时处理。客户处电压低的问题已持续五年，未能及时得到解决。建议各单位结合区域经济发展情况、用电需求情况，有效加强负荷集中区域电压监测；针对已存在的电压低的问题，积极引导客户冬季取暖等用电高峰期间科学错峰用电，合理规划配电网建设，强化低电压问题治理，确保居民正常有序用电。

（2）低电压治理应结合长期规划、短期问题、客户需求等各项情况，具体问题具体分析，选择最优的技术措施，达到标本兼治的目的，既要解决低电压问题又不能造成投资浪费。

（3）提升配电台区供电能力，对 3 台过负荷配变进行增容改造，满足负荷增长的需求。对因季节性负荷波动较大造成过载的农村配电台区，可采用“母变”供电的方式进行改造，解决“低电压”客户。

（4）对低压线路供电能力不足，供电线径较细，供电半径较长的线路进行改造。采用“小容量、密布点、短半径”的方式，增加配电变压器，缩短低压线路供电半径。

（5）针对已存在的电压低问题，积极引导客户进行科学错峰用电，合理规划配电网建设，强化低电压问题治理，确保居民正常有序用电。

（6）依法办事，加强对违章用电和窃电的监管力度。工单反馈中明确提出“部分客户存在超出报装容量用电的情况”，避免超出报装容量用电的情况发生，确保客户用电正常。

（7）建议结合用电需求情况，有效加强负荷集中区域的电压监测。

（8）开展配电台区低压线路改造工作，增大低压线路导线截面，部分区域将单相改为三相供电方式。治理过程中，低压严格按照“城区低于 300m，农村低于 500m”

的供电半径进行配变布点，导线选型等按照规划新标准进行设计，解决“低电压”客户。

（9）加强重复诉求报备及预警机制，规避服务风险及舆情产生。客户致电 95598 产生的业务诉求均为非抢修直派业务工单，建议各地市供电服务指挥中心及 95598 远程工作站在接派单过程中提高预警意识，发现客户重复诉求及时关注及预警，相关责任单位对客户不合理诉求反复致电的情况及时报备，以规避服务风险及舆情产生。

（10）建议通过安全用电宣传、加强用电检查等方式，避免超出报装容量用电情况发生，确保客户用电正常。

政策依据

（1）《国家电网有限公司 95598 客户服务业务管理办法》（国家电网企管〔2019〕907 号）第三章 95598 业务管理内容及要求（四）投诉 5 规定：客户针对同一事件重复投诉参照投诉升级处置原则处理。

（2）《供电营业规则》（电力工业部令第 8 号）第五十四条规定：在电力系统正常状况下，供电企业供到用户受电端的供电电压允许偏差为：

1）35kV 及以上电压供电的，电压正、负偏差的绝对值之和不超过额定值的 10%。

2）10kV 及以下三相供电的，为额定值的 ±7%。

3）220V 单相供电的，为额定值的 +7%，－10%。

4）在电力系统非正常状况下，用户受电端的电压最大允许偏差不应超过额定值的 ±10%。

5）用户用电功率因数达不到本规则第四十一条规定的，其受电端的电压偏差不受此限制。

（3）《电力供应与使用条例》（1996 年 4 月 17 日中华人民共和国国务院令第 196 号发布根据 2016 年 2 月 6 日《国务院关于修改部分行政法规的决定》修订）。

第十九条　规定：用户受电端的供电质量应当符合国家标准或者电力行业标准。

（4）《国家电网公司“十项承诺”》（国家电网办〔2020〕16 号）第十条规定：受理客户投诉后，1 个工作日内联系客户，7 个工作日内答复处理意见。

（5）《中华人民共和国电力法》（中华人民共和国主席令第二十三号）第二十八条规定：供电企业应当保证供给用户的供电质量符合国家标准。对公用供电设施引起的供电质量问题，应当及时处理。用户对供电质量有特殊要求的，供电企业应当根据其必要性和电网的可能，提供相应的电力。

（6）《国家电网有限公司 95598 客户服务业务管理办法》（国家电网企管〔2019〕907 号）第三章 95598 业务管理内容及要求第三十八条规定：95598 客户服务流程各环节工作人员应按照规定的流程和有关规章制度处理工单。（二）工单传递要求（四）工单挂起要求：对于客户诉求短期内无法彻底解决、无法制定解决方案的工单，征求客户意见后可以申请工单挂起。

案例点评

近年来，随着电网的发展，电压质量与人们的生活息息相关，特别是在电力市场改革纵深推进和客户期望持续提升的情况下，优质服务工作的系统性、全局性特点愈加凸显，针对已存在的常年电压低问题，需要供电部门强化低电压问题治理，虽然低电压治理是一项系统工程，且涉及部门较多，流程复杂，但仍需要对客户的用电诉求进行跟踪解决，否则极易引发 95598 重复投诉问题，这是不可忽视的隐患问题，更应格外重视。工作中，应以 95598 工单为切入点，剖析原因找问题，引导客户科学错峰用电，积极对低电压问题彻底治理，确保居民正常有序用电，最终实现客户合理诉求的真正落地。

五、电网建设篇

案例 61　多次承诺均违诺，客户投诉要说法

案例分类

投诉工单—电网建设—电力施工—施工人员服务行为（见图 1-21）

图 1-21　现场工作图

摘要

客户曾三次拨打 95598 供电服务热线，表示供电企业产权的电线杆在客户

家田地里，影响耕种。客户所在地区存在长时间电压低的情况，且田地内电杆上的变压器一直未投入使用，若投入使用，可缓解低电压问题；若不使用则希望将电杆移走。供电公司前两次答复客户变压器投入使用时限均未能按约定履行。第三次，供电公司虽然按照约定时限将变压器投入使用，但因业扩流程维护错误，致使系统内变压器投入使用时间与实际不一致。因未及时将情况告知客户，致使客户误认为变压器仍未投入使用，最终客户第四次拨打 95598 供电服务热线进行投诉。

案例内容

某年 6 月 13 日，客户拨打 95598 供电服务热线，表示其认为供电企业产权的电线杆在自家地里，影响客户耕种。同时客户表示其所在地长时间电压低，之前已经反映过，并且已经给此处安装了一个变压器，但是变压器还没有进行接线、无法使用，客户想了解变压器何时可以正常使用。

供电部门工作人员于 6 月 14 日就客户反映问题进行调查。经核实，该客户所在区域距离供电变压器较远，造成供电半径较长、供电电压低，影响客户正常用电诉求。为解决此问题，供电公司在合理位置新增加一台变压器。由于尚在施工过程中，导致电杆在村民田地里。根据施工进度安排，此台变压器预计在当年 7 月 15 日之前完工，届时也会将电杆挪到合理位置。

当年 8 月 17 日，该客户再次拨打 95598 供电服务热线，表示之前反映的电线杆没有挪走、变压器也尚未投入使用，要求工作人员尽快处理。

工作人员于当日就客户反映问题进行调查。经核实，由于当地近月来连续多雨，致使工程未能如期完工，涉及电杆、变压器等电力设备也不能投入运行，只能搁置在客户的田地里。供电部门工作人员已督促施工方在保证工程质量的前提下，尽快完工。根据施工进度安排，此台变压器预计在当年 9 月 3 日之前完工，届时也会将电杆挪到合理位置。

当年 10 月 30 日，客户第三次致电 95598 供电服务热线，咨询变压器何时送电，若不送电，需尽快把其家中田地内的电杆挖走。

供电部门工作人员于 10 月 31 日就客户反映问题进行调查。经核实，由于工程队后期工程未能及时处理，致使此地点新装变压器未能投入运行。根据施工进度安排，此台变压器预计在当年 12 月 30 日之前完工，届时也会将电杆挪到合理位置。

次年 1 月 3 日，客户第四次致电 95598 供电服务热线，明确表示要求投诉供电公司。因供电公司承诺于上一年 12 月 30 日之前安装变压器投入运行，但至今仍未履诺。

接到客户投诉工单后，供电部门工作人员于当日就客户反映问题进行调查。经核实，供电公司已按照约定时限对变压器进行投运，因未及时将情况告知客户，导致客户误认为变压器尚未投运。同时因未及时在内部系统完成相关业扩流程，致使系统流

程投运日期与实际不符。

存在问题

（1）对客户诉求进行约时承诺，但未能按照约定时限履诺。供电部门工作人员在处理客户诉求过程中，因无法短期内解决客户诉求，多次对解决时限进行约时。后期因不同原因，两次均未能按照约定时限解决问题，存在违诺的情况。

（2）在客户诉求处理过程中，未能及时向客户反馈处置进度。供电部门工作人员在处理客户诉求过程中，未能及时、有效地将阶段性进展、约定时限内无法履诺的情况及原因向客户进行说明，致使客户多次通过拨打 95598 供电服务热线获取处理情况。

（3）约时工单管理不到位，极易引发回访投诉。供电部门工作人员在对客户诉求进行约时处置过程中，存在未能合理约定完成时限，发生两次超出约定时限、未能按约定进行处置的情况。若 95598 供电服务热线座席人员对前期工单进行约时回访，则会因约时工单约定内容超期未完成而生成投诉工单。

（4）电力施工管理不到位，多次工期超期。供电部门在聘请第三方施工单位进行电力施工过程中，存在过程跟踪管控不到位的情况，整体工期发生两次延期。

（5）业扩流程管理不规范，致使系统信息与实际情况不符。供电部门在为新投运变压器上户过程中，存在未及时发起业扩流程的情况，致使系统内设备投运日期晚于现场设备实际投运日期。

建议举措

（1）在处理客户诉求过程中，若需对诉求处理过程节点或完成节点进行明确时间约定，应在约定前充分考虑具体工作内容、影响工作完成因素、工作存在难点等情况，最后做出科学、合理的时间约定。若因故无法按照约定时限完成相关工作，应及时、积极、有效地对客户做好解释说明工作，争取获得客户理解、认可。

（2）在处理客户各类诉求过程，均应做到及时、积极、有效地向客户进行解释说明，并主动询问客户是否理解。针对客户存疑的地方，应使用通俗易懂的语言向客户进行解释，尽可能避免使用专业词汇，使客户理解困难。

（3）针对各类 95598 约时工单，应加强过程管控，充分认识到约时业务的重要性，严格按照约定时限完结工作。

（4）在电网建设过程中，供电部门往往需通过委托第三方施工单位进行施工。供电部门作为委托方，应加强对第三方施工方包括人员规范、工程质量、工期等过程管控，避免因第三方施工单位施工过程因占地、噪声等因素影响客户正常生产生活，因施工进度错后影响客户正常用电需求。

政策依据

（1）《国家电网有限公司 95598 客户服务业务管理办法》国家电网企管〔2019〕907 号第五十九条：省公司，地市、县公司应做好本单位营销业务应用系统中客户档案、业务流程、电量电费、计量、用电检查等信息更新和维护，定期开展数据质量校核。

（2）《国家电网有限公司 95598 客户服务业务管理办法》国家电网企管〔2019〕907 号 附件 1 国家电网有限公司供电服务投诉业务处理规范 二、投诉分类：电网建设投诉指供电企业在电网建设（含施工行为）过程中存在供电设施改造不彻底、电力施工不规范等问题引发的客户投诉，主要包括输配电供电设施安全、供电能力、农网改造、施工人员服务态度及规范、施工现场恢复等方面。

（3）《国家电网有限公司 95598 客户服务业务管理办法》国家电网企管〔2019〕907 号 附件 10 国家电网有限公司 95598 客户服务八项业务分类 一、投诉业务分类：营业投诉——业扩报装——业扩报装超时限判定依据：确认办理环节、工程施工完成。通过查询业务支持系统确认办理环节，询问客户相关工程是否施工完成。涉及竣工验收环节确认客户是否已提交验收申请。如无法查询，以客户描述为准。

（4）《供电营业规则》电力工业部令第 8 号 第四十九条：由于工程施工或线路维护上的需要，供电企业须在客户处进行凿墙、挖沟、掘坑、巡线等作业时，客户应给予方便，供电企业工作人员应遵守客户的有关安全保卫制度。客户到供电企业维护的设备区作业时，应征得供电企业同意，并在供电企业人员监护下进行工作。作业完工后，双方均应及时予以修复。

案例点评

通过对案例内容的了解，不难发现，造成客户最终投诉供电部门的主要原因在于：前期客户多次通过拨打 95598 供电服务热线咨询的方式向供电部门反馈自己的诉求，供电部门工作人员虽及时就客户诉求进行了答复，但均因不同原因造成客户的合理诉求没有如约达成。最终供电部门虽然完成相关工作，但未及时将情况反馈给客户，使客户长期处于盲目等待的焦虑状态。

在工单处理过程中，供电部门工作人员在处理客户约时诉求过程中，与客户约定的时限不够科学、合理，特别是在第一次约时后未能完成客户诉求的情况下，第二次约时仍出现超出时限的情况。同时，与客户沟通不到位，在明知客户迫切希望尽快解决电杆、变压器供电等问题的情况下，未能及时、积极地将工作进度向客户进行反馈。最终因供电部门对客户前期诉求处置不当，引发客户投诉。

供电部门各级工作人员在处理客户用电诉求过程中，应深刻认识到，自己代表的是整个供电公司，而并非个人，对客户许下的承诺，需言而有信、掷地有声。承诺客户的可能仅是整个电力业务系统中一项小到细枝末节的业务，但对于客户来说，业务

处理得是否妥善，对供电部门服务感知如何，全在于这一项业务上。服务好每一个用电客户，对于供电公司服务品牌的树立具有重要的意义。

案例62　供电设施有隐患，客户诉求快解决

案例分类

投诉工单—电网建设—电力施工—施工人员服务行为

摘要

客户曾拨打95598供电服务热线，表示供电企业产权的电线杆在自家门口，存在断裂痕迹、有安全隐患，迫切希望供电公司尽快处理。

供电公司受理客户诉求后，经现场核实，确认确实存在安全隐患，但因物料准备不足，未能按约定时限对该电线杆进行更换，引发客户投诉。

案例内容

某年5月17日，客户拨打95598供电服务热线，表示自家门口立着一根供电公司产权的电线杆，现在该电线杆有断裂的痕迹，情况比较严重，客户担心电线杆万一断裂，会对自己和家人造成伤害，希望供电部门尽快处理。

供电部门工作人员于当日就客户反映问题进行调查。经现场核实，客户反映的电线杆确有酥裂痕迹、存在一定安全隐患。工作人员当即将现场情况上报至公司相关管理部门，考虑物料、工期安排等影响，预计8月20日前对此电线杆完成更换。同时将情况反馈给客户，客户对处理结果表示满意。

同年9月3日，客户再次拨打95598供电服务热线，表示前期供电公司答应客户，8月20日前将自家门口存在安全隐患的电线杆移走，但是至今仍未移走。客户家里人出来进去都非常害怕，对客户一家正常生活造成不利影响。明确要求投诉供电公司未能按照约定时限挪走电线杆这一问题，并要求尽快处理，若处理不及时，将会再次拨打95598供电服务热线进行投诉。

供电部门工作人员于当日就客户反映问题进行调查。经核实，客户反映情况属实，是供电公司责任。前期处理客户诉求过程中，供电部门工作人员虽然已经进行现场勘查、拍照、提报更换电线杆的计划，但是，由于电线杆一直没有到位，造成未能在约定时限内更换新的电线杆。现供电部门工作人员已再次向公司申请电杆，预计在2019年12月20日前对存在安全隐患的电线杆进行更换。经过供电部门工作人员的解释说明，客户表示理解。

存在问题

（1）对客户诉求进行约时承诺，但未能按照约定时限履诺。供电部门工作人员在处理客户诉求过程中，因无法短期内解决客户诉求，对解决时限进行约时。后期因所需物资准备不到位，未能按照约定时限解决问题，存在违诺的情况。

（2）在客户诉求处理过程中，未能及时向客户反馈处置进度。供电部门工作人员在处理客户诉求过程中，未能及时、有效地将阶段性进展、约定时限内无法履诺的情况及原因向客户进行说明，致使客户拨打 95598 供电服务热线进行投诉。

（3）约时工单管理不到位，极易引发回访投诉。供电部门工作人员在对客户诉求进行约时处置过程中，存在未能合理约定完成时限，发生两次超出约定时限、未能按约定进行处置的情况。若 95598 供电服务热线座席人员对前期工单进行约时回访，则会因约时工单超期而生成投诉工单。

（4）供电设施所需物资准备不足，致使问题设备不能及时更换。供电部门对供电设施所需必要物资准备不够充足，当在运设施存在问题、无法正常使用时，因物资短缺，造成问题设施无法及时更换。此情况影响安全供电。

建议举措

（1）在处理客户诉求过程中，若需对诉求处理过程节点或完成结点进行明确时间约定，应在约定前充分考虑具体工作内容、影响工作完成因素、工作存在难点等情况，最后科学、合理地做出时间约定。若因故无法按照约定时限完成相关工作，应及时、积极、有效地对客户做好解释说明工作，争取获得客户理解、认可。

（2）在处理客户各类诉求过程，均应做到及时、积极、有效地为客户开展解释说明工作，并主动询问客户是否理解。针对客户存疑的地方，应使用通俗易懂的语言向客户进行解释，尽可能避免使用专业词汇，使客户理解困难。

（3）针对各类 95598 约时工单，应加强过程管控，充分认识到约时业务的重要性，严格按照约定时限完结工作。

（4）供电部门应加强对必要物资的管理，对短缺设备应及时补足，确保满足物资需求。

政策依据

（1）《国家电网有限公司 95598 客户服务业务管理办法》国家电网企管〔2019〕907 号 附件 1 国家电网有限公司供电服务投诉业务处理规范 二、投诉分类：电网建设投诉指供电企业在电网建设（含施工行为）过程中存在供电设施改造不彻底、电力施工不规范等问题引发的客户投诉，主要包括输配电供电设施安全、供电能力、农网改造、施工人员服务态度及规范、施工现场恢复等方面。

（2）《国家电网有限公司95598客户服务业务管理办法》国家电网企管〔2019〕907号 附件10国家电网有限公司95598客户服务八项业务分类 六、服务申请业务分类：供电公司供电设施消缺——客户反映供电公司供电设施存在树障、电杆倾斜、拉线断线、电力设施搭挂、电力井盖轻微破损等安全隐患情况。

案例点评

本案例中造成客户最终投诉供电部门的主要原因在于：前期客户通过拨打 95598供电服务热线咨询的方式向供电部门反馈自己的诉求，已明确表示因存在安全隐患、迫切希望供电公司尽快处理。供电部门工作人员虽然及时就客户诉求进行了答复，但因物资短缺，造成客户的合理诉求没有如约达成。同时未及时将情况反馈给客户，使客户长期处于盲目等待的焦虑状态。

在工单处理过程中，供电部门工作人员在处理客户约时诉求过程中，因物资短缺，不能如约进行问题电线杆的更换。同时，在了解到客户担心电线杆断裂、影响客户及家人安全的情况下，未能采取其他有效措施（如暂时加固断裂位置），安抚客户焦虑情绪。

供电部门各级工作人员在处理客户用电诉求过程中，应充分分析客户诉求中的要点内容。如本案例，若供电部门工作人员在处理客户诉求过程中，物料不足、无法及时更换有裂痕的电线杆属于客观事实，但是若能做到临时对裂痕处进行加固、使电线杆短期内满足安全要求，同时将处置进展情况及时反馈给客户，也可有效缓解客户焦虑情绪。很多时候，在处理客户诉求的过程中，也要有效疏导客户负面情绪，这对整体事件处置具有事半功倍的效果。

类似案例

案例一：

受理内容：客户反映有供电部门工作人员在未通知客户的情况下，去年到其家中田地内进行农网改造工程施工，具体施工内容为架设电线杆；今年又到客户家中田地内施工，具体施工内容为架线。两次施工均造成地里农作物受损。施工过程中，客户均出面制止，但工作人员态度强硬，仍然施工。客户要求将电杆移走，对损坏农作物进行赔偿，请相关部门尽快核实处理。

处理情况：接到工单后，供电部门工作人员于当日就客户反映问题进行调查。经核实，客户反映区域确实在开展农网工程。客户并非其反映田地的所有人，该田地为其哥哥所有。施工前，经与村委会和客户哥哥进行沟通，客户哥哥同意在其包产地内立一根电线杆，并口头协商后达成赔偿协议。在施工过程，客户进行阻工，致使施工队停止施工，但过程中未与客户发生冲突，也不存在态度强硬的情况。经与客户哥哥再次沟通核实，客户哥哥表示无需将电线杆移走，只需按前期协商情况进行赔偿即可。

同时投诉客户非该村村民，为索取赔偿而编造去年施工的情况。供电部门在事件处理过程中，不存在违规问题。

案例二：

受理内容：客户反映，供电公司承诺于 2018 年 12 月 30 日之前安装变压器投入运行，但此处变压器至今没有接火，未投入使用，存在违诺，请相关部门尽快核实处理。客户表示要发网上，向焦点访谈及向上级部门反映（工单编号：20××45）。

处理情况：客户反映情况属实，是供电公司责任。经查，客户所在公变台区进行农网改造，前期工单 20××45 承诺于 2018 年 12 月 30 日之前投入运行。供电公司于 2018 年 12 月 29 日对此变压器进行投运，但系统流程未及时上户，变压器总表户号 25××02，致营销系统显示投运日期为 2019 年 1 月 4 日。客户对变压器已经投入运行并不知情拨打 95598 引发此投诉。

以上案例暴露出以下问题：

（1）业扩流程管理不到位。农网改造过程中，新投运设备未及时在系统中发起业扩流程，导致客户不了解施工进度引发投诉。需加强业扩流程管理，对于新投运设备严格按照业务时限要求进行系统流程操作。

（2）约时工单管理待完善。投诉中涉及前期工单 20××45 为客户侧用电需求配合类服务申请工单，该工单已体现出客户有投诉倾向，处理部门承诺于 2018 年 12 月 30 日之前将变压器投入运行。此类工单涉及约时回访，如未按承诺时限完成应与客户提前做好沟通，否则必定引发投诉。

案例 63　青苗赔偿周期长，客户着急要投诉

案例分类

投诉工单—电网建设—电力施工—施工人员服务行为

摘要

供电部门在电力施工过程中，对客户树木进行砍伐，虽然已经承诺会赔偿客户，但因未明确赔偿时间，造成客户盲目等待，最终拨打 95598 供电服务热线进行投诉。

在接到该投诉工单后，供电部门明确了赔偿时间，并在约定时间内对客户完成赔偿。因赔偿过程未与客户进行沟通，造成客户误认为供电部门违诺、未按约定时间赔偿，再次拨打 95598 供电服务热线进行投诉。

案例内容

某年 4 月 14 日，客户拨打 95598 供电服务热线，反映 2018 年 11 月左右，供电部门施工队在其所在地施工架线，施工过程中造成客户许多梨树、杏树被砍。供电部门告知客户会对其进行赔偿、但未确认赔偿时间。客户要求尽快完成赔偿。客户确认施工队为供电部门人员的依据是施工方当时告知客户的，客户有赔偿单据。

供电部门工作人员于当日就客户反映问题进行调查。经核实客户所反映的工程确实隶属于供电公司，工程实施具体由供电公司委托第三方单位开展。在工程施工前，供电部门工作人员已进行了现场确认，并对施工影响进行了现场登记，即客户所说赔偿单据。当时已告知客户，该项目工程结束后会统一进行赔偿，但并未与客户约定具体赔偿时间，现该工程并未完工，故供电部门不存在违诺的情况。供电部门已督促第三方施工单位加紧施工进度。按照施工单位工作进度安排，预计当年 8 月 31 日前完成赔补工作。将调查处理结果告知客户，客户表示认可。

某年 9 月 7 日，客户再次拨打 95598 供电服务热线，反映供电部门之前答应给的赔补资金至今没有发放，客户希望尽快完成赔偿。

供电部门工作人员于当日就客户反映问题进行调查。经核实工程补偿款已于 2019 年 8 月 29 日发放完毕（供电公司使用银行批次账户模板将总计额度的费用 177 295.00 元打到银行账户，银行同时间段分发到本次涉及的 120 个客户个人账户内），由于客户没有及时查询账户余额，导致客户误认为还未进行发放。经工作人员与客户沟通、客户查询余额后已确认收到了赔偿款。调查处理结果告知客户，客户表示认可。

存在问题

（1）客户占地理赔业务管控有待进一步加强。供电部门虽然能够按照相关要求开展占地赔偿工作，但是并未与客户约定具体完成理赔的时限，造成客户盲目等待，存在业务管控不够严谨的问题。

（2）在客户诉求处理过程中，未能及时向客户反馈处置进度。供电部门工作人员在处理客户占地赔偿诉求过程中，未能及时、有效地将理赔进度情况向客户进行说明，致使客户误认为尚未完成理赔、拨打 95598 供电服务热线进行投诉。

建议举措

在处理占地理赔业务过程中，应与客户约定具体理赔完成时间节点，在工程实施过程中，积极主动联系受影响客户，告知工程项目进展情况，避免客户盲目等待。若因故无法按照约定时限完成相关工作，应及时、有效地对客户做好解释说明工作，争取获得客户理解、认可。

政策依据

（1）《国家电网有限公司 95598 客户服务业务管理办法》国家电网企管〔2019〕907 号 附件 1 国家电网有限公司供电服务投诉业务处理规范 二、投诉分类：电网建设投诉指供电企业在电网建设（含施工行为）过程中存在供电设施改造不彻底、电力施工不规范等问题引发的客户投诉，主要包括输配电供电设施安全、供电能力、农网改造、施工人员服务态度及规范、施工现场恢复等方面。

（2）《国家电网有限公司 95598 客户服务业务管理办法》国家电网企管〔2019〕907 号 附件 7 国家电网有限公司 95598 业务最终答复使用规范（一）：涉及青苗赔偿（含占地赔偿、线下树苗砍伐）、停电损失、家电赔偿、建筑物（构筑物）损坏引发经济纠纷，触电、电力施工、电力设施安全隐患等引发的伤残或死亡事件，醉酒、精神异常、限制民事行为能力的人提出无理要求，供电企业电力设施（如杆塔、线路、变压器、计量装置、分支箱、充电桩等）的安装位置、安全距离、噪音、计量装置校验结果和电磁辐射引发纠纷，非供电企业产权设备引发纠纷，或充电过程中发生的车辆及财物赔偿的工单，省公司，国网电动汽车公司，地市、县公司已按相关规定答复处理，但客户提出的诉求不符合国家有关规定的，可通过“最终答复”的方式办结。

（3）《国家电网有限公司 95598 客户服务业务管理办法》国家电网企管〔2019〕907 号 附件 8 国家电网有限公司 95598 重要服务事项报备管理规范（四）：供电公司确已按相关规定答复处理，但客户诉求仍超出国家有关规定的，对供电服务有较大影响的个体重要服务事项。包括青苗赔偿（含占地赔偿、线下树苗砍伐）、停电损失、家电赔偿、建筑物（构筑物）损坏引发经济纠纷，或充电过程中发生的车辆及财物赔偿；因触电、电力施工、电力设施安全隐患等引发的伤残或死亡事件；因醉酒、精神异常、限制民事行为能力的人提出无理要求；因供电公司电力设施（如杆塔、线路、变压器、计量装置、分支箱、充电桩等）的安装位置、安全距离、噪声、计量装置校验结果和电磁辐射引发纠纷，非供电公司产权设备引发纠纷。

案例点评

本案例中，供电部门在电力施工前按照相关规定与受影响客户进行现场沟通，协商确认了理赔事宜，并完成了登记工作；后期在项目施工完毕后，按照约定时限对客户实施了理赔。整体业务流程虽然并不存在差错，但客户却两次拨打 95598 供电服务热线提出落实理赔的诉求。深挖问题的根源，不难发现，供电部门缺乏与客户的有效沟通，是导致两件工单产生的主要原因。

在业务开展过程中，供电部门不光要做到按照规定制度执行，更应结合业务具体内容，不断丰富服务内容，加强与客户的沟通，使客户了解事件整体进度，避免客户盲目等待进而产生焦虑情绪。

类似案例

案例一：

受理内容：客户拨打投诉电话反映：其所在地前一日有供电部门施工队施工，需要在客户家田地内挖坑、架设电线杆，客户拒绝施工队此要求。但辖区供电所所长表示：若客户不让施工队施工，则对该区域没有电表的客户进行断电处理。客户认为此举存在威胁客户的情况，请供电部门尽快核实处理（工单编号：20××56）。

处理情况：

接到工单后，供电部门工作人员于当日就客户反映问题进行调查。经核实，客户所诉供电部门施工为农网工程改造，施工需在村里一处山路、并非客户家田地上架设电线杆。客户表示此段路归客户所有，需供电部门支付占地费用。因供电部门施工队挖坑前客户未提出此诉求且所占土地非客户所有，故属于无理诉求，供电部门未支付。辖区供电所所长并未说过"不让施工队施工，则对该区域没有电表的客户进行断电处理"等类似话语。客户因索赔被拒，拨打 95598 供电服务热线进行投诉。经工作人员解释沟通，该客户仍不认可。

次年 5 月 31 日，客户再次拨打 95598 供电服务热线，反映前期因供电部门施工（架设电线杆所挖的坑）未及时对施工路面进行回填，造成泥土堆积在客户家田地内，影响客户正常耕种。需供电部门尽快核实处理。

接到工单后，供电部门工作人员于当日就客户反映问题进行调查。经核实，因前一年客户阻拦供电部门施工，供电部门对工程涉及路线进行调整，并及时对原架设电线杆所挖的坑进行了回填。故不存在施工路面回填不及时的情况。客户此次拨打 95598 供电服务热线主要因前期索赔被拒。经工作人员解释沟通，客户仍不认可。

案例二：

受理内容：客户于 2019 年 5 月 17 日拨打 95598 电话，反映此处电杆出现断裂、有裂开的痕迹，前期工单答复工作人员已将现场照片上报公司，并于 2019 年 8 月 20 日前对此电杆完成更换工作，现客户表示一直未更换，请相关部门尽快核实处理。涉及前期工单：20××81。

处理情况：客户反映情况属实，是供电公司责任。2019 年 5 月 17 日客户拨打 95598 反映有一处电杆出现裂纹现象，供电所工作人员到达现场进行勘察、拍照、并提报材料计划，因电杆一直没有到位，导致未在约定时间内更换。现供电所工作人员再次向分公司申请电杆，预计在 2019 年 12 月 20 日前将此电杆更换完成。此事已跟客户解释清楚，客户表示满意。

本案例暴露出业务处理存在违诺情况。供电部门在处理客户诉求过程中，因内部原因致使诉求未能如期处置，存在违诺情况。建议在客户诉求处置过程中，若因故无法按期完成，应主动对客户做好解释说明工作，争取获得客户理解，避免矛盾升级，引发客户投诉。

案例 64　客户要求青苗偿，无理诉求还投诉

案例分类

投诉工单—电网建设—电力施工—施工人员服务行为

摘要

客户曾三次拨打 95598 供电服务热线，表示供电部门施工影响其土地的正常使用，需要供电部门尽快移走架设的电线杆。供电部门均按照相关要求就客户反映内容进行调查核实，经多次核实确认，客户诉求为无理诉求，供电部门无法满足客户要求。

案例内容

某年 9 月 4 日，客户拨打 95598 供电服务热线，反映供电部门于 9 月 2 日在其所在地进行电力施工，施工过程中占用了客户的土地，在客户田里架设了 5、6 根电线杆，没有与客户协商赔偿问题，请相关部门尽快核实处理。

供电部门工作人员于当日就客户反映问题进行调查。经核实，客户所在区域正在进行电力线路改造工程。客户反映的“施工过程中占用了客户的土地，在客户田里架设了 5、6 根电线杆，没有与客户协商赔偿问题”的情况不属实。该客户并非供电部门占用土地的所有人，而是承包人。供电部门在施工前期，已根据相关赔偿要求，与土地所有人进行了占地赔偿协商，在工程结束后统一进行赔偿，土地所有人也已经同意此方案。将调查处理结果告知客户，客户表示理解。

当年 9 月 9 日，客户再次致电 95598 供电服务热线，反映要在供电部门前期施工架设电线杆的那片土地建游乐园，因供电部门架设电线杆，导致客户无法施工，请相关部门尽快核实处理。

供电部门工作人员于当日就客户反映问题进行调查。经核实，客户曾多次找到供电部门要求将电线杆尽快移走，影响其游乐园施工。经过进一步调查，客户承包的土地按照要求，用途只是用于苗圃培育及农业生产，建设游乐园属于违反合同规定，并且土地所有者表示也不会让其建设游乐园。因客户诉求不合理，供电部门无法满足客户挪走电线杆的要求。将调查结果告知客户，客户表示不认可。

当年 9 月 19 日，客户再次致电 95598 供电服务热线，表示其是土地现在的使用者，且供电部门施工前期并未提前告知客户，给客户造成损失，要求相关部门尽快核实处理。

供电部门工作人员于当日就客户反映问题进行调查。经核实，供电部门在施工前

期，已根据相关赔偿要求，与土地所有人进行了占地赔偿协商，土地所有人也已经同意此方案。按照相关规定，占地赔偿事宜只需与土地所有人进行协商，与承包人无关，故供电部门未与客户进行沟通。客户因想在架杆土地上建游乐园，故多次拨打 95598 供电服务热线要求赔偿。经进一步调查确认，客户承包土地用途只是苗圃培育及农业生产，虽然土地使用权归客户所有（土地租赁合同上签订日期到 2023 年），但建设游乐园属于违反合同规定，并且土地所有者表示也不会让其建设游乐园。同时，客户也未提供县政府同意其建设游乐园的相关批示。因客户诉求不合理，供电部门无法满足客户挪走电线杆的要求。将调查结果告知客户，客户表示不认可。

存在问题

供电部门对于客户诉求处置过于被动。客户多次拨打 95598 供电服务热线反映同一问题且均为无理诉求，供电部门在处理整体事件过程中，仅停留于工单诉求调查、核实、反馈，虽能够认定客户为无理诉求，但因处置过于被动，没能有效规避客户后期无理诉求。

建议举措

建议加强最终答复、重要事项报备等业务的应用。建议各单位在面对客户重复多次的无理诉求过程中，积极取证，按照要求组织材料，通过最终答复、重要事项报备的手段，有效维护企业权益，避免不必要的工作量。

政策依据

（1）《国家电网有限公司 95598 客户服务业务管理办法》国家电网企管〔2019〕907 号 附件 7 国家电网有限公司 95598 业务最终答复使用规范（一）：涉及青苗赔偿（含占地赔偿、线下树苗砍伐）、停电损失、家电赔偿、建筑物（构筑物）损坏引发经济纠纷，触电、电力施工、电力设施安全隐患等引发的伤残或死亡事件，醉酒、精神异常、限制民事行为能力的人提出无理要求，供电企业电力设施（如杆塔、线路、变压器、计量装置、分支箱、充电桩等）的安装位置、安全距离、噪音、计量装置校验结果和电磁辐射引发纠纷，非供电企业产权设备引发纠纷，或充电过程中发生的车辆及财物赔偿的工单，省公司，国网电动汽车公司，地市、县公司已按相关规定答复处理，但客户提出的诉求不符合国家有关规定的，可通过“最终答复”的方式办结。

（2）《国家电网有限公司 95598 客户服务业务管理办法》国家电网企管〔2019〕907 号 附件 8 国家电网有限公司 95598 重要服务事项报备管理规范（四）：供电公司确已按相关规定答复处理，但客户诉求仍超出国家有关规定的，对供电服务有较大影响的个体重要服务事项。包括青苗赔偿（含占地赔偿、线下树苗砍伐）、停电损失、家电赔偿、建筑物（构筑物）损坏引发经济纠纷，或充电过程中发生的车辆及财物赔偿；因触电、电力施工、电力设施安全隐患等引发的伤残或死亡事件；因醉酒、精神异常、限制民事行为能力的人提出无理要求；因供电公司电力设施（如杆塔、线路、变压器、计量装置、分支箱、充电桩等）的安装位置、安全距离、噪音、计量装置校验结果和电磁辐射引发纠纷，非供电公司产权设备引发纠纷。

案例点评

本案例中，面对客户的无理诉求，供电部门均能按照业务要求，开展调查核实工作，并将调查情况及事件处置结论及时告知客户。但由于客户没有达到其最终目的，多次拨打 95598 供电服务热线反映同一问题。若是供电部门在处理客户的第二件 95598 业务工单处理过程中，能够在了解到客户对于事件处理结果的态度后、及时提交相关材料进行重要事项报备，将会有效减少后期工单调查、核实产生的不必要的工作量。

在服务品牌树立过程中，供电部门妥善地处置客户合理用电诉求是必要的；面对客户的无理诉求，及时采取有效措施维护本单位权益同样重要。

类似案例

案例一：

受理内容：2019 年 9 月 6 日，客户拨打 95598 供电服务热线，反映 2018 年 10 月 1 日前，有供电部门施工队伍在某地进行施工，施工造成路面不平整、坑坑洼洼，导致客户扭伤脚。目前路面依旧坑坑洼洼，仍然有可能造成其他人员出现损伤。客户判定施工队伍是供电部门工作人员的原因是：施工人员有的人穿着供电部门的制服，有的没有穿，客户认为没有穿供电部门制服的人员属于外包人员。请供电部门尽快核实处理。

处理情况：接到工单后，供电部门工作人员于当日就客户反映问题进行调查。经核实，客户反映工程是 2018 年政府以改变县城环境为目的开展的某县双桥路电缆排管工程，工程内容包括路面翻修以及对地面上的线路进行电缆排管。线路产权并非供电部门产权，且供电部门并未参与此次工程施工。在工程施工结束后，供电部门作为电力专业单位配合政府部门（某县住房和城乡规划局）对电力设备进行验收。客户所述“施工人员有的人穿着供电部门的制服，有的没有穿”，实际为供电部门工作人员和其他单位人员在施工现场开展验收工作。施工路面坑坑洼洼，造成客户扭伤脚并非供电部门的责任。将情况告知客户后，客户表示理解。

案例二：

受理内容：客户诉求为非红线问题，客户有投诉意愿。客户反映 2019 年 4 月，此地点进行架设电杆施工，供电公司存在未及时回填路面，造成客户相关方被泥土埋了庄稼、无法耕种，客户确认供电公司责任依据：施工人员身穿国家电网的工作服，且

对前期工单：20××12 回单内容“客户因资金问题遂未提交申请，不存在客户所反映所带材料齐全，营业厅也受理了，但是没用为其办理的情况”有异议，客户表示在 2017 年已经出资 170 元购买表箱、漏电等设备，现在就差安装电表用电了，客户认为若没有申请，怎么会出钱买设备，请相关部门尽快核实处理。

处理情况：客户反映情况不属实，非供电公司责任。工作人员于 5 月 31 日 10 时 23 分现场联系客户，经核实：① 2019 年客户处有农网改造工程，经过客户村里山路（非客户土地），客户表示此路段归其所有，供电部门需要支付过路费，因其属于无理要求，供电部门不能支付，且在供电部门挖坑以前客户未提出此要求，因供电部门不能支付其所称的过路费，该客户就阻挠供电部门施工队进行线路改造，后供电部门修改线路走向设计，已将此前所挖的杆坑回填，因此不存在客户所说的供电部门施工未及时回填路面，造成其无法种地的情况；② 客户反映其所带齐全资料到营业厅报装，工作人员受理其业务，但没有办理的情况不存在，客户所反映出资购买的电表箱、漏电等设备非客户独资，而是在未到供电所营业厅报装之前，先与其他客户合资购买，因其后期想要在该表箱内装表，客户 2018 年到榆树林子营业厅咨询非居民新装业务（未带齐全材料），供电所工作人员本着优质服务原则先现场对客户处进行了现场勘查，因客户处距离供电公司线路很远，需要客户出资购买相应电料施工，客户因资金问题遂未提交申请，所以不存在供电部门受理其业务，未给其办理，未装表的情况。经工作人员解释沟通，客户不认可（见图 1–22）。

图 1–22　现场工作场景图

第二部分

意见类工单

供电服务篇
供电业务篇
停送电问题篇
供电质量篇
电网建设篇

一、供电服务篇

公 示

尊敬的电力客户：

根据国家电力监管委员会27号令颁布《供电监管方法》的规定，客户可以自主选择受电工程的设计、施工和设备材料供应单位。

根据国家发展改革委员会36号令颁布的《承装（修、试）电力设施许可证管理方法》的规定，您应选择具备国家电力监管委员及其派出机构颁发的具有相应等级许可资质的承装（修、试）企业进行受电工程的安装、维修和试验。如果您需要了解施工单位的信息，可以登陆国家能源局华北监管局官网（网址：http://hbj.nea.gov.cn）进行查询与选择。

根据国家住房和城乡建设部《建设工程勘察设计企业资质管理规定》《工程设计资质标准》等规定的要求，您应选择具备建设部门颁发的相应资质的设计单位进行电力工程设计。您选购工程所需的电气设备和材料必须具备出厂《产品合格证》并符合国家相关安全、技术、节能等标准要求。如果您需要了解设计、供货单位的信息，您可以通过相关网站进行查询。

图 2-1　95598 信息公示图

案例 65　客户诉求未满足，小小水杯惹投诉

案例分类

意见工单—供电服务—服务渠道—营业厅服务

摘要

客户到某供电营业厅办理业务过程中，因想喝热水，希望营业厅提供一次性水杯。因工作人员未提供，客户拨打 95598 供电服务热线表示不满。供电部门工作人员及时就客户反映问题进行解释说明：营业厅内自动饮水机下放有一次性水杯，并且营业厅业务范围不包括向客户提供一次性水杯，故工作人员无差错。

案例内容

某年 12 月 29 日，客户拨打 95598 供电服务热线，表示其刚刚到某供电营业厅缴纳电费，期间想在营业厅内喝点热水，便询问工作人员有无一次性水杯，被答复该营业厅“不提供水杯”。之后，客户到另一营业窗口询问其他工作人员，同样被答复该营业厅“没有水杯”。客户非常生气，对该供电营业厅不提供一次性水杯、工作人员不给其使用水杯有异议，认为服务态度有问题，需供电部门核实处理。

供电部门工作人员于当日就客户反映问题进行调查。通过查看对应时段营业厅监控录像，工作人员在答复客户一次性水杯使用需求过程中，不存在服务态度问题。经知识库查询，该营业厅业务范围不包括向客户提供一次性纸杯。本着方便客户、服务客户的理念，该供电营业厅内设置饮水机一台，饮水机下放有一次性水杯，方便客户自行使用。因客户未找到一次性水杯，误认为营业厅未提供一次性水杯。将调查情况告知客户，客户表示满意。

存在问题

营业厅工作人员服务能力有待提升。客户在营业厅办理业务期间，询问工作人员有无一次性水杯时，营业厅工作人员简单答复客户“不提供水杯”，虽然沟通过程中不存在服务态度不好的问题，但仍给客户带来不良服务感知。为方便客户，该供电营业厅内设置饮水机一台，饮水机下放有一次性水杯，但营业厅工作人员在客户询问是否可提供水杯时，未能有效告知客户一次性水杯的位置。以上问题均反映出营业厅工作人员服务能力有待提升，对于“以客户需求为导向”的服务理念认识不到位。

建议举措

（1）加强营业厅等一线人员服务管控。营业厅、抄表催费、台区经理等工作人员，作为直接服务客户的一线工作人员，其服务水平、服务能力对于供电公司服务品牌树立具有重要影响。建议各单位通过宣贯、培训、模拟现场等方式，有针对性地提升营业厅、抄表催费、台区经理等一线人员服务水平。

（2）加强营业厅音视频设备运维使用。本案例中正是因为该营业厅合理运维音视频设备，在客户对营业厅服务提出质疑后，通过现场录音、录像，合理合法地维护了职工的权益。故建议各单位加强营业厅音视频设备的运维，确保设备正常使用，在遇有营业厅服务方面诉求时，可通过现场音视频准确地进行事件情况还原、认定，既可保护客户的利益，也可维护工作人员的权益。

（3）合理设置营业厅引导人员。按照供电服务标准相关要求，A、B 级营业厅应设有引导人员，方便指引客户办理各项业务。本案例中，营业厅内设置饮水机一台，饮水机下放有一次性水杯，但因无人引导，致使客户无法使用。业务办理人员往往忙于业务办理，无法及时解决客户类似诉求。故建议各单位严格按照工作要求，对 A、B 级营业厅设置引导人员，更好地服务临厅客户。

政策依据

（1）《供电服务标准》（Q/GDW 10403—2021）5.1.2.1 中规定：供电营业厅的服务网络应覆盖公司的供电区域，其布设应综合考虑所服务的客户类型、客户数量、服务半径，以及当地客户的消费习惯，合理设置。

（2）《供电服务标准》（Q/GDW 10403—2021）5.1.3.1 中规定：供电营业厅的服务功能包括：① 业务办理，② 交费，③ 告示，④ 引导，⑤ 洽谈，⑥ 互动体验及展示。各级供电营业厅应具备的服务功能如下：A 级营业厅：第①～⑥项服务功能；B 级营业厅：第①～⑤项服务功能；C 级营业厅：第①～③项服务功能；C 级自助营业厅提供第①、②项服务功能。

（3）《供电服务标准》（Q/GDW 10403—2021）5.1.5.1 中规定：供电营业厅的服务人员包括：① 营业厅主管，② 营业员（包括但不限于引导、业务受理、收费、线上渠道工单处理等职责）。

（4）《供电服务标准》（Q/GDW 10403—2021）5.1.5.2 中规定：服务人员应满足如下要求：a）供电营业厅的服务人员经岗前培训合格，方能上岗工作。要求 A 级厅的第①②类服务人员、B 级厅第①类服务人员达到普通话水平测试三级及以上水平；b）除 C 级自助营业厅外，各级供电营业厅均应配备第①②类服务人员。

（5）《供电服务标准》（Q/GDW 10403—2021）5.1.7.1 中规定：供电营业厅的服务设施及用品包括：服务环境标识、便民设施、自助服务终端、引导设施、展示体验设施、办公设备用品、安全应急设施等。

（6）《供电服务标准》（Q/GDW 10403—2021）5.1.7.2 中规定：服务设施及用品的要求如下：a）各级供电营业厅应根据客户需求、业务需要等配置相应的服务设施及用品；b）各项设施及用品摆放整齐、清洁完好、适时消毒；c）供电营业厅入口处应配有“营业中”或“休息中”标志牌；d）功能区指示牌应醒目，必要时可设有中英文对照标识，少数民族地区应设有汉文和民族文字对应标识；e）服务专用录音电话录音、音视频监控系统信息至少保留三个月。

案例点评

本案例中，客户到营业厅办理业务期间想喝水，工作人员因营业厅业务范围不包括向客户提供一次性纸杯、简单答复客户没有水杯。看似工作人员并没有违反业务规范，但在更深层次反映出营业厅工作人员服务水平有待进一步提升。如果营业厅工作人员在处理客户该诉求过程中，告知客户可自行到饮水机下拿取一次性纸杯，客户就不会认为工作人员服务态度有问题、引发本件 95598 业务工单。

类似案例

案例一：

受理内容：

户号为 15××42 的客户拨打 95598 供电服务热线，反映某年 1 月 24 日 8 时到某供电营业厅办理缴费业务时，发现营业厅内的 24 小时自助缴费终端出现故障，无法进行正常缴费，期间客户试了好几次，都没有成功。客户希望供电部门尽快处理此问题。

处理情况：

工作人员于当日就客户反映问题进行调查。经核实，客户反映的营业厅自助缴费终端因系统升级故障，导致客户无法正常缴纳电费。供电部门工作人员已在接到本工单第一时间对故障设备进行维修，现自助缴费终端已恢复正常功能。同时，供电部门工作人员及时联系客户，协助客户在营业厅人工窗口完成电费缴纳。供电部门工作人员将加强营业厅自助设备的巡检，及时消缺，确保设备正常使用。将情况告知客户，客户表示理解。

本案例中营业厅存在自助设备运维不当的情况。自助缴费终端本是为方便客户随时缴纳电费而设置的，但因系统升级故障，致使客户无法正常缴纳电费，给客户带来不便。建议各单位加强营业厅服务设施巡检，对于短期内无法消缺的故障设备，应及时张贴故障告知，并在 10 天内修复。

案例二：

受理内容：

某年 4 月 12 日，客户拨打 95598 供电服务热线，反映当天上午十点多到某供电营业厅办理电费清单打印业务，已按该营业厅防疫要求展示个人健康码、登记个人信息，但营业厅保安仍不让客户进入营业厅。保安不让客户进入的原因是需要营业厅内部工作人员接待客户。但是客户不认识营业厅工作人员、等了半个小时后仍无法进入营业厅。客户对此有异议，请供电部门工作人员尽快核实处理。

处理情况：

工作人员于当日就客户反映问题进行调查。经核实，按照疫情防控工作要求，该营业厅只能通过大门进入营业厅、由侧门出营业厅。因客户欲由侧门进入营业厅，故该营业厅保安对客户进行拦截，并非需营业厅内部工作人员接待客户才可进入。将情况告知客户后，客户表示理解。同时，经沟通，客户已不需办理电费清单打印业务。

本案例中营业厅大门进入、侧门出去的安排，本是落实疫情防控工作要求的良好体现，但因营业厅保安对客户引导存在一定误导，致使客户产生误会，给客户带去不良服务感知。建议各单位在深入落实国家、上级单位工作要求的同时，应全面做好服务风险防控预警，充分考虑工作落实对常规工作的影响，采取有效措施，避免产生负面影响。

案例 66　错误信息不更换，服务过程埋隐患

案例分类

意见工单—供电服务—电力短信—错发短信

摘要

2021 年 6 月 17 日李先生手机 13××12 接到非本人的电力催费短信，致电 95598 反映，经核查为工作人员维护档案信息时将李先生号码登记在用电客户席某的档案信息中，造成李先生接收到席某的电力短信。工作人员承诺将于 6 月 20 日为客户解决错发短信问题。工作人员答复后将客户问题遗忘，导致 8 月 18 日李先生再次接收到席某的催费短信，对此不满，再次拨打 95598 反映错发问题。

案例内容

2021 年 6 月 17 日 16 时某市某县某小区李先生手机 13××12 接到供电公司催费短信，内容为：尊敬的席某客户：截至 2021 年 6 月 17 日，户号 11××00 的可用电费余

额已不足 8.96 元，请您及时交费。(如已交费请忽略)。李先生表示 11××00 不是自己的户号，身边也没有姓席的家人或朋友，不清楚为什么发送给自己，怀疑供电公司发错信息，故联系 95598 要求取消。

6 月 17 日 17 时 20 分工作人员接到工单，核查发现因李先生与席某手机号码相似，工作人员在录入席某的档案信息时输入为李先生手机号码（13××12），导致信息错误发送至李先生手机。

6 月 18 日 16 时工作人员电话告知李先生错误原因，并承诺将于 6 月 20 日完成信息更改，更改后便不会再接收到席某的电力短信，客户表示认可。

9 月 20 日 12 时 10 分李先生再次收到席某的电力预警短信，再次拨打 95598，询问是否更改成功，为什么还收到了错误短信。

经供电所工作人员核实，客户反映情况属实，是供电企业责任。李先生客户编号：31××32，6 月 17 日 16 时收到用电客户席某，客户编号 11××00 的预警短信。经核查确实存在错误发送，错发原因为工作人员维护客户档案信息时录入错误。6 月 17 日 17 时 20 分工作人员答复李先生错发短信问题已解决，但因工作繁忙忘记在系统中进行更改操作，导致 9 月 20 日李先生再次接到错误短信，9 月 20 日 14 时 30 分完成系统变更。9 月 21 日 9 时 37 分再次致电客户李先生，告知调查处理结果，客户表示理解，满意。

存在问题

（1）业务人员档案信息录入错误。业务人员在办理客户业务时错误地将用电客户席某电话错误录入为李先生的号码，导致李先生接收到错误的提示短信，而用电客户席某无法接收到提示短信。

（2）接收客户档案时把关不严。档案管理人员接收客户档案资料时未发现纸质档案与系统电子档案信息不一致，存在业务把关不严的问题。

（3）归档信息核查不到位。根据档案管理规范，应定期对归档档案信息进行自查，及时发现问题并处理解决，而本次档案错误问题由客户发现并反映，说明责任部门的核查工作执行不到位。

（4）诉求处理缺少闭环管控。工作人员未及时处理客户档案错误问题，并最终将客户诉求遗漏，反映出责任单位对于处理在途的业务缺少有效跟踪闭环管控。

（5）日常管理存在疏漏。责任单位对员工的日常服务行为监管不力，未及时发现员工在信息维护、档案管理、业务处置方面的过错行为。

建议举措

（1）加强客户档案管理，确保信息真实完整。客户档案是供电服务开展的基础信息，责任单位应加强客户资料管理，严格按照资料整理要求充分检查每一项资料的完

整性和准确性，确保档案信息真实有效，为供用电双方合法权益提供有效支撑作用。

（2）建立档案管理自查机制，确保异常信息及时处理。严格按照规范要求开展档案自查工作，定期组织对已归档客户档案资料完整性和准确性进行检查，对于缺失、纸质与电子件信息不符的问题及时协调解决。

（3）加强客户诉求重视程度，健全客户诉求跟踪机制。责任单位在答复客户后未及时为客户更改信息，期间也未发现该问题，反映出责任单位处理客户诉求过程中未与客户建立良好的沟通，对约定延期办理的业务缺少闭环管控，建议责任部门加强客户诉求重视程度，健全客户诉求跟踪机制，及时跟踪反馈处理情况，主动联系客户做好沟通事宜，避免忽视客户诉求，引发客户诉求升级。

（4）规范人员服务行为，严肃工作纪律。客户诉求的涉及档案创建信息错误、档案接收及管理环节疏漏、工单处理人员未及时更改错误信息等多个服务违规行为。责任单位应加强员工服务行为管控，严肃工作纪律，树立良好的规矩意识和责任意识，杜绝因服务不规范引发的诉求升级。

政策依据

（1）《国家电网公司电力客户档案管理规定》[国网（营销/3）382—2014]第二十条：业务办理人员负责收集、查验客户资料，于送电后7个工作日或工作单办结后4个工作日内移交档案管理人员，并做好交接记录。档案管理人员应检查客户资料是否完整、准确，包括资料内容真实、资料建立符合程序、签章齐全有效、资料填写时间是否准确等。

（2）《国家电网公司电力客户档案管理规定》[国网（营销/3）382—2014]第四十六条：市、县供电企业应建立客户档案管理自查机制，定期组织对已归档客户档案资料完整性和准确性进行检查，对发现的问题及时处理解决。

（3）《国家电网公司电力客户档案管理规定》[国网（营销/3）382—2014]第四十七条：建立客户档案管理责任追究机制。对客户档案管理不规范导致档案遗失、损毁的，发生客户投诉或者企业经营风险等情况，对相关责任人和责任部门按相关规定处理。

（4）《国家电网有限公司供电服务奖惩规定》[国网（营销/3）377—2014]第四章惩处 第二节供电服务过错：

第二十六条　供电服务过错根据问题性质和影响程度分为三类：一类过错、二类过错和三类过错。

（一）一类过错

情节严重，长期存在，给客户造成1万元及以上5万元以下直接经济损失，或给企业形象造成较大影响的供电服务过错。

（二）二类过错

情节较重，频繁发生，给客户造成1万元以下直接经济损失，或在一定范围内给企业形象造成不良影响的供电服务过错。

（三）三类过错

情节较轻，偶尔发生，未造成不良影响的供电服务过错。

第二十七条　发生供电服务过错，惩处可采取经济处罚或者组织处理。

（四）发生一类过错，对责任人按以下规定处理

（1）对责任单位上级有关部门负责人予以通报批评。

（2）对责任单位主要负责人、有关分管负责人予以通报批评。

（3）对部门、班组级负责人予以通报批评、调整岗位或待岗。

（4）对主要责任人予以通报批评、调整岗位或待岗。

（5）对次要责任人予以通报批评或调整岗位。

（6）对上述责任人予以 500～3000 元经济处罚。

（五）发生二类过错，对责任人按以下规定处理

（1）对主要责任人予以通报批评、调整岗位或待岗。

（2）对次要责任人予以通报批评或调整岗位。

（3）对上述责任人予以 100～2000 元经济处罚。

（六）发生三类过错，对责任人按以下规定处理

（1）对主要责任人予以通报批评或调整岗位。

（2）对次要责任人予以通报批评。

（3）对上述责任人予以 1000 元以下经济处罚。

案例点评

信息的错误提示有可能造成客户电费的错误缴纳和催缴、欠费停电通知不到位的问题，将引出更多的服务事件，业务部门应持续强化人员服务风险意识，注重对日常工作的自查整改过程的督导和整改质量的检查，研究出台有效管用的制度规定，巩固深化自查整改成果，建立长效机制。对发现的问题，不手软、不姑息，通过严肃查处等方式坚决杜绝业务链条上的违规操作。

用电客户基础档案的缺失或错误阻断了企业和用电客户沟通渠道，严重影响了业务沟通和优质服务的开展。业务部门应深入贯彻落实公司“集团化运作、集约化发展、精益化管理、标准化建设”要求，提升各级单位客户档案管理的规范化、标准化和信息化水平，实现客户纸质档案与电子档案的同步流转和全过程管理，为公司后续服务开展提供有效支撑。

在日常工作中，除了因工作人员失误导致短信错发外，新办理号码也是本类诉求形成的重要原因。手机号码为重复使用资源，原使用人停用 6 个月左右将重新分配给其他人使用，部分新申请手机号码的客户也就收到了原本捆绑该号码的电力短信，建议业务部门定期对服务结果跟踪监测，对服务过程中的异常数据分析管理，减少此类诉求的派发。

案例 67　重复接收错短信，惹烦客户遭投诉

案例分类

意见工单—供电服务—电力短信—错发短信

摘要

某年 6 月份，客户拨打 95598 咨询：前一天收到余额提醒短信，自己已通过支付宝缴费，为什么第二天仍然收到余额不足短信。7 月份，客户又收到余额不足短信，通过支付宝缴纳电费后仍然收到余额提醒短信，后核实发现余额提醒短信的户号并不是自己家，所以再次拨打 95598 反映情况。

案例内容

2019 年 6 月 22 日上午 10 时，家住承德市的夏先生接收到户号为 15 ×× 11 的余额不足电费提醒短信，短信发送号码为 95598。为避免余额不足造成欠费，夏先生赶紧通过支付宝缴纳 200 块钱电费。

6 月 23 日上午 10 时，夏先生再次收到余额不足短信，于是拨打 95598 电话进行反映，之后夏先生并未收到任何回访电话或是短信提醒信息，告知户号为 15 ×× 11 的短信已进行更改。夏先生自认为拨打完电话后，户号为 15 ×× 11 的手机号肯定能纠正过来，以后就不用再继续收到误发短信了，所以也没把此事放在心上。

7 月 20 日上午 10 时，夏先生又收到余额不足的提醒短信，夏先生误以为自己家电费又欠费了，所以再次通过支付宝缴纳 500 块钱电费。

7 月 21 日上午 11 时，夏先生又收到了余额不足的电费提醒短信，夏先生仔细核对户号，发现上个月和本月收到的余额提醒短信的户号并不是自己家，一气之下拨打了 95598 热线电话。

7 月 21 日接到工单后，供电所人员立即联系客户，经核实确实存在客户所说错发短信情况，因工作人员疏忽手机号码录入错误，现已将户号 15 ×× 11 的联系方式进行更改为 13 ×× 55，同时客户夏先生（电话 13 ×× 12）不会再收到类似短信。

客服专员于 7 月 23 日 17 时和 18 时两次拨打夏先生电话进行回访，夏先生均未接电话，客服专员随后于 21 时 35 分再次拨打夏先生电话，将处理结果与夏先生沟通后，夏先生表示满意。

存在问题

（1）供电所人员责任心不强，在推广智能交费业务录入基础信息时，未能准确核对客户信息。

（2）客户档案信息缺乏规范管理，审核不严谨，造成数据信息录入不准确。

（3）客户首次收到错发短信时，供电所人员未彻底解决客户诉求问题，就将工单进行草草回复，导致客户再次收到，对客户正常生活造成不便，引发客户不满。

建议举措

（1）对错发短信意见工单，供电所人员与客户沟通确认后，要在营销各系统内将数据进行重新维护，保证客户信息全部更新完毕。

（2）供电所人员在回单时要严格落实回单要求，确认系统信息正确性。

（3）供电所人员在推行费控业务时，要对所有客户基础信息逐一进行核对，发现错误要及时进行纠正。

（4）供电所人员应做好本单位营销业务应用系统中客户档案、业务流程、电量电费、计量、用电检查等信息更新和维护，县公司应定期开展数据质量校核。

政策依据

（1）《国家电网公司电力客户档案管理规定》[国网（营销/3）382—2014]第十七条中规定：客户纸质资料记录与营销业务应用系统和客户现场信息一致。

（2）《国家电网有限公司 95598 客户服务业务管理办法》第五十九条中规定：省公司，地市、县公司应做好本单位营销业务应用系统中客户档案、业务流程、电量电费、计量、用电检查等信息更新和维护，定期开展数据质量校核。

（3）《国家电网有限公司 95598 客户服务业务管理办法》国家电网企管〔2019〕907 号 附件 1 国家电网有限公司供电服务投诉业务处理规范第八部分中规定：回单审核，国网客服中心、省营销服务中心，国网电动汽车公司，县公司逐级对回单质量进行审核，对回单内容或处理意见不符合要求的，应注明原因后将工单回退至投诉处理部门再次处理。对无法在时限内办结的客户投诉，继续对投诉处理情况跟踪督办。工单回复审核时发现工单回复内容存在以下问题，应将工单回退：

1）回复工单中未对客户投诉的问题进行答复或者答复不全面的。

2）除保密工单外，未向客户反馈调查结果的。

3）应提供而未提供相关 95598 客户投诉处理依据的。

4）承办部门回复内容明显违背公司相关规定或表述不清晰、逻辑混乱的。

5）其他经审核应回退的。

案例点评

费控业务在推广过程中，由于数量大、推广时限有要求，难免在与客户签订协议时出现问题，或者在录入营销系统时发生错误，或者在费控系统信息录入时手机号录入错误。供电所人员应在所有信息录入完之后进行认真核实，如果客户档案信息维护正确，就避免了本案例的发生。

客户 6 月份收到错发短信并在第一次拨打 95598 电话时，国网客服中心受理客户意见业务诉求后，应在 20 分钟内派发工单。供电所人员应在国网客服中心受理客户诉求后 9 个工作日内处理，答复客户并审核、反馈处理意见。

但是在此次工单处理过程中没能看到国网客服中心的处理情况，也未见到供电所人员的回单情况，猜想是供电所人员自认为该工单太简单，改个手机号就可以，所以打算先回单再进行处理，结果回单后忘记为客户更改手机号。

导致某欠费户号手机号并未进行更改，7 月份的时候，某欠费客户再次欠费，欠费短信再一次发送到夏先生手机上，夏先生又重复了 6 月份的操作，交费后又收到欠费短信，这时核实户号才发现真正原因是供电公司将某户号的手机号绑定错了，一气之下又拨打了 95598 投诉电话。

营销服务人员应及时向客户推送网上国网 App，并在客户成功注册之后，温馨提示相应的功能，如果有需求需要向客户一一进行讲解。待客户熟练使用网上国网 App 后，能够快速进行话费查询，电费缴纳，也不容易出现欠费的现象，还能及时掌握自己的用电信息。请客户及时关注网上国网 App，也能减少停电类工单，提高客户用电满意率。

营销服务人员在很多人眼中是谁都能做的琐碎小事，甚至许多营销服务员工也这么认为。殊不知，“小事见真章，细节定成败”，一线服务人员的一个小失误就会导致该链条上后续所有工作无效或者偏离，轻则影响供电公司运行效率，给公司带来经济损失，重则损毁国家电网公司央企形象，甚至引发服务事件，酿成大错。

因此，任何岗位都是国家电网公司运行链条上不可或缺的一环，一环错，则环环错。只有供电公司工作人员拿出干大事的态度和精神来做好所谓的细微小事，“用心服务”才能落到实处。

案例 68　档案信息不正确，服务事件隐患多

案例分类

意见工单—供电服务—电力短信—未收到短信

摘要

王女士 2021 年 9 月 10 日购买某市某区某小区房屋，9 月 15 日前往供电营业厅办理用电变更（过户）业务，办理后工作人员告知需提前预存电费，余额不足时将有短信提示，及时缴费即可。10 月 11 日王女士家中突然停电，询问 95598 得知为欠费停电，停电前王女士未收到短信提醒，对此不满。经调查，因营业厅人员在为客户办理用电变更时错将原房主联系方式录入系统档案中，造成王女士未收到短信，工作人员现已更正联系方式，今后可正常接收提示短信。

案例内容

某市某区王女士 2021 年 9 月 10 日购买某小区房屋，房屋产权已过户，9 月 15 日 14 时与原房主张先生一同前往供电营业厅登记办理用电变更（过户）业务。原房主张先生将电费结清，营业厅受理人员与王女士签订供用电合同，告知将在五个工作日内完成过户，同时解释因属智能交费，需提前预交电费，余额不足二十元时将有短信提醒，及时通过网上国网、支付宝、微信等方式进行缴费即可，王女士预交 200 元电费后离开。

10 月 11 日 9 时 15 分王女士家中突然停电，致电 95598 核实具体情况，95598 客服专员查询后告知因欠费导致停电，需将欠费补齐后恢复供电。王女士对此不认可，表示 9 月 15 日办理过户时受理人员告知余额不足二十元就有短信提醒，但在停电前没有接收到短信提醒，要求核实为什么没有通知就直接被停电，客服专员详细记录王女士联系方式和问题情况后派发工单进行调查。

业务部门调查人员核查后联系王女士，答复客户为智能交费客户，系统每天自动测算电费。系统在 10 月 7 日测算电费时已不足二十元，系统自动触发不足二十元的预警提示短信，提示后仍未缴费，10 月 10 日测算电费不足零元，系统发送短信提示客户将要停电，10 月 11 日测算时仍不足零元，系统自动发送停电短信，并自动停电，三条提示短信均向 15××11 正常发送，发送状态显示为发送成功，建议王女士查看是否屏蔽电力短信或做了其他限制。王女士表示过户时登记号码为 13××56，并不是 15××11，调查人员告知王女士需进一步调查，调查后再联系王女士。

经供电所工作人员最终核实，客户反映情况属实，是供电企业责任。客户用电地址：某区某小区，客户编号：23××89，9 月 15 日王女士与张先生（原房主）前往供电营业厅办理用电变更（过户）业务，营业厅受理人员在登记王女士信息时错把原房主张先生的联系方式（15××11）录入在系统档案中，所以客户编号：23××89 的提示短信均发送至原房主处。现房主王女士因未收到提示短信，未能及时缴费，系统 10 月 11 日自动停电。王女士 10 月 11 日 12 时 30 分缴清欠费后复电成功，对此造成的影

响深表歉意。营业厅受理人员10月12日14时30分将王女士正确联系方式维护至系统中，可正常接收提示短信。10月14日9时37分再次致电客户王女士，告知调查处理结果，客户表示理解，对处理结果满意。

存在问题

（1）营业厅受理人员存在服务过错。在与王女士签订供用电合同时，客户联系方式作为最重要的信息，受理人员未仔细跟客户核对，将原房主的联系方式错误录入到王女士的系统档案中，造成王女士未接收到短信提醒，存在服务过错。

（2）接收客户档案时把关不严。王女士在做纸质登记时联系方式登记为13××56，营业厅受理人员将电子档案录入为15××11，档案管理人员在接收该客户档案资料时未核查出错误问题，及时处理纸质档案与系统电子档案不一致的情况，存在业务把关不严的问题。

（3）归档信息核查不到位。根据档案管理规范，应定期对归档档案信息进行自查，及时发现问题并处理解决，而本次档案错误问题由客户发现并反映，说明责任部门的核查工作执行不到位。

（4）催费、欠费停电通知不到位。因客户档案信息错误，导致王女士不能正常接收到催费提示通知，没有及时进行电费充值，导致现场停电，给客户正常用电带来影响，造成不良感知。

（5）日常管理存在疏漏。责任单位对员工的日常服务行为缺乏管控，未及时发现并纠正员工在信息维护、档案管理等方面的过错行为。

建议举措

（1）加强客户档案管理，确保信息真实完整。客户档案是供电服务开展的基础信息，业务部门无论是在档案创建还是日常档案管理工作中都应仔细核对档案信息，严格按照规范要求充分检查每一项资料的完整性和准确性，确保档案信息真实有效，为供用电双方合法权益提供有效支撑作用。

（2）健全档案管理自查机制，确保异常信息及时处理。严格按照规范要求开展档案自查工作，建立或完善自查机制，缩短自查周期，加大自查力度，对已归档客户档案资料完整性和准确性进行仔细核对，对于信息缺失或纸质与电子信息不符的问题及时协调解决。

（3）加强窗口人员责任意识，提升客户服务质量。责任单位应进一步加强营业窗口人员业务能力培训及服务行为规范管理，提升人员业务能力和服务意识，严肃工作纪律，树立良好的规矩意识和责任意识，有效促进营业厅服务质量的提升。

政策依据

（1）《国家电网公司电力客户档案管理规定》[国网（营销/3）382—2014] 第二十条：业务办理人员负责收集、查验客户资料，于送电后 7 个工作日或工作单办结后 4 个工作日内移交档案管理人员，并做好交接记录。档案管理人员应检查客户资料是否完整、准确，包括资料内容真实、资料建立符合程序、签章齐全有效、资料填写时间是否准确等。

（2）《国家电网公司电力客户档案管理规定》[国网（营销/3）382—2014] 第四十六条：市、县供电企业应建立客户档案管理自查机制，定期组织对已归档客户档案资料完整性和准确性进行检查，对发现的问题及时处理解决。

（3）《国家电网公司电力客户档案管理规定》[国网（营销/3）382—2014] 第四十七条：建立客户档案管理责任追究机制。对客户档案管理不规范导致档案遗失、损毁的，发生客户投诉或者企业经营风险等情况，对相关责任人和责任部门按相关规定处理。

（4）《国家电网有限公司电费抄核收管理办法》[国网（营销/3）273—2019] 第五十六条：对欠费电力客户应有明细档案，按规定的程序催交电费。

（一）电费催交通知书、停电通知书应由专人审核、专档管理。电费催交通知书内容应包括催交电费年月、欠费金额及违约金、交费时限、交费方式及地点等。停电通知书内容应包括催交电费日期、欠费金额及违约金、停电原因、停电时间等。鼓励采用电话、短信、微信等电子化催交方式，现场发放停电通知书应通过现场作业终端等设备拍照上传，做好取证留存工作。

（二）加强欠费停电管理，严格按照国家规定的程序对欠费电力客户实施欠费停电措施。对未签订智能交费协议的电力客户，停电通知书须按规定履行审批程序，在停电前三至七天内送达电力客户，可采取电力客户签收或公证等多种有效方式送达，并在电力客户用电现场显著位置张贴，拍照留存上传至营销业务应用系统。对重要电力客户的停电，应将停电通知书报送同级电力管理部门，在停电前通过录音电话等方式再通知电力客户，方可在通知规定时间实施停电。

（三）智能交费电力客户根据协议约定，当可用余额低于预警值时，应通知电力客户及时交费；当可用余额小于停电阈值，采取停电措施。

（四）停电操作前，应再次核对电力客户当前是否欠费以及停电通知送达情况，确认无误后执行停电操作。欠费停电操作不得擅自扩大范围或更改时间。

（五）电力客户结清电费及违约金后，应在 24 个小时内恢复供电，如特殊原因不能恢复供电的，应向电力客户说明原因。

（5）《国家电网有限公司供电服务奖惩规定》[国网（营销/3）377—2014] 第四章惩处 第二节供电服务过错：

第二十六条　供电服务过错根据问题性质和影响程度分为三类：一类过错、二类过错和三类过错。

（一）一类过错

情节严重，长期存在，给客户造成 1 万元及以上 5 万元以下直接经济损失，或给企业形象造成较大影响的供电服务过错。

（二）二类过错

情节较重，频繁发生，给客户造成 1 万元以下直接经济损失，或在一定范围内给企业形象造成不良影响的供电服务过错。

（三）三类过错

情节较轻，偶尔发生，未造成不良影响的供电服务过错。

第二十七条　发生供电服务过错，惩处可采取经济处罚或者组织处理。

（七）发生一类过错，对责任人按以下规定处理：

（1）对责任单位上级有关部门负责人予以通报批评。

（2）对责任单位主要负责人、有关分管负责人予以通报批评。

（3）对部门、班组级负责人予以通报批评、调整岗位或待岗。

（4）对主要责任人予以通报批评、调整岗位或待岗。

（5）对次要责任人予以通报批评或调整岗位。

（6）对上述责任人予以 500～3000 元经济处罚。

（八）发生二类过错，对责任人按以下规定处理：

（1）对主要责任人予以通报批评、调整岗位或待岗。

（2）对次要责任人予以通报批评或调整岗位。

（3）对上述责任人予以 100～2000 元经济处罚。

（九）发生三类过错，对责任人按以下规定处理：

（1）对主要责任人予以通报批评或调整岗位。

（2）对次要责任人予以通报批评。

（3）对上述责任人予以 1000 元以下经济处罚。

案例点评

信息的错误提示有可能造成客户电费的错误缴纳和催缴、欠费停电通知不到位的问题，将引出更多的服务事件，业务部门应持续强化人员服务风险意识，注重对日常工作的自查整改过程的督导和整改质量的检查，研究出台有效管用的制度规定，巩固深化自查整改成果，建立长效机制。对发现的问题，不手软、不姑息，通过严肃查处等方式坚决杜绝业务链条上的违规操作。

用电客户基础档案的缺失或错误阻断了企业和用电客户沟通渠道，严重影响了业务沟通和优质服务的开展。业务部门应深入贯彻落实公司“集团化运作、集约化发展、精益化管理、标准化建设”要求，提升各级单位客户档案管理的规范化、标准化和信息化水平，实现客户纸质档案与电子档案的同步流转和全过程管理，为公司后续服务开展提供有效支撑（见图 2–2）。

图 2-2 工作场景图

案例 69 客户理赔诉求急，供电部门处置佳

案例分类

意见工单—供电服务—电器赔偿—非家电设备损坏

摘要

因供电企业产权供电线路缺相，造成客户非家电设备损坏。损坏电气设备造成客户无法正常开展生产经营，使客户产生焦虑情绪，迫切希望供电部门尽快赔偿损坏设备。供电部门工作人员按照电器赔偿相关工作要求开展电器核损、赔偿工作。同时考虑客户索赔的紧迫要求，督促第三方理赔委托单位及时的完成损坏设备现场检查、修复，有效解决客户诉求，缓解了客户焦虑情绪。

案例内容

某年 2 月 4 日，客户拨打 95598 供电服务热线报修，表示因供电质量问题，造成客户所在地故障停电。

供电部门工作人员接到故障报修工单后，立刻到客户报修处进行现场检查。经核实，造成客户处故障停电的原因是线路缺相，确为供电公司责任。在与客户沟通过程中，客户表示自己是做生意的，因本次故障停电造成客户电机损坏，致使无法正常营业，会造成经济损失，要求供电部门即刻购买新电机对客户进行赔偿。供电部门工作人员告知客户，损坏电机需先进行检查，若可维修，则进行维修处理，费用由供电部门承担；若确实无法维修，则为客户赔偿新的电机。

客户因对供电部门工作人员答复结果不满意，再次拨打 95598 供电服务热线，提出要求工作人员立刻给其购买新的电机，使其恢复正常营业。

工作人员于当日就客户反映问题进行调查。经核实，供电公司已将客户损坏设备报给保险公司，由保险公司进行理赔。保险公司将联系专业电器维修人员进行设备检查，若可维修，则进行维修处理；若无法维修，则为客户赔偿新的电机。由于客户处需要营业，供电部门工作人员督促第三方理赔委托单位尽快完成核损、理赔。当天晚上，已安排专业电器维修人员现场检查，并对损坏电机进行修复，不影响客户第二天正常营业。同时，供电部门工作人员建议客户自行购置、安装缺相保护器，以降低家中电机等设备因缺相而产生的损坏的风险。

存在问题

因供电质量问题致使客户电器损坏。客户处因供电公司供电质量问题，导致缺相停电，引发客户非家用电器设备损坏，给客户正常生产、生活带来不便。

建议举措

（1）加强配电设备运维消缺。建议各单位加强配电设备的运维管理，针对存在设备缺陷或安全运行隐患的供电设施，应及时完成消缺工作，确保供电质量可靠，避免因供电质量原因影响客户正常用电。

（2）及时开展损坏设备核损理赔。当客户处确实因供电质量问题致使电器设备损坏时，建议各单位严格按照规定时限要求，开展损坏设备核损、理赔工作。考虑到具体核损、理赔工作均委托至第三方单位实施，供电部门应加强对事件处置进度的跟踪、督办，及时解决客户紧急诉求，有效避免矛盾升级。

政策依据

（1）《国家电网有限公司企业标准供电服务标准》（Q/GDW 10403—2021）6.5 用电异常服务申请。

6.5.1　服务内容

供电企业受理客户的欠费复电登记、电器损坏核损、电能表异常、抄表数据异常、服务平台异常等服务申请，按规定向客户回复处理结果。

6.5.5 项目质量标准

受理客户服务申请后：

a）电器损坏核损业务 24 小时内到达现场；

b）电能表异常业务 5 个工作日内处理；

c）抄表数据异常业务 5 个工作日内核实；

d）服务平台异常业务 4 个工作日内核实处理；

e）其他服务申请类业务 6 个工作日内处理完毕。

（2）《国家电网有限公司 95598 客户服务业务管理办法》国家电网企管〔2019〕907 号 附件 2 国家电网有限公司 95598 故障报修业务处理规范 六、客户内部故障处理。

抢修人员到达现场后，发现由于电力运行事故导致客户家用电器损坏的，抢修人员应做好相关证据的收集及存档工作，并及时转相关部门处理。

案例点评

在本案例中，客户因为供电企业供电质量原因导致非家用电器损坏，致使客户无法正常开展生产经营活动，客户的焦虑情绪可想而知。此时，若供电公司不能及时、有效的解决客户的诉求，很容易导致客户负面情绪升级，引发客户投诉。

供电部门在整体事件处理过程中，充分考虑到客户的焦虑情绪，及时、有效地采取了弥补措施，督促第三方单位尽快完成了损坏设备的维修，有效保证客户的正常生产经营活动，尽可能减少了供电质量原因给客户带去的损失，有效安抚客户焦虑情绪。

供电部门在处理客户理赔业务过程中，一方面需严格按照相关规章制度落实执行，避免给企业造成不必要的额外支出；另一方面也应充分考虑客户作为损失方的焦虑情绪，通过有效沟通给予一定安抚。规范、合理的理赔业务处置，对于供电部门服务品牌树立具有积极作用。

类似案例

案例一：

受理内容：户号为 25××00 的客户拨打 95598 供电服务热线，反映因供电质量问题致使其家中非家用电器损坏，但工作人员一直未到客户现场进行核损，也没有人电话联系客户。此情况需供电公司尽快核实处理。

处理情况：工作人员于当日就客户反映问题进行调查。经核实，在客户拨打 95598 供电服务热线反映电器损坏问题前，客户所在小区物业电工师傅已联系供电部门反映过此问题。供电部门工作人员一直积极对接该小区物业电工师傅，故接到工单后，未及时联系该客户，存在电器核损工单处理不规范的问题。接到本工单后，供电部门工

作人员于次日联系保险公司工作人员到客户现场进行核损，对认定为供电质量原因导致损坏的电器进行修复。客户对供电部门处理结果表示满意。

案例二：

受理内容：2017 年 6 月份，某省某市某县客户来电反映：家电损坏一直未处理完毕。客户表示 2017 年 3 月份其家中有一台冰箱损坏联系工作人员处理，前期意见工单 20××94 答复“2017 年 3 月 23 日 14 时 36 分修理完毕，现已经可以正常使用”，当时工作人员让客户接到 95598 回访电话时告知已经修好，但客户表示目前冰箱仍未维修好，客户对处理结果表示不满。

处理情况：客户反映情况属实，是供电公司责任。经核实，2017 年 3 月份该客户冰箱压缩机不制冷，电工将冰箱由某镇带至某县进行维修。由于维修时间不确定，前期工单已临近返单时限，因此当时电工承诺会尽快修好还给客户，所以电工当时告知客户在 95598 回访时说冰箱已经修好。5 月份该客户冰箱制冷冷凝铜管泄露，因铜管需重新进货及排布，因此维修时间较长引发投诉，现该客户冰箱已维修完毕，可以正常使用。经工作人员与客户解释沟通，客户表示认可。为规避此类投诉，今后将规范工作人员言行，做到实事求是，禁止再出现让客户在 95598 工单回访时将未处理完的诉求说成已经处理完的情况。

目前，95598 工单回复内容与实际不符的现象频繁发生。表现为客户诉求实际并未处理完毕或诉求虽处理完毕但回复内容并不完全真实，容易影响客户回访满意度或造成回访时投诉升级，有一部分客户虽在回访时配合处理部门答复虚假情况，但当其后期诉求不能满足时再次爆发投诉的风险很高。

案例 70　通信不好引误会，电话录音还真相

案例分类

意见工单—供电服务—服务渠道—电话服务

摘要

客户拨打所在地区供电所电话，咨询自家户号。因通信情况不好，使客户误认为供电所工作人员在通话过程中辱骂客户、随意挂断客户电话。经对通话录音内容进行核实，供电所工作人员并未辱骂客户、在客户先挂断电话后，挂断电话。

案例内容

某年 1 月 11 日，客户拨打 95598 供电服务热线，表示其拨打某供电所对外公开服务电话，想查询客户编号。在通话过程中，工作人员辱骂客户，在客户未咨询完的情

况下随意挂断客户电话，客户很不满，要求涉事工作人员回电话道歉。

接到客户诉求工单后，供电部门工作人员于当日就客户反映问题进行调查。经核实，客户确实曾拨打该供电所对外公开服务电话查询客户编号。该电话具有通话录音功能，经调取通话录音、了解通话内容后发现，在此次通话过程中，存在电话杂音很大、无法听清客户说话内容的情况，通话过程中并未辱骂客户。同时，工作人员并未主动挂断客户电话，而是在电话忙音后挂断电话。供电部门工作人员将调查情况告知客户，并将通话录音放给客户听，客户表示前期产生误会、并对调查情况表示满意，无须工作人员道歉。

存在问题

对外公开服务电话维护不到位。客户在拨打供电所对外公开服务电话过程中，存在电话杂音大、无法听到通话内容的情况。因对外公开电话设备维护不到位，致使客户误认为供电所工作人员在通话过程中辱骂客户、随意挂断客户电话，给客户带来不良服务感知。

建议举措

（1）加强对外公开服务电话通信设备维护。建议各单位做好对外公开服务电话相关通信设备的维护，避免因通信设备维护不到位，造成客户无法通过电话服务解决用电诉求。

（2）加强对录音电话的应用管理。录音电话的合理应用，既可以规范供电部门工作人员的电话服务行为，在发生电话服务诉求过程中，也能维护供电部门工作人员的利益。建议各单位加强对录音电话运行情况的管理，确保录音电话功能正常，必要时可提供有效的佐证材料，确保电话服务事件调查有证可循。

（3）加强工作人员电话服务管控。为了更方便地服务广大用电客户，很多单位都将制作“连心卡”，公开办公电话、台区经理联系电话。此情况在方便广大用电客户的同时，因为电话服务的特殊性，增加了一定的服务风险。各单位应加强相关工作人员电话服务水平的培训，规范电话服务用语、明确电话服务过程中存在的服务风险点，有效规避电话服务投诉风险。

政策依据

《供电服务标准》（Q/GDW 10403—2021）中：

（1）5.1.4.1：供电营业厅的服务方式包括：① 面对面；② 电话；③ 书面留言；④ 传真；⑤ 客户自助。

（2）5.1.4.2：服务方式的要求如下：各级供电营业厅应具备的服务方式如下：1）A、

B 级营业厅：第①～⑤种服务方式；2）C 级营业厅：第①～③、⑤种服务方式；3）C 级自助营业厅：第⑤种服务方式。

（3）5.1.7.2：服务设施及用品的要求如下：各级供电营业厅应根据客户需求、业务需要等配置相应的服务设施及用品；各项设施及用品摆放整齐、清洁完好、适时消毒；供电营业厅入口处应配有“营业中”或“休息中”标志牌；功能区指示牌应醒目，必要时可设有中英文对照标识，少数民族地区应设有汉文和民族文字对应标识；服务专用录音电话录音、音视频监控系统信息至少保留三个月。

（4）5.2.7.3：95598 客服专员应在振铃 3 声（12 秒）内接听，一般情况下不得先于客户挂断电话。

（5）5.2.7.4：95598 客服专员接听或外呼电话时应做到专心聆听，适时引导，准确快速判断客户反映的问题，使用恰当语言总结客户诉求，重要内容重复确认，并准确回答客户问题。

（6）5.2.7.5：95598 客服专员对于超出解答能力范围的问题，应与客户确认并翔实记录问题，按时限要求派发工单。

（7）5.2.7.6：95598 客服专员对涉及非公司业务诉求应礼貌说明情况，并做好记录；对带有主观恶意的骚扰电话，使用标准话术提示客户后可先行挂断电话并向上级汇报。

案例点评

在本案例中，客户拨打供电所对外公开服务电话咨询相关业务，通话期间因通信情况较差，致使客户误认为供电所工作人员存在辱骂客户、随意挂断客户电话的情况。通过对本次事件的调查，供电所工作人员在本次电话服务过程中，实际并不存在以上违规行为。事件之所以能够准确地调查清楚，要得益于该供电所对录音电话的合理使用。若是没有通话录音的佐证，通话双方各执一词，对于供电部门对于本次事件属实情况的调查、以及之后的电话服务管理是非常不利的。

供电部门管理人员应清楚地认识到，提高工作人员服务水平非常重要，维护工作人员的权益同样重要。加强录音电话等现代化设备的使用，可以使供电部门的服务管控工作事半功倍。

类似案例

案例一：

受理内容：某年 2 月 6 日，客户拨打 95598 供电服务热线，反映 2 月 5 日晚其家中停电，客户当即拨打某供电所值班电话，但一直忙音、无人接听。客户对此有异议，同时表示该电话号码经常忙音、打不通，请供电部门尽快核实处理。

处理情况：工作人员于当日就客户反映问题进行调查。经核实，客户拨打供电所值班电话期间，该供电所值班人员均到故障停电现场开展抢修工作，同时对该值班电话设置了呼叫转移，将来电转接至另一移动电话。因移动电话欠费停机、工作人员未及时发现，导致客户拨打电话均为忙音、无人接听。此情况为客户带来不便，供电部门工作人员表示歉意。现该供电所值班电话已恢复正常通话，客户对处理情况表示满意。

案例二：

受理内容：某年 1 月 5 日（周六），客户拨打 95598 供电服务热线，反映其多次拨打某供电所联系电话 03××01，均无法接通。客户认为供电所所长没有到岗值班，设置了呼叫转移，请供电部门尽快核实处理。

处理情况：工作人员于当日就客户反映问题进行调查。经核实，由于供电所所在区域发生故障停电，供电所内工作人员均忙于故障抢修工作，造成供电所联系电话无人接听，并不存在供电所工作人员没有到岗值班、设置了呼叫转移的情况。同时，该电话号码并非对外公布服务电话，无相关规定要求供电所所长在非工作时间一定要在供电所值班。将调查结果告知客户后，客户表示理解。

案例三：

受理内容：某年 8 月 8 日，客户拨打 95598 供电服务热线，反映其拨打某供电营业厅对外公布电话 87××83，想咨询停电信息：20××97 相关事情，但一直无法接通，请供电公司尽快核实处理（客户要求保密，请工作人员注意不要联系）。

处理情况：工作人员于当日就客户反映问题进行调查。经核实，客户所说某供电营业厅对外公布电话 87××83 并非供电公司电话号码，由于客户有保密要求，故无法得知客户是从何渠道获取此号码。关于工单内停电信息：20××97 为计划停电，停电时间为 2019 年 8 月 8 日 8 时 00 分至 2019 年 8 月 8 日 17 时 50 分，停电原因为配合某变电站操作停电。由于客户要求保密，无法将调查结果告知客户。

案例 71　公众号无法缴费，客户着急怕停电

案例分类

意见工单—供电服务—服务渠道—电子渠道服务

摘要

因电力公众号系统升级，致使客户无法通过关注公众号进行电费缴纳。客户担心欠费停电，拨打 95598 供电服务热线反映问题。供电部门工作人员及时联系客户，引导客户通过其他方式完成电费缴纳，避免了欠费停电情况发生。

案例内容

某年 9 月 29 日，户号为 15××09 的客户拨打 95598 供电服务热线，反映其当日通过手机微信登录国网某电力公众号，提示无法正常登录，导致客户无法通过公众号缴纳电费。客户现在账户内电费余额不足，担心会欠费停电，希望供电公司尽快处理此问题，并要求供电公司不要对其实施欠费停电。

供电部门工作人员于当日就客户反映问题进行调查，经核实，9 月 29 日国网某电力微信公众号系统升级，导致客户无法正常访问，9 月 30 日该微信公众号升级完毕后，即可正常登录使用。沟通过程中，供电部门工作人员告知客户可通过营业厅、网上国网、支付宝等方式进行电费缴纳。在供电部门工作人员的帮助下，客户通过其他方式缴纳电费 100 元，避免了欠费停电情况发生。

存在问题

电力公众号系统升级影响客户正常使用。国网冀北电力公众号系统升工作安排在月末，正值电费结账、客户缴费高峰时段。因系统升级致使客户无法访问，不能进行正常电费缴纳，给客户带去不良服务体验。

建议举措

合理规划系统升级时间。建议相关运维管理单位，结合各区域电费结账时间、客户电费缴纳习惯等情况，科学、合理安排系统升级时间（如月中凌晨时间，客户访问较少时进行系统升级），尽可能避免影响客户正常使用。

政策依据

（1）《供电服务标准》（Q/GDW 10403—2021）5.1.8.8：因业务系统、服务设施出现故障等突发情况影响业务办理时，若短时间内可以恢复，应请客户稍候并致歉；若需较长时间才能恢复，除向客户说明情况并致歉外，应请客户留下联系电话，以便另约服务时间。

（2）《供电服务标准》（Q/GDW 10403—2021）5.3.1：服务渠道描述：电子渠道是供电企业通过网络与客户进行交互、提供服务的途径，包括 95598 智能互动网站、网上国网（移动客户端），以及依托第三方平台的微信公众号、微信小程序、支付宝生活号、数字电视媒体等。

（3）《供电服务标准》（Q/GDW 10403—2021）5.3.2：服务网络布设：网上国网（移动客户端）、95598 智能互动网站由国家电网有限公司统一规划设计、统一布设，依托第三方平台的微信公众号、微信小程序、支付宝生活号、数字电视媒体等渠道由国网客户服务中心和各省（自治区、直辖市）公司独立布设。

（4）《供电服务标准》（Q/GDW 10403—2021）5.3.3.1：电子渠道的服务功能包括：① 业务办理；② 收费；③ 告示；④ 能效服务；⑤ 新能源；⑥ 会员服务。

（5）《供电服务标准》（Q/GDW 10403—2021）5.3.3.2 服务功能要满足以下要求：a）各类电子渠道应具备的服务功能如下：1）网上国网（移动客户端）：第①～⑥项服务功能；2）95598 智能互动网站：第①～⑥项服务功能；3）依托第三方平台的微信公众号、微信小程序、支付宝生活号、数字电视媒体等：第①项服务功能中的信息查询功能及②、③、⑥项服务功能。b）除站内公告、营业网点查询外，其他功能根据注册、实名认证、绑定用电户号开放相应的功能权限；c）电子渠道应提供导航服务，以方便客户使用。

（6）《供电服务标准》（Q/GDW 10403—2021）5.3.7.1：电子渠道应 24 小时受理客户需求，如需人工确认的，故障报修类需求，电子客服专员在 3 分钟内与客户确认；其他需求在 1 小时内与客户确认；不能立即办结的，通过派发工单至责任单位处理。

（7）《供电服务标准》（Q/GDW 10403—2021）5.3.7.2：电子渠道应公告在线人工客服时段。

（8）《供电服务标准》（Q/GDW 10403—2021）5.3.7.5：电子渠道应提供稳定、畅通的服务，因运维升级导致部分或全部功能暂停服务时，应提前公告相关信息。

案例点评

本案例中，公众号系统正常系统升级、供电部门工作人员接到客户诉求工单后及时协助客户完成电费缴纳，看似并不存在工作失误或差错。但是，事件的背后反映出公众号升级维护时间安排不够科学合理，此情况对于电子渠道缴费推广具有负面影响。

随着社会的不断发展进步，人们对于电的依赖水平越来越高，同时对于供电相关的服务要求也越来越高。为了方便客户缴费、了解用电信息等，电力公众号作为新的渠道推广给广大用电客户。如何使用电客户更乐于通过电力公众号了解用电情况，供电部门工作人员大力宣传占一定地位，公众号本身便捷、可靠占据更主要的地位。

类似案例

案例一：

受理内容：某省某市某区客户反映：4 月 1 日 15 时左右，到国网某供电营业厅办理缴费业务和查询余额时，存在服务项目与公示、知识库内容不一致现象。具体情况为：客户前往营业厅后，两名工作人员不让客户进入，当客户表示要缴费时，让客户去自助缴费机缴费，客户需要查询余额，工作人员告知查询不了，只能下载网上国网

查询余额，当客户表示要投诉时，工作人员才给客户查询余额。本次诉求中，客户需要同时核实是否有余额不足预警短信，客户表示自己未收到过此类短信。

处理情况：客户反映情况属实，是供电公司责任。经核实，客户户号 31××68，2020 年 4 月 1 日下午 14 时 50 分 30 秒投诉客户进入某营业厅内（因为摄像头采音设备距离客户位置较远，所以未采集到声音，已联系厂家对设备进行整改），客户进入营业厅后工作人员刘某（视频中短发穿白衬衫女性）问询客户是否是缴费，客户答复是缴费。工作人员直接推荐客户使用自助机现金缴费，并未询问客户是否想到窗口缴费（客户提出的两名工作人员不让客户进入）。工作人员赵某（视频右下角短发戴口罩女性）于下午 14 时 50 分 54 秒起身指导客户使用自助机缴费，客户询问自助机上显示的余额是否正确，工作人员解释自助机显示的不是实时余额，应以接收的短信余额为准。工作人员没有主动提出是否需要查询余额，只是推荐客户下载“网上国网”方便缴费和查询等业务。客户投诉后工作人员联系客户时，客户表示平时连微信都不用。疫情期间公司正在大力推广使用“网上国网”，方便客户缴费及查询用电情况，可能客户平时不善于使用手机，所以对两位工作人员都推荐下载“网上国网”产生反感导致投诉。经核实，因客户未达到预警值所以没有发送过余额不足预警短信。目前已告知客户实时余额并且已经成功缴费。已向客户解释清楚，客户表示不认可。

音视频监控核查情况：某营业厅门口摆放疫情相关《国网某供电营业厅出入须知》告示牌，14 时 50 分两名工作人员在营业厅门口位置，刘姓工作人员在门口短暂停留后到回到营业厅内柜台位置，郑姓工作人员站在门口办公桌旁答复客户诉求，视频未监控到客户及自助缴费机画面。

本案例启示：①必须加强营业厅服务现场管理，严肃工作纪律、强化服务意识。两名被投诉工作人员对客户缴费和查询余额诉求未能耐心主动提供服务、解决客户诉求，违反业务受理要求、推诿怠慢客户，相关部门应加强营业厅服务现场监管，严肃工作纪律，强化服务意识，通过切实有效的服务情景模拟演练来提高营业人员素质，提升营业厅服务质量。②合理引导客户自助缴费，避免强推、硬推影响公司形象。营业厅疫情期间为预防交叉传染建议客户使用自助缴费机、“网上国网”线上渠道缴费，本意是为方便客户，但未能在解决客户诉求的前提下进行业务推广，给客户给推诿、不作为的感知，推广方式不可取，相关部门应合理引导客户自助缴费，利用多种方式宣传线上缴费优势，避免强硬推广、错误解读公司文件政策引发客户不良感知，影响公司品牌形象。

案例二：

受理内容：户号为 15××45 的客户拨打 95598 供电服务热线，反映自己通过支付宝缴费方式完成了一笔电费缴纳，之后到供电营业厅进行电费收据或凭证打印，营业厅工作人员告知客户当前支付宝系统升级、无法正常打印收据或凭证，让客户自行联系支付宝。客户对此有异议，认为应供电部门工作人员联系支付宝方面。现客户急需此电费缴纳凭证，请供电公司尽快核实处理。

处理情况：接到工单后，供电部门工作人员于当日就客户反映问题进行调查。经核实，支付宝系统升级、恢复时间待定，故无法通过支付宝 App 打印缴费凭证。因前期工作人员业务不够熟练，未告知客户如急需使用，可通过供电营业厅自助缴费终端进行缴费凭证打印。本次工单处理过程中，工作人员告知客户可通过自助缴费终端打印缴费凭证，并协助客户完成凭证打印。将情况告知客户，客户表示理解。

案例三：

受理内容：户号为 15××75 的客户拨打 95598 供电服务热线，反映当日登录微信公众号，使用余额查询功能时，进入的图文链接出现无法打开网页的情况，请供电公司尽快核实处理。

处理情况：接到客户工单后，供电部门工作人员于当日就客户反映问题进行调查。经核实，由于客户所诉公众号近期进行系统功能升级维护，导致客户无法使用余额查询功能。经供电部门工作人员与公众号维护单位沟通后，无法确认功能回复时间。供电部门工作人员建议客户下载网上国网 App 进行电费余额查询。客户对调查处理结果表示满意。

案例四：

受理内容：户号为 25××64 的客户拨打 95598 供电服务热线，反映当日通过支付宝 App 缴纳 3 笔电费，每笔均为 20 元，但有一笔电费没有到账。客户表示不理解，请供电部门尽快核实处理。

处理情况：接到客户工单后，供电部门工作人员于当日就客户反映问题进行调查。经核实，户号 25××64 的客户确实有三笔均为 20 元的缴费记录，因支付宝 App 系统延迟，致使缴费信息较晚推送至客户手机。经工作人员的解释沟通，客户表示理解。

案例 72　电器核损处置慢，客户多次催办理

案例分类

意见工单—供电服务—电器赔偿—家电设备损坏

摘要

因供电企业产权线路发生 C 相和零线短路，造成客户家用电器设备损坏，客户要求供电公司进行赔偿。供电公司工作人员按照电器赔偿相关工作要求，委托保险公司进行核实、赔偿。因保险公司处置进度慢、供电公司未能及时督办事件处置进度，致使客户多次拨打 95598 供电服务热线进行催办。

案例内容

某年 10 月 4 日，客户拨打 95598 供电服务热线，表示因供电企业供电质量原因，

造成家中两盏灯、一个路由器、一个机顶盒损坏，申请对损坏电器进行现场核损。

供电部门工作人员于当天就客户反映问题进行调查。经核实，当日因大风天气，造成为客户供电的线路发生C相和零线短路，引发客户所述电气设备损坏。供电部门已将损坏的电器委托第三方保险公司进行修理、理赔。

10月11日，客户再次拨打95598供电服务热线，表示前期损坏电器仍未修复，且理赔过程均是自己与保险公司进行联系。客户认为应由供电部门工作人员联系保险公司尽快完成理赔。

供电部门工作人员于当日就客户反映问题进行调查。经核实，保险公司确实存在长时间未能完成理赔的情况。供电部门工作人员已督促保险公司于10月12日将客户损坏电器进行维修。在本次诉求处理过程中，客户还提到，因上次供电质量原因，造成一个手机充电器损坏，经保险公司维修人员检查，已无法修复。客户需自行购买一个手机充电器，凭发票进行现金赔偿。

11月8日，客户第三次拨打95598供电服务热线，表示已自行购买了手机充电器，并留存了发票。但保险公司工作人员一直让客户等待，客户认为等待时间太长了，需尽快完成赔偿。

供电部门工作人员于当日就客户反映问题进行调查。经核实，保险公司确实存在长时间未赔付客户购置手机充电器费用的情况。在供电部门的督办下，保险公司于11月13日凭手机充电器购置发票对客户完成现金赔偿。

存在问题

（1）因供电质量问题致使客户电器损坏。客户处因供电公司供电质量问题，导致线路发生C相和零线短路，引发客户非家用电器设备损坏，影响客户正常用电。

（2）供电部门对第三方委托单位监管不到位。电器损坏核损、理赔工作委托第三方保险公司进行处理，但供电部门对第三方委托单位工作进度、工作内容等监管不到位，致使客户损坏电器存在长时间未维修、理赔的情况。此情况对安抚客户焦虑情绪、高效解决客户合理诉求具有负面影响，极易导致矛盾升级。

【政策举措】

（1）加强配电设备运维消缺。

建议各单位加强配电设备的运维管理，针对存在设备缺陷或安全运行隐患的供电设施，应及时完成消缺工作，确保供电质量可靠，避免因供电质量原因影响客户正常用电。

（2）加强对第三方委托单位的监管。

因电器核损、理赔工作均委托至保险公司进行具体处置，供电部门应加强对第三方委托单位的监管，通过对事件处置进度的跟踪、督办，及时解决客户合理诉求，减少客户盲目等待时间，有效避免矛盾升级。

（3）加强与客户沟通。

在处理客户诉求过程中，遇有诉求内容无法即时解决的情况，建议各单位及时将业务处理进度向客户进行反馈，通过加强与客户间的沟通，有效缓解客户盲目等待的焦虑情绪。

政策依据

《国家电网有限公司企业标准供电服务标准》（Q/GDW 10403—2021）6.5 用电异常服务申请：

6.5.1　服务内容　供电企业受理客户的欠费复电登记、电器损坏核损、电能表异常、抄表数据异常、服务平台异常等服务申请，按规定向客户回复处理结果。

6.5.5　项目质量标准　受理客户服务申请后：

a）电器损坏核损业务 24 小时内到达现场；

b）电能表异常业务 5 个工作日内处理；

c）抄表数据异常业务 5 个工作日内核实；

d）服务平台异常业务 4 个工作日内核实处理；

e）其他服务申请类业务 6 个工作日内处理完毕。

案例点评

本案例中，客户处因供电企业供电质量原因导致多件家用电器损坏，影响客户正常生活。供电部门虽然严格按照要求时限受理了客户的家用电器核损诉求，但具体执行委托至第三方保险公司落实。因缺乏对事件处置进度的跟踪、督办，致使客户长时间盲目等待、多次致电 95598 供电服务热线咨询处置进度。

随着社会的发展进步，人们维权意识越来越强。供电部门在处理客户合理理赔诉求过程中，务必严格按照规章制度执行。规范、合理的理赔业务处置，对于供电部门服务品牌树立具有积极作用。

类似案例

受理内容：客户于某年 12 月 10 日拨打 95598 供电服务热线，反映当年 11 月左右，因供电质量原因导致客户家中一台冰箱、一台冰柜损坏。前期供电公司答复给其赔偿钱，但是至今没有收到，请供电公司尽快核实处理。

处理情况：工作人员于当日就客户反映问题进行调查。经核实，客户在 11 月左右，向供电公司反映因供电原因导致电器设备损坏。之后供电部门工作人员按照规定时限要求受理客户诉求，将客户处电器核损委托至保险公司具体实施。保险公司因流

程问题，暂时未能完成赔付。接到本工单后，供电部门工作人员对本次理赔业务进行督办，预计在本年 12 月 31 日前完成赔付。将调查核实情况告知客户后，客户对供电部门处理结果表示满意。

第九条 对损坏家用电器的修复，供电企业承担损坏元件的修复责任。修复时应尽可能以原型号、规格的新元件修复；无原型号规格的新元件可供修复时，可采用相同功能的新元件替代。

修复所发生的元件购置费、检测费、修理费均由供电企业负担。

不属于责任损坏或未损坏的元件，受害居民用户也要求更换时，所发生的元件购置费与修理费应由提出要求者负担。

第十条 对不可修复的家用电器，其购买时间在六个月及以内的，按原购货发票价，供电企业全额予以赔偿；购置时间在六个月以上的，按原购货发票价，并按本规定第十二条规定的使用寿命折旧后的余额，予以赔偿。使用年限已超过本规定第十二条规定仍在使用的，或者折旧后的差额低于原价 10%的，按原价的 10%予以赔偿。使用时间以发货票开具的日期为准开始计算。

对无法提供购货发票的，应由受害居民用户负责举证，经供电企业核查无误后，以证明出具的购置日期时的国家定价为准，按前款规定清偿。

以外币购置的家用电器，按购置时国家外汇牌价折合人民币计算其购置价，以人民币进行清偿。

清偿后，损坏的家用电器归属供电企业所有。

第十一条 在理赔处理中，供电企业与受害居民用户因赔偿问题达不成协议的，由县级以上电力管理部门调解，调解不成的，可向司法机关申请裁定。

第十二条 各类家用电器的平均使用年限为：

电子类：如电视机、音响、录像机、充电器等，使用寿命为 10 年；

电机类：如电冰箱、空调器、洗衣机、电风扇、吸尘器等，使用寿命为 12 年；

电阻电热类：如电饭煲、电热水器、电茶壶、电炒锅等，使用寿命为 5 年；

电光源类：白炽灯、气体放电灯、调光灯等，使用寿命为 2 年。

第十三条 供电企业对居民用户家用电器损坏所支付的修理费用或赔偿费，由供电生产成本中列支。

第十四条 第三人责任致使居民用户家用电器损坏的，供电企业应协助受害居民用户向第三人索赔，并可比照本办法进行处理。

二、供电业务篇

全面提升“获得电力”服务水平九项举措

“获得电力”是衡量营商环境水平的重要标尺。进一步压减办电时间、简化办电流程、降低办电成本、提升供电可靠性，是全面提升“获得电力”服务水平、持续改善营商环境的关键。

2018年以来，国网冀北电力始终坚持人民电业为人民，落实“一保两服务”职责使命，将持续提升“获得电力”服务作为优化营商环境、服务经济社会发展的出发点和落脚点，推出“5+”服务，开展低压小微企业零上门、零审批、零投资“三零”办电服务。

国网冀北电力坚决贯彻落实国务院常务会议关于提升“获得电力”服务水平的部署要求，结合国网公司要求，出台9项举措。具体如下：

1.办电更省时。2022年底前，居民、低压小微企业办电分别压缩在5个和15个工作日内，大幅压缩高压企业办电时间。

2.办电更省心。推进低压企业供用电合同电子化，推广高压企业预约上门服务，提供办电、查询等“一站式”服务。通过流程“串改并”，取消设计审查、中间检查等，将高、低压办电环节精简至4个、2个环节以内。

3.办电更省钱。为居民和低压小微企业办电提供零上门、零审批、零投资“三零”服务，2022年底前实现城乡全覆盖。提供最优供电方案，满足企业就近接入电网。

4.服务更便捷。推动政企协同办电信息共享，全面推广线上办电，实行“业务线上申请、信息线上流转、进度线上查询、服务线上评价”，提升企业办电服务体验。

5.服务更透明。通过营业厅、手机APP、95598网站等线上线下渠道，公开电费电价、服务流程、作业标准、承诺时限等信息，提供配电网接入能力和容量情况查询服务。

6.服务更温馨。主动为企业群众提供咨询解答服务，提供从技术咨询到装表接电“一条龙”服务。提供电子账单、电子发票服务。

7.用电更可靠。科学合理制定停电计划，推广“不停电”作业，减少计划停电时间和次数。推行“网格化”抢修服务，提高故障抢修效率，减少故障停电时间和次数。

8.用电更经济。向客户提供能效账单和节能咨询服务，指导客户实施电能替代、节能改造，实现降本增效。

9.用电更安全。加强安全用电宣传，指导客户排查整改隐患，配合制定事故应急预案，开展事故应急演练，做到检查、告知、备案、服务“四到位”。

图 2-3　全面提升“获得电力”服务水平九项举措图

案例 73　欠费复电诉求急，工作要求待完善

案例分类

意见工单—供电业务—欠费停复电—停电实施

摘要

客户家中因发生欠费而停电。客户结清所欠电费后，于某日凌晨提出要求一个小时内复电的诉求。属地供电部门工作人员于当日 7 时对工单信息进行流转，超出了客户要求时限，致使客户再次拨打 95598 供电服务热线提出复电需求。最后供电部门工作人员 7 时 02 分指导客户完成复电操作，并对客户表示歉意。

案例内容

某年 7 月 16 日凌晨 1 时 15 分，户号为 15 ×× 02 客户拨打 95598 供电服务热线，反映其家中前期因欠费停电，现在客户已经结清欠费，但因客户侧不属于手动复电，故提出复电申请，请供电部门尽快核实处理。此外，客户表示着急用电，希望一小时内能够完成复电。

当日凌晨 2 时 23 分，户号为 15 ×× 02 的客户再次拨打 95598 供电服务热线，反映其前期欠费复电诉求仍未处理。客户认为供电部门复电时间过长、工作人员处理问题不及时。南中心座席人员已将欠费复电相关工作要求对客户做出解释，但客户依然不认可，要求供电部门务必给其一个答复，请相关部门尽快核实处理。

接到客户两件诉求工单后，供电部门工作人员于当日就客户反映问题进行处理。经核实，客户为远程费控模式，系统已成功执行自动复电指令，需客户侧按复电按钮完成现场复电。因客户诉求时间为凌晨，供电部门工作人员于当日 7 时传递工单信息，致使没能按照客户“希望一小时内能够复电”的诉求及时复电。按照工作要求，客户处欠费复电工作应 24 小时内处置完毕，故供电部门工作人员并不存在违规的情况。供电部门工作人员于当日 7 时 02 分指导客户完成复电操作，客户处恢复正常用电。本着优质服务的原则，供电部门工作人员对客户表示歉意，同时将客户辖区台区经理联系电话告知客户，方便客户随时联系。客户对处理结果表示理解。

存在问题

未能在客户要求时间内完成复电诉求。供电部门在受理客户欠费复电诉求工单过程中，因工单信息传递不及时，致使未能按照客户诉求，在一小时内完成复电，导致

客户再次拨打 95598 供电服务热线提出重复诉求。

建议举措

（1）进一步提升客户诉求工单处置管控。

建议各单位结合属地实际情况和工单诉求内容，对工单诉求处置时限进行必要约定。通过及时、高效地处置客户前期诉求工单，进而避免客户诉求升级。

（2）加大业务规范宣传力度。

各单位在处理类似客户欠费复电诉求过程，应主动将相关业务规范告知客户，使客户了解供电部门工作要求。避免客户提出较高要求的诉求，对供电部门工作造成不必要的压力。

政策依据

（1）《国家电网有限公司 95598 客户服务业务管理办法》国家电网企管〔2019〕907 号 第三章——95598 业务管理内容及要求第三十七条：（七）服务申请国网客服中心受理客户服务申请诉求后，20 分钟内派发工单。省公司，国网电动汽车公司，国网电商公司，地市、县公司应在国网客服中心受理客户诉求后在规定的时限内处理、答复客户并审核、反馈处理意见，国网客服中心应在接到回复工单后 1 个工作日内（回复）回访客户。服务申请各子类业务处理时限要求：1.已结清欠费的复电登记业务 24 小时内为客户恢复送电，送电后 1 个工作日内回复工单。

（2）《供电服务标准》（Q/GDW 10403—2021）6.7.5.6：智能交费客户可用余额低于预警阈值时，供电企业应主动向客户发送预警短信或通过电子渠道提醒客户及时交费。

（3）《供电服务标准》（Q/GDW 10403—2021）6.9.5 项目质量标准：智能交费、购电制客户测算电费余额不足依合同（协议）采用停电措施的，经预警后实施远程停电，及时续交电费后 24 小时内恢复供电；后付费客户欠电费需依法采用停电措施的，提前 7 天送达停电通知，费用结清后 24 小时内恢复供电。

案例点评

随着社会的发展进步，人们对于电的依赖越来越强。在客户实际生活中，难免会因各种原因发生欠费停电的情况。当客户将所欠电费结清后，由于对使用电的需求较高，致使客户对复电及时性的诉求同样强烈。部分客户甚至希望能够像手机话费一样，在客户结清欠费后，立刻恢复用电。但是，考虑客户用电安全等因素，部分地区采取人工复电的模式，即需要人工按计量表计复电按钮，客户现场方可恢复用电。如果客户不了解此情况，则需要供电部门远程指导客户、甚至现场协助客户进行处理。

本案例中，客户并不了解需要人工按按钮复电的情况，出于对用电诉求的紧迫性，在凌晨1点提出复电诉求，且要求一个小时内复电。站在客户角度，其已结清欠费，提出复电要求属于合理；站在供电部门角度，按照工作规定，24小时内为诉求客户完成欠费复电即可。双方的矛盾点主要集中在复电诉求处理的时效上面。供电部门在处理类似工单过程中，应尽可能及时响应客户诉求，同时对客户做好解释说明工作，促成客户了解供电部门工作要求、如何自行完成人工复电，或者在下次发生欠费停电、需要供电部门工作人员协助现场复电的情况时，其心理预期可以不那么高，能够接受一定的等待时间。

类似案例

案例一：

受理内容：某年8月24日，户号为15××26的客户拨打95598供电服务热线，表示8月22日有供电部门工作人员在客户家门上张贴了户号为15××02客户的欠费停电通知单，通知单上说两日内不缴纳所欠电费将对客户实施欠费停电。因客户编号不一致、故客户没有理睬。客户家今日发生停电，但并不存在欠电费的情况。停电给客户生活带来严重影响，请供电部门尽快核实处理。虽然客户有强烈的投诉意愿，但因远程查询客户继电器状态为通、且客户并未亲眼看到供电部门工作人员对其实施停电，故将投诉工单降级为意见工单。

处理情况：接到工单后，供电部门工作人员于当日就客户反映问题进行调查。经核实，15×26的客户为某市某区某小区7楼某栋2单元4楼某室，户号：15××02的客户为某市某区某小区9楼某栋2单元4楼某室。由于工作人员疏忽，将催费通知单张贴错误。经现场核实，客户处并非欠费停电，而是空气开关跳闸导致客户处停电。本着“以客户需求为导向”的原则，供电部门工作人员协助客户恢复了正常用电。将情况告知客户，客户表示理解。

案例二：

受理内容：客户来电反映：该地点（某省某市某区某村桥头变台中国石化加油站）计划停电，客户对此停电安排存有异议，认为影响居民的正常生活，客户目前现在正在加油站立马要加油，并且今天有油费优惠活动，到今天晚上就结束了，如果错过了优惠活动，需要供电公司赔偿，网上国网与微信上查看不到任何停电信息，系统查询为停电公告功能暂停使用，请供电公司相关部门尽快核实并答复客户。（经查停电信息：20××43）（已线下报备对应地市）。

处理情况：工作人员于2019年5月31日10时20分到达客户家中。经核实客户所反映的某村桥头变台中国石化加油站由上板成变电站522线路某村桥头变台提供电源。该设备产权属于客户产权设备，停电属于计划停电，停电信息编码为20××43，停电开始时间为5月30日14时，恢复送电时间为5月30日18时02分恢复供电，停电信息已通过提前7天在《某电视台》“新闻综合频道”每天8时21分、19时34分、

20 时 46 分、21 时 57 分《某资讯》后以静态画面广告的形式公告（静态画面广告停留 15～30 秒）；"95598"智能互动网站"停限电公告"版块发布和"网上国网"App 中"停电公告"页面正在升级中。目前，客户无法通过 95598 智能互动网站和网上国网查询到停电信息。

案例 74 电能表问题频出，客户诉求屡发生

案例分类

意见工单—供电业务—抄表收费—抄表时间

摘要

某年 4 月，客户杜先生发现自己家中电表抄表数据连续 6 个月一直为 0，遂拨打 95598 要求处理。工作人员为其换表，解决问题后，新电表再次出现相同问题，而且工作人员没有及时发现。杜先生发现问题后，再次拨打 95598 投诉，并质疑工作人员能力和企业信誉。

案例内容

4 月 19 日客户杜先生（客户编号：13××49）拨打 95598 反映其电表正常用电，但从去年开始一直显示抄表数据为 0，要求尽快核实处理。

工作人员经核实反馈，客户反映情况属实，是供电企业责任。客户编号：13××49，抄表方式：远采集抄，缴费方式：预付费。系统查询客户账户近 3 年抄表数据均为 0，经调查核实，去年 11 月份供电所现场核对客户电表和机内电表数相符之后，现场了解期间客户家中一直无人居住（只是偶尔回来查看水电是否安全）。自今年起偶尔回此地居住，有少量电量产生，4 月 19 日客户发现抄表电量为 0，故拨打 95598。工作人员接到投诉后于 4 月 19 日到达现场与客户现场核对当前电表表底为 5401，机内表底为 5393kWh，客户回家之后一直正常用电，但是由于电表出现故障、计量有误，采集系统直接提取为 0kWh，现需要换表处理，定于 4 月 30 日给客户换表，并在下个月对客户进行电费补交，不计收阶梯电费。调查处理结果已与客户沟通，客户表示满意。

10 月 16 日客户杜先生再次拨打 95598 反映其用电正常，但抄表人员自 4 月底换表至今，连续 5 个周期无抄表示数，经系统查询抄表方式为远采集抄，存在远采集抄连续三个及以上抄表周期无电量产生的情况。

工作人员经核实反馈，客户反映情况属实，是供电公司责任。经核实，客户杜先生处因采集系统异常，该户招测数据失败，客户家电能表示数一直无法正常抄回，抄表员已多次向运维组反映此情况未得到及时处理（运维组也未说明具体原因）。接到

投诉后，工作人员就此事已跟客户进行了解释，对给客户造成的不便致以歉意。目前运维组已将客户电能表采集模块更换，能够正常抄表计费。待 11 月电费发行时统一发行电费，通过追补电费发账，不占用今年阶梯电量。

回单后，客户杜先生表示自家电表频繁出现问题，一次性补交大量电费对自己生活造成一定影响，之前换表后依然出现问题，对供电公司工作人员能力和企业信用有质疑，要求给予合理解释。

工作人员反馈，客户杜先生处所使用电表为阿迪克厂出产的本地卡表，自配表起，运行时间为 5 年 6 个多月。该批次电能表在运行过程中已陆续出现运行故障，已在 3 年前即拟定轮换计划，对同一批次的本地卡表进行更换，但因表源不足和施工问题一直未能得以实施，造成客户表计未能及时轮换，对于因此造成的杜先生电能表抄表异常表示歉意。对于换表后，依然出现电能表抄表异常的情况，是由于工作人员疏忽没有对新接入电能表进行检查，是供电企业责任。

存在问题

（1）工作人员违反《国家电网公司电费抄核收管理规则》（国家电网企管〔2014〕717 号），未按要求定期安排现场核抄。

（2）工作人员责任心不强，对于长期存在的问题没有及时进行检查处理。

（3）工作存在疏漏、大意情况，检查机制不完善，4 月底新换表后，没有对新表计进行跟进、检查，造成问题再次发生。

（4）与运维组沟通没有得到及时准确反馈后，工作人员和管理人员没有制定有效的整改和补救措施。

（5）两次问题均为同一类问题，工作人员没有在第一次投诉发生时吸取教训，导致同一客户处连续发生同类问题，造成客户质疑工作人员能力和供电企业信誉，严重影响企业形象。

建议举措

（1）建立跟踪服务机制。对于客户投诉的问题，应建立定期跟踪服务机制，持续关注客户诉求的问题和设备运行情况，对于更换的设备要进行一段时间的持续观察检验，确保无问题。并安排专人与客户进行后期沟通，核实问题处理情况。

（2）落实追责问责要求。工作人员事先已了解到客户处可能存在的问题，并与运维组沟通，但未得到准确答复，工作人员既忽视此事件，责任心不强，应落实追责问责要求，强调责任划分，提高工作人员责任心，明确差错业务责任追究，避免因人为疏忽或操作失误给客户带来不便。

（3）举一反三化解服务风险。涉及单位在此客户第一次投诉时没有及时制定有效的整改措施和服务风险化解措施，导致该客户再次出现相同问题，严重影响企业形象，各单位应通过投诉挖掘自身工作薄弱点，避免同一类事件在同一客户上连续发生两次造成极其恶劣影响。

政策依据

（1）《国家电网公司电费抄核收管理规则》（国家电网企管〔2014〕717 号）第二十二条第四款规定："采用远程自动抄表方式的，当抄表例日无法正确抄录数据时，应在抄表当日安排现场补抄，并立即进行消缺处理"。

（2）《国家电网公司电费抄核收管理规则》（国家电网企管〔2014〕717 号）第十六条第五款规定：对实行远程自动抄表方式的客户，应定期安排现场核抄，核抄周期由各单位根据实际需要确定，10kV 及以上的客户现场核抄周期不应超过 6 个月；0.4kV 及以下客户现场核抄周期应不超过 12 个月。

案例点评

此案例中，在客户第一次诉求时，客户处已经连续 6 个月出现电表故障，但工作人员依然没有发现，直到客户拨打 95598 投诉，才安排工作人员进行换表。说明工作人员对于客户电能表的日常运维检查存在欠缺，对于数据异常情况没有及时发现、处理。

换表后，该客户处再次出现同样问题，本次虽然了解到客户电表存在问题，也与运维组进行了联系，但在未得到答复后，任由问题继续存在，没有采取有效措施，是工作责任心不强的表现，造成客户二次投诉，影响极其恶劣。

类似案例

案例一：

受理内容：客户来电反映，其用电正常，但连续多个周期无抄表示数，电表编号为：11××21。经系统查询，客户抄表方式为远采集抄，存在连续三个及以上抄表周期无电量产生的情况，请相关部门尽快核实处理。

处理情况：属实，是供电公司责任。经核实，该户户号为 14××52，抄表方式为远采集抄，抄表周期为每月，系统显示客户处自 2018 年 1 月至 8 月连续 8 个月抄表数据为零。接到投诉后抄表员与客户联系，现场经勘察确定是电表故障，电表不走字，采集也未能采到数据，工作人员也未能到现场及时进行补抄，从而造成客户投诉。现已为客户更换新的电能表，并追补电量 769kWh。

案例二：

受理内容：2018 年 10 月 14 日客户来电反映其家中正常用电，但自 2018 年有多

个周期无抄表示数，存在漏抄情况，供电公司告知客户需要补交 2018 年 2 月至现在的电费 1 千多元，客户对此电费有异议，并表示在 2018 年 2 月供电公司给其更换电表时存在未通知的情况，客户表示不满。

处理情况：属实，是供电公司责任。系统内核查客户编号 13××69：抄表方式为远采集抄，抄表段信息显示抄表周期为每月（抄表台账显示为双月抄表），抄表例日为每月 12 日，电价电费计算方式为预付费，表计类型为远程费控。经核实，2018 年 2 月客户处更换远程费控表，变更为远程费控户，但由于工作人员工作失误现场换表后，未在 SG186 系统内走换表流程，造成抄表数据采集不成功，显示为 0（2018 年 2 月 13 日后至 8 月 13 日电量均为 0kWh），因此出现漏抄情况。工作人员发现问题后，于 9 月 20 日在系统内进行了换表流程，使用的仍为 2 月更换的电表，采集恢复正常后重新采集到数据为 2210kWh，共计 1299.35 元，造成客户欠费、系统自动执行停电，工作人员电话对客户进行催费，由此产生投诉。经工作人员与客户沟通解释，客户现已缴清电费，用电正常。在 2018 年 2 月供电公司给客户更换电表时，已当面通知客户并提交了换表通知单，客户也签字确认表底，由于时间较长客户忘记造成误会。对出现的工作失误已向客户致歉，客户表示满意。

以上案例暴露出抄表工作规范管控不到位的问题。在客户投诉前，客户计量表计已连续 12 个周期无抄表示数，工作人员仍未发现，存在抄表工作规范管控不到位的情况。建议各单位加强抄表工作规范管控，通过宣贯、培训等方式使工作人员了解到抄表工作的重要性，有效提高人员工作规范水平。

案例 75　莫名被改为费控，客户诉求频产生

案例分类

意见工单—供电业务—抄表收费—催收电费

摘要

某年 7 月份，客户拨打 95598 反映：未接到通知，家中电表就被更改为费控电表，客户对此表示有异议。几天后客户再次因未收到余额不足预警短信和停电通知短信，没有及时缴纳电费，导致停电，客户对费控模式有异议。一个月之后，该客户因欠费导致停电，自行缴纳电费后超过 24 小时没有成功复电，情绪激动，要求修改停复电方式。

工作人员 3 次联系客户解决相应问题，先后处理错误修改客户电费结算方式、预留电话与实际联系电话不一致和缴费后没有自动复电等三项问题。但工作中，缺乏主动服务和闭环管控，造成客户用电体验不佳，多次形成客户诉求。

案例内容

2019 年 7 月 23 日 10 时，家住某市某区某小区的刘女士收到短信，告知自己家中的电表被调整为费控电表。于是刘女士拨打 95598，表示自己没有收到任何通知，供电企业自行变更电费结算方式有异议，咨询此行为是否合理，并对变更后自身用电有何影响存在疑问。经系统查询无费控协议。

7 月 23 日 15 时 10 分，工作人员联系客户，经核实，客户处为工作人员在台区批量维护费控客户时误将该客户维护为费控自动停电客户，告知客户原卡表购电，现已更换为智能缴费。客户可以通过（支付宝，微信，供电营业大厅前台和电力 24 小时自助机器）缴纳电费，更灵活方便。余额不足 20 元的时候客户会接收到短信。为防止因欠费导致停电，客户应及时缴纳电费。

7 月 30 日 19 时 06 分，刘女士回到家中发现家中已停电，经与邻居咨询，确定为自家单户停电，于是刘女士拨打 95598 咨询停电原因。通过查询，刘女士家中因欠费，造成停电。刘女士表示，之前调整为费控电表时，工作人员明确告知余额不足 20 元时，会收到短信提醒；欠费后也会收到短信提醒。但目前家中已经停电，自己未收到任何告知短信，对之前工作人员的说明有异议，且未告知的停电对自己生活造成影响，要求工作人员立即处理。

7 月 30 日 20 时 03 分，工作人员联系客户刘女士，经核实，在刘女士电费余额不足 20 元时，已成功发送预警短信。欠费后，也已成功发送告知短信。但因刘女士之前更换手机号，系统内预留电话与刘女士现在使用的电话号码不一致，导致刘女士没有及时收到短信。因刘女士是费控客户，欠费后，自动停电。现已与客户沟通确定新的联系电话，并在系统内完成修改。刘女士表示认可。

9 月 7 日 12 时 10 分，刘女士因欠费停电后长时间没有成功复电，拨打 95598 表示自己在 9 月 6 日 8 时已经缴清电费，但是至今仍未复电，缴清费用已超过 24 小时。对于调整为费控电表后停电复电不及时有异议，认为费控系统有问题，要求供电企业为自己调整回原有的结算方式。

9 月 7 日 12 时 45 分，工作人员联系客户刘女士，经核实，因费控系统故障，造成刘女士结清欠费后，系统自动复电指令下发失败，影响刘女士家中复电。工作人员到达现场后，通过掌机为其进行现场复电操作，刘女士家中用电正常。工作人员向刘女士重新解释费控执行规则，以及智能缴费方式的便捷之处。刘女士表示认可，不要求恢复原结算方式。

存在问题

（1）工作人员粗心大意，责任心不强，在维护费控客户时，错误选择来电客户，造成客户信息无故更改，直接影响客户用电体验。

（2）工作人员对工作流程和工作要求掌握不准确，在维护费控客户时，没有找到相应的与客户签署的费控协议，依然进行系统操作，且后期没有进行核查检验，闭环管理工作出现问题。

（3）在处理客户 95598 意见工单后，没有第一时间与客户补充签订费控协议，向客户解释变更后的结算方式、停复电方式变化。

（4）工作人员对工作流程执行不严格，在与客户补充签署费控协议时，没有将客户联系方式与系统内预留电话进行核对，造成余额不足预警短信、欠费停电短信没能准确发送至该客户。

（5）工作人员对费控自动停电客户缺乏主动服务，致使客户结清欠费后超过 24 小时没有复电成功，严重影响客户正常生活。

（6）供电企业对客户的停复电过程缺乏监控手段。

建议举措

（1）加强业务管控，夯实工作监督检查机制。工作人员在批量进行费控客户结算方式维护工作时，因工作量大、工作内容重复等原因，极易造成工作人员疏漏或操作错误。相关管理部门应建立健全工作监督检查机制，在系统操作结束后，由专人逐一进行审核检查，并对每户的相关信息、资料进行验收，确保每户资料齐全、手续齐全。对于发现未签署或未上传费控协议的客户，如已完成结算方式维护，应立即主动联系客户，沟通相关事宜，在客户知情情况下，与客户补充签订协议，解释相关规则变化，或立刻在系统内修改错误信息，避免产生客户诉求，工作执行与监督检查要形成闭环管控。

（2）加强员工培训，提升主动服务意识。加强对工作人员服务意识培训。对于因自身工作疏漏对客户造成的影响，应教育员工开展主动服务，积极与客户沟通解释，化解客户诉求。

（3）强化重点客户服务，举一反三化解服务风险。对于调整服务内容的客户，应重点关注客户相关信息，梳理客户诉求易发点。客户调整电费结算方式后，停电、复电过程均为系统自动下发指令，在此期间如通知短信、预警短信不能及时被客户阅读，将导致客户产生未提前通知直接停电的服务感知。应提前核实客户系统内预留电话与实际联系方式是否一致，确保各类费控服务短信的正常接收。并跟进此类客户停复电状态，及时、主动的停复电服务。

政策依据

（1）《国家电网公司电力用户档案管理规定》（国家电网企管〔2014〕1082 号）第十七条：用户纸质资料记录与营销业务应用系统和用户现场信息一致。

（2）《国家电网有限公司 95598 客户服务业务管理办法》（国家电网企管〔2019〕

907 号）第五十九条：省公司，地市、县公司应做好本单位营销业务应用系统中用户档案、业务流程、电量电费、计量、用电检查等信息更新和维护，定期开展数据质量校核。

案例点评

此案例中，7 月份刘女士对自己在不知情下被调整为费控方式表示有异议，产生 95598 工单，之后工作人员虽然通过联系客户，告知新方式的优点和注意事项，获取的客户理解和认可，但没有对刘女士的相关信息进行进一步核查梳理，造成后期因预留联系方式不正确，引发刘女士又一诉求。

业务管理部门应加强费控推广和签约工作管理。目前还存在基层单位在客户不知情的情况下将客户由后付费变成预付费，或者由于错误录入客户户号信息给客户误开通费控功能，造成大量催缴费投诉。对于已经同意开通费控功能的客户，要认真核查客户费控协议签署情况、预留电话与实际电话等相关信息，为后续服务工作开展奠定坚实基础。

对于 9 月份刘女士家中未能及时自动复电的情况，则体现出，供电企业对于费控客户的停复电过程缺乏主动服务的问题。刘女士缴费后没有得到相应帮助，直到无奈拨打 95598 提出诉求。

此阶段处理过程中虽然工作人员及时协助复电并解释，获得刘女士认可，但也暴露出在费控系统发生异常时，客户会集中产生诉求，此阶段存在管理风险，需要建设主动监控、主动服务的新管理模式和系统功能。

类似案例

案例一：

受理内容：【催收电费】【费控协议问题】户号为 15××74 的费控客户反映，未收到供电公司的通知，就更改为费控，客户对变更为费控有异。请供电公司尽快核实处理。

处理情况：工作人员于 2019 年 10 月 29 日 16 时 06 分联系客户，因前期台区批量修改费控时误将客户维护为费控客户，工作人员又详细为客户讲解了费控客户相关事宜，经工作人员沟通，客户对费控应用表示认可，已无异议，并表示满意。

案例二：

受理内容：【催收电费】户号 15××72 的客户已于 6 月 18 日，通过微信方式，缴纳电费，其已交清电费且复电操作未成功，经系统查询，电费到账已超 24 小时，客户表示有异议，希望供电公司相关部门尽快核实并答复客户。

处理情况：处理人员于 2019 年 6 月 20 日 8 时联系客户，客户户号为 15××72，客户于 6 月 18 日 17 时 17 分结清电费，由于系统问题导致复电指令实际未成功下发至

客户表计，造成客户无法按表计白色按钮复电。处理人员在 6 月 19 日 14 时现场为客户复电时发现，表计未成功接收到复电指令，造成现场无法复电。处理人员立即对系统问题开展处理，并于 6 月 19 日 23 时现场为客户复电成功，目前系统已经恢复正常，客户用电正常。

案例 76　同一问题屡发生，客户激动求答复

案例分类

意见工单—供电业务—抄表收费—催收电费

摘要

某年 12 月,某县一位客户在自己不知情的情况下被变更为预付费缴费方式提出诉求，要求供电公司解释，之后供电公司反馈工单称已为客户补充费控协议，解释清楚相关问题，但客户表示并没有工作人员与自己联系，不认可回单内容。一段时间后，该客户名下的另一个户号也在自己不知情的情况下被变更为预付费缴费方式，同一问题屡次发生，导致客户情绪激动，多次提出诉求。

案例内容

12 月 19 日，户号为 20×× 92 的客户赵先生反映收到供电公司的开通智能缴费通知，经系统查询该户为费控客户。客户为户主，且已询问家属，家人及本人均未通过电 E 宝、微信公众号开通智能缴费，且系统内无法查询费控协议，客户在不知情的情况下变更缴费方式。客户去供电所咨询该问题时，工作人员才让其补签费控协议，客户对此不满。

经核实，客户赵先生反映情况属实，是供电公司责任。某供电所处理人员于 12 月 21 日 10 时第一次电话联系客户。调查了解到近期供电所全面实行费控制度，工作人员在为其他客户办理费控时，输错户号，误将该客户也开通了费控，后接到客户的投诉工单后；立即向客户解释了是误操作导致，也向客户表达歉意，并为客户补签了费控协议，现已将具体情况告知客户，客户表示满意。（系统内费控开通时间为 12 月 19 日 16 时 24 分）

12 月 26 日，客户赵先生对于前期工单回复“12 月 21 日 10 时第一次电话联系客户，已为客户补签了费控协议”有异议，客户表示自己是拒签费控协议的，且客户今天再次收到催费短信，客户表示需要换回原来电表。回单内容与客户描述不符，客户表示也没有工作人员联系，请相关部门尽快核实处理。

经核实，客户反映情况属实，是供电公司责任。城关供电所处理人员于 12 月 26 日 15 时 05 分第一次电话联系客户。调查得知前期客户到供电所询问时都已当面和客户解释清楚，工作人员请客户签订费控协议，但客户始终拒绝，所以工作人员就没有再和客户联系，前期工单回复错误，已向客户表达歉意。现客户拒绝收到电力短信，所以对前期处理不认可，已为客户取消费控，客户将不再收到电力短信，且系统查询 12 月 26 日没有给客户发送电力短信的记录，现场电能表工作人员不曾换过，所以也不存在客户所说需要换回原来电表，现已将具体情况告知客户，客户表示认可。

12 月 27 日，客户赵先生再次拨打 95598，反映自己的另一户号 20××80，在 12 月 27 日收到供电公司的开通智能缴费通知，经系统查询该户为费控客户。客户为户主，且已询问家属，家人及本人均未通过电 E 宝、微信公众号开通智能缴费，且系统内无法查询费控协议，客户在不知情的情况下变更缴费方式。客户去供电所咨询该问题时，工作人员才让其补签费控协议，客户对此不满。

经核实，客户赵先生反映情况属实，是供电公司责任。城关供电所处理人员于 12 月 28 日 16 时 25 分第一次电话联系客户。经核实，供电所在客户未签订费控协议的情况下，为客户开通了费控，该行为属实，客户到供电所咨询时工作人员要求客户补签费控协议，客户拒绝，且客户表示拒绝接收电力短信，所以供电所现已将客户户号与电话解绑，并为客户取消了费控，客户不会再收到电力短信，已将具体情况告知客户，客户表示认可。（系统内费控开通时间为 12 月 26 日 13 时 02 分）

存在问题

（1）工作人员在执行开通费控业务时缺乏责任心，没有对相关信息进行仔细核对，出现误操作。

（2）工作人员对工作流程和工作要求掌握不准确，在维护费控客户时，没有找到相应的与客户签署的费控协议，依然进行系统操作，且后期没有进行核查检验，闭环管理工作出现问题。

（3）工作人员缺乏服务意识，较短时间内出现重复错误，严重影响客户用电体验。

（4）管理人员没有在发现问题后及时制定有效的整改措施和防范措施。

（5）工作人员在处理客户诉求时缺乏实事求是精神，造成多次回复回访不一致情况出现。

建议举措

（1）加强费控推广和签约工作管理。目前还存在基层单位在客户不知情的情况下将客户由后付费变成预付费，或者由于错误录入客户户号信息给客户误开通费控功能，造成大量催缴费投诉，相关部门要做好远程费控业务推广宣传和解释沟通工作，使客户了解远程费控业务及其优势，并自愿开通远程费控功能、签署费控协议，坚决

避免为完成费控推广任务擅自给客户开通费控或强迫客户开通费控功能的情况。

（2）加强客户档案信息维护工作。目前 SG186 系统已实现上传费控协议功能，各单位要做好客户基础信息、费控协议、执行策略等基础数据的维护工作，确保系统内信息录入准确、及时，避免误操作、漏操作等不规范行为，有效预防相关投诉产生。

（3）提高员工责任心，加强 95598 工单处理及回复准确性管理。客户 12 月 19 日首次提出诉求的工单处理结果“客户补签了费控协议”明显与客户拒签费控协议不符，工作人员因客户拒签便不再与客户沟通联系，并错误回复工单信息造成回复回访不一致，工作缺乏责任心和耐心，相关部门应尽快提高员工的责任意识和服务意识，加大对工单处理单位回单规范性、真实性的监督及考核力度，避免类似问题再次发生。

（4）对客户可能存在的关联诉求应有警觉性。在某一区域的费控业务推广过程中，对不愿开通远程费控功能的客户应有警觉性和忧患意识，对于客户或客户亲属同一区域内其他用电地址是否开通费控应多加关注和沟通，避免同类诉求重复产生投诉。

政策依据

（1）《国家电网公司电力用户档案管理规定》[国网（营销/3）382—2014]第十七条：用户纸质资料记录与营销业务应用系统和用户现场信息一致。

（2）《国家电网有限公司 95598 客户服务业务管理办法》(国家电网企管〔2019〕907 号）第五十九条：省公司，地市、县公司应做好本单位营销业务应用系统中用户档案、业务流程、电量电费、计量、用电检查等信息更新和维护，定期开展数据质量校核。

案例点评

此案例中，客户赵先生对自己在不知情下被调整为费控方式表示有异议，产生 95598 工单，回单中出现回复回访不一致情况，造成客户情绪激动。与此同时，工作人员责任心和服务意识不强，严重影响优质服务质量。后期客户另一户号出现同一问题，证明管理人员对于员工错误行为没有制定有效防范措施，工作人员没有吸取教训。

类似案例

案例一：

受理内容：2018 年 12 月份某市某县一位客户因擅自变更预付费缴费方式问题三次致电 95598 进行投诉，客户表示未签过费控协议、对变更缴费方式不知情，并要求变更回原来的缴费方式，详细情况如下：户号为 12××21 的客户反映，2018 年 12 月

19 日收到供电公司的开通智能缴费通知，经系统查询该户为费控客户。客户为户主，且已询问家属，家人及其本人均未通过电 E 宝、微信公众号开通智能缴费，且系统内无法查询费控协议，客户在不知情的情况下变更缴费方式。客户去供电所咨询该问题时，工作人员才让其补签费控协议，客户对此不满。

处理情况：属实，是供电公司责任。某供电所处理人员于 2018 年 12 月 21 日 10 时第一次电话联系客户。经核实，调查了解到近期供电所全面实行费控制度，工作人员在为其他客户办理费控时，输错户号，误将该客户也开通了费控，后接到客户的投诉工单后立马向客户解释了是误操作导致，也向客户表达歉意，并为客户补签了费控协议，现已将具体情况告知客户，客户表示满意。今后在工作时多注意细节问题，避免因为粗心大意给客户带来困扰，尽量为客户提供更优质的服务。（系统内费控开通时间为 12 月 19 日 16 时 24 分）

案例二：

受理内容：前期工单回复“2018 年 12 月 21 日 10 时第一次电话联系客户，已为客户补签了费控协议”，但客户表示自己拒签费控协议的，且客户今天再次收到催费短信，客户表示需要换回原来电表。回单内容与客户描述不符，客户表示也没有工作人员联系，请相关部门尽快核实处理。

处理情况：属实，是供电公司责任。某供电所处理人员于 2018 年 12 月 26 日 15 时 05 分第一次电话联系客户。经核实，前期客户到供电所询问时都已当面和客户解释清楚，工作人员请客户签订费控协议，但客户始终拒绝，所以工作人员就没有再和客户联系，前期工单回复错误，已向客户表达歉意。现客户拒绝收到电力短信，所以对前期处理不认可，已为客户取消费控，客户将不再收到电力短信，且系统查询 12 月 26 日没有给客户发送电力短信的记录，现场电能表工作人员不曾换过，所以也不存在客户所说需要换回原来电表，现已将具体情况告知客户，客户表示认可。今后在工作时及时与客户沟通，避免因为处理不好引起客户投诉，工作要有条理性，避免搞混造成回单错误，尽量为客户提供更优质的服务。

案例三：

受理内容：回访前期工单，客户反映另一户号为 22××05，2018 年 12 月 27 日收到供电公司的开通智能缴费通知，经系统查询该户为费控客户。客户为户主，且已询问家属，家人及其本人均未通过电 E 宝、微信公众号开通智能缴费，且系统内无法查询费控协议，客户在不知情的情况下变更缴费方式。客户去供电所咨询该问题时，工作人员才让其补签费控协议，客户对此不满。

处理情况：属实，是供电公司责任。某供电所处理人员于 2018 年 12 月 28 日 16 时 25 分第一次电话联系客户。经核实，供电所在客户未签订费控协议的情况下，为客户开通了费控，该行为属实，客户到供电所咨询时工作人员要求客户补签费控协议，客户拒绝，且客户表示拒绝接收电力短信，所以供电所现已将客户户号与电话解绑，并为客户取消了费控，客户不会再收到电力短信，已将具体情况告知客户，客户表示认可。今后在工作时多和客户沟通，避免因为此类情况引起客户投诉，尽量为客户提

供更优质的服务。（系统内费控开通时间为 12 月 26 日 13 时 02 分）

此案例的启示：

（1）加强费控推广和签约工作管理。目前还存在基层单位在客户不知情的情况下将客户由后付费变成预付费，或者由于错误录入客户户号信息给客户误开通费控功能，造成大量催缴费投诉，相关部门要做好远程费控业务推广宣传和解释沟通工作，使客户了解远程费控业务及其优势，并自愿开通远程费控功能、签署费控协议，坚决避免为完成费控推广任务擅自给客户开通费控或强迫客户开通费控功能的情况。

（2）加强客户档案信息维护工作。目前 SG186 系统已实现上传费控协议功能，各单位要做好客户基础信息、费控协议、执行策略等基础数据的维护工作，确保系统内信息录入准确、及时，避免误操作、漏操作等不规范行为，有效预防相关投诉产生。

（3）提高员工责任心，加强 95598 工单处理及回复准确性管理。客户 12 月 20 日首次投诉的工单处理结果“客户补签了费控协议”明显与客户拒签费控协议不符，工作人员因客户拒签便不再与客户沟通联系，并错误回复工单信息造成回复回访不一致，工作缺乏责任心和耐心，相关部门应尽快提高员工的责任意识和服务意识，加大对工单处理单位回单规范性、真实性的监督及考核力度，避免类似问题再次发生。

（4）对投诉客户可能存在的关联诉求应有警觉性。在某一区域的费控业务推广过程中，对不愿开通远程费控功能的客户应有警觉性和忧患意识，对于客户或客户亲属同一区域内其他用电地址是否开通费控应多加关注和沟通，避免同类诉求重复产生投诉。

案例 77　窃电被重复扣费，客户不解多诉求

案例分类

意见工单—供电业务—用电检查—窃电处理

摘要

工作人员发现客户付先生家中存在窃电情况。付先生通过银行转账缴纳电费后，发现自己名下的另一个户号扣除了相同的金额，对于供电企业重复扣费和在未征求自己同意的情况下对另一个没有窃电的户号进行扣费的行为表示异议。

案例内容

2019 年 1 月 12 日，供电公司工作人员检查某小区 4 号楼 2212 室住户付先生家中

用电情况时发现其存在窃电行为，经调查确认为窃电，并与付先生沟通需补缴电费及违约使用费 746.42 元。付先生表示自己没有窃电，要求核实自己所居住地址是否有电力法能明确规定其属于窃电行为（客户表示刚装修的时候就水电暖齐全，不存在其私自接线，是因为供电公司漏装电表）。

经核实，工作人员现场检查发现客户无表用电，开发商将房屋卖出后，需要客户自行到供电部门申请新装用电，该客户并未到供电部门申请新装用电，故不存在供电公司漏装电表的情况，属于私自接线用电。根据《供用电营业规则》（1996 年 10 月 08 日电力工业部发布的国家法律法规，文号为电力工业部令第 8 号）认定该客户行为属于窃电行为。

1 月 14 日，付先生表示自己直接银行转账 746.42 元，但 1 月 15 日，自己名下的另一个户号 20××68，显示扣款 746.42 元。付先生对重复扣款情况表示不理解，户号为 20××68 的住处并没有窃电，为什么要扣除电费，且该户并不是自己在居住，造成了不好影响，要求工作人员给予合理解释。

经核实，客户实际窃电地址处没有申报新装用电，不存在供电公司漏装电表的情况。由于系统中没有客户该地点的相关信息，无法完成 SG186 系统中的窃电流程。故在处理窃电时将窃电处理归到了客户的已有户号 20××68 下，处罚流程以及罚款明细都是通过该户号进行处理的。根据系统流程，需流转到客户 20××68 的电费账户中进行扣除，并未出现重复扣费的现象。

2 月 1 日，客户付先生对前期处理不认可，前期答复："开发商将房屋卖出后，需要客户自行到供电部门申请新装用电，该客户并未到供电部门申请新装用电"，但是客户付先生表示某小区 4 号楼 2212 室无电表是由于供电公司漏装电表，有投诉倾向。

工作人员于 2 月 2 日 11 时 30 分电话联系客户付先生。经核实，工作人员现场检查发现客户无表用电，根据《供用电营业规则》（1996 年 10 月 8 日电力工业部发布的国家法律法规，文号为电力工业部令第 8 号）认定该客户行为属于窃电行为。开发商将房屋卖出后，由于客户并未到供电部门申请新装用电，故不存在供电公司漏装电表的情况。将调查处理情况告知客户，客户表示认可。

3 月 14 日，客户付先生与同一小区附近住户沟通得知附近住户因多种原因很多户产生窃电情况，但只有自己家中缴纳的金额最多，咨询为何会有此种情况。

当日下午，工作人员联系客户，向客户解释说明了此情况，并告知客户其他窃电客户的罚金是根据家中的用电容量计算确定的，不同用电容量的窃电罚金会有差异。

存在问题

（1）工作人员在发现客户窃电情况后，没有将相关情况与客户进行细致沟通，说明情况，造成客户不了解后续过程中的问题，产生诉求。

（2）工作人员在没有得到客户同意的情况下，私自将窃电处理流程归到了客户名下的另一个户号，对客户造成了一定影响。

（3）在客户产生诉求和疑问后，工作人员没有将相关问题解释清楚向客户及时解释清楚，造成客户频繁产生诉求，影响优质服务质量。

（4）在得知该小区多户出现类似问题后，没有及时制定有效的管控措施进行普查，且未开展针对性工作，避免供电企业电量损失。

（5）对于电力行业相关法律法规宣传力度不足。

（6）工作人员主动服务意识淡薄，在客户产生诉求，且有明显投诉倾向后，没有及时进行沟通，主动向客户解释相关问题。

建议举措

（1）强化员工行为管控。加强员工行为监督和责任落实，要求员工在与客户进行业务交流时，必须收集相关佐证材料，任何涉及客户切身利益的工作，必须在取得客户同意的前提下进行。加强员工行为管控力度。

（2）建立健全监督机制。建立起对员工行为的闭环监督管理机制，坚决杜绝员工任意而为，各级管理人员要起到监督责任。定期检查客户诉求中涉及的各类问题处理情况，对于佐证资料不全、办理环节不合理、法律法规依据不足的情况要及时发现、及时处理，化解客户诉求。

（3）提升员工主动服务意识。强化工作人员服务意识培训，筑牢主动服务思想，主动发现问题、主动服务客户、主动解决诉求，杜绝被动服务“等、拖、靠、推”的服务态度。对于客户产生的诉求，要“以点带面”的分析问题、解决问题，在客户困扰的重点诉求和疑问上，要以此为基点，拓展沟通内容，化解客户后续可能出现的相关诉求。

（4）拓展电力法律法规宣传渠道。以集中出现诉求的地区为依托，建立客户诉求热力图模型，发现一处，解决一处。在查找到问题频繁发生的区域后，通过与村委会、居委会、社区、物业进行联动开展电力法律法规宣传活动，集中解决此类诉求和相关知识推广。

政策依据

（1）《供电营业规则》（电力工业部令第 8 号）第一百零一条：禁止窃电行为。窃电行为包括：①在供电企业的供电设施上，擅自接线用电；②绕越供电企业用电计量装置用电；③伪造或者开启供电企业加封的用电计量装置封印用电；④故意损坏供电企业用电计量装置；⑤故意使供电企业用电计量装置不准或者失效；⑥采用其他方法窃电。

第一百零二条　供电企业对查获的窃电者，应予制止，并可当场中止供电。窃电者应按所窃电量补交电费，并承担补交电费三倍的违约使用电费。拒绝承担窃电责任的，供电企业应报请电力管理部门依法处理。窃电数额较大或情节严重的，供电企业应提请司法机关依法追究刑事责任。

第一百零三条　窃电量按下列方法确定：①在供电企业的供电设施上，擅自接线用电的，所窃电量按私接设备额定容量（千伏安视同千瓦）乘以实际使用时间计算确定；（千伏安视同千瓦）乘以实际使用时间计算确定；②《电力法》（中华人民共和国主席令第 23 号）第三十一条：用户应当安装用电计量装置。用户使用的电力电量，以计量检定机构依法认可的用电计量装置的记录为准。

案例点评

此案例中，工作人员在未取得客户同意的前提下，就私自将窃电处理流程归到客户另一个户号中，既是服务意识淡薄的体现，也是工作责任心不强的印证，造成客户对于扣除电费的误解，进而生成诉求。后期没有及时向客户解释清楚相关规章制度和法律法规造成客户接连产生诉求，严重影响企业优质服务质量。

类似案例

案例一：

受理内容：【窃电处理】客户反映被电工认定存在窃电行为。供电公司处罚结果为罚款 100 元，客户对处罚责任划分不认可，表示电工没有及时给客户接电导致。请供电公司尽快核实处理。

处理情况：接到工单后，供电所人员 7 月 2 日 14 时联系客户，经核实，客户家中着火，将表后出线全部烧毁，因客户为五保户，乡里给客户翻修盖房，基建时客户私自挂线窃电，客户出线烧毁后，工作人员告知客户属客户产权进户线需要客户购买，工作人员可以协助客户安装，但客户一直未购买进户线，因此一直未联系工作人员为其接电，目前，客户已购买进户线，工作人员已为客户接线，客户用电正常，客户窃电事宜由供电所按照《供电营业规则》规定对其进行处罚，同时经查，过程中，工作人员并没有存在任何态度问题，此处理结果与客户沟通后，客户表示知晓。

案例二：

受理内容：【窃电处理】户号为 13××24 的客户反映在 2019 年 7 月 30 号的时候供电公司发布窃电通知书，告知家里存在窃电行为，随后就将电表摘走了，客户表示家里不存在窃电行为，客户对供电公司告知存在窃电不认可，请供电公司尽快核实处理。（客户通话途中提到要向市长热线反映，要向上级有关部门反映）

处理情况：（工作人员接到工单后，未与客户联系时客户已来到某营业厅咨询，所以没有电话联系）。7 月 31 日下午客户来到供电服务一站咨询此事，向客户说明是 7 月 30 日查电时发现客户家存在的窃电行为，当即张贴了窃电通知书，并根据电力法规定当场停止供电将电表摘走。因客户家里一直没人，所以近期才发现的窃电通知书。在某供电所，工作人员向客户提供查看了掌握的客户窃电的证据。8 月 2 日下午

14 时 30 分客户再次来到供电服务一站认可了窃电行为，接受了处理，客户对此情况认可。

案例 78　客户窃电不承认，证据确凿受处理

案例分类

意见工单—供电业务—用电检查—窃电处理

摘要

户号为 15××07 的客户反映：在 2019 年 7 月 30 号的时候供电公司张贴窃电通知书，告知家里存在窃电行为，随后就将电停了，将电能表摘走了。客户表示停电提前不通知，也不解释具体怎么窃电的，表示对停电行为不认可，请供电公司尽快核实处理，否则就投诉。

案例内容

（工作人员接到工单后，未与客户联系时客户已来到新兴路供电服务三站咨询，所以没有联系时间）7 月 31 日上午客户来到供电服务三站咨询此事。工作人员向客户说明是 7 月 30 日供电服务三站进行现场巡查，用钳形电流表测量发现该客户电能表显示电流与实际电流不符。经现场详细核查，发现该客户私自将计量电能表开启，将火线进出线端子短接，造成电能表停走，确认客户家存在窃电行为，当即将窃电通知书贴在客户家门上，并根据电力法规定当场停止供电将电能表摘走。因客户家里当时没人，所以第二天才发现的窃电通知书。

客户否认有窃电行为，工作人员将现场拍摄的录像和照片出示，然后进入营销系统查看客户近几月电费使用情况，均为“0kWh”（家中有人居住，但无使用电量）。并告知客户依据《供电营业规则》规定，构成窃电情况的，可当场终止供电，还应补窃电电量及电费，并收取三倍违约使用电费。计算方法：违约使用电费=（私接设备额定容量）kW×（实际使用时间）小时×（执行电价）元/度×3 倍。客户用电总容量为 3.15kW，居民用电每天窃电时长为 6 小时，窃电天数（窃电时间不详，按规定 180 天计算）为 180 天，按照居民照明电价为 0.52 元/kWh，共计查处违约使用电费金额 3.15kW×6 小时×180 天×0.52 元/kWh×3=5307.12 元。客户表示给工作人员买条烟这事就算了，以后不再偷电了，被当场拒绝。

7 月 31 日下午 14 时 30 分客户再次来到供电服务三站，表示认可了窃电行为，并接受处理，一次性缴清违约使用电费。工作人员已为客户更换新电能表并加封，目前

客户处用电正常，表示很满意。

存在问题

工作人员责任心不强，停电后未及时告知客户。如家中无人，除张贴停电通知书外，还应电话或短信告知，不应侵害客户的知情权。

建议举措

（1）加强客户用电量、负荷的监控，对大电量、零度户等异常情况加强分析。

（2）加大现场检查力度，规范现场作业流程心，做好证据收集取证工作。

（3）提高工作人员服务意识、风险意识、责任意识。

（4）加强电力法律法规宣传力度，规范用电法律意识，提高客户自觉正常用电行为。

政策依据

（1）《电力法》（中华人民共和国主席令第 23 号）第三十二条中规定：用户用电不得危害供电、用电安全和扰乱供电、用电秩序。对危害供电、用电安全和扰乱供电、用电秩序的，供电企业有权制止。

（2）《电力供应与使用条例》（国务院令第 196 号）第七条中规定：电力管理部门应当加强对供用电的监督管理，协调供用电各方关系，禁止危害供用电安全和非法侵占电能的行为。

（3）《电力供应与使用条例》（国务院令第 196 号）第三十一条中规定：禁止窃电行为。窃电行为包括：

1）在供电企业的供电设施上，擅自接线用电；

2）绕越供电的用电计量装置用电；

3）伪造或者开启法定的或者授权的计量检定机构加封的用电计量装置封印用电；

4）故意损坏供电企业用电计量装置；

5）故意使供电企业的用电计量装置计量不准或者失效；

6）采用其他方法窃电。

（4）《电力供应与使用条例》（国务院令第 196 号）第四十一条中规定：违反本条例第三十一条规定，盗窃电能的，由电力管理部门责令停止违法行为，追缴电费并处应交电费 5 倍以下的罚款；构成犯罪的，依法追究刑事责任。

（5）《供电营业规则》（电力工业部令第 8 号）第六十五条中规定：供电企业和用户都应经常开展安全供用电宣传教育，普及安全用电常识。

（6）《供电营业规则》（电力工业部令第 8 号）第六十六条中规定：在发供电系统正常情况下，供电企业应连续向用户供应电力。但是，有下列情形之一的，须经批准方可中止供电：

1）对危害供用电安全，扰乱供用电秩序，拒绝检查者；

2）拖欠电费经通知催交仍不交者；

3）受电装置经检验不合格，在指定期间未改善者；

4）用户注入电网的谐波电流超过标准，以及冲击负荷、非对称负荷等对电能质量产生干扰与妨碍，在规定限期内不采取措施者；

5）拒不在限期内拆除私增用电容量者；

6）拒不在限期内交付违约用电引起的费用者；

7）违反安全用电、计划用电有关规定，拒不改正者；

8）私自向外转供电力者。

有下列情形之一的，不经批准即可中止供电，但事后应报告本单位负责人：

1）不可抗力和紧急避险；

2）确有窃电行为。

（7）《供电营业规则》（电力工业部令第 8 号）第一百零二条中规定：供电企业对查获的窃电者，应予制止，并可当场中止供电。窃电者应按所窃电量补交电费，并承担补交电费三倍的违约使用电费。拒绝承担窃电责任的，供电企业应报请电力管理部门依法处理。窃电数额较大或情节严重的，供电企业应提请司法机关依法追究刑事责任。

（8）《供电营业规则》（电力工业部令第 8 号）第一百零三条中规定：窃电量按下列方法确定：

1）在供电企业的供电设施上，擅自接线用电的，所窃电量按私接设备额定容量（千伏安视同千瓦）乘以实际使用时间计算确定；（千伏安视同千瓦）乘以实际使用时间计算确定；

2）以其他行为窃电的，所窃电量按计费电能表标定电流值（对装有限流器的，按限流器整定电流值）所指的容量（千伏安视同千瓦）乘以实际窃用的时间计算确定。

窃电时间无法查明时，窃电日数至少以一百八十天计算。每日窃电时间：电力用户按 12 小时计算；照明用户按 6 小时计算。

（9）《国家电网有限公司供电服务“十个不准”》（国家电网办〔2020〕16 号）第一条中规定：不准违规停电、无故拖延检修抢修和延迟送电。

（10）《国家电网有限公司供电服务“十个不准”》（国家电网办〔2020〕16 号）第十条中规定：不准利用岗位与工作便利侵害客户利益、为个人及亲友谋取不正当利益。

案例点评

坚决打击窃电行为，是供电公司维护自身合法利益的必要手段。做好现场取证和客户确认工作是保护现场工作人员不被反诬告的有力工具。加大宣传力度，向社会广泛宣传《电力法》《电力供应与使用条例》等电力法律、法规知识，使客户认识到窃电违法，会受到相应制裁，从而使广大客户普遍接受“合法用电”的观念。

本案例工作人员通过出示现场取证的影像资料和系统查询用电量，让客户面对自己的窃电行为从拒不承认，到哑口无言，最终接受相应的处罚。不仅证明了自己停电行为的正确性，还为供电企业挽回经济损失。唯一不足之处是停电之后没有及时尽到告知义务，差点被投诉，也反映出工作人员对细节处理地欠缺。每个小的细节都可能成为被投诉的理由，在今后的工作中一定要注意细节的处理。

类似案例

受理内容：客户反映，供电公司说客户窃电把电表摘了，客户现在没有电，客户对此不理解，客户表示自己没有窃电，请供电公司尽快核实处理。

处理情况：供电服务四站工作人员于 6 月 16 日 8 时 28 分电话联系客户，该客户为租赁客户，租赁房屋户号：15××43，户名：北京某公司某分公司，用电地址：某家园 6 号楼底商 3-×。6 月 15 日供电服务四站工作人员对辖区内用电检查的过程中，发现客户租赁的房屋电表有违章用电行为，现场通知了租赁客户并下达违章用电通知书，但租赁客户现场表示不认可，工作人员现场停止用电将电表拆除并再次通知该房屋房东。房东于 6 月 15 日下午至供电服务四站，现场工作人员全程视频记录拆开违章用电电表，电表内部被擅自破坏更改导致计量不准。房东表示该房屋已租赁给客户三年多，系统查询三年内无缴费记录，账户余额为房东租赁前预存电费。该房屋房东对擅自变更供电公司电能表违章用电行为表示认可，并表示其回去与租赁客户协商沟通后至供电服务四站接受处罚处理。目前双方未到供电服务四站接受处罚处理，现场停电状态。具体送电时间需要待客户接收处罚后，供电部门无法确定此时间。将核实情况告知租赁客户，客户表示其自行联系房东协商并表示理解。

案例 79　窃电处理不认可，想方设法来干扰

案例分类

意见工单—供电业务—用电检查—窃电处理

摘要

客户致电 95598 反映，有人打电话告知拆迁需入户及发送短信告知因其窃电需断电，请供电公司核实处理。后得知供电公司查处到该客户窃电，且证据确凿，客户迟迟不出面甚至想尽办法拒绝调查处理，欲达到供电部门对其窃电问题不追究的目的，最终客户目的未得逞，有效遏制和打击窃电犯罪行为，维护了正常供用电秩序。

案例内容

2020 年 2 月 11 日 11 时 30 分，客户高某来电反映：1 月 4 日接到 13××66 电话被告知该户即将拆迁，需要入户；随后 1 月 10 日收到 15××98 的短信告知自己因为窃电即将断电；其后，于 2 月 10 日由 13××66 致电客户表示自己是站长，需要客户去处理此事。客户想核实一下打电话告知拆迁及发送短信告知因窃电即将断电的是否为供电局人员请尽快核实处理。

处理部门回复调查结果：工作人员于 2020 年 2 月 11 日 16 时 20 分联系客户，答复客户因该客户存在窃电行为，供电所工作人员通过电话 13××66 联系客户，告知其需要到供电公司对其窃电行为进行处理，因多次联系客户，客户一直不与供电部门见面，也不在家中，不配合调查处理工作，故告知其房屋即将拆迁，在拆迁前将窃电事件处理完成，电话号码 13××66、15××98 均为供电部门工作人员电话，经工作人员解释沟通，客户仍不承认窃电事实，对认定结果不评价。

回访情况：2020 年 2 月 14 日 20 时 01 分联系客户，客户认为工作人员不专业，没有解决好他的问题，表示不满意。

随后南中心【回访派单】户号为 15××95 的客户反映，某市某县某社区回中某台 31 箱被供电公司认定存在窃电行为。客户表示工作人员在解释的时候都没有确定他家是二相电还是三相电窃电，且客户认为在窃电处理一开始的时候供电公司就没有联系到他，也没有提供相关证据就断定他家窃电，客户表示他未窃电，现在因疫情他没有去供电公司处理，等后期疫情过去了他将会找律师来处理。且客户表示电力工作人员（客户未明确人员信息，且表示这个人还是他朋友）收取过客户 1500 元（客户提到此属于安装线路等相应费用）还请客吃饭，后来就出现了这个问题，客户认为供电公司报复他因为他举报过，客户要求供电公司给他送上电，请供电公司尽快核实处理。（有投诉意愿）

处理部门回复调查结果：工作人员于 2 月 17 日 10 时 23 分联系客户，答复客户，户号 15××95，户名高×，低压 220V 居民用电；户号 15××32，户名高×冷库，低压 380V 动力用电。均为该客户使用表计，以上两块表计客户通过单相表引出火线，动力表引出零线的方式用电，造成表计不能计量，存在窃电行为，不存在其反映的不确定是他窃电的情况，供电部门已联系公安部门协助调查，证据确凿，不存在供电部门没有相关证据就断定其窃电的情况，且工作人员处理此客户窃电是在疫情发生以前，该客户拒绝配合供电部门工作，不与供电部门接触。客户反映的 1500 元钱为其自行购买动力电表箱，线缆等设备的支出，非供电部门收取，其不告知所说的供电部门该工作人员是谁，无法调查请客吃饭的情况是否存在，供电部门不存在乱收费等违规情况。供电部门也不存在其所说的报复行为，客户也可以通过法律途径解决此事，经工作人员解释沟通，客户不认可。

随后南中心【回访派单】【窃电处理】客户表示工作人员查询窃电的时候，客户根本不在家，客户表示不承认窃电，另外客户表示 1500 元，是由当地电力局来安装的施工人员收取的，客户表示是去年 5 月 16 号 13 点 46 分在饭店用微信转账给李某转了 1300，13 点 47 分吃饭花了 180 元，客户都有转账记录。

处理部门回复调查结果：工作人员于 2020 年 2 月 24 日 11 时 31 分联系客户，经核实，客户高某回中某台 31 箱窃电问题属实，工作人员已现场取证并存档，多次联系客户到供电部门处理此问题，客户表示近期没时间，一直未处理；经了解，客户反映工作人员收取其 1500 元费用，为某新城北 1 号变“张某花店”安装三相动力电所需的客户产权材料费用，包含低压三相计量箱、低压四芯电缆、低压三相负荷开关等费用，非供电公司工作人员李某收取，且不存在供电公司工作人员接受客户宴请一事，现因高某涉及窃电问题，供电公司需要对其追补电费，所以客户以此问题对供电部门调查处理进行干扰，欲达到供电部门对其窃电问题不追究的目的。经工作人员解释沟通，客户不认可。

存在问题

（1）重事后惩罚、轻事先预防。目前对窃电危害惩罚制度的宣传不够，导致窃电者易受到利益的诱惑，为降低支出铤而走险进行窃电，特别是对于一些用电大户，客户对用电安全知识和法律知识认识不足，没有意识到窃电给自身带来的安全隐患以及严重后果。

（2）对窃电行为惩处不力由于对窃电者没有做到有限管理，对发现的窃电者惩处不力，会让窃电者形成侥幸心理，导致窃电行为进一步恶性发展。

（3）我国经济发展水平不断提高，各方供电需求不断增加，供电企业电力监管人员数量不足，致使缺乏主动式巡查。对窃电发现一个、检查一个的方法渗透率低，容易疏漏。

（4）落后的电气检查设备和电气检查员技术水平不足，加剧了查处窃电工作的难度和效率。

（5）在窃电查处中，工作人员工作压力较大，导致检查人员的态度不正确，影响工作态度，导致用电客户不满，加大了供电企业管理的难度。

建议举措

（1）加大对窃电危害惩罚制度的宣传，用电宣传的内容主要包括窃电的危害、用电的法律问题以及用电的安全问题。特别是一些涉及面广、影响大的企业和个人，更应加强整改力度，逐步引导人民群众安全合规用电。

（2）运用法律手段打击窃电。借助法律手段是打击窃电行为做好的方式。在收集相关窃电证据时，应该小心谨慎，拍摄窃电现场，并对一些情节严重的及团伙作案的，应该和公安部门联合办案，这样不仅能够保证抓捕行为的顺利进行，而且还能够对未

发生以及发生却没被发现的窃电行为起到震慑的作用。

（3）与新闻媒体进行联合检查，以加强舆论攻势。通过新闻媒体，广泛宣传非法用电和群众窃电的社会危害性，对查处典型窃电案件和刑事责任追究案例将加大曝光力度，震慑窃电犯罪行为，努力形成依法用电的良好社会氛围。

（4）重视查处窃电人员业务知识的培训。对查处人员进行专业知识培训，如电工基础、电费电价计量，以及高低压开关、变压器、电动机等电气设备原理、结构等进行培训，还要对《电力法》《电力供应与使用条例》《民法通则》等相关法律、法规进行学习。

（5）应依托营销业务系统、用电信息采集系统等信息化平台，建立信息共享纵向、横向比对分析制度，定期逐条线路、逐个台区分析用电信息采集系统实时数据，对客户用电情况进行 24 小时监控，发现用电异常，立即进行检查。

（6）规范用电检查程序的执行。在法律层面上，供电单位和客户之间是平等的，供电单位有确凿的证据能够证明客户存在窃电的行为，也只能通过民享来处理，不能越权处理，避免发生纠纷问题。

（7）建立奖励机制。供电企业可以根据窃电企业行为的影响程度，制定物质奖励制度，奖励举报人员，借用群众的力量打击非法窃电行为。提高群众监督、举报的积极性，在一定程度上控制了非法窃电的行为，减少了窃电对供电系统的稳定性和安全性带来的负面影响。同时通过群众的参与，可以使监督队伍更强大，对盗窃电力人员造成一些心理压迫，起到“打击一个、震慑一方、教育一片”的社会效应，使反窃电成为人人关注、人人参与的社会行为。

（8）对查窃电方法进行培训。除了学习直观检查法、电量检查法、仪表检查法和用电能表检查等方法，还要定期总结窃电典型案例，从案例中积累经验、吸取教训，学习借鉴，建设成为作风好、技术高的工作队伍。

政策依据

（1）《电力法》（中华人民共和国主席令第二十三号）第七十一条：盗窃电能的，由电力管理部门责令停止违法行为，追缴电费并处应交电费五倍以下的罚款；构成犯罪的，依照刑法第一百五十一条或者第一百五十二条的规定追究刑事责任。

（2）《电力供应与使用条例》（1996 年 4 月 17 日中华人民共和国国务院令第 196 号发布根据 2016 年 2 月 6 日《国务院关于修改部分行政法规的决定》修订）

第六十六条　规定；有下列情形之一的，不经批准即可中止供电，但事后应报告本单位负责人：

1）不可抗力和紧急避险；

2）确有窃电行为。

（3）《供电营业规则》（电力工业部令第 8 号）第九章窃电的制止与处理第一百零一条规定：禁止窃电行为。窃电行为包括：

1）在供电企业的供电设施上，擅自接线用电；

2）绕越供电企业用电计量装置用电；

3）伪造或者开启供电企业加封的用电计量装置封印用电；

4）故意损坏供电企业用电计量装置；

5）故意使供电企业用电计量装置不准或者失效；

6）采用其他方法窃电。

（4）《供电营业规则》（电力工业部令第 8 号）第九章窃电的制止与处理第一百零二条：供电企业对查获的窃电者，应予制止，并可当场中止供电。窃电者应按所窃电量补交电费，并承担补交电费三倍的违约使用电费。拒绝承担窃电责任的，供电企业应报请电力管理部门依法处理。窃电数额较大或情节严重的，供电企业应提请司法机关依法追究刑事责任。

（5）《供电营业规则》（电力工业部令第 8 号）第九章窃电的制止与处理第一百零三条：窃电量按下列方法确定：

1）在供电企业的供电设施上，擅自接线用电的，所窃电量按私接设备额定容量（千伏安视同千瓦）乘以实际使用时间计算确定；（千伏安视同千瓦）乘以实际使用时间计算确定；

2）以其他行为窃电的，所窃电量按计费电能表标定电流值（对装有限流器的，按限流器整定电流值）所指的容量（千伏安视同千瓦）乘以实际窃用的时间计算确定。

窃电时间无法查明时，窃电日数至少以一百八十天计算。每日窃电时间：电力用户按 12 小时计算；照明用户按 6 小时计算。

（6）《国家电网有限公司供电服务标准》（Q/GDW 10403—2021）7 服务人员行为标准 7.2 服务技能 7.2.2：熟知本岗位的业务知识和相关技能，岗位操作规范、熟练，具有合格的专业技术水平。

（7）《国家电网有限公司 95598 客户服务业务管理办法》（国家电网企管〔2019〕907 号）第四条规定：本办法涉及的 95598 停送电信息指影响客户供电的停送电信息，分为生产类停送电信息和营销类停送电信息。生产类停送电信息包括：计划停电、临时停电、电网故障停限电、超电网供电能力停限电和其他停电等；营销类停送电信息包括：客户窃电、违约用电、欠费、有序用电等。

案例点评

电力供应关系到群众的生产生活，与经济的发展密切相关，而窃电行为对电网和人身的安全都带来严重威胁，因此做好用电检查管理，加强反窃电工作是维护公共利益的重要工作。目前窃电行为更加复杂，技术性越来越高，反窃电工作面临着更高的挑战。作为反窃电工作人员，需要紧跟科技发展，结合实际工作，仔细分析目前反窃

电工作面临的严竣形式。因此需要对反窃电工作展开深入研究，最大程度降低窃电行为，为客户创造一个良好的用电环境，为经济快速发展提供有力保障。

案例 80　电费异常心存疑，表计错接未发现

案例分类

意见工单—供电业务—电能计量—计量装置配置问题

摘要

某客户 4 月拨打 95598 反映电费异常。工作人员上门查看后，告知其电能表与别人家的接错了，客户觉得电费应该也多收了，问怎样处理。因迟迟未得到答复，5 月客户再次拨打 95598 反映此事，要求尽快核实电费是否存在多收问题。

案例内容

2020 年 4 月 21 日 14 时 30 分胡先生反映，自己长期一个人在家，但是最近半年多电费每月都将近 150 元，请供电公司帮助核实电费异常问题。

当天供电公司人员接到 95598 工单后进行现场核实：胡先生家客户号：25 ×× 17，电表号：16 ×× 07；邻居家客户号：25 ×× 19，电表号：16 ×× 02，在征得胡先生同意后拉闸断电，发现自家电能表仍走字，而邻居家却停电了，故判断为胡先生与邻居家的电能表接反。由于客户所住小区在 2019 年 10 月进行电能表批量轮换，轮换是由第三方施工人员操作，施工人员为供电公司委托人员，供电公司人员直接联系到第三方施工人员（13 ×× 08），施工人员给客户打电话，告知当时电能表装反，答应马上去客户处进行整改。

胡先生觉得既然是电能表接错，那电费也应该是错收了，问错收的电费怎样处理？工作人员说回单位查一下历史发行数据再回复。

一晃半个月过去了，胡先生也没有得到任何反馈。2020 年 5 月 12 日 9 时 45 分胡先生再次拨打 95598 反映此事，要求就换表之后电费多收问题如何处理尽快给予答复，否则就要投诉。

供电公司人员接到 95598 工单后，通过营销系统查询统计结果为：胡先生家换表之后总计发行电费 900.12 元，邻居家换表之后总计发行电费 396.24 元，因此换表之后的七个月，胡先生总计多交电费 503.88 元。经过与胡先生的邻居协商，对方口头同意可以直接将差额部分交给胡先生。

5 月 12 日下午，供电公司工作人员联系胡先生，首先对答复时间过长表示道歉，

然后将处理结果告知，胡先生觉得虽然回复有些晚，但是错接线改了，多收的电费也退回了，结果还是很满意，表示谅解。

存在问题

（1）答复客户不规范，未在规定时间内回复客户。第一次接到意见工单后，工作人员虽然及时解决了客户工单内反映的问题，但就客户现场提出的电费多收问题未能及时答复，导致客户长时间未得到反馈的情况下，第二次拨打了 95598，并险些被投诉。

（2）责任单位现场操作管理不规范，验收不到位。责任单位对外包队伍的施工质量缺少监管，施工人员装表时未落实逐户核对、试拉试送工作要求，造成客户表计线路接错未及时发现。

（3）责任单位对差错电费的退补处理不规范。退补电费没有严格走营销系统流程，履行严格的审批手续，并留存纸质资料，以备后期审计，而只是胡先生的邻居口头同意，然后是私下的现金交易，为后期可能发生的纠纷埋下隐患。

（4）工作人员责任心不强，对客户诉求答复不及时。客户第一次在核实现场对电费提出疑问，工作人员承诺后却未兑现，说明工作人员责任心不强，主动服务意识淡薄，不能按承诺回复客户。如若不是在客户拨打完第二个工单后处理及时，险些又生成一个投诉工单。

建议举措

（1）规范现场验收标准，提升工作严谨性。暴露出责任单位在工程竣工验收中没有严格把关，留下事件隐患。建议严格落实公司有关现场服务规范，有效提升计量现场施工作业质量和优质服务水平。

（2）加强施工队伍管理，提升计量服务水平。暴露出责任单位对外包队伍的施工质量缺少监管。建议责任单位加强对外包施工全过程的监督和管理，尤其是批量换表的验收环节，要切实做到逐户核对、试拉试送工作要求，力争实现计量串户问题“零发生”和客户“零投诉”。

（3）提高客户诉求处理质量，避免诉求升级。暴露出责任单位对客户诉求不重视、处置不彻底、不完善。建议责任单位提高客户诉求的处理质量，严格执行“五必五不准”服务要求，确保诉求有效、及时处理，避免因处理不到位或不及时引发诉求升级。

（4）加强电费退补规范管理，确保业务规范执行。暴露出责任单位对差错电费的退补流程处理不规范。建议责任单位切实履行电费业务管理职责，加强电费退补流程的监督和审核，加强电费退补规范管理，确保业务规范执行。

政策依据

（1）《国家电网有限公司供电服务“十项承诺”》（国家电网办〔2020〕16 号）第七条：电表异常快速响应。受理客户计费电能表校验申请后，5 个工作日内出具检测结果。客户提出电表数据异常后，5 个工作日内核实并答复。

（2）《国家电网有限公司供电服务“十个不准”》（国家电网办〔2020〕16 号）第六条：不准漠视客户合理用电诉求、推诿搪塞怠慢客户。

（3）《国家电网公司供电服务标准》（Q/GDW 10403—2021）第六部分项目质量标准：

6.4.5.2　受理客户举报、建议、意见业务后，应在 10 个工作日内答复客户。

6.5.5　受理客户服务申请后：电能表异常业务 5 个工作日内处理；

（4）《供电营业规则》（电力工业部令第 8 号）第八十一条：用电计量装置接线错误、保险熔断、倍率不符等原因，使电能计量或计算出现差错时，供电企业应按下列规定退补相应电量的电费：

1）计费计量装置接线错误的，以其实际记录的电量为基数，按正确与错误接线的差额率退补电量，退补时间从上次校验或换装投入之日起至接线错误更正之日止。

（5）《国家电网有限公司 95598 客户服务业务管理办法》（国家电网企管〔2019〕907 号）一般诉求业务管理规范：

1）业务处理部门在国网客服中心客户受理一般诉求后，应在如下时限内按照相关要求开展调查处理，并完成工单反馈。咨询工单 4 个工作日，举报、建议、意见工单 9 个工作日。

2）服务申请各子类业务工单处理时限要求：电能表异常业务 4 个工作日内处理并回复工单；电表数据异常业务 4 个工作日内核实并回复工单。

（6）《电能计量装置技术管理规程》（DL/T 448—2000）7.6.3：电能计量装置投运前应进行全面验收，对电能表接线正确性进行检查。

案例点评

从案例内容看，一个表计错接线就产生两个意见工单。轮换表计工作看似简单，但稍有疏忽就会引起营业差错和客户不满。对居民的供电服务最需要的是对待每一件“小事”的细心，对客户的诉求要放在首位，从客户角度考虑和处理问题，本着客户至上的原则，提高工作效率。对外包单位施工质量监管绝不能放松，工程竣工验收环节也非常重要，严格的管理可以避免各类事故的危险点。由于工作人员的责任心不强，本来很快能答复的问题非要拖到客户第二次拨打 95598，埋下引起投诉的隐患。虽然电费错收问题在邻居的通情达理下得到解决，但是口头的承诺和私下的现金交易不符合电费差错处理规范。

类似案例

受理内容：10 月 19 日某市某县客户投诉：前年 12 月份工作人员在没有提前通知的情况下给其更换了电表，旧表底数也未经客户确认，换完后才被告知电表坏了需要换表，另外客户表示对今年 9 月电费 78 元不认可，客户家中没有用大功率电器、且很少在家，申请对抄表数据进行核实。

处理情况：客户反映情况属实，是供电公司责任。经核实，2015 年 11 月某县某庄供电所工作人员抄表时发现客户表计故障，不显示表数，因客户不常在此居住，工作人员更换表计时无法与客户沟通，在换表后也未及时将表底告知客户，由于工作人员疏忽，换表后未及时录入系统，直到 2016 年 3 月 5 日才录入系统。考虑到该户长期不在此居住，又因表计故障无法查看表计读数，故 2016 年 3 月再次计费时按照客户 2015 年 9 月 13 日电表损坏前的表底数 1136 计算的电费。经查 2017 年 5 月、7 月、9 月客户电费分别为 65.52 元、65.52 元、78 元，且经工作人员现场核实表计接线正确、抄表数据无误，客户电费应属正常波动。调查情况与客户沟通后，客户表示理解。

此案例中存在以下问题：

（1）工作人员换表结束后未能请客户在换表告知书上签字、确认旧表底数，违反（国家电网营销〔2015〕10 号）文件的要求：换表工单正确填写新、旧电能表起止度数，并请客户签字，或请物管、社区（村委会）人员签字确认。

（2）工作人员 2015 年 11 月更换故障表计、2016 年 3 月才在系统内录入换表流程，严重违反业务规范要求，并且暴露出该工作人员未严格按照抄表周期进行抄表工作，违反《供电营业规则》第八十三条规定“供电企业应在规定的日期抄录计费电能表读数”和（国家电网营销〔2015〕10 号）文件的要求“对换表后客户的用电情况，进行 1～2 个抄表周期的监控”。

案例 81　产权归属不认可，不给接电就投诉

案例分类

意见工单—供电业务—电能计量—表计资产纠纷

摘要

某客户反映，所住小区停电，请处理。收到答复为小区内部故障引起的停电，应由物业处理。客户对答复不满意（有投诉倾向），请供电公司尽快核实处理。

案例内容

2020 年 9 月 21 日 9 时客户杨先生拨打 95598 反映，自己居住的某小区停电。工作人员联系客户咨询现场情况后，告知停电原因属内部故障，应通知物业处理，直接挂断电话。

客户表示对让物业处理故障不认可，既然维修找物业，那开始怎么接电的？哪个部门有权安装变压器？不能只听供电部门片面之词，于是很生气的再次拨打 95598，要求供电部门要站在百姓角度考虑问题，给予合理解释并尽快处理停电事故，否则就投诉。

供电公司工作人员赶赴现场核实结果为：客户所在地点由某变电站 10kV 某沟 514 线路某开闭站祥瑞开发配电室提供电源，因小区配电室内变压器故障导致客户处小区全部停电。

工作人员当面向客户耐心解释：根据送电前小区与供电公司签订的供用电合同中条款规定，该小区是专用变压器，属于客户产权设备，后期日常维护和抢修工作由产权单位负责。对于日常的维护，物业具有详细的该小区电力设施资料，无须电力部门提供。小区变压器非供电公司安装，为开发商前期申请接电时，委托有电力施工资质的施工单位安装，工程竣工后，经供电部门验收合格后并网接电。

供电公司切实考虑百姓用电问题，辖区供电所工作人员在故障发生后第一时间已到达现场，并全程协助物业处理故障，保证客户尽早恢复供电。

经过近十个小时的抢修，客户处已于 9 月 20 日 23 时 50 分恢复供电，目前用电正常，客户表示很对处理结果满意。

存在问题

（1）工作人员接到客户来电处理不妥当，未认真核实就草率下结论，态度极不负责任。

（2）客户侧隐患排查力度不够，未能及时发现安全隐患。

（3）工作人员接到停电报修电话处理方式不妥当。

建议举措

（1）加强客户侧设备隐患排查治理，提高供电可靠性。建议用电检查人员、台区经理定期对辖区内客户侧设备安全隐患进行排查，发现问题立即整改，不能立即整改的下用电检查单，限期整改完毕。

（2）增强工作人员责任心，规范接到报修电话的正确处理方式。建议责任单位加强工作人员业务知识的培训，提高现场服务水平，避免影响客户正常的工作生活。

（3）规范工作人员服务行为，尤其是与客户沟通的态度。建议责任单位定期组织供电服务规范方面的学习，提高员工服务意识。

政策依据

（1）《供电营业规则》（电力工业部令第 8 号）：

1）第四十七条：供电设施的运行维护管理范围，按产权归属确定。责任分界点按下列各项确定：

① 公用低压线路供电的，以供电接户线用户端最后支持物为分界点，支持物属供电企业。

② 10kV 及以下公用高压线路供电的，以用户厂界外或配电室前的第一断路器或第一支持物为分界点，第一断路器或第一支持物属供电企业。

③ 35kV 及以上公用高压线路供电的，以用户厂界外或用户变电站外第一基电杆为分界点。第一基电杆属供电企业。

④ 采用电缆供电的，本着便于维护管理的原则，分界点由供电企业与用户协商确定。

⑤ 产权属于用户且由用户运行维护的线路，以公用线路分支杆或专用线路接引的公用变电站外第一基电杆为分界点，专用线路第一基电杆属用户。

⑥ 在电气上的具体分界点，由供用双方协商确定。

2）第四十八条：供电企业和用户分工维护管理的供电和受电设备，除另有约定者外，未经管辖单位同意，对方不得操作或更动；如因紧急事故必须操作或更动者，事后应迅速通知管辖单位。

3）第七十七条：计费电能表装设后，用户应妥为保护，不应在表前堆放影响抄表或计量准确及安全的物品。如发生计费电能表丢失、损坏或过负荷烧坏等情况，用户应及时告知供电企业，以便供电企业采取措施。如因供电企业责任或不可抗力致使计费电能表出现或发生故障的，供电企业应负责换表，不收费用；其他原因引起的，用户应负担赔偿费或修理费。

（2）《国家电网公司员工服务“十个不准”》（国家电网办〔2020〕16 号）第四条：“不准对客户投诉、咨询推诿塞责。”

（3）《国家电网有限公司供电服务“十个不准”》（国家电网办〔2020〕16 号）第六条：不准漠视客户合理用电诉求、推诿搪塞怠慢客户。

（4）《国家电网有限公司供电服务“十项承诺”》（国家电网办〔2020〕16 号）第十条：保底服务尽职履责。公开公平地向售电主体及其用户提供报装、计量、抄表、结算、维修等各类供电服务，并按约定履行保底供应商义务。

案例点评

现在是电气时代，日常生活一刻也离不开电，而且大家心中根深蒂固的思想就是：停电就找供电公司。案例中的客户家中停电本就有情绪，以为工作人员联系是要来处

理故障的，没想到只是询问几句话后就直接下结论：不是供电责任，让物业去处理。简单粗暴的处理方式让客户很不满意，险些被投诉。

第二次到现场的工作人员就很有责任心，不仅详细地询问停电原因，还针对此次停电责任划分向客户耐心分析并解释，得到客户的理解。其实广大的电力客户都是通情达理的，只是缺少对供电产权方面的了解，以为哪里停电都是供电公司的责任，都得由供电公司负责维修处理。

值得表扬的是辖区供电所的抢修人员在得知停电事故发生后，第一时间赶赴现场，帮助物业人员查找事故点，进行故障处理。最后在双方近十个小时的共同努力下，整个小区恢复供电。客户很满意。

服务无小事，一句贴心的话，一个甜美的微笑，都可能化解客户心中的不满。“你用电，我用心”，遇事多站在客户角度考虑问题，“用心服务”才能落到实处。

类似案例

受理内容：客户反映，前期来电话报修，电工修复成功后，工作人员表示是单元大电表闸刀问题，收取了客户费用，客户表示不应该收取，请供电公司尽快联系核实处理。客户表示回复不满意，会该投诉投诉的。

处理情况：经核实，下板城供电所工作人员于 6 月 18 日 10 时联系客户，经核查客户所述的单元大电表闸刀非供电公司产权，是该单元的其他客户张罗更换的。此电表闸刀挨户收取的购买新闸刀所需的费用，非供电公司收取此费用，供电公司只是帮忙为客户更换。现已将处理结果告知客户，客户表示认可。

案例 82　表箱破损不安全，改造计划需提前

案例分类

意见工单—供电业务—电能计量—计量（表）箱柜破损

摘要

因老旧城区某小区楼道电表箱长年风吹日晒，出现箱体腐蚀破损，造成安全隐患，某客户两次反映希望供电公司尽快处理，经审核批准后确认对该小区进行表箱改造更换，有效解决客户诉求，缓解了客户焦虑情绪。

案例内容

2020 年 8 月 20 日 9 时 30 分某客户致电 95598，反映自己所住小区计量表箱已损

坏、箱门未上锁、下雨天还有打火现象，客户担心存在安全隐患，请供电公司尽快处理。

处理部门回复：接到工单后，工作人员立即联系客户，同时到现场查看。经核实，客户所反映的计量表箱安装在楼道口左侧墙上，经过长年风吹日晒已出现箱体腐蚀破损，表箱内电能表固定不稳，下雨天有打火等情况完全属实。电表箱因使用年限较长导致损坏，箱门无法上锁，遇到风雨天漏水，确实存在很大的安全隐患，解决方法只能更换电表箱。

2020 年 8 月 23 日 8 时 45 分客户再次致电 95598，反映今日下雨表箱漏水，担心连电造成起火停电，并且客户表示前期向 95598 反映问题后，有工作人员联系客户，让客户等着吧，现在没有表箱子，等啥时候来了新表箱就给换了，请供电公司尽快处理。

处理部门回复：由于客户所在地属于老旧城区范围，小区内类似破损需要更换的电表箱有很多。责任单位今年有老旧小区表箱改造项目，经辖区供电所统计需更换表箱数量并上报计划后，获得批准优先对客户居住小区进行改造，预计于 2020 年 9 月 15 日前全部更换完毕。工作人员将此结果告知客户后，客户表示知晓，希望加快进度，以免发生电力安全事故。

存在问题

（1）日常巡视巡检力度不够，对设备老化问题关注度不高，未能及时发现供电设备存在的安全隐患并及时进行处理。

（2）工作人员反馈客户处理进度不及时，致客户二次反馈问题，未能及时解决客户需求。

（3）计量装置日常维护与管理工作不到位，表箱未上锁可能会为窃电行为提供方便。

建议举措

（1）加大巡检力度，发现隐患及时处理。针对责任单位在日常巡视中没有侧重点，规划性不强的问题，建议重点先检查供电设备老化问题，按照轻重缓急程度，优先对年限较长的设备进行更换，发现问题及时处理，保障客户用电安全。

（2）定期检查计量装置及其配套装置，发现破损及时维修维护。针对责任单位计量管理工作混乱，未按规定进行定期检查和严格执行锁封管理制度的问题，建议将计量现场检查工作落实到人，并保持常态化，切实做到计量表箱上锁加封（一箱一锁，一表一封），确保现场信息与营销系统一致性。

（3）计量项目储备应有计划性、前瞻性。暴露出责任单位项目执行缺乏计划性，主次不分明。建议进行一次全面彻底的安全隐患排查，并按破损等级做好统计工作，根据当年资金下达情况做好项目储备工作，杜绝因计量装置引发电力安全事故发生。

（4）加强工作人员业务技能培训，提升优质服务水平。建议多组织学习“十项承诺”、“十个不准”、“供电服务规范”等政策性文件，切实提高服务水平。

政策依据

（1）《国家电网公司供电服务规范》（国家电网生〔2003〕477 号）第二章第四条第二款中规定：真心实意为客户着想，尽量满足客户的合理要求。对客户的咨询、投诉等不推诿，不拒绝，不搪塞，及时、耐心、准确地给予解答。用心为客户服务，主动提供更省心、更省时、更省钱的解决方案。

（2）《国家电网公司供电服务规范》（国家电网生〔2003〕477 号）第二章第六条第二款中规定：为客户提供服务时，应礼貌、谦和、热情。接待客户时，应面带微笑，目光专注，做到来有迎声、去有送声。与客户会话时，应亲切、诚恳，有问必答。工作发生差错时，应及时更正并向客户道歉。

（3）《国家电网有限公司供电服务“十个不准”》（国家电网办〔2020〕16 号）第六条中规定：不准漠视客户合理用电诉求、推诿搪塞怠慢客户。

（4）《电力供应与使用条例》（国务院令第 196 号）第十五条中规定：供电设施、受电设施的设计、施工、实验和运行，应当符合国家标准或者电力行业标准。

（5）《供电营业规则》（电力工业部令第 8 号）第五十二条中规定：供电企业和客户都应加强供电和用电的运行管理，切实执行国家和电力行业制订的有关安全供用电的规程制度。客户执行其上级主管机关颁发的电气规程制度，除特殊专用的设备外，如与电力行业标准或规定有矛盾时，应以国家和电力行业标准或规定为准。供电企业和客户在必要时应制订本单位的现场规程。

案例点评

随着社会经济发展水平的提高和居民用电消费结构的变化，部分老旧小区计量装置已无法满足客户用电增长需求。尤其是老小区的多表位计量箱因年代久远、损坏变形严重，无论从外观上，还是安全方面都存在隐患，急需更换。本应是供电公司主动发现并解决的问题，却让客户二次反映监督，需引起足够重视，杜绝等发生事故才主动解决的事情产生。

案例中的客户出发点不是为了自己，而是从小区居民安全考虑，更是为了避免引起更大的电力事故考虑，屡屡向供电公司反映表箱问题，这种行为值得表扬。我们供电职工更有责任确保计量装置的可靠运行，为广大客户营造安全的用电环境。

类似案例

受理内容：客户李先生拨打 95598 反映，此处计量箱柜出现损坏，表箱与表箱盖连接处烂了。客户认为可能存在安全隐患，请供电公司尽快核实处理。

处理情况：处理部门回复客户反映情况属实。工作人员于 2020 年 5 月 9 日 15 时 42 分联系客户，经现场核实，户号 15××62，户名为某养殖场，属于专用变压器，产权归客户所有。工作人员告知客户李先生，明晰产权分界点，客户反映的低压计量柜属客户产权，表箱盖损坏，应由客户自行维护，现已下达安全隐患告知单，通知客户自行整改，完成时间不确定，客户签字认同。将此结果告知客户，客户对处理结果表示理解和满意。

案例 83　表箱位置不合理，后期建房受影响

案例分类

意见工单—供电业务—电能计量—计量箱位置不合理

摘要

某客户反映用电相关设备安置位置占用居住区域，造成一定安全隐患，且影响后期建房事项，要求及时施工处理。

案例内容

户号为 15××23 的客户反映电线杆和计费电能表箱安装在自家院内，表箱太低，家里小孩来回经过不安全，存在位置不合理问题。客户表示其他客户会在其不在家的情况下，开门去操作电表，有隐患。客户要求将非客户的电表移至其他地方；同时为不影响此处后期建房，要求将电线杆进行迁移，请供电公司尽快核实处理。

处理部门回复：工作人员于 9 月 10 日 16 时 20 分电话联系客户，经核实，客户反映的电线杆和电表箱确实安装在客户院内，而客户院子内的电杆是早期施工时架设，该电杆位置当时也是经过当地村委会与客户协商同意的，电表箱离地 1.2m，确实存在安全隐患。经了解，客户要求将电杆移走的主要原因是电杆所在位置阻碍了客户在自家院内盖房的计划。

对于客户提出的要求：因多户电表统一安装在电表箱中，若将非客户的电表移至其他地方，需要与其他客户进行协商，确定新的位置，在征得相关人员全部同意后才能进行移动，目前无法立即将表箱中非该客户的电表移至其他地方；客户家中电杆移动也涉及与村委会和相关客户重新协调土地位置以及线路施工问题，目前也无法立刻进行移动。

本着优质服务、客户至上的原则，在电线杆移走之前，工作人员将定期检查电表

箱内设备运行情况以及其他客户电费账户余额，及时提醒相关客户缴费，减少因欠费复电、故障等原因，其他客户在客户不在家的情况下，到其家中操作电表等情况的发生。

工作人员已联系客户与当地村委会进行协商，争取早日取得相关客户的同意，选择合理位置后将电线杆及电表箱一起移动，以方便客户日后新建房屋。因属地协商、项目审批施工等因素，故无法告知客户具体处理时间。客户表示理解。

工单后续情况追踪结果：经过多方协商，9 月 28 日供电公司工作人员已将客户院内的电线杆及电表箱安装到户外合理位置，客户表示对处理结果非常满意。

存在问题

（1）公用电表箱安装在客户院内位置不合理（电杆为早期架设，属历史遗留问题）。不仅给供电公司抄表、日常运维带来不方便，也不便于其他客户查看电费、操作复电等。

（2）电表箱离地距离 1.2m，未达到安装距离要求。

建议举措

（1）加强配网台区设备巡视，发现安全隐患问题及时排查处理。建议责任单位针对计量箱未按要求安装在公共区域、表箱高度未达到规定距离的情况，督促工作人员进行排查、统计，作出统一规划进行改造，避免再次发生类似问题。

（2）加强日常巡视和用电检查力度。建议责任单位密切关注修路、盖房等在建工程，发现问题及时与对方沟通，避免工程结束给供电安全带来安全隐患。

政策依据

（1）《电能计量装置涉及通用规范》（Q/GDW 10347—2016）中的有关要求：户外式计量箱或户外式配电计量综合箱（JP 柜）的底部安装高度不宜低于 1.5m。

（2）《农村低压电力技术规程》（DL/T 499—2001）：

1）9.2.2 中规定：农户生活用电应实行一户一表计量，其电能表箱宜安装于户外墙上。

2）9.2.3 中规定：农户电能表箱底部距地面高度宜为 1.8m ~ 2.0m，电能表箱应满足坚固、防雨、防锈蚀的要求，应有便于抄表和用电检查的观察窗。

（3）《供电营业规则》（电力工业部令第 8 号）：

第二十七条　中规定：用户移表（因修缮房屋或其他原因需要移动用电计量装置安装位置），须向供电企业提出申请。供电企业应按下列规定办理：

1）在用电地址、用电容量、用电类别、供电点等不变情况下，可办理移表手续；

2）移表所需的费用由用户负担；

3）用户不论何种原因，不得自行移动表位，否则，可按本规则第一百条第 5 项处理。

第六十五条　中规定：供电企业和用户都应经常开展安全供用电宣传教育，普及安全用电常识。

（4）《国家电网有限公司供电服务“十项承诺”》（国家电网办〔2020〕16 号）第十条中规定：保底服务尽职履责。公开公平地向售电主体及其用户提供报装、计量、抄表、结算、维修等各类供电服务，并按约定履行保底供应商义务。

案例点评

随着农村近些年快速发展，修路、盖房、将原有住房加高等已成普遍现象，但却忽略了一些用电方面的安全问题。例如路面硬化，村道垫高会导致原有电能计量装置离地距离缩短（达不到安全距离），盖房后导致自家院墙与电杆距离不足，原有平房增高变成二层甚至三层房屋，造成原有架空线直接搭在用客户房顶等，存在极大的安全隐患。

为了给大家提供一个安全的用电环境，希望能引起供电部门高度重视，对于一些历史遗留问题或已成事实的情况，加快用电设施改造步伐，及早消除安全隐患；通过日常巡视巡查，发现在建工程的安全隐患，将其制止在萌芽状态，杜绝在建工程引起电力安全事故发生。

类似案例

案例一：

受理内容：客户来电反映其计量表安装位置不合理，客户提及之前低压整改时存在收费行为，请供电公司尽快核实并答复客户。

处理情况：供电服务四站工作人员孟某于 6 月 16 日 15 时 28 分与客户联系并到达现场，客户实际诉求为在低压改造时电表箱内线路有遮挡自家电表的情况（电能表及进线为供电公司产权，客户描述低压改造时间久远，费用及低压改造部门已无从考究）。工作人员现场核实表箱内线路确有遮挡电表情况，工作人员现场将电表箱内所有电表线路逐一排序固定，电表排序加固完毕，现客户已不再需要调整电表位置。客户表示满意。

案例二：

受理内容：客户反映供电公司将电表安装在客户家后面的电杆上，存在位置过近的问题，客户要求移走，请供电公司尽快核实处理。

处理情况：工作人员于 6 月 1 日 15 时 20 分电话联系客户。经核实，由于客户不同意将电表安装在自家后面的电杆上，故工作人员现场没有进行安装，现工作人员已

征得该处其他居民同意，已将客户反映的电表安装到其他位置的电杆上，现场已不存在客户反映电表位置过近的问题。已将情况告知客户，客户表示知晓。

案例 84　验表迟迟没音信，出具结果不认可

案例分类

意见工单—供电业务—电能计量—验表

摘要

某客户对用电量产生怀疑提起验表申请，工作人员误操作发起换表流程，验表结果多次反馈客户但无法成功联系，客户知晓后质疑验表结果，经现场勘察后仍不认可结果，但表示不再要求验表。

案例内容

2020 年 6 月 8 日户号为 25××12 的客户反映，4 月 20 日 13 时左右，客户通过网上国网的渠道提交验表申请，办理资料齐全，已超出规定时限，客户对此有异议。

处理部门回复：工作人员于 2020 年 6 月 11 日 14 时 30 分电话联系客户。客户户号：25××12，户名：杨某，地址：某村 10-×。经核实，4 月 20 日，客户通过网上国网 App 提交了验表申请。供电营业厅工作人员孙某当即联系客户，由于客户未选择验表单位，所以孙某未填写装换表工作单。4 月 24 日，客户到营业厅明确表示可以由供电部门对电能表进行检测，孙某当即填写了装换表工作单。装表接电班工作人员于 4 月 26 日在 SG186 系统中发起校表流程（工作人员失误发起故障换表流程），后对电表进行了更换。4 月 27 日，工作人员孙某将电表送至市公司计量中心进行检测。4 月 29 日检测结果显示合格。工作人员孙某于 4 月 30 日领回检定合格证书后立即联系客户，客户手机无人接听。5 月 7 日左右，工作人员孙某再次联系客户，客户电话仍无人接听。工作人员孙某就在装换表工作单上标注了“无人接听”后未再联系客户。

6 月 8 日 10 时 30 分，工作人员孙某电话联系并将验表合格的结果告知客户，客户不认可，并提出到质监局再次对电表进行检测。由于客户有再次验表的需求，工作人员分别于 2020 年 6 月 8 日 10 时 40 分、6 月 9 日 9 时 13 分拨打客户电话，欲告知到质监局验表的工作流程，但客户电话无人接听。6 月 10 日 9 时 10 分，工作人员再次拨打客户电话，客户接通后提出不再去质监局验表，但对供电部门的验表结果仍不

认可，要求对电能表接线再次进行核实。经现场核实，客户电能表接线正常，运行正常，电表示数抄录正常。另对于客户提出为何目前使用电量比 2013 年用电量多为理由，来否认此次验表结果，由于时间过去太久远，工作人员无法核实 2013 年客户家中电器设备及使用情况，此问题无法答复。

客服人员回访客户，将核实及处理结果告知客户，客户不认可，但表示不再要求验表。

存在问题

（1）工作人员在受理客户网上国网 App 校验电表申请过程中，致使延误客户业务办理，导致流程超过规定时限，给客户带去不良的服务体验。

（2）工作人员主动服务意识不强，如客户电话确实无人接听时，可以采取上门张贴告知书或发送短信的方式联系客户，尽快将检测结果告知。

建议举措

（1）工作人员业务水平有待提升。建议各单位加强业务培训，特别是在新业务推广应用过程中，务必要求工作人员熟练掌握各项流程、时限要求，为新业务推广奠定良好的基础，有效避免此类情况发生。

（2）强化工作人员责任心，提高主动服务意识，努力提升供电服务水平。

政策依据

（1）《供电营业规则》（电力工业部令第 8 号）。第七十九条：供电企业必须按规定的周期校验、轮换计费电能表，并对计费电能表进行不定期检查。发现计量失常时，应查明原因。用户认为供电企业装设的计费电能表不准时，有权向供电企业提出校验申请，在用户交付验表费后，供电企业应在七天内检验，并将检验结果通知用户。如计费电能表的误差在允许范围内，验表费不退；如计费电能表的误差超出允许范围时，除退还验表费外，并应按本规则第八十条规定退补电费。用户对检验结果有异议时，可向供电企业上级计量检定机构申请检定。用户在申请验表期间，其电费仍应近期交纳，验表结果确认后，再行退补电费。

（2）《电力供应与使用条例》（国务院令第 196 号）：用户应当安装用户计量装置，用户使用的电力、电量，以及计量检定机构依法认可的用电计量装置的记录为准。

（3）《国家电网有限公司供电服务“十项承诺”》（国家电网办〔2020〕16 号）第七条：电表异常快速响应。受理客户计费电能表校验申请后，5 个工作日内出具检测结果。客户提出电表数据异常后，5 个工作日内核实并答复。

案例点评

供电服务工作重在得到客户的理解和认可。每个新生事物的出现总要有一个让人接受的过程，如何能通过熟练地操作，贴心的服务，达到客户百分百的满意，是我们必须面对和解决的问题，而尽快熟练掌握网上国网 App 操作流程是线上业务顺利推广的基础和关键。

验表业务本身并不复杂，不妨尝试创新的服务理念，多样化的服务方式，有时可以取得事半功倍的效果。当客户电话不畅通时，可采取其他途径与客户取得联系，比如上门服务或发短信，确保工作及时对接，这样就避免了客户因长期等待没有结果而产生不满情绪。

另外对客户提出的将 2013 年与 2020 年用电量数据比对的要求确实无法取证，可以与客户耐心解释，取得客户理解；或者继续观察几个月电量情况，如客户仍有疑问，可继续申请去质监局进行校验。

类似案例

受理内容：户号为 25××18 的客户反映，4 月 29 日下午 1 时左右，通过网上国网的方式，提交验表申请单，办理资料齐全，已超出规定时限，请相关部门尽快核实处理。

处理情况：处理部门回复客户反映情况属实，是供电公司责任。经核实，于女士在 4 月 29 日通过网上国网 App 提出了关于户 25××18 的校验电表申请；朱女士（租户）在 4 月 30 日拨打 95598 提出关于户号 25××18 的核实抄表数据的服务申请。台区经理在 5 月 1 日 07 时 25 分与租户朱女士取得联系，现场检查表计计量和接线未发现异常，并将处理结果告知租户朱女士。因网上国网 App 申请校表地址和服务申请工单信息一致，工作人员未及时与客户确认网上国网 App 校验电表申请，造成该申请超出规定时限，存在业务处理不规范的情况。现工作人员与投诉客户于女士沟通，详细讲解校验电表流程，于女士表示暂不需要供电公司提供校验电表服务。现客户处用电正常。已将处理结果告知客户，客户表示满意。

案例 85　换表客户不知情，电费异常惹争议

案例分类

意见工单—供电业务—电能计量—轮换、户表改造

摘要

某客户反映，供电公司人员在未提前告知的情况下，对居住地点进行轮换户表改造，且未告知其电能表底数，同时表示电费异常，对工作人员解释客户不认可，经了解情况得知客户预留电话联系为停用状态，表底数确认单未当场签字确认，后经核对用电实际情况及更新信息，现客户已解除了疑问，并表示满意。

案例内容

2019 年 9 月 3 日户号为 15××13 的赵先生致电 95598 反映，自家电表最近几个月电量突增，多方打听后才知道数月前电表被更换，客户表示自己和家人都未接到通知（小区内也有其他居民反映未接到通知），换表前电表底数也无人告知，希望供电公司进行合理解释。

处理部门回复：接单后工作人员立即进行核实，由于客户所在小区为本地费控卡表，购电具有局限性，故对该小区进行户表轮换改造，更换成远程费控智能电表。5 月 13 日供电所工作人员通过短信通知的方式告知小区客户，5 月 14 日施工人员进行批量换表工作，5 月 15 日将小区住户电表底数确认单委托物业门卫告知客户并签字确认。由于当时赵先生及家人在外地旅游，因客户系统预留电话为停用状态，所以未联系上客户（存在小区内部分居民未接到短信通知的情况），电表底数确认单也只是存放在门卫处，确实未与客户确认签字。赵先生后续返回后，发现近期电费突增，经过多方打听得知是在不知情情况下电表被换，表示对电费不认可，更对工作人员没有尽到告知义务表示不满。

经核实客户电费异常是由于赵先生旅游回来后家里添置了鱼缸，同时购买了 24 小时不间断使用的换气泵等养鱼辅助设备，经过核算新购设备容量耗电情况，与增加电量基本一致。工作人员又将赵先生 5 月至 9 月用电量以及电费余额一一告知，并在客户家中补签了远程费控协议，同时将系统中客户预留电话更新完毕，保证客户今后及时收到缴费、欠费等短信通知，现客户已解除疑问，并表示满意。

存在问题

（1）客户档案信息准确性、时效性欠缺，更新不及时，直接导致客户及小区内部分居民未能接收到换表通知短信。

（2）责任单位执行户表轮换工作前未按规定在小区内做到公示公告，换表前解释、通知工作不到位。

（3）责任单位在进行户表轮换时未按规定与客户进行表底确认，造成客户对电费产生怀疑。

（4）责任单位未做到换表后对客户用电量异常情况进行监控，造成没有及时发现

问题并核实。

（5）计量工作人员责任心不强，业务规范和服务水平有待提高，整个流程缺乏有效的监督和管理。

建议举措

（1）进一步规范远程费控业务推广工作，避免客户不知情、未签订费控协议等情况下单方面强行推广费控业务，同时细致做好短信接收号码核正、政策宣传、客户沟通等基础工作，有效预防客户不满情况发生。

（2）应加强计量现场服务规范管理，严格执行公司相关业务规范（如：换表相关规定，换表前与客户进行预约，换表后及时请客户确认签字），确保现场作业质量，提升现场服务水平。

（3）责任单位应严格执行换表后客户用电监控管理要求，跟踪客户电量变化情况，发现异常及时处理，避免此类问题再次发生。

（4）应进一步加强业务流程规范管理，确保系统信息记录有效性，与实际情况保持一致。

政策依据

（1）《国家电网公司电能表质量管控办法》[国网（营销/4）380—2014]第十九条加强现场施工管控。重点加强四个方面的工作质量，即：加强现场服务质量管理，确保“表计换装公告、用户旧表底度确认”到户；加强“杜绝装表串户”的质量管理，建立安装完毕后现场核对护镖对应关系的工作程序；加强“档案核查”质量管理，营业与计量人员要协同开展台区、终端、户表等档案清理核对工作；加强外包施工队伍管理，实施安全、质量、服务的同质化管理和评价。

（2）《国家电网公司电能表质量管控办法》[国网（营销/4）380—2014]第二十条落实电能表换装前的配套服务措施：在电能表换装前，应在小区和单元张贴告知书，在物业公司或村委会备案；严格按照电能表装拆程序实施作业，轮换工作单、旧电能表起止度应请客户或物业公司、居委会（村委会）工作人员签字确认。

（3）《国家电网公司电能表质量管控办法》[国网（营销/4）380—2014]第二十一第五款：条供电企业应按规程规定的周期检验或检定、轮换计费电能表，并对电能计量装置进行不定期检查。发现计量装置失常时，应及时查明原因并按规定处理；

（4）《供电服务标准》（Q/GDW 10403—2021）6.14.5：低压客户电能表批量换装前，应提前 3 天在小区和单元张贴告知书，或在物业公司（居委会、村委会）备案；零散换装、故障换表可提前通知客户后换表；换装电能表前应对装在现场的原电能表进行底度拍照，拆回的电能表应在表库至少存放 1 个抄表或电费结算周期，便于客户备查或客户提出异议时进行复核。

案例点评

电能计量是供电企业的一杆秤，表计问题涉及切身利益，因此也是客户最关心的问题。供电公司在积极推广安装智能电表的同时，也应切实按规范要求开展户表轮换及业务推广工作，通过公开、透明的工作流程，打消客户疑问和顾虑。本案例就是因为营销系统信息更新不及时，联系不上客户，导致客户并未及时了解情况，心里不满使客户对表计计量准确性疑虑不断放大，继而忽略了是家中用电设备增加导致的电费增多现象。案例最终在工作人员作出一系列解释和延伸服务，以及更新了客户联系方式后，得到了客户的谅解。在今后换表工作中，只有认真贯彻落实公司的规范化服务要求，增强服务意识，换位思考，站在客户角度考虑问题，才能真正地打造国网优质服务品牌服务。

类似案例

受理内容：户号：15××04 的客户来电反映：前期卡表换成远程电表后，对于供电公司工作人没有指导告知其新的电表如何操作使用，如何缴费表示强烈不认可，请尽快核实。

处理情况：9 月 2 日 10 时抄表员与客户联系，告知客户更换完新的智能表以后客户可以通过微信、支付宝、供电营业厅、供电 24 小时自助缴费终端缴纳电费，余额不足 20 元时会为客户发送短信提醒。智能表只显示电量不显示余额。已与客户解释清楚，客户表示认可，现家中用电正常。

案例 86　电缆老化表烧毁，费用嫌高不认可

案例分类

意见工单—供电业务—电能计量—赔表

摘要

客户反映其表箱、电表有烧坏的情况。供电所人员两次去现场才给处理，并收取费用 2050 元。客户对此费用有异议，拨打 95598 要求核实此费用合理性。后经了解损坏为个人原因导致并知晓费用详情，表示不再纠结费用问题。

案例内容

6 月 10 日 10 时客户王先生反映，自家电表烧坏，去供电所找了两次才给处理。

王先生还表示之前的表箱虽然被烧，但是仍能够使用，工作人员却要求必须重新购置，并合计各项费用 2050 元，希望能核实一下费用是否合理。

处理部门回复：接到工单后，工作人员马上联系客户。经核实，6 月 8 日 11 时 30 分，客户（王某养牛动力）处表箱着火，经现场核查，表箱起火原因为客户出线电缆年久老化、破皮造成短路，导致表箱着火并停电。工作人员告知客户电能表出线以下属客户产权，应由客户自己负责，购买设备应按要求同时配置保护装置，需更换合格的电能表箱及附属设备，并提供给客户材料计划表做参考。之后工作人员未做任何处理就离开现场。

6 月 8 日 14 时 32 分，因家中没电，电机等无法使用，王先生再次来到供电所，希望能尽快处理恢复用电。王先生表示表箱想使用原来的，其他材料自己不会买，委托供电所人员代买并安装。工作人员再次来到现场，向客户解释原烧毁表箱已不能使用（有留存烧毁表箱照片为证，确实无法使用），然后联系商家购买材料（有购货发票），为客户免费安装并装表接电，帮助客户恢复正常用电。第二日客户却认为费用太高，不认可。

工作人员已经再次联系客户并告知：因客户自身原因导致表计烧毁的，赔表费和维修费需客户自己承担；2050 元只是电能表和购买其他必备材料的费用，本着为客户着想的原则，未收取工时费、维修费。如对费用仍不满意，可以退回代买材料，客户自行购买，供电公司可协助安装。客户表示已知晓，不再纠结费用问题。

存在问题

（1）责任单位对日常巡视、缺陷管理不到位，未能及时发现安全隐患。

（2）供电所工作人员责任心不强，第一次处理问题欠缺主动服务意识，态度不积极，解释不到位。

（3）供电所工作人员最初装表接电时验收不合规，在未安装任何保护装置的前提下送电，为后期发生电表烧毁埋下隐患。

（4）责任单位未尽到用电检查工作中“负责对客户电气设备运行状况进行安全检查”的责任。

建议举措

（1）责任单位应建立健全日常巡视巡查制度，对存在安全隐患及时发现、及时处理。

（2）加强电力法律、法规，尤其是安全用电方面、供用电产权界定及责任划分相关知识的宣传。

（3）严格执行《用电检查管理办法》相关规定，配备合格的用电检查人员开展相关必要工作，定期或不定期地对客户的安全用电、计划用电、节约用电状况进行监督检查。

（4）加大对工作人员的培训教育，提高员工的优质服务意识和服务水平。

（5）加强高低压业扩工程中“供用电合同”签订的管理工作。

政策依据

（1）《国家电网公司计量工作管理规定》[国网（营销/4）276—2014] 第四章第十二条第一款：“加强对计量器具配置、型式、准确度等级方面审查，杜绝配置不合格检定（不合格）计量装置投运。”

（2）《供电营业规则》（电力工业部令第 8 号）：

第三十八条　用户新装、增装或改装受电工程的设计安装、试验与运行应符合国家有关标准；

第四十七条　供电设施的运行维护管理范围，按产权归属确定。责任分界点按下列各项确定：

1）公用低压线路供电的，以供电接户线用户端最后支持物为分界点，支持物属供电企业。

2）10kV 及以下公用高压线路供电的，以用户厂界外或配电室前的第一断路器或第一支持物为分界点，第一断路器或第一支持物属供电企业。

3）35kV 及以上公用高压线路供电的，以用户厂界外或用户变电站外第一基电杆为分界点。第一基电杆属供电企业。

4）采用电缆供电的，本着便于维护管理的原则，分界点由供电企业与用户协商确定。

5）产权属于用户且由用户运行维护的线路，以公用线路分支杆或专用线路接引的公用变电站外第一基电杆为分界点，专用线路第一基电杆属用户。

6）在电气上的具体分界点，由供用双方协商确定。

第七十七条　计费电能表装设后，用户应妥为保护，不应在表前堆放影响抄表或计量准确及安全的物品。如发生计费电能表丢失、损坏或过负荷烧坏等情况，用户应及时告知供电企业，以便供电企业采取措施。如因供电企业责任或不可抗力致使计费电能表出现或发生故障的，供电企业应负责换表，不收费用；其他原因引起的，用户应负担赔偿费或修理费。

（3）《国家电网有限公司供电服务“十项承诺”》（国家电网办〔2020〕16 号）第十条：保底服务尽职履责。公开公平地向售电主体及其用户提供报装、计量、抄表、结算、维修等各类供电服务，并按约定履行保底供应商义务。

（4）《国家电网有限公司供电服务“十个不准”》（国家电网办〔2020〕16 号）第六条：不准漠视客户合理用电诉求、推诿搪塞怠慢客户。

案例点评

电力是一种无形的商品，其流通、交易必须借助一定的设施才能完成。电力设施是电力商品生产、交换、流通的物质载体，电力设施产权人对其依法享有管理、维护的权力。按照近年的电网改造政策，电表以上的下火线，即进入表箱的电源线由供电企业管理，电表以下产权属客户。本案例中确属客户责任造成的表箱等烧毁，并引起停电，责任划分明确。

之所以产生意见工单原因如下：一、供电所工作人员缺乏工作主动性和服务敏感性，第一次到现场处理的方式方法欠妥，即没有耐心向客户解释产权维护的相关规定，又没有在第一时间帮助客户处理故障，恢复供电；二、第二次到现场帮助客户解决问题前，应就有偿服务相关问题及费用清单向客户说清楚，在征得客户认可的前提下进行后续操作，以免造成不必要的麻烦。

供电服务工作只有站在客户角度思考，从客户利益出发，才能真正做到让客户百分百满意。多与客户进行沟通交流，及时答疑解惑，其实客户大多数还是能支持理解电力各项工作的。

通过此案例，也说明了签订“供用电合同”的重要性，在正式送电前明确双方的权利、义务与经济责任也是很必要的。

案例 87　违约用电不认可，强制停电讨说法

案例分类

意见工单—供电业务—用电检查—违约用电处理

摘要

客户反馈供电公司未提前通知停止供电，且对违约用电事项表示质疑，后经工作人员解释相关法律法规后客户承认违规行为并接受处罚和改正，现已恢复用电。

案例内容

户号为 25××88 的客户反映此户无电，客户处为一小超市，目前停电无法营业。某供电所人员告知其用电类别不符，将于当晚 7 点半对其实施拉闸停电。客户对此不认可，表示没有提前接到通知。现在客户的要求有两条：①核实停电是否合规。②停电给其带来损失，要求赔偿。

经核实，某供电所工作人员于 2020 年 11 月 26 日 10 时 00 分联系客户，经调查：

11 月 23 日 15 时 30 分某供电所工作人员发现某省某市某村有一家小百货超市，经检查超市电源是从户号为 25××45，户名为某县某有限公司户接出（未拍摄现场照片），属于私自转供电，私自变更用电类别，属于违约用电行为。于是某供电所用电检查人员张某独自于 23 日 19 时到达违约用电现场，并电话通知该客户属违约用电行为，并于 19 时 30 分对该客户进行现场停止供电处理。客户表示“说停电就停，提前也不下通知，有没有依据？停电之后造成的损失要供电企业来赔偿。”（经现场核查，客户处并无任何损失）

11 月 26 日供电所工作人员向客户解释相关电力法律法规，并告知按规定应尽快到某供电所办理相关用电手续，保证正常的供用电秩序。某有限公司和超市都已认识到自己的行为属于违约用电范围，并接受违约用电处理（按规定交纳违约使用电费）。超市也已办理正式用电手续。

目前某有限公司和超市都已正常用电，客户表示无异议。

存在问题

（1）用电检查人员到现场检查未按规范流程处理，现场检查仅 1 人进行，并未及时取证，违约用电处理不规范。

（2）工作人员服务意识、责任心不强，与客户沟通解释不到位。

（3）停送电管理存在漏洞，停电程序执行不到位。停电前，只是口头通知客户，未下达停电通知书，未经负责人审批。

建议举措

（1）加强现场检查规范化管理。建议责任单位定期对用电检查人员进行业务和现场作业培训，严格按规定人数、流程进行现场检查，提高现场作业水平。

（2）提升工作人员服务意识和服务技巧。建议责任单位多组织优质服务礼仪、服务技巧等方面的学习，增强工作人员责任心。

（3）规范停电审批制度。建议责任单位严格按照规定进行停电前审批流程，杜绝未规定停电行为的发生。

政策依据

（1）《电力供应与使用条例》（国务院令第 196 号）第七条中规定：电力管理部门应当加强对供用电的监督管理，协调供用电各方关系，禁止危害供用电安全和非法侵占电能的行为。

（2）《电力供应与使用条例》（国务院令第 196 号）第三十条中规定：用户不得有下列危害供电、用电安全，扰乱正常供电、用电秩序的行为：

（一）擅自改变用电类别；

（二）擅自超过合同约定的容量用电；

（三）擅自超过计划分配的用电指标的；

（四）擅自使用已经在供电企业办理暂停使用手续的电力设备，或者擅自启用已经被供电企业查封的电力设备；

（五）擅自迁移、更动或者擅自操作供电企业的用电计量装置、电力负荷控制装置、供电设施以及约定由供电企业调度的用户受电设备；

（六）未经供电企业许可，擅自引入，供出电源或者将自备电源擅自并网。

（3）《电力供应与使用条例》（国务院令第196号）第三十二条中规定：供电企业和用户应当在供电前根据用户需要和供电企业的供电能力签订供用电合同。

（4）《电力供应与使用条例》（国务院令第196号）第三十四条中规定：供电企业应当按照合同约定的数量、质量、时间、方式，合理调度和安全供电。用户应当按照合同约定的数量、条件用电，交付电费和国家规定的其他费用。

（5）《电力供应与使用条例》（国务院令第196号）第四十条中规定：违反本条例第三十条规定，违章用电的，供电企业可以根据违章事实和造成的后果追缴电费，并按照国务院电力管理部门的规定加收电费和国家规定的其他费用；情节严重的，可以按照国家规定的程序停止供电。

（6）《电力供应与使用条例》（国务院令第196号）第四十二条中规定：供电企业或者用户违反供用电合同，给对方造成损失的，应当依法承担赔偿责任。

（7）《供电营业规则》（电力工业部令第8号）第六十六条中规定：在发供电系统正常情况下，供电企业应连续向用户供应电力。但是，有下列情形之一的，须经批准方可中止供电：

1）对危害供用电安全，扰乱供用电秩序，拒绝检查者；

2）拖欠电费经通知催交仍不交者；

3）受电装置经检验不合格，在指定期间未改善者；

4）用户注入电网的谐波电流超过标准，以及冲击负荷、非对称负荷等对电能质量产生干扰与妨碍，在规定限期内不采取措施者；

5）拒不在限期内拆除私增用电容量者；

6）拒不在限期内交付违约用电引起的费用者；

7）违反安全用电、计划用电有关规定，拒不改正者；

8）私自向外转供电力者。

（8）《供电营业规则》（电力工业部令第8号）第六十七条中规定：除因故中止供电外，供电企业需对用户停止供电时，应按下列程序办理停电手续：

1）应将停电的用户、原因、时间报本单位负责人批准。批准权限和程序由省电网经营企业制定；

2）在停电前三至七天内，将停电通知书送达用户，对重要用户的停电，应将停电通知书报送同级电力管理部门；

3）在停电前 30 分钟，将停电时间再通知用户一次，方可在通知规定时间实施停电。

（9）《供电营业规则》（电力工业部令第 8 号）第一百条中规定：危害供用电安全、扰乱正常供用电秩序的行为，属于违约用电行为。供电企业对查获的违约用电行为应及时予以制止。有下列违约用电行为者，应承担其相应的违约责任：

在电价低的供电线路上，擅自接用电价高的用电设备或私自改变用电类别的，应按实际使用日期补交其差额电费，并承担二倍差额电费的违约使用电费。使用起迄日期难以确定的，实际使用时间按三个月计算。

未经供电企业同意，擅自引入（供出）电源或将备用电源和其他电源私自并网的，除当即拆除接线外，应承担其引入（供出）或并网电源容量每千瓦（千伏安）500 元的违约使用电费。

（10）《国家电网公司员工服务“十个不准”》（国家电网办〔2020〕16 号）第一条中规定：不准违规停电、无故拖延检修抢修和延迟送电。

案例点评

此案例暴露出用电检查中的一些问题，必须加强用电检查人员法律法规、服务规范培训，提高人员规范服务意识；加大用电检查巡查力度，发现问题能通过规范的处理流程，做好客户违约用电现场检查、取证、处理等重要环节；提高工作人员风险意识、责任意识，耐心做好对客户的解释工作；加强停送电审批流程管理，杜绝违规停电行为。

案例 88　擅自变更用电类别，须承担违约电费

案例分类

意见工单—供电业务—用电检查—违约用电处理

摘要

客户反映某单位存在将农业类别的用电私自用作工业用途，经工作人员现场勘查，确定其存在擅自变更用电类别的违约用电行为，工作人员当即对其下达了《违章用电通知书》，并告知需办理改类手续，但现场还在继续用电。后经客户再次反映，工作人员再次联系违章客户，违章客户才去办理了业扩报装立户手续，工作人员将被举报客户处停电，且按照违章用电进行了处理，并为被举报客户更换了电能表。减少并杜绝此类违约用电行为的发生，达到实现客户合理、合法、合规有序用电。

案例内容

2020 年 9 月 15 日，客户反映某单位存在将农业类别的用电私自用作工业用途，且客户未办理变更用电业务、也未报备，请尽快核实处理。

处理部门回复：2020 年 9 月 16 日 16 时，接到群众举报某公司存在将农业类别用电私自用作工业用途，供电所所长、用电检查班长迅速到达现场，经核实，被举报客户户号 15××49，客户名称某村民委员会，用电地址某县某村，用电性质为贫困县农业排灌，表计类型为电子式-智能远程费控，现场表计接线正确、表计显示无异常、现场校对表计结果正确。因该村引进扶贫车间旧衣服打包分拣，确定其擅自将农业类别用电用作商业用途的违约用电行为，工作人员当即对其下达了《违章用电通知书》，按照违章用电进行处理，并告知客户如需更改用电类别，应去供电所或营业大厅办理改类手续。

2020 年 9 月 20 日 14 时，举报客户再次拨打 95598 电话反映目前现场还在继续用电，希望供电公司严格查处违约用电行为。

处理部门回复：工作人员于 2020 年 9 月 24 日 9 时 42 分联系致电客户，被举报客户已于 9 月 21 日到达供电公司营业厅又重新办理了业扩报装手续，供电公司已在 9 月 24 日 8 时 30 分将被举报客户处停电，且按照违章用电进行了处理，并为被举报客户更换了电能表，户号为 25××26，用电类别为普通工业，用电已经正常。调查处理结果已告知致电客户，客户表示满意。

存在问题

（1）用电检查人员检查不规范，力度不够。用电检查过程中应做好证据收集工作，遇到客户不配合，应立即向单位汇报，要求单位派人到现场处理，而不是等违章客户自行来处理。

（2）部分用电检查人员的业务素质不足、对违约用电客户后期未进行跟踪及时处理。

（3）警企联合不到位。在遇到客户不配合是应立即报警处理。

（4）核算人员在核算过程中，未提出该户用电异常。核算人员在发现用电异常时应及时报职责部门处理。

建议举措

（1）加大电力法律法规的宣传力度。充分利用网络、广播、电视台、报纸、手机短信、微信、宣传资料等多种形式，深入到农村广泛开展用电政策、电费电价、节约用电等知识的宣传，让广大用电户了解并逐步掌握办理各项用电业务的流程。同时，供电企业要不断规范供电营业服务行为，积极、有效、快速地为客户办理各项用电业务，实现客户合理、合法、合规有序用电。

（2）加强用电检查工作管理。用电检查人员要结合当地实际情况，制定详细的周、月、季用电检查工作计划，定期开展电价专项检查，检查范围应扩大到低压用电户。要随时深入到客户用电现场，及时了解客户的生产用电状况。对检查中发现的违约用电行为，及时进行处理。

（3）建议建立抄表工作质量考核机制和责任追究制度。对抄表员未能及时发现并上报辖区内违约用电行为的，要进行工作质量考核和责任追究。同时，要加强对抄表员营销业务技能培训，特别是电费电价政策方面的知识培训，提高发现和处理问题的能力，逐步强化抄表员的责任心，特别要强化抄表员每月抄表时的实时检查职责，充分发挥抄表员的积极主动性。

（4）严格执法。对查处发现的违约用电行为，要严格按《中华人民共和国电力法》（中华人民共和国主席令第二十三号）《供电营业规则》（电力工业部令第 8 号）《电力供应与使用条例》（中华人民共和国国务院令第 196 号发布根据 2016 年 2 月 6 日《国务院关于修改部分行政法规的决定》修订）等相关法律法规，及时、合理、合法进行处理。

（5）建议建立社会举报奖励基金。

积极引导全社会行动起来，对违约用电行为进行举报，利用 95598 服务热线平台，广泛征集违约用电举报信息。经查证属实的违约用电行为，对举报者给予奖励。

政策依据

（1）《供用电监督管理办法》（1996 年 5 月 19 日电力工业部令【第 4 号】）发布根据 2011 年 6 月 30 日国家发展和改革委员会令第 10 号修改第二十八条规定：电力管理部门对危害供电、用电安全.扰乱正常供电、用电秩序的行为，除协助供电企业追缴电费外，应分别给予下列处罚：（1）擅自改变用电类别的，应责令其改正，给予警告。再次发生的可下达中止供电命令并处以一万元以下罚款。

（2）《电力供应与使用条例》（1996 年 4 月 17 日中华人民共和国国务院令第 196 号发布根据 2016 年 2 月 6 日《国务院关于修改部分行政法规的决定》修订）第三十五条规定：用户改类，须向供电企业提出申请，供电企业应按下列规定办理：

1）在同一受电装置内，电力用途发生变化而引起用电电价类别改变时，允许办理改类手续；

2）擅自改变用电类别，应按本规则第一百条第 1 项处理。

（3）《电力供应与使用条例》（1996 年 4 月 17 日中华人民共和国国务院令第 196 号发布根据 2016 年 2 月 6 日《国务院关于修改部分行政法规的决定》修订）第四十条规定：违反第三十条的规定，违约用电的，供电企业可以根据违章事实和造成的后果追缴电费，并按照国务院电力管理部门的规定加收电费和国家规定的其他费用。情节严重的可以按照国家规定的程序停止供电。

（4）《中华人民共和国电力法》（中华人民共和国主席令第二十三号）第三十二条

规定：用户用电不得危害供电、用电安全和扰乱供电、用电秩序。对危害供电、用电安全和扰乱供电、用电秩序的，供电企业有权制止。

（5）《中华人民共和国电力法》（中华人民共和国主席令第二十三号）第六十四条规定：违反本法第三十二条规定，危害供电、用电安全或者扰乱供电、用电秩序的，由电力管理部门责令改正、给予警告；情节严重或者拒绝改正的，可以中止供电并处以 5 万元以下的罚款。

（6）《供电营业规则》（电力工业部令第 8 号）第三十五条：用户改类，须向供电企业提出申请，供电企业应按下列规定办理：

1）在同一受电装置内，电力用途发生变化而引起用电电价类别改变时，允许办理改类手续；

2）擅自改变用电类别，应按本规则第一百条第1项处理。

（7）《供电营业规则》（电力工业部令第 8 号）第六十六条：在发供电系统正常情况下，供电企业应连续向用户供应电力。但是，有下列情形之一的，须经批准方可中止供电：

1）对危害供用电安全，扰乱供用电秩序，拒绝检查者；

2）拖欠电费经通知催交仍不交者；

3）受电装置经检验不合格，在指定期间未改善者；

4）用户注入电网的谐波电流超过标准，以及冲击负荷、非对称负荷等对电能质量产生干扰与妨碍，在规定限期内不采取措施者；

5）拒不在限期内拆除私增用电容量者；

6）拒不在限期内交付违约用电引起的费用者；

7）违反安全用电、计划用电有关规定，拒不改正者；

8）私自向外转供电力者。

（9）《电力供应与使用条例》（1996 年 4 月 17 日中华人民共和国国务院令第 196 号发布根据 2016 年 2 月 6 日《国务院关于修改部分行政法规的决定》修订）第三十条：用户不得有下列危害供电、用电安，扰乱正常供电、用电秩序的行为：

1）擅自改变用电类别；

2）擅自超过合同约定的容量用电；

3）擅自超过计划分配的用电指标；

4）拍自使用已经在供电企业办理暂停使用手续的电力设备或者拍自启用已经被供电企业查封的电力设备；

5）拍自迁移、更动或者拍自操作供电企业的用电计量装置、电力负荷控制装置、供电设施以及约定由供电企业调度的用户受电设备；

6）未经供电企业许可，擅自引入、供出电源或者将自备电源擅自并网。

案例点评

违约用电是对电力设施的破坏，也是我国电力设施建设中的绊脚石。本案例是一起目前农村中较为常见的私自改变用电类别的违约用电行为。目前，一些农村个体工商、私有小型企业等客户，在其生产经营状况不佳，企业无法正常运转的情况下，自行出租经营场所、转租企业，而不注重或忽视了及时到供电企业办理相关变更用电业务，以致造成实际用电类别与原始用电档案信息不相符的情况，构成私自改变用电类别的违约用电行为。针对这种情况，如何减少并杜绝此类违约用电行为的发生。一方面要从报装、中间检查到设备试验，再到验收送电等各个环节，从源头上避免出现违约用电行为；另一方面要充分利用用电信息采集系统，加强日常用电量分析和负荷监控，不让违约用电者有机可乘；与此同时还要加大政策宣传力度，让用电客户清楚哪些情况属于违约用电行为，哪些情况属于影响正常供用电秩序，哪些情况会造成线路重过载，影响电网安全稳定运行。只有这样才能使违约用电行为无所遁形，从而保障我国居民的用电质量、为我国电力系统的建设增砖添瓦，使我国电力建设不只是纸上谈兵，而是落实到行动上。

案例 89　正常处理违约户，态度不好引投诉

案例分类

意见工单—供电业务—用电检查—违约用电处理

摘要

2020 年 9 月，某村居民举报该村某公司违约用电，供电企业按线索调查后确有其事，却因自身服务态度问题，引发客户投诉。之后在客户未完成用电类别变更前，又私自给客户恢复供电，被举报人发现后，再次拨打 95598 提出异议。

案例内容

2020 年 9 月 15 日，承德市某县某村居民王先生拨打 95598 举报，该村村委会新建设运营的某再生资源回收有限公司在未更改用电类别、也未报备的情况下，私自将农业用电做工业用途，请供电公司尽快核实处理。

9 月 17 日，某村村委会工作人员拨打 95598 反映一户无电，客户表示该地区供电所孙所长告知其用电类别不符，今晚 7 点半给其拉闸停电，客户对此不认可，要求恢复用电，且所长说给他合闸等于打脸，还表示会停客户其他的电表，客户要求 1. 核实停电是否合规，2. 停电给其带来损失，要求赔偿，3. 需要给其满意答复，请供电公司尽快核实处理（客户表示明天去人民法院起诉孙所长，有录音为证）。

经查实 9 月 17 日 15 时 30 分供电所工作人员按前期举报工单调查发现某村某再生

资源回收有限公司所用电源为贫困县农业排灌用电，属于私自转供电。私自变更用电类别，属于违约用电。于是供电所工作人员于 17 日 19 时到达违约用电现场并电话通知该客户属违约用电行为，并于 20 时对该客户进行现场停止供电处理。经现场核查，客户处并无任何损失，并告知客户，尽快到供电所或营业厅办理相关用电手续保证正常的供用电秩序。

9 月 17 日，责任单位回复举报工单情况如下：①举报属实。②检查日期：2020 年 9 月 17 日 15 时 30 分。③检查地点：河北省承德市某县某村 132 号。④检查人员：某供电所所长孙某、用电检查班长梁某。⑤举报人怀疑某再生资源回收有限公司私自改变用电类别，供电公司迅速到达现场，经核实，被举报客户用电编号 23××49，客户名称某县某村民委员会，用电地址承德市某县某村。⑥用电性质：贫困县农业排灌。⑦电表条形码 12××30，表计类型：电子式–智能远程费控，现场表计接线正确、表计显示无异常、现场校对表计结果正确。⑧因某村引进扶贫车间旧衣服打包分拣，将农业类别的用电私自用作商业用途，工作人员当即对其下达了违章用电通知书，按照违章用电进行处理，并告知客户如需更改用电类别，应去供电所或营业大厅办理改类手续。⑨调查处理结果已告知客户，客户表示满意。⑩未奖励。

2020 年 9 月 20 日，王先生发现某再生资源回收有限公司在继续用电生产，对供电企业前期答复有异议，遂再次拨打 95598 提出诉求。

下派工单内容如下：关联前期工单：23××89，地市答复“因某村引进扶贫车间旧衣服打包分拣，将农业类别的用电私自用作商业用途，工作人员当即对其下达了违章用电通知书，按照违章用电进行处理，并告知客户如需更改用电类别，应去供电所或营业大厅办理改类手续”，客户表示目前现场还在继续使用电，希望供电公司督促此处尽快至营业厅办理手续和整改，请供电公司尽快核实处理。

工作人员于 2020 年 9 月 24 日 9 时 42 分联系致电客户，被举报客户已于 9 月 21 日到达供电公司营业厅办理业扩报装手续，供电公司已在 9 月 24 日 8 时 30 分将被举报客户处停电，并为被举报客户更换电能表，户号为 23××26，用电类别已经更正为普通工业，用电已经正常。调查处理结果已告知致电客户，客户表示满意。

10 月 15 日，工作人员在定期检查工作时，发现向某再生资源回收有限公司下达的违章用电通知书中，标注出该户的违章行为是擅自变更用电类别，原类别是农业生产，现类别是商业。但经系统查询，已为客户变更为工业用电，存在违章用电通知书下发错误的情况。

存在问题

（1）工作人员在调查客户违约用电情况时存在服务态度问题，言语激烈，没有耐心向客户解释原因，造成客户不良感知。

（2）供电所所长在沟通时存在态度问题，语言不符合优质服务要求。

（3）工作人员没有合理理由，答复要给客户其他电表停电，行为不当。

（4）举报人后期发现该公司在继续用电生产，表明供电企业在客户办理变更用电类别前已为其恢复供电，不符合工作要求。

（5）工作人员下发违章用电通知书内容错误。

建议举措

（1）强化工作人员服务态度管控力度。严格规范工作人员在与客户交流沟通时的服务态度和语言规范，坚决杜绝在执行用电检查类工作时出现服务态度问题。在各个与客户沟通的领域中，均应以优质服务的要求开展工作，避免造成客户投诉。

（2）丰富工作人员行为监督管控手段。初期调查发现被举报户确实存在违约用电情况，并给客户停电后，在后期客户未完成用电类别变更手续的情况下，私自给客户恢复供电，是严重违规行为。应建立健全对基层工作人员行为的监督机制，避免类似问题再次出现。

（3）深化工作人员业务培训。开展周期性基层工作人员业务技能和知识培训，强化工作人员业务能力，避免出现工作疏漏和习惯性错误。建立月考、抽考、模拟考机制，保证培训和学习强度。建立定期历史工作检查机制，及时发现问题，解决问题。

政策依据

（1）《供电营业规则》（电力工业部令第 8 号）第一百条中规定：危害供用电安全、扰乱正常供用电秩序的行为，属于违约用电行为。供电企业对查获的违约用电行为应及时予以制止。有下列违约用电行为者，应承担其相应的违约责任：在电价低的供电线路上，擅自接用电价高的用电设备或私自改变用电类别的，应按实际使用日期补交其差额电费，并承担二倍差额电费的违约使用电费。使用起讫日期难以确定的，实际使用时间按三个月计算。

（2）《电力供应与使用条例》（国务院令第 196 号）第七条中规定：电力管理部门应当加强对供用电的监督管理，协调供用电各方关系，禁止危害供用电安全和非法侵占电能的行为。

（3）《电力供应与使用条例》（国务院令第 196 号）第三十条中规定：用户不得有下列危害供电、用电安全，扰乱正常供电、用电秩序的行为：

1）擅自改变用电类别；

2）擅自超过合同约定的容量用电；

3）擅自超过计划分配的用电指标的；

4）擅自使用已经在供电企业办理暂停使用手续的电力设备，或者擅自启用已经被供电企业查封的电力设备；

5）擅自迁移、更动或者擅自操作供电企业的用电计量装置、电力负荷控制装置、

供电设施以及约定由供电企业调度的用户受电设备；

6）未经供电企业许可，擅自引入，供出电源或者将自备电源擅自并网。

（4）《电力供应与使用条例》（国务院令第196号）第三十四条中规定：供电企业应当按照合同约定的数量、质量、时间、方式，合理调度和安全供电。用户应当按照合同约定的数量、条件用电，交付电费和国家规定的其他费用。

（5）《电力供应与使用条例》（国务院令第196号）第四十条中规定：违反本条例第三十条规定，违章用电的，供电企业可以根据违章事实和造成的后果追缴电费，并按照国务院电力管理部门的规定加收电费和国家规定的其他费用；情节严重的，可以按照国家规定的程序停止供电。

（6）《电力供应与使用条例》（国务院令第196号）第四十二条中规定：供电企业或者用户违反供用电合同，给对方造成损失的，应当依法承担赔偿责任。

（7）《供电营业规则》（电力工业部令第8号）第六十六条中规定：在发供电系统正常情况下，供电企业应连续向用户供应电力。但是，有下列情形之一的，须经批准方可中止供电：

1）对危害供用电安全，扰乱供用电秩序，拒绝检查者；

2）拖欠电费经通知催交仍不交者；

3）受电装置经检验不合格，在指定期间未改善者；

4）用户注入电网的谐波电流超过标准，以及冲击负荷、非对称负荷等对电能质量产生干扰与妨碍，在规定限期内不采取措施者；

5）拒不在限期内拆除私增用电容量者；

6）拒不在限期内交付违约用电引起的费用者；

7）违反安全用电、计划用电有关规定，拒不改正者；

8）私自向外转供电力者。

（8）《供电营业规则》（电力工业部令第8号）第六十七条中规定：除因故中止供电外，供电企业需对用户停止供电时，应按下列程序办理停电手续：

1）应将停电的用户、原因、时间报本单位负责人批准。批准权限和程序由省电网经营企业制定；

2）在停电前三至七天内，将停电通知书送达用户，对重要用户的停电，应将停电通知书报送同级电力管理部门；

3）在停电前30分钟，将停电时间再通知用户一次，方可在通知规定时间实施停电。

（9）《供电营业规则》（电力工业部令第8号）第一百条中规定：危害供用电安全、扰乱正常供用电秩序的行为，属于违约用电行为。供电企业对查获的违约用电行为应及时予以制止。有下列违约用电行为者，应承担其相应的违约责任：

在电价低的供电线路上，擅自接用电价高的用电设备或私自改变用电类别的，应按实际使用日期补交其差额电费，并承担二倍差额电费的违约使用电费。使用起迄日期难以确定的，实际使用时间按三个月计算。

未经供电企业同意，擅自引入（供出）电源或将备用电源和其他电源私自并网的，除当即拆除接线外，应承担其引入（供出）或并网电源容量每千瓦（千伏安）500 元的违约使用电费。

案例点评

此案例中，客户举报信息准确，情况属实，工作人员却在处理过程中因服务态度引发客户投诉，是缺乏服务意识和服务水平较低的体现；后期工作人员又未按照相关规定执行停电、复电，再次引发举报人不满，质疑供电企业行为，影响恶劣。

类似案例

受理内容：户号为 25××86 的客户反映一户无电。客户处为种蘑菇的临时用电，目前用于焊接大棚。某电力所某所长告知其用电类别不符，当晚 7 点半给其拉闸停电。客户对此不认可，表示没有提前接到通知，且所长说给他合闸等于打脸，还表示会停客户其他的电表，现客户要求 1.核实停电是否合规，2.停电给其带来损失，要求赔偿，3.需要给其满意答复，经系统查询：（有历史工单，关联工单 20××61），请供电公司尽快核实处理。此外，客户表示明天去人民法院起诉段所长，有录音为证。

处理情况：经核实，某供电所工作人员于 11 月 26 日 10 时 00 分联系客户，经查实 11 月 23 日 15 时 30 分头沟供电所工作人员发现小孤山村及小孤山俭厂变台有施工建大棚，经检查所用电源为冯全水浇地电户，属于私自转供电。私自变更用电类别，属于违约用电。于是该供电所工作人员于 23 日 19 时到达违约用电现场并电话通知该客户属违约用电行为，并于 20 时对该客户进行现场停止供电处理。经现场核查，客户处并无任何损失，并告知客户，尽快到供电所办理相关用电手续保证正常的供用电秩序，现已将处理结果告知客户，客户表示认可。

案例 90　补贴发放不及时，客户存疑查电表

案例分类

意见工单—供电业务—新兴业务—新能源业务

摘要

某年 9 月份，客户拨打 95598 反映：本来应该每季度发放的光伏发电补贴，已经超过 4 个月未发放。此外，客户怀疑电能表异常导致发电量少，因此客户要求核实补

贴发放情况，并要求工作人员到现场检查电表是否有问题，明确是否需要更换。

案例内容

2019 年 9 月 17 日上午 10 时，家住某省某市的高先生到银行办理业务。业务办理完成后想到自己用于接收光伏收益的银行卡已经有一段时间没有查询明细，于是在柜台查询收入明细，结果发现国家补贴已经四个月未打款，而且每月上网电费收入都比自己计算的预期偏低，因此拨打 95598 电话进行咨询。

处理部门回复：9 月 17 日接到工单后，供电所人员立即联系客户。经核实，客户的光伏上网电价及某省补贴已发放至九月初；而国家补贴因为是由国家出资，此部分费用由可再生能源发展专项基金予以拨款，供电公司予以转付，供电公司在接到此补贴后一周内转付。因此暂时无法确定具体的发放周期和发放时间。此外，客户处电能表无异常，不存在客户电表出问题导致客户处发电量少的情况。发电量低的原因可能为夏季阴雨天气多造成。上网电价经过河北省发改委和河北省物价局核准，客户如认为费用少，可联系河北省发改委或河北省物价局进行进一步沟通，也可向国家发展改革委提出相关意见建议。

客服专员于 9 月 20 日 14 时拨打高先生电话进行回访，将处理结果与高先生沟通后，高先生对处理结果表示满意。

存在问题

（1）分布式光伏上网电价、补贴政策宣传不到位。对于分布式光伏的上网电价、补贴政策的日常宣传不到位，导致客户对上网电价、补贴政策了解不足，增加潜在纠纷风险。

（2）供电所人员责任心不强。居民户用分布式光伏并网报装时，没有逐户对客户进行政策讲解以及分布式发电特点。加之光伏设备厂家及代理商夸大宣传对客户造成误导，致使客户对分布式光伏发电电量期待高于实际预期，造成并网发电后对光伏收益存在质疑。

（3）国家补贴专项款拨付时间不确定，导致给客户发放国家补贴的时间无法确定，许多客户对此产生疑问，日常分布式管理工作中客户咨询量加大，增加了潜在的投诉风险。工作人员因此需要针对客户做大量解释工作。

建议举措

（1）加强分布式光伏上网电价、补贴政策的宣传。

（2）供电所人员在居民户用分布式光伏并网报装时要对客户进行政策及常识讲解，引导客户做出合理预期。

（3）日常分布式管理工作中对于客户的咨询做好解释答复工作，针对分布式光伏发电国家补贴制作专门的解释宣传资料。

政策依据

（1）《国家电网公司十项承诺》（国家电网办〔2020〕16 号）第八条中规定：电费服务温馨便利。通过短信、线上渠道信息推送等方式，告知用户电费发生及余额变化情况，提醒用户及时交费；通过邮箱订阅、线上渠道系在等方式，为用户提供电子发票、电子账单，推进用户电费交纳“一次都不跑”。

（2）《国家电网公司十项承诺》（国家电网办〔2020〕16 号）第九条中规定：服务投诉快速响应。“95598”电话（网站）、网上国网 App（微信公众号）等渠道受理用户投诉后，24 小时内联系用户，5 个工作日内答复处理意见。

案例点评

分布式光伏发电客户多，日常工作多，管理难度大，电量核算、上网电费及补贴发放工作繁重，国补发放时间不确定，存在潜在客户意见风险。而且，在结算过程中，由于国补时间的不确定性，日常工作中分布式光伏客户的相关咨询数量较多，统计时间口径无法确定，导致答复客户的时候经常无法确定具体发放时间，引发部分客户不满。

由于客户安装光伏时，很多光伏设备厂家为了出售设备，夸大其词，存在虚假宣传的情况，导致客户先入为主，对后期发电量不理想的情况认为是表计存在问题。这个问题反映出供电公司工作人员宣传不到位，光伏发电常识宣传没有做到位。因此，日常工作中，要进一步加强与客户的沟通，耐心解释，让客户消除疑虑，降低意见和投诉风险。

物价和发改局的文件必须放在营业厅明显位置，做到咨询时有据可依，业务人员要提高业务水平，答复问题时不能模棱两可，要充分掌握所管辖片区的分布式光伏发电的大致情况，结合当地实际解决问题，让分布式光伏发电带来的收益和便利达到最优。

工作人员要着力提高服务意识、服务质量和服务能力，及时响应客户需求，提升一线人员业务水平和应对突发事件处置能力，实现台区经理工单“一对一”追踪处理，在问题处理过程中，要有意识地引导客户积极评价，努力争取不评价客户的支持，增加满意评价工单，从而有效地提高满意率。充分发挥服务宣传导向作用，选树先进典型，提炼服务亮点，营造和谐向上、积极奋进的文化氛围。

在下一步工作中，营业厅人员应以公司工作部署为根本遵循，践行“人民电业为人民”企业宗旨，强化全员服务意识，抓好问题导向跟踪、换位思考等工作，积极践

行服务宗旨、履行服务承诺，优化服务举措，满足服务需求，全力以赴为广大客户提供便捷、舒心用电服务。

案例 91　工作人员不专业，新业务引发投诉

案例分类

意见工单—供电业务—新型业务—新能源业务

摘要

某年 3 月，客户张先生为申请光伏发电并网，到营业厅申请居民空调三相电新装，但工作人员因业务技能不足，不了解新政策，表示无法为客户办理，造成客户投诉。之后工作人员又因疏漏没有及时为客户安装采集器，再次造成客户诉求。后期客户因电费收益问题再次进行咨询。因为光伏问题，形成多次诉求。

案例内容

客户张先生拨打 95598 反映：其在 2020 年 3 月 27 日到某镇供电营业厅申请 380V 光伏发电并网，营业厅答复客户无三相电户头无法并网。于是客户又在 3 月 28 日到营业厅申请居民空调三相电新装，营业厅答复无此项业务、不予受理，引发客户不满。

处理部门回复：经核实，客户张先生反映情况属实。张先生在 3 月 27 日来某镇供电营业厅申请光伏发电业务（自发自用余电上网），当时营业厅工作人员答复：申请自发自用余电上网的光伏并网业务，需要申请人有低压三相电户头。张先生表示无此户头，工作人员便答复客户需先办理低压三相用电。当晚，张先生与从事光伏设备安装的亲戚沟通此事后得知，可以申请居民空调三相用电业务，3 月 28 日张先生再次来到某镇供电营业厅申请居民空调三相用电业务，接待客户的工作人员因从未受理过此项业务便答复没有此项业务，并且未受理客户诉求。张先生对营业厅工作人员此行为感到极其不满，觉得对方是在故意刁难客户，遂拨打 95598 进行反映。接到客户诉求后，该营业厅对此事件高度重视，经查询相关文件发现在低压三相居民用电类别下确实设有居民三相空调用电业务，居民可以申请此项业务，已告知客户可随时携带相关材料来营业厅办理三相电和光伏发电业务，并向其致歉。事后，张先生顺利办理三相电和光伏发电业务。

光伏发电设备安装好后，开始发电，但是家人告知张先生，因光伏公司没有出安装采集器钱，导致家里光伏没有采集器，张先生对此表示不解，到底此采集器是由光伏公司给钱安装，还是客户自己出钱购买安装，还是供电公司出材料安装，于是再次

拨打 95598，请求供电公司尽快核实处理。

处理部门回复：接到工单后，供电所人员经核实，客户所述未安装的电能表采集器，应由供电公司安装，现已将客户处采集器安装完成，此处理结果与客户沟通后，客户张先生对供电公司的疏忽行为表示有异议。

2021 年 3 月，客户张先生发现补贴电费与之前不一样，遂拨打 95598 反映：补贴是每个月发放的，今年 1 月份还收到了补贴，2 月份补贴就未收到了，之前是打两次，现在只打一次，并且客户表示通过网上国网 App 查询到上月光伏电量电费明细中显示补贴电费是 101.68 元，电费收益是 574.49 元，但客户实际收到的与网上国网显示的不一致，以前网上国网显示的与收到的都是一致的，存在异议，请供电公司尽快核实处理。

处理部门回复：经核实，客户光伏补贴包括国家补贴和省补贴两部分，国家补贴部分由供电公司帮助客户进行申请，等国家补贴到账就立即发放到客户账户。客户的省补贴已于去年年底到期，故客户已经没有省补贴部分，2 月份国家补贴还未申请下来，即客户说“1 月份还收到补贴，2 月份补贴未收到，之前是打两次，现在只打一次”。网上国网 App 查询光伏电量电费明细中补贴电费为实时补贴情况，但国家补贴会存在供电公司申请完国家未下发的情况，故存在客户收到的补贴与网上国网显示不一致的情况。由于国家补贴由政府进行发放的原因无法告知客户国网补贴具体发放时间。将情况告知客户，客户表示知晓。

存在问题

（1）反映出一线服务人员业务能力较差，业务熟练程度较低，一知半解的工作状态无法更好地为客户提供服务。

（2）目前，光伏发电、电动汽车等电网新型业务推广力度不断加大，但各级单位对业务相关细则理解及宣贯程度有待提高。

（3）工作人员工作粗心大意，没有及时给客户安装采集器，影响客户光伏发电设备使用。

（4）供电企业对光伏客户的相关政策宣传力度不足，造成客户持续产生诉求，影响客户体验。

建议举措

（1）加强人员业务技能培训。营业厅工作人员对自身业务知识储备不足，业务技能不熟练，可能给客户造成故意刁难的恶劣感知，形成客户投诉。因此，管理部门应制定有效措施加强营业厅人员业务技能培训，通过抽考、月考、竞赛等多种形式，持续提升业务能力。特别要加强对于光伏发电、电动汽车等新兴业务的知识储备，随着国家支持，此类业务压力将显著增大，因某一领域业务技能储备不足会导致相关客户

诉求集中出现，严重影响企业服务质量。

（2）建立跟踪服务机制。对于客户反映的问题，应建立定期跟踪服务机制，持续关注客户诉求的问题和设备运行情况，特别对于光伏发电客户要进行一段时间的持续观察检验，确保设备和服务无问题。并安排专人与客户进行后期沟通，核实问题处理情况。

（3）拓展新业务相关政策宣传渠道。营业厅要结合一定时期内热点事件，开展针对性业务法律法规和相关知识宣传推广活动，比如光伏发电、电动汽车、煤改电等领域。在发现一类客户诉求后，及时组织工作人员开展宣传推广，以点带面解决客户普遍存在的疑问和潜在服务风险。

政策依据

（1）《供电服务标准》（Q/GDW 10403—2021）5.4.2.1 中规定 现场服务的服务功能包括：处理新装、增容及变更用电，故障抢修，电费收取，电能计量装置校验，电能计量装置换装，保供电，服务信息告知，专线客户停电协商，能效公共服务，服务申请处理，及服务诉求收集等。

（2）《供电服务标准》（Q/GDW 10403—2021）附录中规定附录 A.2.2 服务功能 b）电子渠道的服务功能说明：4）“能效服务”指电能基础分析、综合能效诊断等功能；5）“新能源”指光伏新装、光伏账单、光伏签约等功能。

案例点评

此案例中，营业厅工作人员对于自身业务的认知不如客户清楚，表现出工作人员业务技能和知识储备存在不足，给客户造成极其不良影响，后期因为工作失误没有及时给客户安装采集器，又一次延误客户光伏设备使用，监督管理存在严重疏漏。对于客户后续服务不足，相关政策、法律法规宣传推广手段匮乏，没有主动服务意识。

类似案例

案例一：

受理内容：2021 年 1 月客户致电 95598 反映，三年前申请贫困户光伏，现在拿到补贴以及电费，客户表示对于金额有异议，认为一共发电两万三千多度，补贴以及上网电价加起来单价是 9 毛多，金额不对，要求核实，请供电公司尽快核实处理。

处理情况：供电所工作人员于 1 月 11 日 15 时联系客户，客户处 2019 年 7 月 7 日之前的光伏补贴为两部分，一部分为河北省省内补贴，另一部分为国家补贴，通过由国务院财政部门依法设立的可再生能源发展专项基金予以拨款，电网企业予以转付，电网企业在接到此补贴后一周内转付。但 2019 年 7 月 7 日之后客户不再享有省补贴，故客户现在拿到的补贴少。经系统核查该客户收到的 2020 年第三季度补贴为 1075.93 元。现已将处理结果告知客户，客户表示认可。

案例二：

受理内容：2020 年 6 月客户致电 95598 反映，2019 年 6 月到营业厅办理光伏发电业务，对 2019 年 6 月到现在都没有发放补贴存在异议，请供电公司尽快核实处理。

处理情况：工作人员于 2020 年 6 月 22 日 11 时 34 分联系客户，客户表示 2019 年 6 月以后没有收到光伏补贴，经核实，该客户分别于 2019 年 7 月和 11 月收到光伏补贴，不存在客户反映的从 2019 年 6 月到现在一直没有收到补贴的情况，将此结果告知客户，客户满意。

案例 92　光伏补贴迟到位，客户利益受损害

案例分类

意见工单—供电业务—新兴业务—新能源业务

摘要

光伏发电客户并网后，供电公司未能按时支付补贴款给客户，导致光伏发电客户未能及时享受国家光伏发电资金补助，主要原因是供电公司的工作人员错误地认为需客户自行向地方政府备案，在未报备前不能享受发电补贴，引起客户不满提出诉求。

案例内容

2019 年 3 月 20 日，客户贾先生客户反映，自己光伏发电合同上是每月 25 日发放补贴，但是现在已经 3 个月没有收到补贴了，之前已到供电公办理了光伏并网申请，在完成合同签订、并网验收与调试后，也并网运行了，客户也自行向地方政府备案，但一直未向客户发放光伏发电补助资金。客户多次咨询无果后，于 8 月 18 日拨打 95598 客户热线，反映该诉求。

8 月 18 日客户再次拨打 95598，反映当日 9 时 30 分左右客户接到工作人员电话（号码 01××11，工号 5 号），告知客户反映的问题不属于供电公司，属于财政，让客户查 114 或者打 12345 反映问题，客户认为该工作人员服务态度不好、坑害老百姓、不作为，要求供电公司告知对此工作人员的具体处理结果，请供电公司尽快核实处理。

处理部门回复：工作人员于 2019 年 8 月 20 日 16 时 23 分联系客户，经核实，工作人员多次拨打客户反映的电话号码 01××11，均无人接听，因此无法对该电话号码部门以及客户所反映电话内容进行核实，经工作人员解释沟通，客户不认可。

2019 年 8 月 30 日 20 时 09 分联系座席人员对客户进行回访，客户对于前期答复存在异议，表示没有收到光伏发电补贴的电费，请尽快核实处理。

处理部门回复：2019 年 9 月 14 日 13 时 37 分工作人员联系客户，客户表示没有收到光伏发电补贴的电费，经某供电所工作人员郭某核实客户三个月未收到光伏补贴情况属实，是供电公司责任。但是客户说“自己光伏发电合同上是每月 25 日发放补贴”情况不存在。经核实，①该客户诉求为查询光伏补贴到账时间。②该客户为新装光伏客户，客户编号：22××85，发电客户编号：22××37，于 2019 年 7 月 20 日并网。③该客户的核算时间为每月 10 日，客户第一次核算日为 8 月 10 日，供电公司统一 8 月底形成报表，9 月初完成光伏开票，并在系统中录入资金计划，10 月 25 日前完成付款。因每月核算后在系统中流转需要 2～3 个月时间，所以客户未收到光伏电费。④客户光伏合同上写的是每月 25 日统计上报，客户理解成每月 25 日发放补贴。已向客户做了详细解释。9 月 24 日 16 时 25 分工作人员告知客户，10 月份可以正常为客户结算上网电费，预计客户 10 月 25 日前收款。经与客户沟通，客户表示理解、认可。整改措施：加强与客户沟通，在分布式报装前为客户说明补贴发放时间。

存在问题

（1）光伏业务人员不熟悉分布式电源新规定，政策执行不到位，工作出现差错。

（2）光伏业务人员服务意识不强、服务观念淡薄，在未及时付费的情况下没有及时主动联系客户并解释原因，导致客户不满引发投诉。

（3）问题解决不积极，产生重复诉求。供电公司工作人员未积极处理客户诉求，造成客户多次咨询并致电 95598 反映同一诉求，供电公司多次答复处理结果不明确，并未针对客户重复致电提供更详细解释说明，也未积极主动提供相关证明依据，对待该客户处理方式仍与一般客户处理方式一致，导致客户诉求长时间得不到解决，最终致电 95598 产生重复诉求。

（4）工单回复内容存在未针对客户诉求一一答复问题。客户首次咨询光伏发电补助资金事宜，处理部门未做出答复，回复内容只简单回复无法对该电话号码部门以及客户所反映电话内容进行核实，并未对客户光伏发电补助资金事宜做出明确答复。

建议举措

（1）加强光伏业务人员对分布式电源新规定的学习培训，强化人员的服务意识。

（2）查找工作过程中的薄弱环节。要学会换位思考，把客户的问题当作自己的问题，进一步转变服务观念，优化工作流程，注意细节，把握工作重点，创新手段，全面履行承诺。

（3）妥善处理客户热点、难点及普遍关心的问题，避免处置不当导致客户诉求升级。

（4）明确诉求处理方案、时间节点等关键要素，短时间内不能解决的，应注明预计时间（对于非供电责任或第三方产权的协助告知具体处理单位或部门）。

（5）工单回复内容应紧密围绕客户诉求，针对诉求进行逐一、全面答复。

政策依据

（1）《供电服务标准》（Q/GDW 10403—2021）6 服务项目标准 6.1 新装、增容、变更用电、分布式电源并网及市政代工服务 6.1.5.13 分布式电源项目接入系统方案时限：

a）受理接入申请后，10kV 及以下电压等级接入且单个并网点总装机容量不超过 6MW 的分布式光伏单点并网项目不超过 20 个工作日，光伏多点并网项目不超过 30 个工作日，非光伏分布式电源项目不超过 40 个工作日；

b）受理接入申请后，35kV 电压等级接入、年自发自用电量大于 50%的分布式电源项目不超过 60 个工作日；

c）受理接入申请后，10kV 电压等级接入且单个并网点总装机容量超过 6MW、年自发自用电量大于 50%的分布式电源项目不超过 60 个工作日。

6.1.5.14 分布式电源项目,在受理设计审查申请后,10 个工作日内答复审查意见。

6.1.5.15 分布式电源项目，在受理并网验收及并网调试申请后，380（220）V 电压等级接入电网的，5 个工作日内完成关口计量和发电量计量装置安装、签订合同；10kV 及以上电压等级接入电网的,5 个工作日内完成关口计量和发电量计量装置安装、签订合同及《并网调度协议》。

6.1.5.16 接入电网的分布式电源项目，在电能计量装置安装、合同和协议签署完毕后，5 个工作日内组织并网验收及并网调试。

6.1.5.17 不准无故拒绝或拖延客户用电申请、增加办理条件和环节。对客户用电申请资料的缺件情况，受电工程设计文件的审核意见、中间检查和竣工检验的整改意见，均应以书面形式一次性完整告知，由双方签字确认并存档。

6.1.5.18 严禁供电企业直接、间接或者变相指定用户受电工程的设计、施工和设备材料供应单位，限制或者排斥其他单位的公平竞争，侵犯用户自由选择权。

6.1.5.19 回访时应了解客户在办电过程中对供电服务工作的评价及满意程度。高压新装、增容业务在业务受理环节和装表接电后归档后 7 个工作日内分别开展回访；减容、暂停、分布式电源项目新装、低压新装、低压增容业务，在业务办理环节归档后 7 个工作日内集中开展一次回访。

（2）《分布式光伏发电项目管理暂行办法》（国能新能〔2013〕433 号）第一条 为规范分布式光伏发电项目建设管理，推进分布式光伏发电应用，根据《中华人民共和国可再生能源法》《中华人民共和国电力法》《中华人民共和国行政许可法》，以及《国务院关于促进光伏产业健康发展的若干意见》，制定本办法。第二条 分布式光伏发电是指在用户所在场地或附近建设运行，以用户侧自发自用为主、多余电量上网且在配电网系统平衡调节为特征的光伏发电设施。第十二条 对个人利用自有住宅及在住宅

区域内建设的分布式光伏发电项目，由当地电网企业直接登记并集中向当地能源主管部门备案。不需要国家资金补贴的项目由省级能源主管部门自行管理。第六章计量与结算第二十四条 分布式光伏发电项目本体工程建成后，向电网企业提出并网调试和验收申请。电网企业指导和配合项目单位开展并网运行调试和验收。电网企业应根据国家有关标准制定分布式光伏发电电网接入和并网运行验收办法。第二十五条 电网企业负责对分布式光伏发电项目的全部发电量、上网电量分别计量，免费提供并安装电能计量表，不向项目单位收取系统备用容量费。电网企业在有关并网接入和运行等所有环节提供的服务均不向项目单位收取费用。第二十六条 享受电量补贴政策的分布式光伏发电项目，由电网企业负责向项目单位按月转付国家补贴资金，按月结算余电上网电量电费。

（3）《供电服务标准》（Q/GDW 10403—2021）6 服务项目标准 6.4 投诉、举报、意见和建议受理服务 6.4.1 服务内容供电企业受理客户的投诉、举报、意见和建议，按规定向客户回复处理结果。6.4.4 服务流程 6.4.4.1 投诉本服务子项的流程为：由受理客户投诉开始，经过联系客户，调查处理，应客户要求回复回访，办结归档等流程环节，服务结束。6.4.5 项目质量标准 6.4.5.1 受理客户投诉后，24 小时内联系客户，5 个工作日内答复客户。

（4）《国家电网公司 95598 客户服务业务管理办法》（国家电网企管〔2019〕907 号） 附件 3. 国家电网公司 95598 一般诉求业务处理规范：国网电动汽车公司，国网电商公司，省营销服务中心，地市、县公司对回单质量进行审核，对工单质量或处理意见不符合要求的，应注明回退原因后将工单回退至业务处理部门再次处理。工单回复审核时发现工单回复内容存在以下问题的，应将工单回退：未对客户提出的诉求进行答复或答复不全面、表述不清楚、逻辑不对应的；未向客户沟通解释处理结果的（除匿名、保密工单外）；应提供而未提供相关诉求处理依据的；承办部门回复内容明显违背公司相关规定；其他经审核应回退的。

（5）《供电服务标准》（Q/GDW 10403—2021）7 服务人员行为标准 7.2 服务技能 7.2.1 熟悉国家和电力行业相关政策、法律、法规的相关规定，掌握公司优质服务基本要求、沟通技巧、业务知识等。7.2.2 熟知本岗位的业务知识和相关技能，岗位操作规范、熟练，具有合格的专业技术水平。

案例点评

当前，我国是光伏行业发电的主要根据地。随着光伏行业的发展趋势越来越好，国内许多企业家也开始建立光伏工业公司。其中最严重的问题就是光伏行业的领域虽然很大，但是技术含量却非常低。因此，我国境内的光伏工业发展产生了严重的不协调情况。境外稳步发展的光伏工业为了保护己方利益，对中国光伏行业实行了技术上的垄断，因此，虽然我国光伏产业有很大的规模，但真正有用的技术是不完善的。从市场方面考虑，我国依旧有很多地区处于缺电或者无电的状态，人们急需生活用电。而分布式光伏发电对推动节能减排，优化能源结构具有重要意义。国电电网公司高度重视分布式光伏发电，明确提出了“支持、欢迎、服务”的工作方针，将促进我国光伏发电发展列为公司重点工作。鼓励各类电力客户、投资企业、专业化合同能源服务公司、个人等作为项目单位，投资建设和经营分布式光伏发电项目。电网企业采用先进技术优化电网运行管理，通过优化并网流程，简化并网手续，提高服务效率，为分布式光伏发电运行提供系统支撑，保障电力客户安全用电。尽管我国的并网型光伏发电技术还不太成熟，在发展进步的过程中也必定会遇到许多问题，但清洁能源的发展始终是重点关注的问题，而光伏发电在清洁能源中拥有天然的优势，必然会有非常好的发展前景。

案例 93　现场操作不规范，客户存疑提意见

案例分类

意见工单—供电业务—用电检查—客户安全用电

摘要

用电检查员现场检查过程中，存在安全意识不够、业务素养不足的问题。

案例内容

某年 8 月份，客户到供电公司营业厅办理暂停用电业务。

两日后，供电公司用电检查人员按照客户暂停工作单到客户用电处停用其用电变压器，并同时对客户处进行周期性检查。两名用电检查员携带好铅封线、必要的书写材料等到客户设备处进行现场处理。期间两名检查员只有一位戴了安全帽和绝缘手套，另一位在旁负责记录的人员并未配备相关安全防护用品。封停设备时，由于未携带验电器，遂借客户的验电器进行验电操作。事后将用电检查结果通知书递送客户，因语言不够规范和字迹潦草，客户多次提出疑问，在用电检查员的耐心解释下，最终签字盖章。工作人员离开客户处后，客户感觉现场检查中存在疑问和不规范处，于是拨打 95598 电话反映上述问题。

工作人员接收到客户工单后，再次复核现场操作过程，发现在抄写表计电量信息时，由于天气原因，风力较大，导致下边记录人员将有功电量的小数点后的 9 写成了 6，在与采集数据比对时才发现该问题，并及时做了改正。

存在问题

（1）现场检查过程中，问题隐患描述不够详尽，书面语言不够规范。

（2）现场检查人员没有按照规范要求佩戴安全帽、绝缘手套等安全防护用品。

（3）现场检查人员在操作封停设备，安装铅封线时，未按要求提前准备验电器，使用客户自备的验电器时，未验证是否已超过试验周期，存在安全隐患。

（4）客户档案信息缺乏规范管理，审核不严谨，造成数据信息录入不准确，且存在部分资料遗失的情况。

建议举措

（1）严格按照规程规定的标准用语描述客户现场存在缺陷隐患，将问题描述清楚，避免笼统与不规范用语情况的发生。

（2）严格按照《国家电网有限公司营销现场作业安全工作规程（试行）》的相关要求，进行现场工作，相互监督，确保安全措施和安全防护用品配备齐全。

（3）应加强业务知识培训，提高工作能力和水平，更好地为客户服务。

政策依据

《国家电网有限公司 95598 客户服务业务管理办法》（国家电网企管〔2019〕907 号）第五十九条中规定：省公司，地市、县公司应做好本单位营销业务应用系统中用户档案、业务流程、电量电费、计量、用电检查等信息更新和维护，定期开展数据质量校核。

案例点评

营销现场周期检查是营销部门在现场检查的重要一环，对于维护企业的合法利益与客户的安全生产有着十分必要的意义，因此，对于供用电双方来说，都需承担着重要的责任。

对于与供电企业而言，周期检查能够更好地掌握了解客户的现场生产状况、条件，是否存在违规违章违约用电等行为；对于客户而言，则保证了企业的安全运行，在法律允许的范围内，更安全更合规地去生产、经营。

在此次案例中暴露出来的问题，应当引起关注。虽然只是一次检查过程，但却反映出更多更深层次的安全隐患。我们常说的三不伤害“不伤害自己、不伤害他人、不被他人伤害”，只有现场作业的安全意识与业务素养足够高时，才能保护好自己，保护好他人，保护好现场的每一个人。只有按照安全规程的规范要求去做工作前的检查准备，才能有效地避免一些突发状况和危险因素，使自身和他人在一个安全的操作环境下作业，顺利完成工作。这既是对自己负责，对他人负责，同时也是对企业负责，对社会负责。

两名用电检查员中，操作设备的人做好了相应的安全防护准备，负责记录的人却没有，以为不操作设备就不需要做好安全防护的思想是错误的。安全问题不容疏忽，只有做到万无一失，才是负责任的态度，才是认真敬业的态度。即使没有参与现场的封停操作，也要做好安全防护，保证好自身的安全，同时也要做好监护的角色，监督自己的行为，监督操作人员的行为，及时纠正违规违章行为。

未配备齐全安全工器具同样也是值得关注的问题。配齐安全工器具是开始现场作业最基本的要求和步骤，在这里反映出两名用电检查人员对待工作的态度不够严谨和认真，马虎了事，这既是不负责的态度，也是存在重大安全隐患的做法。在以后的工作中，需要引起高度重视，在去现场前应二次确认是否备齐设备，且设备是否在安全试验周期。

对于现场检查出来的缺陷隐患描述不规范不严谨的问题，还需检查人员自身利用业余时间提高自身的业务素养，熟读熟记标准规范用语，用精炼、标准的用语准确地描述出问题所在。同时需注意写字的整洁，要做到能让客户辨识清楚，能够读懂。虽然此项问题不是非常严重的问题，但是也需要检查人员引起重视，良好的专业素养是一个企业的门面，个人的行为关乎企业的形象，要努力把自身做到更好。

对于计数抄录错误问题，虽然在事后的复核阶段有及时改正错误，但还是建议检查人员在现场本着认真严谨的态度去对待工作。建议读表人员对表计数字进行拍照，一边读数，一边拍照，读完后与抄录人员进行数据比对，进行初步核实。等回到单位后在进入采集系统，进行进一步复核，以保证数据的准确。这对后续的档案资料的管理与系统数据的录入都是很重要的前期铺垫，不容有失。

因此，用电检查人员应当具备良好的业务质素和技能知识，以便更好地维护好企业的利益和客户的安全。在现场检查过程中，应当严格按照相关规程规范的要求，正确穿戴着装，配备必要的安全防护用品，熟记各种安全距离，保护好自身安全。

类似案例

受理内容：客户反映：在某省某市某县某某乡某村客户联系工作人员处理电器损坏问题中，存在工作人员态度不好等问题。具体情况为：客户损坏的是 21V 的充电器，之前核损时处理的人员给的是 12V 充电器，客户无法使用。客户当天致电工作人员刘某，工作人员对客户态度非常不好，让客户“爱投诉投诉去”。工作人员信息：男性，请相关部门尽快核实处理。（客户有保密需求，请勿联系客户）。催办工单号码：20××12、20××15。

处理情况：客户反映情况属实，是供电公司责任。接到工单后，客户要求保密后，关联催办客户表示可以与其联系，因此供电所人员 11 月 2 日 10 时联系客户，经核实，客户因供电质量原因造成电器损坏，保险公司给客户换新的充电器与客户的不匹配，

向电工反映此问题时，电工告知客户理赔需要保险公司的人处理，通话过程中确实存在态度不好，语气生硬的情况给客户带来不良感知，但并没有说“爱投诉投诉去”这样的话，目前已再次与客户核实此情况，工作人员态度问题已得到客户谅解，客户表示充电器已自行购买，无须赔偿，此处理结果与客户沟通后，客户表示知晓。

案例 94　安全隐患不重视，客户不满致投诉

案例分类

意见工单—供电业务—用电检查—客户安全用电

摘要

某年 7 月，某村居民反映电杆距离自家太近，担心有安全隐患和电压过高问题，要求挪走。供电公司反馈，安全距离符合要求，也不会发生电压过高问题，未对电杆进行迁移。但一段时间后，因供电企业线路故障，导致客户家中电器烧损，客户坚持认为是电杆距离过近造成的影响，再次提出诉求。且在电器核损赔补过程中工作人员处置中存在超时限和回复回访不一致情况，造成客户不满。

案例内容

7 月 14 日，某市某县客户张先生拨打 95598 反映：某市某县某村供电企业产权的电线杆安装在客户家旁不到 1m，距离太近且电线杆有裂口、倾斜情况，存在安全隐患，要求挪走处理。同时，该线路沿客户房檐边走线，客户认为也有隐患，咨询电线杆和线路离太近会不会造成电压过高、烧毁电器等情况，请供电公司尽快核实并答复客户。

处理部门回复：工作人员于 7 月 15 日 8 时 30 分与客户张先生联系并到达现场。经查，根据带电设备符合安全距离，无裂口、倾斜情况，不存在安全隐患；供电线路距离客户家的房檐边为 1.5m，也符合安全距离，并无任何安全隐患，故不需要挪走。工作人员已与该客户沟通说明，客户表示不认可。同时，与客户沟通表示电杆与线路距离客户家较近，供电电压符合相关规定标准，不会造成客户电压过高烧毁电器的情况。

8 月 20 日 16 时左右，张先生家中突然停电，恢复供电后，发现自家冰箱损坏，遂拨打 95598 要求进行电器核损。

8 月 21 日 20 时 21 分时客户张先生再次拨打 95598 反映自家家电损坏，工作人员存在处理家电损坏核损问题时 24 小时内未上门检查、也没人联系客户的问题，请相

关部门尽快核实处理。

处理部门回复：经调查，客户张先生反映情况属实，是供电公司责任。经核实，8月20日15时16分客户所属供电线路因故障导致电压升高、烧毁部分客户用电设备，由于涉及客户及损坏电器数量较多，供电公司直接联系保险公司报保险理赔。因保险公司派出人手不足，确实存在供电公司工作人员和保险公司工作人员24小时未到达现场核损的情况。现保险公司工作人员已对客户损坏的冰箱等主要电器进行了检查维修，客户处用电设备正常。

座席人员根据处理部门回复内容回访客户，客户张先生表示，家电损坏一直未处理完毕，对前期工单答复的“现保险工作人员已对客户损坏的冰箱等主要电器进行了检查维修，客户处用电设备正常”不认可，表示当时工作人员让客户接到95598回访电话时告知已经修好，但客户表示目前冰箱仍未维修好，客户表示不满。

处理部门回复：经调查客户反映情况属实，是供电公司责任。经核实，工作人员因前期工单临近回单时限，遂与客户沟通先反馈工单，告知客户在95598回访时说冰箱已经修好，等完成保险赔偿工作后，再与客户联系。但因保险工作人员疏漏导致客户张先生的赔偿工作一直没有完成，现已完成协调沟通，已完成客户赔偿。

座席人员再次根据处理部门回复内容回访客户，客户认为此次烧损电器是因为电杆和线路距离自家过近，对于前期工作人员反馈不会因此造成电压过高烧毁电器的答复表示不认可，强烈要求供电公司移走电杆，再次派发工单。

处理部门回复：工作人员接到工单后，现场与客户张先生沟通解释，之前烧毁电器是因为供电设备故障，导致瞬时电压过高，并非电杆位置近造成，并现场测量客户家中电压，符合相关规定。客户表示不认可，将继续申请迁移电杆。

存在问题

（1）客户表示对电杆距离较近造成影响的疑惑时，工作人员没有清晰、深入的为客户解释清楚相关规定和安全隐患问题。

（2）工作人员存在处理家电赔偿问题时24小时内未上门检查家电、也没人联系客户的问题。

（3）工作人员存在没有完成处理工作时，向95598回复已完成处理的行为，造成回复回访不一致，存在工作责任心不强，虚假回单情况。

建议举措

（1）强化管控，杜绝回复回访不一致问题。目前95598工单回复内容与实际不符的现象频繁发生，表现为客户诉求实际并未处理完毕或诉求虽处理完毕，但回复内容并不完全真实，容易影响客户回访满意度或造成回访时投诉升级，有一部分客户虽在回访时配合处理部门答复虚假情况，但当其后期诉求不能满足时再次爆发投诉的风险

很高。各部门应通过有效手段强化管控，坚决杜绝工作造假问题。

（2）严格按照规定时限开展家电损坏核损工作。在家电赔偿业务处置过程中，存在到达现场超过规定时限的情况。建议各单位在处理此类业务过程中，严格按照规定时限开展工作，避免因将业务委托第三方、业务开展过程监管不到位，致使业务开展不及时，引发客户投诉的情况发生。

（3）加强过程管控，建立客户诉求跟踪机制。客户家用电器损坏维修、赔偿工作通常耗时较长，建议在维修家用电器过程中及时与客户沟通维修、赔偿进度，建立客户诉求跟踪机制，避免沟通不畅影响客户感知。

政策依据

（1）《供电营业规则》电力工业部令第 8 号，第九十九条中规定：因电力运行事故引起城乡居民用户家用电器损坏的，供电企业应按《居民用户家用电器损坏处理办法》进行处理。

（2）《供电服务标准》（Q/GDW 10403—2021）4.2 在电力系统正常状况下，供电企业供到用户受电端的供电电压允许偏差为：a）35kV 及以上电压供电的，电压正、负偏差的绝对值之和不超过标称电压的 10%；b）20kV 及以下三相供电的，为标称电压的 ±7%；c）220V 单相供电的，为标称电压的 +7%，−10%。在电力系统非正常状况下，用户受电端的电压最大允许偏差不应超过标称电压的 ±10%。

案例点评

此案例中，客户发现电线杆距离自家过近问题后，工作人员虽到现场实际测量，但未向解释清楚客户心中顾虑，造成后续重复诉求。发生故障导致客户电器损坏后，没有及时上门检查、核损，影响客户体验，造成投诉。工作效率低下，造成回复回访不一致情况，多次工作疏漏，严重影响客户对电力企业信用不认可，进而使客户在后续提出重复要求。

类似案例

受理内容：客户 5 月 15 日 10 时来电反映电器损坏事宜，存在处理家电赔偿问题时超过 24 小时内未到现场等问题，请相关部门尽快核实处理。

处理情况：工作人员于 2021 年 5 月 20 日 14 时 20 分联系客户，经了解，客户由某变电站某配变提供电源，2021 年 5 月 15 日，因单元总开关损坏产生瞬间电压增高，造成客户电器烧毁，供电公司已于 2021 年 5 月 15 日报保险公司处理，保险公司工作人员于 2021 年 5 月 17 日进行上门核损，故存在 24 小时内未到现场的情况，保险公司已承诺客户客户对损坏电器进行维修，具体维修完成时间无法确定。工作人员于 2021

年 5 月 24 日 14 时 07 分再次联系客户，告知客户两个灯和一台电脑均由保险公司统一维修，具体事宜需和保险公司协商确认，经工作人员解释沟通，客户对此表示满意（见图 2-4）。

图 2-4　工作场景图

案例 95　工作人员多疏漏，企业信用被质疑

案例分类

意见工单—供电业务—抄表收费—电价电费

摘要

某年 8 月，客户王先生到营业厅充电缴费，可是第二天家中却发生欠费停电。王先生不理解，遂拨打 95598 要求核实情况。经调查，为工作人员将电费充错了户号。同年 11 月，王先生为父母家中充电费，发现缴存了 300 元，实际只到账 200 元，王先生先后两次在缴存电费时发生问题，质疑供电企业信誉，认为工作人员故意为之，遂再次拨打 95598 提出诉求，要求给予答复。

案例内容

8 月 28 日客户王先生拨打 95598 反映，客户到某市某区客户服务中心供电营业厅办理缴费业务，工作人员存在充错户号问题，具体情况为：8 月 27 日，客户王先生到营业厅充电费 300 元，提供了自家电卡，电卡上显示有户号 72××70 信息，客户充完费拿了收据回家。28 日，家中突然欠费停电，客户发现收据显示的为另一个户号 02××81，自家户号没有充值 300 元的记录。客户表示营业厅工作人员存在工作错误，拨打 95598 提出诉求。

回单解释为：经核实，投诉客户王先生由某台区供电，为远程费控客户。客户于 8 月 27 日下午到某市某区营业厅办理缴费业务，共缴费 300 元，因营业人员疏忽将电费存入前一办理查询业务的客户账户中，8 月 28 日已完成电费更正，营业人员已向客户致歉，客户表示理解。

11 月 17 日下午，客户王先生到某市某区客户服务中心供电营业厅为父母代交纳电费 300 元，当日晚间，王先生父亲自行查询余额和缴费明细，发现实际只到账 200 元，存在收费金额与客户查询到的入账金额不符的情况，无其他电费退补流程，王先生表示不满，考虑到之前自己存电费时还遇到过充错户号的情况，认为电力企业工作人员存在徇私舞弊情况，遂拨打 95598 提出异议。

回单解释为：经核实，客户户号为 32××85，缴费方式为卡表购电，客户于 11 月 17 日 15 时 06 分到营业厅拿购电卡缴费 300 元，由于卡表系统故障，实际只写卡成功 200 元。当日下午 17 时下班结款时，营业厅工作人员已发现多出 100 元，遂对当日下午的所有缴费信息逐一进行核对，后确定此 100 元是为王先生缴费时少存入的费用，由于系统没有该客户联系方式，无法第一时间联系上客户。客户已于 11 月 18 日上午 9 时 12 分来营业厅，已将 100 元电费补记入购电卡中。由于卡表系统故障造成入账金额不符，现在已处理。

存在问题

（1）工作人员粗心大意，责任心不强。在为客户办理缴费业务时没有认真核对户号信息，造成工作疏漏，没有成功为客户缴存电费，致使客户欠费停电，影响客户用电体验。

（2）工作人员没有按照工作流程和工作要求进行业务操作，忽视了缴费时再次核对户号，并与客户确认这一环节。

（3）两次问题均为同一类问题，工作人员没有在第一次投诉发生时吸取教训，导致客户认为供电企业存在问题，影响企业形象。

（4）回单中表示系统没有该客户联系方式，存在未及时更新客户联系方式的问题。

建议举措

（1）提高客户诉求处理质量，杜绝虚假回复。经与系统项目组人员确认，系统故障不会出现实际缴费 300 元而只到账 200 元的情况发生，可能存在人为疏失、工单回复与实际不符的情况，相关部门应高度重视客户诉求处理质量，杜绝虚假回复，避免客户诉求升级。

（2）严格规范营业厅收费业务管理，明确差错业务责任追究。该两件缴费差错案例皆因业务收费人员未执行“唱收、唱付”、认真核对客户缴费信息引起，相关部门应加强营业厅收费业务管理，强调办理业务时客户信息核对工作重要性，提高营业人员工作责任心，明确差错业务责任追究，避免因人为疏忽或操作失误给客户带来不便。

（3）加强营业厅问题整改力度，做到举一反三化解服务风险。涉及单位在此客户第一次致电反映时没有及时制定有效的整改措施和服务风险化解措施，导致该客户再次出现类似问题时，质疑供电企业信用。对问题没有深刻认识，没有挖掘自身工作薄弱点，同一类事件在同一客户上连续发生两次造成极其恶劣影响。

（4）提升工作人员联动服务意识，发现问题及时协同处理。工作人员在系统内没有查询到客户联系电话时，应主动寻求供电所台区经理协助或翻阅历史工单记录等其他方式获取客户联系电话，主动说明情况、主动服务，化解客户诉求。不应单纯等待系统下发工单后再进行弥补工作。

（5）强化营配基础数据治理，持续推进客户信息核查。客户联系电话对于主动联系客户、给客户发送各类通知短信具有重要意义，管理部门必须持续加强营配贯通数据治理，滚动更新客户信息，特别对于农村偏远地区更换电话号码频繁的情况，要制定适合当地实际情况的管理措施，及时获取客户新的联系方式，及时在系统内完成更新。

政策依据

（1）《国家电网公司供电服务标准》（Q/GDW 10403—2021）6.7.5.2 中规定：坐收时，收费人员应核对户号、户名、地址等信息，告知客户应交电费金额及收费明细，避免错收，收费后应主动向客户提供收费发票。与客户交接钱物时，应唱收唱付，轻拿轻放，不抛不丢。

（2）《国家电网有限公司 95598 客户服务业务管理办法》（国家电网企管〔2019〕907 号）第五十九条中规定：省公司，地市、县公司应做好本单位营销业务应用系统中用户档案、业务流程、电量电费、计量、用电检查等信息更新和维护，定期开展数据质量校核。

案例点评

此案例中，8 月份时，供电企业工作人员误将客户王先生缴存的电费存到另一客户账户中，导致第二天王先生家中发生欠费停电，影响客户客户，此行为是供电企业责任，但该营业厅没有吸取教训，制定有效防范措施，对于工作人员没有执行唱收唱付的行为，没有进行及时整改，导致同样问题再次出现。

对于已发现结余电费，但因为没有客户联系方式，没有第一时间联系客户的情况，说明相关部门没有及时在系统内更新客户联系方式，甚至在王先生发生第一次致电后，依然没有核查对应联系方式，导致客户质疑供电企业信誉，造成极其不良影响。

类似案例

案例一：

受理内容：户号为 82××65 的客户反映，2019 年 5 月 28 日向某供电营业厅交纳 100 元电费，未按规定提供相应票据，具体情况为：客户表示今天去此营业厅缴纳 100 元现金，系统查询未入账，也并未提供相关票据，现客户想要核实具体什么情况，是否到账，请相关部门尽快核实处理。

处理情况：接到工单后，供电所人员 5 月 29 日 10 时 30 分联系客户，经核实，客户 5 月 28 日到某供电营业厅缴纳电费 100 元，因当时网络故障未能给客户缴纳电费和提供票据，工作人员留下客户电费 100 元待网络正常后给客户缴费，但一直到下班网络仍未修好，5 月 29 日 7 时 54 分工作人员到缴费一站通为客户缴纳电费两笔 50 元合计 100 元，缴费成功，工作人员已告知客户如需缴费小票可到营业厅领取，目前营业厅网络恢复正常。已将此情况告知客户，客户表示知晓。

案例二：

受理内容：户号为 82××69 的客户反映，2020 年 1 月 21 日向某供电公司人员交纳电费 179 元，系统未查询到此笔缴费记录，存在（收费金额与客户查询到的入账金额不符）的情况，请相关部门尽快核实处理。（且工作人员告知 5，6，7，9，12 月份电费有欠费金额）

处理情况：工作人员于 2020 年 1 月 22 日 14 时 10 分与客户联系。工作人员通过了解，电工到客户家中催收的电费是 2019 年 5，6，7，9，12 月份的电费。由于客户在费控系统中停电方式不是自动停电，而是审批停电，为保证优质服务，工作人员提前将票据打出，2019 年 5 月 24 日 14 时 08 分票据金额为 45 元，结清当月电费，客户于 5 月 25 日 19 时 46 分通过支付宝缴费 26.52 元，因已结清电费，所以显示 26.52 元是余额。6 月 24 日票据金额为 20 元。7 月 23 日票据金额为 52 元。9 月 24 日票据金额为 60 元，12 月 23 日票据金额为 1.92 元共合计 178.92 元。工作人员从 SG186 系统客户明细账中调出缴费明细并告知客户上述详细情况。调查处理结果已告知客户，客户对此表示非常满意。

案例 96　系统错误引误解，耐心解释解难题

案例分类

意见工单—供电业务—抄表收费—电费退补

摘要

网上国网 App 测算电费错误，致使电费余额显示有误，并未显示客户正确余额，导致客户误认为其电费账户存在电费激增的情况。供电部门在处理客户诉求工单过程中，因前期未能准确把握客户核心诉求，致使客户前后三次拨打 95598 供电服务热线反映电费问题。

案例内容

某年 12 月 7 日，客户拨打 95598 供电服务热线，反映其户号为 15 ×× 05 的电费账户存在近期电费、电量过高的情况。客户表示其用电正常，95598 客服专员已按照知识库流程进行排查，客户仍有异议，现申请核实抄表数据，请尽快核实处理。

供电部门工作人员于当日就客户反映问题进行调查。经现场核实，客户表计类型为远程费控，表计接线正常，电能表运行正常，抄表数据正常。经现场为客户查验电表，电能表无潜动和空走现象，计量准确。客户当年 9 月发行电量 345kWh，10 月发行电量 262kWh，11 月发行电量 252kWh，12 月发行电 1573kWh。由于该客户为电采暖客户，所以进入取暖期电量有明显上升。电量均为系统自动采集、自动核算，客户发行电量均为客户实际使用电量，供电公司产权表计并无问题，客户目前用电正常。客户如认为电量高，建议客户排查户内用电设备功率，及检查有无漏电情况。将情况告知客户，客户表示认可。

某年 12 月 10 日，95598 客服专员就前期工单对客户进行回访。回访过程中，客户表示其不追究电表问题，只是反映一个新的情况：12 月 1 日缴纳电费，到 12 月 5 日就被告知欠费几百元，客户对此有异议，且当时有供电部门工作人员告知客户为系统问题。客户要求核实是否系统原因导致，请供电部门尽快核实处理。

供电部门工作人员于当日就客户反映问题进行调查。经核实，客户所在地区于 12 月 4 日发行电费，对该客户进行了自动扣费 689.16 元，客户余额不足导致欠费停电。由于网上国网 App 测算电费错误，致使电费余额显示有误，并未显示客户正确余额，

导致客户误认为其 12 月 1 日至 12 月到 5 日产生电费几百元。经与网上国网项目组沟通，余额显示错误问题已经解决，网上国网系统恢复正常。客户已缴纳电费，并且恢复供电，目前客户处用电正常。将上述情况告知客户，客户表示认可。

某年 12 月 15 日，95598 客服专员就前期工单对客户进行回访，回访过程中，客户表示之前供电公司系统问题，导致客户余额不准确，显示客户欠费 394.96 元。客户当时为了复电交了 500 元电费，因欠费并非自己造成，不应其承担，要求供电公司对之前的电费进行退补，请供电部门尽快核实处理。

供电部门工作人员于当日就客户反映问题进行调查。经核实，电量电费均为系统自动采集、自动核算，客户发行电量均为客户实际使用电量，与前期系统问题导致余额显示错误无关，故需客户本人承担前期欠费，无法进行退补。现已将处理结果告知客户，客户表示认可。

存在问题

（1）客户核心诉求把握不准确，致使客户多次反映问题。供电部门工作人员在处理客户前期诉求工单过程中，因未能准确把握客户认为“电费过高、存在计费错误、需要退补电费”的核心诉求，仅针对客户基础问题进行解答，致使客户前后三次拨打 95598 供电服务热线反映问题。

（2）网上国网 App 测算电错误，致使客户余额不正确。因为网上国网 App 测算电费发生错误，致使电费余额显示有误。并未显示客户正确余额，导致客户误认为其电费账户五天产生电费几百元，远高于其用电情况。此问题对于电力系统软件推广应用具有负面影响。

建议举措

有效提升人员客户服务能力。建议各单位就日常工作多发的客户服务问题，有针对性地对工作人员开展培训工作，通过模拟案例等方式，有效提升人员客户服务能力，准确把握客户诉求要点，高效解决客户诉求问题。

加强国网软件运维水平。为了方便用电客户、减轻基层工作压力，国网公司推出部分手机软件。软件的运维水平、数据提供的准确性，对于软件本身的推广应用具有重要意义。

政策依据

（1）《电力供应与使用条例》（国务院令第 196 号）第三十三条中规定：供电企业应当按照国家核准的电价和用电计量装置的记录，向用户计收电费。供电企业查电人员和抄表收费人员进入用户，进行用电安全检查或者抄表收费时，应当出示有关证件。

用户应当按照国家核准的电价和用电计量装置的记录，按时交纳电费；对供电企业查电人员和抄表收费人员依法履行职责，应当提供方便。

（2）《国家电网公司供电服务标准》（Q/GDW 10403—2021）5.3.3.1 中规定：电子渠道的服务功能包括：① 业务办理，② 收费，③ 告示，④ 能效服务，⑤ 新能源，⑥ 会员服务。

（3）《国家电网公司供电服务标准》（Q/GDW 10403—2021）5.3.3.2 中规定：服务功能要满足以下要求：a）各类电子渠道应具备的服务功能如下：1）网上国网（移动客户端）：第①～⑥项服务功能；2）95598 智能互动网站：第①～⑥项服务功能；3）依托第三方平台的微信公众号、微信小程序、支付宝生活号、数字电视媒体等：第①项服务功能中的信息查询功能及②、③、⑥项服务功能。b）除站内公告、营业网点查询外，其他功能根据注册、实名认证、绑定用电户号开放相应的功能权限；c）电子渠道应提供导航服务，以方便客户使用。

（4）《国家电网公司供电服务标准》（Q/GDW 10403—2021）5.3.7.1 中规定：电子渠道应 24 小时受理客户需求，如需人工确认的，故障报修类需求，电子客服专员在 3 分钟内与客户确认；其他需求在 1 小时内与客户确认；不能立即办结的，通过派发工单至责任单位处理。

（5）《国家电网公司供电服务标准》（Q/GDW 10403—2021）5.3.7.2 中规定：电子渠道应公告在线人工客服时段。

（6）《国家电网公司供电服务标准》（Q/GDW 10403—2021）5.3.7.5 中规定：电子渠道应提供稳定、畅通的服务，因运维升级导致部分或全部功能暂停服务时，应提前公告相关信息。

案例点评

本案例中，客户使用网上国网 App 查询个人余额，因软件显示余额错误，致使客户拨打 95598 供电服务热线进行咨询。供电部门在处理客户诉求过程中，未能与客户进行更深入的沟通，致使客户核心诉求把握不准确，导致客户后续两次重复拨打 95598 供电服务热线反映。

整体案例反映出客户服务存在于供电部门的全业务中，无论是手机软件的运营维护，还是客户诉求的沟通处理，都是服务用电客户的一个方面。手机软件运营维护不到位，直接影响后期软件的推广使用，更深一步影响基层人员的工作量和服务客户的方便程度；客户诉求处置是否妥当，直接影响客户是否有更进一步的诉求产生，甚至是否会将前期矛盾进行激化。点点滴滴的客户服务工作，都将对之后的客户对服务的选择产生深远影响。供电部门只有处理好每一点影响客户的业务，才能有可能真正地服务好客户。

类似案例

案例一

受理内容：某年 1 月 25 日，客户拨打 95598 供电服务热线，表示其户号为 15×× 63 的电费账户换了新的电表，之前的老电表还有 150 元费用没有退，请相关部门尽快核实处理。

处理情况：供电部门工作人员于当日就客户反映问题进行调查。经核实，客户为移民搬迁小区客户，客户老房户号为 15××63，电能表资产编号 16××49，客户搬迁小区新房户号为 25××21，电能表资产编号 16××08。客户新房处为新装客户，并非换表业务，不存在客户反映的“换了新的电表”的情况。户号 15××63 原有余额 141.14 元（非客户反映的 150 元），因客户老房未拆，且客户此前未申请办理销户或调账业务，因此工作人员未将户号 15××63 的余额 141.14 元退还给客户。应客户要求，工作人员已于 1 月 25 日 15 时 47 分将户号 15××63 的余额 141.14 元调到户号 25××21 的账户中。此事已跟客户解释清楚，客户表示满意。

案例二

受理内容：某年 12 月 18 日，客户拨打 95598 供电服务热线，反映客户其住房为 101（名称：于女士），与所在楼房 201（王先生）电费均有异常。之前已联系供电部门工作人员现场查看，工作人员告知其两户电线接错，并现场更正了接线，之前影响的电费情况需后期进行处理。现客户家中有电、地下室无电，地下室冰柜内有几千元的东西，因停电会造成经济损失。客户怀疑前期更正接线不够彻底，要求抢修师傅 5 分钟内解决，请供电公司尽快核实处理。

处理情况：供电部门工作人员于当日就客户反映问题进行调查。经现场核实，客户所述“101（名称：于女士）与所在楼房 201（王先生）两户电线接错”的情况属实，且工作人员确实已于查证属实后将错误接线进行更正。本次客户家中有电、地下室无电，故怀疑仍存在错误接线的情况。实际情况为供电部门工作人员再次到客户处进行接线检查，发现客户地下室接线存在零线带电的情况，此问题导致整栋楼供电异常且存在安全隐患。为确保客户安全用电，供电部门工作人员对客户地下室供电进行断电处理，待故障处置完毕后，将及时为客户地下室恢复供电。将此处理结果告知客户后，客户表示知晓。

案例 97　电费突增查原因，虚假答复遭投诉

案例分类

意见工单—供电业务—抄表收费—电费退补

摘要

某年12月4日，客户通过网上国网缴费50元，查询余额还剩56.84元，但12月6日，客户接到电费预警短信，通知客户欠费2.94元，客户又急忙充值了20元，客户对于电费扣款有疑义，次日就到营业厅查询电费，营业厅人员未告知具体原因，导致客户拨打95598客服电话反映该问题，但又对工单内容答复不满，引发客户再次拨打95598投诉该问题。

案例内容

12月6日上午，客户钱女士营业厅查询电费，要求核实为什么12月4日充值了50元，余额还剩56.84元，但12月5日就接到欠费2.94元的短信，工作人员现场未查到问题原因，请客户留下电话，客户当日下午营业厅电话，只告知客户费用是系统计算的，不会有问题，客户不满工作人员答复，拨打95598反映电费有问题，要求退还多扣的电费。

12月7日下午，客户接到供电公司工作人员电话，表示系统有问题，后续如果系统恢复，电费会恢复正常，客户询问恢复时间，工作人员表示不确定，表示会尽快处理。

12月9日下午，客户接到95598热线工作人员回访电话，回访过程中，95598回访工作人员告知客户工单的答复结果为电费没有问题，客户表示满意，客户表示该答复内容与地市联系的结果不一致，在要求解决电费问题的情况下，追加投诉工作人员答复不属实问题。95598工作人员将工单退回至处理部门重新核实。

12月12日下午，客户接到营业厅负责人电话，负责人首先对之前工作人员答复问题不属实的情况向客户进行致歉，并向客户解释，客户属于电采暖客户，11月起开始按峰谷电价执行，目前电费分为目录电费和代征电费，由于供电公司没有及时维护峰谷电价，造成11月份供电公司只收取了客户代征电费，漏收了目录电费部分，12月5日因重新维护了峰谷电价，所以系统扣除了之前少收的电费，客户了解扣费原因，对于工作人员解释认可。

12月14下午，客户接到95598热线工作人员回访电话，核对当地供电公司反馈结果是否与实际处理问题一致，客户表示一致，并对结果表示满意。

存在问题

（1）营业厅业务人员服务推诿，工作态度不主动，对于客户提出的电费问题，未能认真核实处理，只是反复推诿客户，造成电费问题升级成服务投诉问题。

（2）95598工单答复及审核不到位，供电所负责人未对客户诉求进行严格把关，造成工单答复内容不属实，引发客户二次投诉。

（3）电费发行审核不到位，费控系统未正确获取“电采暖档案表中分时计费峰谷

标志，错误获取中非分时计费峰谷标志。费控系统因没有获取到正确峰谷标志，造成电费未对（峰段电度电价某峰段电量+谷段电度电价某谷段电量）进行计算，给客户少计算了部分电费。

建议举措

（1）加强电费抄表规范管理，充分利用信息系统技术手段，不断优化整合核算资源。推行电费智能核算模式，不断提高核算效率和质量，严格电量电费核算管理，确保电量电费核算的各类数据及参数的完整性、准确性，特别是针对电价调整、业务变更等可能影响核算质量的环节，不断完善营销系统及市场化系统软件的智能提示功能，保证电费数据的及时与准确。

（2）加强工单处理质量管控，确保回复规范准确。责任单位在前期回单内容不属实，工作人员答复客户当前扣费为系统问题，后续会进行退补，但工单中又答复电费没有问题，暴露出责任单位工单处理答复过程中存在规范性、严谨性和真实性问题，建议相关单位切实强化诉求处理过程监督，切实发挥工单审核责任，确保工单依规处理、准确答复。

政策依据

（1）《国家电网有限公司员工服务“十个不准”》（国家电网办〔2020〕16 号）第六条，不准漠视客户合理用电诉求、推诿搪塞怠慢客户。

（2）《国家电网有限公司 95598 客户服务业务管理办法》（国家电网企管〔2019〕907 号）附件 1　国家电网有限公司供电服务投诉业务处理规范第八部分：回单审核，国网客服中心、省营销服务中心，国网电动汽车公司，县公司逐级对回单质量进行审核，对回单内容或处理意见不符合要求的，应注明原因后将工单回退至投诉处理部门再次处理。对无法在时限内办结的客户投诉，继续对投诉处理情况跟踪督办。工单回复审核时发现工单回复内容存在以下问题，应将工单回退：

1）回复工单中未对客户投诉的问题进行答复或者答复不全面的。

2）除保密工单外，未向客户反馈调查结果的。

3）应提供而未提供相关 95598 客户投诉处理依据的。

4）承办部门回复内容明显违背公司相关规定或表述不清晰、逻辑混乱的。

5）其他经审核应回退的。

（3）《国家电网有限公司电费抄核收管理办法》（国家电网企管〔2014〕717 号）第三十三条 严格电量电费核算管理，确保电量电费核算的各类数据及参数的完整性、准确性，特别是针对电价调整、电力客户计量装置更换、业务变更等可能影响核算质量的环节，要不断完善营销系统及市场化系统软件的智能提示功能，提高人工对异常判断的准确性。

案例点评

从本次服务来看，客户电费扣款异常，正常情况下，当地处理部门在做好问题调查后，向客户解释清楚即可，但客户跑了一趟营业厅，拨打了 1 次 95598 电话，当地处理部门在两次联系客户后，非但没有解决客户的问题，还引发了客户对当地工作人员回单不属实的投诉。

12 月 6 日客户第一次到营业厅查询电费扣费异常问题，营业厅工作人员现场未查到相关结果，但在 12 月 7 日，工作人员在未查到扣费异常的原因时，并未安抚客户，而是以系统计算无误为理由，推诿客户，造成客户拨打 95598 反映该问题。

12 月 7 日当地工单处理人员，在未查到相关结果的情况下，向客户谎称系统问题，后续恢复后会将多扣的电费返还客户，虽然暂时安抚了客户，但工单上却答复“电费没有问题，已向客户解释，客户表示满意”，造成 95598 客服回访客户时，引发客户对当地工作人员回复不属实的投诉。

12 月 12 日当地处理人员在确认客户扣费原因后，联系客户做的详细说明，解释了扣费突增的原因，对之前工作人员答复问题不属实的情况向客户进行致歉。

客户主要问题为电费扣款异常，但在服务过程中，又引发了服务问题投诉，一方面电费人员应加强电费核算管理，在电价政策调整、数据编码变更、营销业务应用系统程序修改后，进行模拟电费试算，审核电力客户计费参数等档案资料是否正确，杜绝正式环境、正常结算时电费差错产生。另一方面处理人员在发现电费计算有异常，应立即查找原因，不能为了应付客户或工单进行虚假答复，暴露出工作人员服务意识欠缺，该单位应加强服务意识培训，加大员工服务行为管控力度，切实强化诉求处理过程监督，切实发挥工单审核责任。

类似案例

受理内容：8 月 28 日某市某区客户反映工作人员在复电过程中刁难客户，具体情况为：客户致电 95598 反映已缴清欠费、申请复电，座席人员经系统查询已结清电费、下派欠费复电申请工单，工作人员接单后到达现场，要求客户必须出示缴费凭证、不出示不给复电，因客户不在家（家中只有妇女及孩童），夜间不方便给工作人员开门未出示凭证。之后工作人员电话联系客户，客户表示可以加工作人员微信以图片形式传递缴费凭证，工作人员表示手机没有网、不会加微信，客户表示强烈不满。

处理情况：属实，是供电企业责任。经核实，客户户号 12××78，打电话申请复电和投诉的是客户刘先生，但他未在家，在家的为刘先生家属。8 月 28 日接到复电工单后，抢修人员于 22 时 48 分到达客户处上门了解情况（供电所及复电人员已下班、故安排抢修人员），刘先生家属告知已在 18 时左右缴费成功，抢修人员要求提供缴费凭证才能为其暂时短接、保证夜间正常用电，但刘先生家属以家中无男士为由拒绝开

门，也不提供任何缴费凭证，故抢修人员没有为其复电并离开现场。后抢修人员电话联系刘先生，刘先生表示可以加工作人员微信传递缴费凭证，因工作人员手机无微信功能，故未加刘先生微信，而是告知客户明日到营业厅办理复电申请。8 月 29 日 13 时 30 分客户处恢复用电。调查结果已与客户沟通，客户表示不理解。（回访满意度：投诉工单回访失败、服务申请工单回访不满意归档）

案例 98　莫名其妙被销户，客户恼怒求答复

案例分类

意见工单—供电业务—业务变更—环节处理问题

摘要

某年 3 月，客户刘先生在未收到任何通知的情况下，家中户号被注销。之后有工作人员联系刘先生，表示需要刘先生缴纳 1600 元，方可给其接电，刘先生赶赴营业厅查询原因，却遭到拒绝，没有得到合理销户解释，客户恼怒拨打 95598 提出诉求。

案例内容

2019 年 3 月 29 日，客户刘先生反映其家未收到通知就被执行销户。27 日下午有当地管片电工给其接电，让客户先补 1600 元电费，不交就不给接电，电工告知客户如果对此笔缴费有异议可去营业厅查询电费明细，客户 28 日下午去某镇供电营业厅查询，营业厅不给查，营业厅工作人员表示客户户号已注销、查询不到客户信息，客户表示未收到销户通知，工作人员也未告知销户原因。

经核实，客户反映问题属实，是供电公司责任。客户所在地址属于某供电所管辖范围，经系统查询，该客户户号 85××33 在 2016 年 10、11、12 月和 2017 年 1 月，共计 4 个月内均未用电，而工作人员在去客户家中催缴之前陈欠电费时，多次探访都无人在家，邻居也不知客户去向，于是想对该户（85××33）进行销户处理，但因怕客户回家用电，因此留下表计，同时 2017 年 1 月张贴通知（并告知此村收费人员帮忙通知客户），告知客户已销户，如需用电请回供电所办理相关手续，但因该客户有 2 个户号，工作人员销户时，把 2 个户号（25××33、85××33）都进行了销户，实际上户号 25××33 正常用电。在 2019 年 3 月营业普查期间，发现该户号 25××33 的电表仍在用电，且用电期间一直未曾缴纳电费，于是把表计拆回，并现场打电话通知客户补交电费，客户询问交多少，因接电工作人员在现场、无法系统查看，就告知客户只能为其粗略估算、最多交 1600 元，具体交多少钱需等客户去营业厅，让营业厅工作

人员为其查询计算。之后，客户刘先生去营业厅询问此事，收费人员查到该客户早已在 2017 年 1 月销户，客户销户前的截止电量为 1492，现电表电量为 3012.44，应交电费为（3012.44−1492）×0.52=790 元，之前工作人员提出的应缴纳 1600 元，是因为工作人员计算错误。客户认为工作人员有意要求多交电费，因此致电反映。户号 85××33 已确认停止用电，户号 25××33 正常用电，已重新为客户办理新装，新户号为：95××66。客户刘先生表示满意。

存在问题

（1）客户停止用电未达到 6 个月，既对客户进行了销户。

（2）工作人员责任心不强，在探访客户未果的情况下，没有及时获取客户联系电话，进行电话沟通，反而直接进行销户操作。

（3）工作人员业务知识存在薄弱环节，错误估算客户电费，造成客户有工作人员乱收费的感知，使客户诉求升级。

建议举措

（1）加强用电变更业务流程监管，严格按照规范流程作业。客户户号 85××33 连续四个月未用电，工作人员就擅自给客户销户，且系统销户后现场未拆表断电，不符合销户业务办理流流程。相关部门需进一步加强用电变更业务办理流程监督及审核管理，严格按照规范流程作业，坚决杜绝习惯性违章。

（2）加强人员责任心教育，培养员工责任意识及规范意识。工作人员未经核实便将客户另一用电户号 25××33 也一并销户且现场未拆表，造成客户用电却不产生电费，不仅险些给公司造成电量损失，而且客户需要重新办理新装手续才能正常用电（致电时已停电 20 天），给客户生活带来不便，相关部门需尽快加强人员责任心教育，培养员工责任意识和规范意识，规范工作纪律。

（3）加强人员业务技能培训，减少人为原因的业务差错。营业厅工作人员将客户应补电费计算错误，给客户带来乱收费感知。相关部门应加强业务技能培训，提高人员业务技能水平，减少人为原因的业务差错。

（4）提高客户诉求回单质量，避免多次回单不一致及不完整。该工单在回单审核环节共有四次退单。第一次回单内容为发现表计采集失败为了调试采集成功率对客户销户处理、近期发现客户回家私自用电于是拆回表计并要求客户补交电费；第二次回单内容与第一次基本相同，但删除了为调试采集成功率才对客户销户等内容（但提供的现场表计证明照片的表计条码与系统内不符）；第三次回单补充了客户有两个户号、工作人员误将客户另一户号 25××33 也进行了销户、营业普查摘回的为户号 25××33 的表计（但回复内容将户号对应的抄表止数写错）；第四次回单写错首次联系客户时间；相关部门应进一步提高客户诉求调查处理质量，加强回单规范性管理和严肃性，

避免出现多次调查内容不一致、甚至相互矛盾的情况。

政策依据

（1）《供电营业规则》（电力工业部令第 8 号）第三十二条规定：用户销户，须向供电企业提出申请。供电企业应按下列规定办理：

1）销户必须停止全部用电容量的使用；

2）用户已向供电企业结清电费；

3）查验用电计量装置完好性后，拆除接户线和用电计量装置；

4）用户持供电企业出具的凭证，领还电能表保证金与电费保证金。办完上述事宜，即解除供用电关系。

（2）《供电营业规则》（电力工业部令第 8 号）第三十三条规定：用户连续六个月不用电，也不申请办理暂停用电手续者，供电企业须以销户终止其用电。

案例点评

此案例中，工作人员未按照规定在客户未用电达 6 个月以上时，再进行销户，且没有及时与客户取得联系，造成客户在不知情的情况下被销户。工作人员得知该客户有两个户号时，未了解清楚实际情况，粗暴地将该客户两个户号一并进行销户处理，造成影响极其恶劣。在为客户计算电费时，自身理解及业务知识储备不足，造成多收取客户大量电费，给客户造成供电企业乱收费的感受。问题的形成一方面由于工作人员责任心不强，服务意识淡薄，另一方面也是由于管理人员没有制定有效的监督管控措施，没有及时发现问题，而是在客户提出问题后进行补救，管理工作存在欠缺。

类似案例

案例一：

受理内容：【环节处理问题】户号为 02××75 的客户反映，近期住院回来，发现该户电表被人私自更改。经系统查询，该户已销户，2016 年 5 月有过户流程，但未查到销户流程，客户要求核查是谁更改的，要求投诉某营业大厅，要求追究相关责任人的刑事责任，请相关部门尽快核实处理。（客户表示电都在，别人在使用，但由于不在现场，无法提供表号信息）

处理情况：某供电所工作人员于 5 月 6 日 15 时联系客户，告知对方，因该户 2016 年 5 月有过户流程，过户后户名为某县某种植基地的客户就被销户了，无人更改客户处的电能表。该户的过户流程是由某县某种植基地经营者王女士提交的申请，该经营者提交手续齐全，由某营业厅办理的手续。营业厅依照手续办理的业务，并无任何违规行为。该户的电表及变压器产权均已过户，故现过户后的客户正常用电。现已将处理结果告知客户，客户表示不认可。

案例二：

受理内容：【环节处理问题】客户反映：此处长期没有用电，目前回来电表没了。客户无法提供户号，提供的信息查询不到户号，工作人员已正常解释可能是长期不用自动销户，客户对此有异议，请相关部门尽快核实处理。

处理情况：工作人员于某年 3 月 2 日 11 时 30 分联系客户，经核实，因客户家中长期无人居住，连续 6 个月以上未用电，被工作人员销户。已告知客户准备相关材料办理报装用电事宜，客户报装后工作人员将为其装表接电。经工作人员解释沟通，客户表示满意。

三、停送电问题篇

案例 99 配网停电次数多，合理安排降频次

案例分类

意见工单—停送电问题—停电问题—停电安排

摘要

某年 9 月 23 日 9 时某市某县李先生反映某机械制造有限公司又停电了，致电 95598 反映 9 月以来已经第四次停电，当地供电公司在微信群里面总通知不让用电，如果用电的话就把周围的电都停了，李先生对供电公司的停电安排不认可，对生活生产都造成了严重影响，要求供电公司减少停电事件。经调查确实存在一个月内停电四次情况，公司会根据电力设施运行状态，对运行方式进行调整。客户反映“群里通知不让用电、如果用电就把周围都停了”的情况，实际为解释口径：负荷不够的情况下用电将会导致周边停电，客户所在地区管片电工转述有误。供电公司已向客户解释，客户认可（见图 2–5）。

案例内容

某年 9 月 23 日 9 时某市某县某机械制造有限公司停电，机械公司员工李先生拨打 95598 反映停电问题，95598 客服专员按照系统公示的计划停电发布信息向李先生进行解释，告知将会在 15 时送电。李先生对此不认可，表示 9 月某机械制造有限公司已经停电四次了，供电公司在微信群里面通知老是不让用电，昨天规定 10 时到下午 4 时不能用电，今天又说 9 时到下午 4 时不让用电。咨询供电公司工作人员时答复好像是负荷不够，如果用电的话就把周围的电都停了，李先生认为停电安排不合理，严重影响了生活生产，要求管理部门进行干预。95598 客服专员通过系统仅查询到 9 月 23 日的停电信息，无法核实到李先生所说的停电四次以及微信通知情况，故详细记录客户信息和反映情况核实处理，因李先生要求匿名反映该问题，无须联系回复，客服专员记录客户匿名需求后进行工单下派。

国家电网有限公司供电服务“十项承诺”

第一条 电力供应安全可靠。城市电网平均供电可靠率达到99.9%，居民客户端平均电压合格率达到98.5%；农村电网平均供电可靠率达到99.8%，居民客户端平均电压合格率达到97.5%；特殊边远地区电网平均供电可靠率和居民客户端平均电压合格率符合国家有关监管要求。

第二条 停电限电及时告知。供电设施计划检修停电，提前通知用户或进行公告。临时检修停电，提前通知重要用户。故障停电，及时发布信息。当电力供应不足，不能保证连续供电时，严格按照政府批准的有序用电方案实施错避峰、停限电。

第三条 快速抢修及时复电。提供24小时电力故障报修服务，供电抢修人员到达现场的平均时间一般为：城区范围45分钟，农村地区90分钟，特殊边远地区2小时。到达现场后恢复供电平均时间一般为：城区范围3小时，农村地区4小时。

第四条 价费政策公开透明。严格执行价格主管部门制定的电价和收费政策，及时在供电营业场所、网上国网App（微信公众号）、“95598”网站等渠道公开电价、收费标准和服务程序。

第五条 渠道服务丰富便捷。通过供电营业场所、“95598”电话（网站），网上国网App（微信公众号）等渠道，提供咨询、办电、交费、报修、节能、电动汽车、新能源并网等服务，实现线上一网通办、线下一站式服务。

第六条 获得电力快捷高效。低压客户平均接电时间：居民客户5个工作日，非居民客户15个工作日。高压客户供电方案答复期限：单电源供电10个工作日，双电源供电20个工作日。高压客户装表接电期限：受电工程检验合格并办结相关手续后3个工作日。

第七条 电表异常快速响应。受理客户计费电能表校验申请后，5个工作日内出具检测结果。客户提出电表数据异常后，5个工作日内核实并答复。

第八条 电费服务温馨便利。通过短信、线上渠道信息推送等方式，告知客户电费发生及余额变化情况，提醒客户及时交费；通过邮箱订阅、线上渠道下载等方式，为客户提供电子发票、电子账单，推进客户电费交纳“一次都不跑”。

第九条 服务投诉快速处理。“95598”电话（网站）、网上国网App（微信公众号）等渠道受理客户投诉后，24小时内联系客户，5个工作日内答复处理意见。

第十条 保底服务尽职履责。公开公平地向售电主体及其用户提供报装、计量、抄表，结算，维修等各类供电服务，并按约定履行保底供应商义务。

图 2-5 “十项承诺”图

经某供电所本部工作人员赵先生核实，客户反映情况属实，是供电公司责任。客户所在地区由某变电站某线路供电，9 月 11 日 14 时至 15 时、9 月 15 日 9 时至 10 时因新建专变接火、更换真空开关某变电站某线路配合停电；两次停电时间短、影响范围小，故未录停电信息；9 月 22 日及 23 日因调整运行方式配合停限电，供电公司电话通知该机械制造有限公司负责人的停电时间为 9 月 22 日 14 时至 18 时和 9 月 23 日 9 时至 15 时，非客户所述“昨天规定 10 点到下午 4 点不能用电，今天又说 9 点到下午 4 点不让用电”这两个停电时间段。客户所述“群里通知不让用电、如果用电就把

周围都停了”的情况，实际为解释口径：负荷不够的情况下用电将会导致周边停电，客户所在地区管片电工转述有误。供电公司已向客户解释，供电公司为保障电力安全可靠供应，会根据电力设施运行状态，对运行方式进行调整。9 月 24 日 9 时 30 分将上述情况告知客户，客户认可。（供电公司为争取客户理解，故联系客户沟通上述情况）

存在问题

（1）停电信息发布不规范。9 月 11 日及 15 日进行计划停电，工作人员因停电涉及时间较短而未公布停电信息，不符合业务规范。

（2）停电安排不合理。计划停电与停限电工作未进行科学排期，造成同一区域多次停电，影响用电客户的正常生活、生产，形成业务风险。

（3）业务风险管控不足。相关单位、人员缺乏服务意识及业务风险防范意识，停电管理不到位，未进行停电次数预控，发生多次停电，未采取有效的补救措施。

（4）管片电工解释沟通不到位。公司提供正确解释口径，而管片电工进行解释沟通的时候，将错误的信息答复给客户，引起客户不满。

（5）未遵循客户匿名意愿。根据供电服务标准，应尊重客户意愿，满足客户匿名需求，业务处理部门在接收到客户诉求未遵循客户意愿，诉求处理时仍联系客户。

（6）员工服务行为缺乏有效管控。停电信息报送人员、管片电工、业务处理人员的服务行为存在不规范，造成不良影响，责任单位未及时对服务人员的违规行为进行管理干预。

建议举措

（1）加强停电信息管理，确保业务合规、合理。责任单位应加强停电信息的规范性管理，合理安排计划停电工作，避开用电高峰，减少设备检修和电力系统事故对客户的停电次数及每次停电持续时间，已列入停电计划的严格按照公司规范提前发布停电信息。

（2）加大停电事件监测，有效防范业务风险。一是做好外力破坏、市政建设、停限电工作等非供电公司原因停电的重要服务事项报备，减少重复诉求派发给业务处理部门造成的工单处理压力；二是加大停电事件监控力度，对多次停电区域提前做好解释沟通工作，防止客户对停电情况、原因不了解产生不满情绪带来的业务风险。

（3）加强人员技能培养，提升客户服务体验。各级单位应加强人员专业能力培养，提升业务队伍的专业能力，提高对客户诉求的重视程度及服务风险意识，与客户建立有效沟通，提升客户服务体验。

（4）建立有效监管机制，确保规范落地执行。责任单位应尽快完善监管制度，落实业务管理责任，制定有效措施，建立违规问责制度，严肃处理每起违规违纪行为，确保公司规范要求落地执行。

政策依据

（1）《供电服务标准》（Q/GDW 10403—2021）6.4.5：项目质量标准：

6.4.5.4：建立投诉、举报、意见回访闭环管控机制。除客户明确提出不需回访及匿名外，均应开展回访工作，坚持"谁受理、谁回访"的原则，不得多级回访。

6.4.5.5：严格保密制度，尊重客户意愿，满足客户匿名需求，为投诉举报人做好保密工作。

（2）《供电服务标准》（Q/GDW 10403—2021）7.1.2：真心实意为客户着想，尽量满足客户的合理用电诉求。对客户的咨询等诉求不推诿，不拒绝，不搪塞，及时、耐心、准确地给予解答。用心为客户服务，主动提供更省心、更省时、更省钱的解决方案。

（3）《国家电网有限公司供电服务"十项承诺"》国家电网办〔2020〕16 号第二条：停电限电及时告知。供电设施计划检修停电，提前通知用户或进行公告。临时检修停电，提前通知重要用户。故障停电，及时发布信息。当电力供应不足，不能保证连续供电时，严格按照政府批准的有序用电方案实施错避峰、停限电。

（4）《供电营业规则》（电力工业部令第 8 号）第五十七条：供电企业应不断改善供电可靠性，减少设备检修和电力系统事故对用户的停电次数及每次停电持续时间。供用电设备计划检修应做到统一安排。供电设备计划检修时，对 35kV 及以上电压供电的用户的停电次数，每年不应超过一次；对 10kV 供电的用户，每年不应超过三次。

（5）《供电营业规则》（电力工业部令第 8 号）第六十八条：因故需要中止供电时，供电企业应按下列要求事先通知用户或进行公告：

1）因供电设施计划检修需要停电时，应提前七天通知用户或进行公告；

2）因供电设施临时检修需要停止供电时，应当提前 24 小时通知重要用户或进行公告；

3）发供电系统发生故障需要停电、限电或者计划限、停电时，供电企业应按确定的限电序位进行停电或限电。但限电序位应事前公告用户。

（6）《国家电网有限公司供电服务奖惩规定》［国网（营销/3）377-2014］第二十六条：

第二十六条　供电服务过错根据问题性质和影响程度分为三类：一类过错、二类过错和三类过错。

（一）一类过错

情节严重，长期存在，给客户造成 1 万元及以上 5 万元以下直接经济损失，或给企业形象造成较大影响的供电服务过错。

（二）二类过错

情节较重，频繁发生，给客户造成1万元以下直接经济损失，或在一定范围内给企业形象造成不良影响的供电服务过错。

（三）三类过错

情节较轻，偶尔发生，未造成不良影响的供电服务过错。

第二十七条　发生供电服务过错，惩处可采取经济处罚或者组织处理。

（十）发生一类过错，对责任人按以下规定处理：

（1）对责任单位上级有关部门负责人予以通报批评。

（2）对责任单位主要负责人、有关分管负责人予以通报批评。

（3）对部门、班组级负责人予以通报批评、调整岗位或待岗。

（4）对主要责任人予以通报批评、调整岗位或待岗。

（5）对次要责任人予以通报批评或调整岗位。

（6）对上述责任人予以500～3000元经济处罚。

（十一）发生二类过错，对责任人按以下规定处理：

（1）对主要责任人予以通报批评、调整岗位或待岗。

（2）对次要责任人予以通报批评或调整岗位。

（3）对上述责任人予以100～2000元经济处罚。

（十二）发生三类过错，对责任人按以下规定处理：

（1）对主要责任人予以通报批评或调整岗位。

（2）对次要责任人予以通报批评。

（3）对上述责任人予以1000元以下经济处罚。

案例点评

企业在服务过程中要深入践行“人民电业为人民”的企业宗旨，在做停电安排时切实考虑客户用电体验，尽量避开生活活动密集的时间段，合理安排计划检修，减少设备检修、电力系统事故、其他停电事件对客户的停电次数及每次停电持续时间。要始终保持以人民为中心的发展思想，切实做到一切为了人民、一切依靠人民、一切服务人民，积极培育基层员工服务理念，树立全员服务、主动服务意识，更好地服务群众。

案例100　停电通知未接到，情绪激化惹投诉

案例分类

意见工单—停送电问题—停电问题—停送电信息发布渠道

 摘要

2021年8月17日9时某市某区某美食城突然停电，美食城负责人张先生致电95598询问停电情况，经查为计划停电，且停电将持续到18时。张先生表示未接收到停电通知，95598客服人员已解释提前通过报纸、电视媒体公示，张先生不认可，要求电话或短信通知。业务部门核查后联告知无法电话或短信通知，建议客户配备发电机以减少经营损失。张先生对答复不满，工作人员未及时安抚客户，反而与客户发生口角，导致客户诉求升级。

 案例内容

某年8月17日9时某市某区某美食城突然停电，美食城负责人张先生致电95598热线反映某路某国际大厦A座地下负一层、二层停电，95598客服专员通过客户提供信息查询该区域为计划停电（停电信息编号：20××10），向张先生解释此次计划停电内容，告知该线路区域有清扫、加装带电监测装置计划，某线路配合停电，计划停送电时间为9时至18时。张先生表示没有接到计划停电的相关通知，停电区域是美食城，停电一天将导致准备好的食材全都倒掉，要求供电公司赔偿停电期间造成的营业额和食材损失。客服专员向张先生解释某路某国际大厦的计划停电已提前七天通过某晚报、某电视台、某体育频道、某民生频道等渠道进行公示。张先生强烈不满，质疑停电通知为什么要通过电视或者报纸公示，现在已经没什么人看电视和买报纸了，且停电一停就是一天，还安排在工作时间，要求供电公司通过电话或短信通知，并合理安排停电时间。客服专员详细记录张先生信息和业务意见后派发至业务部门进行处理。

8月17日12时某营业站工作人员李先生接到工单电话联系张先生，告知停电通知已提前进行公示，对张先生提出的“要求供电公司赔偿停电期间造成的营业额和食材损失”无法满足，建议张先生配备发电机以减少经营损失。张先生听到工作人员答复更为不满，质问工作人员：哪条法律规定经营必须配备发电机，供电公司运维能力不行就让客户配备发电机，人家北京怎么不停电。工作人员李先生随即答复北京房价多贵啊，开发商都备着双电源，你怎么跟人家比，并直接挂断电话。张先生认为李先生没有正确处理问题的态度，拨打95598热线反映工作人员态度问题。

经某供电所工作人员最终核实，客户反映问题属实，是供电公司责任。因配合某台区线路清扫、加装带电监测装置计划，某供电所8月10日制定了城区某线路的停电计划，停电信息编号20××10。于8月10日通过某晚报、某电视台、某体育频道、某民生频道等渠道进行公示，供电公司已通过以上渠道进行提前公示，对张先生提出“要求供电公司赔偿停电期间造成的营业额和食材损失”无法满足，并建议准备发电

机，以减少停电损失。对于客户要求电话或短信通知，现供电系统暂不支持此项功能，已建议客户下载注册网上国网 App 关注停电信息，客户拒绝。客户提到的供电公司工作人员李先生挂断电话的情况为客户不理会供电所工作人员的解释，只要求赔偿，工作人员无法满足其诉求故无奈挂断电话。8 月 18 日 15 时将调查结果已告知客户，客户表示不满意。

存在问题

（1）停电信息通知覆盖不全。报纸、电视媒体等传统的信息公示渠道与现在大部分群众使用网络获取信息的生活习惯不一致，仅通过传统渠道进行信息公示会存在覆盖不全，信息通知成效不好的问题。

（2）停电时间安排不合理。计划停电应尽可能错开用电高峰，而案例中的停电事件与用电高峰时间段重叠，对用电客户的正常生活、生产带来较大影响，形成业务风险。

（3）业务处理人员缺乏沟通技巧和服务意识。面对客户不满情绪，业务处理人员不能换位思考，耐心安抚客户情绪，反而做出“你怎么跟人家比”的答复，激化矛盾，让客户产生对立情绪，引发服务问题。

（4）人员服务行为缺乏管控。业务处理人员在服务过程中解释沟通不到位、挂断客户电话，其服务行为不符合公司制定的供电服务标准，业务管理部门对相关人员的服务行为管控不足。

建议举措

（1）扩宽停电通知渠道，确保信息通知到位。责任单位应切实发挥业务管理作用，研究分析服务对象的行为习惯，根据服务对象的不同，采取不同的通知渠道，提升信息通知的实际效果，确保信息通知到位，减少用电客户对停电事件不知晓、无准备的负面情绪。

（2）合理安排停电计划，降低业务风险。业务部门应提高停电计划的合理性，由专业部门统一统筹安排，进行合理排期，避开客户用电高峰的时间段，缩短停电时长，减少设备检修对客户生活、生产的影响，降低业务、服务风险。

（3）加强人员技能培养，提升客户服务体验。基层工作人员在处理业务过程中缺乏沟通技巧、服务意识，导致服务诉求升级和最终“不满意”的服务评价，业务部门应加强人员专业能力和服务风险意识培养，提高队伍业务技能和服务水平，提升客户在服务过程中的服务体验和评价。

（4）加强服务过程管控，确保规范落地执行。责任单位应建立有效管理机制，对业务、服务过程加大管控力度，严肃处理每起违规违纪行为，让每一个员工行有所控，行有所止，确保公司有关规章制度的落地执行。

政策依据

（1）《国家电网有限公司供电服务“十项承诺”》国家电网办〔2020〕16号第二条：停电限电及时告知。供电设施计划检修停电，提前通知用户或进行公告。临时检修停电，提前通知重要用户。故障停电，及时发布信息。当电力供应不足，不能保证连续供电时，严格按照政府批准的有序用电方案实施错避峰、停限电。

（2）《国家电网有限公司员工服务“十个不准”》国家电网办〔2020〕16号第六条：不准漠视客户合理用电诉求、推诿搪塞怠慢客户。

（3）《供电服务标准》（Q/GDW 10403—2021）7.1.2：真心实意为客户着想，尽量满足客户的合理用电诉求。对客户的咨询等诉求不推诿，不拒绝，不搪塞，及时、耐心、准确地给予解答。用心为客户服务，主动提供更省心、更省时、更省钱的解决方案。

（4）《供电营业规则》（电力工业部令第8号）第五十七条：供电企业应不断改善供电可靠性，减少设备检修和电力系统事故对用户的停电次数及每次停电持续时间。供用电设备计划检修应做到统一安排。供电设备计划检修时，对35kV及以上电压供电的用户的停电次数，每年不应超过一次；对10kV供电的用户，每年不应超过三次。

（5）《供电营业规则》（电力工业部令第8号）第六十八条：因故需要中止供电时，供电企业应按下列要求事先通知用户或进行公告：

1）因供电设施计划检修需要停电时，应提前七天通知用户或进行公告；

2）因供电设施临时检修需要停止供电时，应当提前24小时通知重要用户或进行公告；

3）发供电系统发生故障需要停电、限电或者计划限、停电时，供电企业应按确定的限电序位进行停电或限电。但限电序位应事前公告用户。

（6）《国家电网有限公司供电服务奖惩规定》[国网（营销/3）377—2014]第二十六条：

供电服务过错根据问题性质和影响程度分为三类：一类过错、二类过错和三类过错。

一类过错：情节严重，长期存在，给客户造成1万元及以上5万元以下直接经济损失，或给企业形象造成较大影响的供电服务过错。

二类过错：情节较重，频繁发生，给客户造成1万元以下直接经济损失，或在一定范围内给企业形象造成不良影响的供电服务过错。

三类过错：情节较轻，偶尔发生，未造成不良影响的供电服务过错。

第二十七条　发生供电服务过错，惩处可采取经济处罚或者组织处理。

发生一类过错，对责任人按以下规定处理：

（1）对责任单位上级有关部门负责人予以通报批评。

（2）对责任单位主要负责人、有关分管负责人予以通报批评。

（3）对部门、班组级负责人予以通报批评、调整岗位或待岗。

（4）对主要责任人予以通报批评、调整岗位或待岗。

（5）对次要责任人予以通报批评或调整岗位。

（6）对上述责任人予以 500～3000 元经济处罚。

（十四）发生二类过错，对责任人按以下规定处理：

（1）对主要责任人予以通报批评、调整岗位或待岗。

（2）对次要责任人予以通报批评或调整岗位。

（3）对上述责任人予以 100～2000 元经济处罚。

（十五）发生三类过错，对责任人按以下规定处理：

（1）对主要责任人予以通报批评或调整岗位。

（2）对次要责任人予以通报批评。

（3）对上述责任人予以 1000 元以下经济处罚。

案例点评

电能作为社会生活、生产的核心能源之一，当检修计划或其他异常问题导致无法正常供应时，应尽可能通知到每一个受影响的用电客户，业务部门可在日常工作中收集客户的用电习惯和实际业务诉求，不断优化业务模块，提高客户用电服务体验，切实践行“人民电业为人民”的服务宗旨（见图 2-6）。

图 2-6　现场工作图

案例 101　家中停电很着急，无人回应很生气

案例分类

意见工单—停送电问题—故障处理—处理不规范

摘要

客户反映供电抢修人员 15××23 的态度不好，在停电后联系该员工后，其多次询问客户关于表的位置及数量后，又提出再找其他人进行处理，该员工表示没有第一时间跟客户说去处理，电话中断后也没有反馈客户是否处理。客户表示不满并提出投诉。

案例内容

某镇供电所人员于某年 5 月 30 日 13 时与客户取得联系，13 时 20 分到达现场，经核实情况：5 月 30 日 8 时 16 分抢修人员接到抢修工单后与客户联系，但抢修人员当时身处地下室信号不良，无法听清客户说话，电话因信号问题导致中断，且该客户停电原因为内部故障，本不属于供电公司职责范围内的工作。抢修人员本着优质服务的原则，表示会到达现场尽量帮助客户。离开地下室后客户电话始终无法接通，无法找到客户所在具体位置，抢修人员无奈只能先完成报修单信息录入工作，关联报修单 20××34。直到 5 月 30 日 13 时供电所人员才与客户取得联系，13 时 20 分抢修人员达到现场，14 时帮助客户恢复送电。

客户反映情况部分属实："询问客户电表在哪"和"户号是不是单独一个表"是处理故障所需的步骤；"问了三四遍"和"电话中断"是通信信号不良导致；说可以找别人修，是跟客户解释如果着急，可以再联系另一个抢修人员（由于电话中断，没来得及提供另一个抢修人员电话），因为自己正在地下室抢修，不能马上过去，要是不太着急等抢修人员处理完当前工作后就去帮客户；"没有直接告知客户给不给他处理"是因为客户内部故障引起的停电，不属于供电公司责任，抢修人员不能允诺给客户处理，不存在"态度差"的情况。信号不好导致双方都未能听清理解对方的意思，让客户误以为抢修人员问同样的问题是故意刁难，不想给处理，还要推给别人。

客户处停电原因为客户产权的电闸损坏导致，需更换闸盒，工作人员已帮忙处理完毕，客户处用电正常。事情原委也跟客户解释清楚，客户表示理解。

存在问题

（1）抢修人员责任心不强，缺乏主动服务意识。地下室信号不好，完全可以在电

话中断后安排人到有信号的地方给客户回电话，或者让其他没出现场的抢修人员联系客户并处理。

（2）首问负责制落实不到位，服务不规范。由于客户没有得到明确答复，又无人引导客户排查故障，造成客户家中停电半天，很不满意。

（3）报修工单回复未能真实记录、反馈实际情况。

建议举措

（1）提高抢修人员主动服务意识，严格落实员工五必五不准和首问负责制要求，提高客户满意度。

（2）加强电话应答和沟通技巧，避免因语气态度问题引起客户不满。

（3）规范故障抢修流程及抢修时限，因特殊原因不能按规定时间到达客户现场进行维修时及时联系客户，并取得客户谅解。

（4）加强工单处理各环节规范性。确保工单内容真实、准确。

政策依据

（1）《国家电网有限公司供电服务“十项承诺”》（国家电网办〔2020〕16 号）第三条：快速抢修及时复电。提供 24 小时电力故障报修服务，供电抢修人员到达现场的平均时间一般为：城区范围 45 分钟，农村地区 90 分钟，特殊边远地区 2 小时。到达现场后恢复供电平均时间一般为：城区范围 3 小时，农村地区 4 小时。

（2）《国家电网有限公司供电服务“十个不准”》（国家电网办〔2020〕16 号）第一条：不准违规停电、无故拖延检修抢修和延迟送电。

（3）《国家电网有限公司供电服务“十个不准”》（国家电网办〔2020〕16 号）第六条：不准漠视客户合理用电诉求、推诿搪塞怠慢客户。

（4）《国家电网公司供电服务规范》（国家电网生〔2003〕477 号）第四章第十四条第五款：“接到客户报修时，应详细询问故障情况。如判断属供电企业抢修范围内的故障或无法判断故障原因，应详细记录，立即通知抢修部门前去处理。如判断属客户内部故障，可电话引导客户排查故障，也可应客户要求提供抢修服务，但要事先向客户说明该项服务是有偿服务”。

（5）《国家电网公司供电服务规范》（国家电网生〔2003〕477 号）第五章第二十条第一款：提供 24 小时电力故障报修服务，对电力报修请求做到快速反应、有效处理。

（6）《国家电网公司供电服务规范》（国家电网生〔2003〕477 号）第五章第二十条第四款：因天气等特殊原因造成故障较多不能在规定时间内到达现场进行处理的，应向客户做好解释工作，并争取尽快安排抢修。

（7）《国家电网公司供电服务质量标准》（Q/GDW 403—2009）第六条第八款：若因特殊恶劣天气或交通堵塞等客观原因无法按规定时限到达现场的，抢修人员应在规定的时限内与客户联系，说明情况并预约到达现场时间，经客户同意后按预约时间到达现场。

案例点评

提供 24 小时故障报修服务是国网公司做出的郑重承诺，高效快速响应是抢修人员的根本职责。抢修服务本应该是雪中送炭的事情，案例中客户家停电就是很小的故障引起，如果供电人员能在第一次通话中指导客户进行故障排查，如果供电人员能及时联系客户并协助处理，不会造成客户家停电半天，致电讨说法。幸亏没有对客户造成经济损失，后期工作人员又帮助客户处理故障，恢复供电，否则一点小故障换来一个投诉很是不值啊。

通过这个案例提醒供电人员，遇到事情要学会换位思考，要始终把客户利益放在首位，热心帮助客户。认真做事只是把事情做对，用心做事才能把事情做好，用我们的真心，换取客户百分百的满意。

案例 102　停电提前未通知，造成损失要索赔

案例分类

意见工单—停送电问题—故障处理—处理时间长

摘要

客户反映突然停电没有提前告知，停电后并未能及时处理恢复，而且停电时间长，对家里的电器损失进行索赔，后经了解停电原因为雷电暴雨突发情况，属于不可抗拒力，且当时环境恶劣导致抢修时间过长，后经解释客户表示理解。

案例内容

客户反映，该地区于 6 月 7 日发生了突然停电，未能及时告知客户预计来电时间，无法让客户应急补救。正常解释后客户不认可。表示自己家里电器损坏需要有人买单，而且一直没有人来处理，认为停电时间过长，对停电信息中来电时间表示不满，已影响客户正常工作生活。

某镇某供电所工作人员于某年 6 月 8 日 9 时 10 分电话联系客户。经核查，客户所在地点由 110kV 某变电站某线路供电，6 月 7 日因恶劣雷雨天气导致断线停电，涉及故障停电信息 20××21。客户处此次停电属突发性故障停电，非计划停电，故无法提前告知，故障停电只能根据现场排除故障的时间进行预测送电时间，所以也无法告知客

户具体送电时间。抢修时间为6月8日18时7分至23时10分，由于当天处于雷电暴雨的恶劣天气，现场不具备查找故障点、进行抢修的条件，导致抢修时间过长（系统预计来电时间21时30分）。天气满足作业条件后，工作人员第一时间进行检修，并不存在客户所说一直没有人进行处理的情况。为保证客户处尽早用电，工作人员加快工作进度，于6月8日23时10分抢修完毕恢复送电。根据相关处理办法，居民客户家用电器的损坏是不可抗力、第三人责任、受害者自身过错或产品质量事故等原因引起，并经县级以上电力管理部门核实无误，供电企业不承担赔偿责任，所以不必承担赔偿责任。现客户处用电正常。此事已跟客户解释清楚，客户表示理解，也不要求赔偿了。

存在问题

（1）故障发生后责任单位只是在95598系统发布停电信息，并没有通过短信等方式告知停电区域内客户，导致客户因不知何时能来电产生不满情绪。

（2）因天气等特殊原因造成停送电信息变化却未及时更新系统消息，引起客户对送电时间的质疑。

（3）故障停电后供电人员没有及时做好现场告知和安抚工作，造成停电区域内很多客户致电95598询问情况。

建议举措

（1）加强停送电信息管理工作。建议责任单位高度重视此项工作，严格遵守“全面完整、真实准确、规范及时、分级负责”的原则，提升服务满意度。

（2）提高抢修人员主动服务意识，及时解决客户诉求。对客户的合理要求应及时进行受理，由于故障停电造成客户电气设备损坏，当客户提出索赔时，应及时到现场核实哪一方责任，并按相关流程进行处理。

（3）做好停电前告知及宣传工作.故障停电因特殊原因不能马上恢复的，要做好现场解释、安抚工作。建议充分利用95598供电服务平台及时发布停电信息，对停电范围内的客户发送短信告知，停送电信息发生变化及时更新。台区经理也可利用客户服务微信群及时发布停电信息，以求尽快达到通知到户的效果，避免因停电时间过长产生投诉工单。

政策依据

（1）《国家电网有限公司供电服务“十项承诺”》（国家电网办〔2020〕16号）第二条：停电限电及时告知。供电设施计划检修停电，提前通知用户或进行公告。临时检修停电，提前通知重要用户。故障停电，及时发布信息。当电力供应不足，不能保证连续供电时，严格按照政府批准的有序用电方案实施错避峰、停限电。

（2）《国家电网有限公司供电服务“十项承诺”》（国家电网办〔2020〕16 号）第三条：快速抢修及时复电。提供 24 小时电力故障报修服务，供电抢修人员到达现场的平均时间一般为：城区范围 45 分钟，农村地区 90 分钟，特殊边远地区 2 小时。到达现场后恢复供电平均时间一般为：城区范围 3 小时，农村地区 4 小时。

（3）《国家电网有限公司员工服务“十个不准”》（国家电网办〔2020〕16 号）第一条：不准违规停电、无故拖延检修抢修和延迟送电。

（4）《国家电网有限公司员工服务“十个不准”》（国家电网办〔2020〕16 号）第六条：不准漠视客户合理用电诉求、推诿搪塞怠慢客户。

（5）《国家电网公司供电服务规范》（国家电网生〔2003〕477 号）第二章第四条第二款：真心实意为客户着想，尽量满足客户的合理要求。对客户的咨询、投诉等不推诿，不拒绝，不搪塞，及时、耐心、准确地给予解答。

（6）《国家电网公司 95598 客户服务业务管理办法》（国家电网企管〔2019〕907 号）第四十九条：停送电信息内容发生变化后 10 分钟内，更新系统信息，并记录变更类型、变更说明、变更后停送电时间等，以便及时答复客户。

案例点评

随着现代社会发展越来越快，对供电企业服务要求也越来越高，尤其是对供电可靠性的关注更高，因为电气化时代人们生活一刻也离不开电。本案例客户的要求其实也是广大电力客户的正常要求，希望停电能提前知道，以便提前做好应急措施；送电时间希望更准确，方便客户提早安排工作和生活。反映出抢修人员对突发事件处理不够妥当，是造成多个工单的直接原因。

持续提升供电服务水平，聚焦电力客户最关心、最直接、最现实的利益诉求，不断改善人民群众用电体验，提高电力客户获得电力满意度，是我们提供最优质服务地追求目标。

类似案例

受理内容：户号为 15××10 的客户反映，该地点故障停电。经系统查询有故障报修历史工单。客户认为处理故障时间长，前期计划停电系统显示已送电 20××34，目前有故障一直未送电，客户表示停一天了，影响居民生活。请供电公司尽快核实处理。

处理情况：客户反映情况属实，是供电公司责任。客户所在地由某线路某台区供电。近 2 个月客户处停电 5 次，分别是：11 月 18 日，停电原因大风刮断低压导线故障停电（关联报修单 20××10）；11 月 29 日，停电原因断路器故障导致停电（关联报修单 20××52）；12 月 12 日，停电原因更换熔断器故障停电，（关联报修工单号 20××53）；

12 月 12 日，停电原因大风刮断低压导线故障停电（关联报修工单号 20×× 45）；12 月 12 日，停电原因线路加装线路 PT 计划停电（停电编号 20×× 74，停送电时间回复错误）。客户致电时停电情况：12 月 12 日 8 时至 19 时 5 分因线路加装线路 PT 计划停电（停电编号 20×× 35，停送电时间回复错误）。确实存在客户所说该地点故障停电的情况，现客户处用电正常。针对客户所说表示致电当天有故障一直未送电，但系统显示已送电，处理故障时间长的情况，工作人员已向客户解释是由于系统停送时间回复错误导致系统显示已送电，但由于当时施工尚未结束导致客户处仍在停电。已将处理结果告知客户，客户表示知晓。

案例 103　停电到场不及时，养殖损失要索赔

案例分类

意见工单—停送电问题—故障处理—处理时间长

摘要

客户刘先生致电 95598 反映该处 5 月 14 日晚 8 时 10 分停电，从 8 时 10 分到 9 时 40 分没有电，9 时 40 分拨打 95595 投诉电话。客户表示近期多次停电，此次停电是电线故障且导致火灾和客户的几千只鸡死亡，客户要求赔偿。

案例内容

客户刘先生所在地某县某村由某线路某变台供电，近 2 个月客户处停电 2 次，3 月 17 日，停电原因为主线路 74 号树木搭线造成停电，报修工单为 20×× 34。5 月 14 日晚 8 时 10 分至 10 时 58 分，停电原因为客户原因，报修工单为 20×× 21。

5 月 14 日晚 8 时 10 分客户处停电，客户刘先生拨打 95598 报修电话，故障报修工单为 20×× 21。因抢修人员接到报修工单时正在处理其他台区故障并即将处理完毕，计划处理完后赶往客户刘某报修处。故未能立即赴客户刘先生报修地点。

5 月 14 日晚 9 时 40 分，抢修人员未联系客户并到达现场。客户刘先生再次拨打 95598 投诉电话（关联故障报修工单 20×× 78），表示 8 时 10 分到 9 时 40 分一直没有电，自己是农业养殖用电，此次停电是电线故障并造成几千只鸡死亡。

5 月 14 日晚 9 时 53 分，抢修人员到达现场。查找客户停电原因为客户产权设备开关故障引发停，未影响供电公司产权设备及线路，告知客户需更换故障开。

5 月 14 日晚 10 时 58 分客户处恢复正常用电。经核实客户未发生几千只鸡死亡的损失，无须赔偿。客户恢复供电后，抢修人员便离开现场。

存在问题

（1）抢修人员接到报修工单未及时电话联系客户，服务不规范，无法在承诺时限到达现场，未主动与客户联系说明情况并预约到达现场时间。未询问客户停电情况，是自家停电还是周边大面积停电等，未第一时间通过电话指导客户查找停电原因，帮其及时解决停电问题。

（2）抢修人员服务意识不强，未能有效安抚客户情绪，并有效做好解释工作。在处理完毕后也未向客户沟通核实是否有其他诉求，争取客户的理解。未能向客户做用电常识普及讲解等。

（3）当客户进行报修时，首先拨打95598报修电话，由95598将报修情况通知到供电所，再由供电所组织人员进行处理，按以往传统管理及服务模式，每个台区经理要管辖几个变台、几十公里长线路，一旦接到报修任务，就会从工作地点赶到报修地点，来回奔波路途遥远，到达现场时间长，工作进展缓慢，总体工作效率不高。

（4）按《电力法》《电力供应与使用条例》等相关的法律、法规规定，供用电运行维护责任的划分以供用双方的产权分界点为准，分界点至电源侧供电设施由供电企业维护，分界点至负荷侧供电设施由客户维护。而农户对自身用电产权的用电设备缺少专业的维护能力，加之农业用电的特殊性，对供电时效性有着较高要求，按照正常普遍性服务要求，很难满足这类客户的个性化用电需求。

建议举措

（1）在95598服务热线和各供电所的值班电话服务的基础上，向广大农业客户印制和分发供电服务联系卡，卡中明确标注清维修电工姓名、联系电话、供电所值班电话、所长电话、监督投诉电话等相关信息，并开展重点客户跟踪性服务。各供电所全部按要求配备必要的应急用电设备，24小时提供服务，做到随叫随到，及时处理用电故障，切实提高供电可靠性。在“绿色服务通道”领导小组的统一领导下，各基层供电所全部成立用电服务小分队，在农业生产期间主动走向田间地头，帮助农户解决用电疑难问题。

（2）针对农业客户对自身用电产权缺乏必要的维护能力，而对用电的时效性又有着较高要求的现状，主动提供客户产权延伸服务项目，只要农业客户出具产权维护委托书，即对客户产权开展延伸服务，这样从根本上解决了广大农业客户用电的后顾之忧。

政策依据

（1）《国家电网有限公司供电服务“十项承诺”》（国家电网办〔2020〕16号）第

三条：快速抢修及时复电。提供 24 小时电力故障报修服务，供电抢修人员到达现场的平均时间一般为：城区范围 45 分钟，农村地区 90 分钟，特殊边远地区 2 个小时。到达现场后恢复供电平均时间一般为：城区范围 3 小时，农村地区 4 小时。

（2）《国家电网公司 95598 业务管理暂行办法》[国网（营销/4）272−2014]第二十四条：故障报修业务流程第四条 3：抢修人员到达故障现场时限应符合：城区范围不超过 45 分钟；农村地区不超过 90 分钟；特殊边远地区不超过 120 分钟。抢修人员在处理用户故障报修业务时，到达现场后应及时联系用户，并做好现场与用户的沟通解释工作。

案例点评

（1）强化管理，增强意识，确保优质服务工作有序有效开展。

高度重视优质服务工作，严格按上级要求安排部署优质服务各项工作，积极践行为农业客户提供优质、快捷、高效服务作为新的工作目标，规范供电所管理，强化人员意识。

（2）加强监督，规范流程，确保优质服务工作落到实处。

公司纪委和督导办公室每月坚持开展两次优质服务、行业作风、工作纪律明察暗访，全面检查、督导供电所优质服务工作，规范工作纪律，促进形成良好工作作风，切实为客户提供可靠服务。公司纪委和督导办公室通过深入走访客户，了解员工的工作态度、方法和效率，同时模拟客户进行故障报修，检查急修人员到达报修现场时间、着装规范、工具使用等情况，对工作不达标者进行考核与处罚，要求进一步提高优质服务思想意识，进行工作整改。

（3）定期开展行风监督员座谈会，虚心接受社会监督，广泛听取客户意见，接纳批评与建议，查自身不足，改工作作风，提服务质量，谋客户所想，解客户所需，以客户满意为目的，为客户服好务。通过开展行风监督员座谈会，对不同阶段工作进行认真梳理、总结，积极查找工作不足，严格落实整改，优化工作流程，提高工作效率，同时充分发挥现有工作优势，进一步把优质服务工作做实、做细，促进优质服务水平不断提升。

（4）提高认识，强化意识，定期组织配电营业工等相关工作人员学习上级各项规章制度，明确工作流程，严肃工作纪律，落实报修登记制度，及时向供电所反馈，切实按流程进行工作。

（5）重视和加强考核，对未按工作流程、规范进行报修处理者，严肃批评并予以处罚。

（6）加强优质服务明察暗访，通过走访客户、模拟报修等方法，发现存在问题，纠正错误环节，查处不良现象，提高服务质量，确保优质服务工作开展到位。

（7）通过开展评选服务明星活动，树立典型，激发全员工作热情，切实做好优质服务工作。

案例 104　小区停电十小时，老人无奈家中等

案例分类

意见工单—停送电问题—停电问题—停电时间长

摘要

某年 8 月 13 日 11 时某市某县某小区李先生家中停电，联系 95598 询问得知是计划停电，15 时 30 分送电。15 时 40 分家中仍无电，再次联系 95598，客服告知他因物料不足停电延长至 21 时 30 分。客户是老人，家住高层，中午和晚饭都没有着落，下楼后又担心上不来，对停电时间不满，要求尽快送电。经调查，本次停电因涉及设备较多，材料准备不足，确实存在停电时间长的情况，造成的生活影响深表歉意。供电公司将合理安排停电时间，尽量避免用电高峰期停电，加快施工效率，缩短停电时长。

案例内容

某年 8 月 13 日 11 时某市某县某小区李先生因家中无电拨打 95598，引导李先生自行检查表后开关、开关引出线等内部设备，确认内部无故障后派发故障报修工单。

8 月 13 日 11 时 20 分抢修班工作人员接到李先生的故障报修工单，发现客户处为开展电杆更换电缆工作进行的计划停电，抢修人员将情况反馈至配网抢修指挥班进行工单回复，指挥班组工作人员 11 时 30 分完成回单工作（答复内容：已发布停电信息 20××06），期间无工作人员告知客户停电原因。

8 月 13 日 12 时 10 分李先生再次拨打 95598 询问具体情况，客服专员查询后告知所在小区因要更换电缆进行计划停电，预计 15 时 30 分恢复供电。

8 月 13 日 15 时 40 分李先生家中仍无电，于是第三次拨打 95598 询问原因，客服专员查询后告知因缺少某材料，检修工作未按时完成，延后至 21 时 30 分送电。客户对此强烈不满，质疑供电公司工作效率，要求反映 1. 没有接到任何通知要停电，家中没做准备，中午饭都没能吃上，到晚上九点多还不吃饭不现实，需要到外面就餐，要求供电公司报销在外就餐所产生的费用。2. 其次家住 12 楼，自己又是老年人，下楼之后就回不了家，要求尽快送电，否则将向 12345 政府热线进行投诉。

8 月 16 日 14 时 30 分电话联系客户，经某供电所工作人员核实，客户反映情况属实，是供电公司责任。客户所在线路为由某变电站 10kV 某开闭站某线路某变台（公变）提供电源。客户反映当日的停电情况为：8 月 13 日 11 时停电，于 21 时 30 分恢复供电，停电原因 10kV 某开闭站某线路某分支 001 号杆更换电缆，关联停电信息 20××06。

通过 1.“网上国网”App 中“停电公告查询”功能；2.“95598”智能互动网站“停限电公告”版块发布；3. 提前 7 天在《某电视台》综合频道每天 8 时 21 分、19 时 34 分、20 时 46 分、21 时 57 分；文化频道 8 时 21 分、19 时 34 分、20 时 46 分、21 时 57 分；生活频道 20 时 35 分。多种渠道以静态画面广告的形式公告（静态画面广告停留 15 秒–30 秒）进行信息公示，建议关注以上渠道公示内容。本次停电因涉及设备较多，材料准备不足，确实存在停电时间长的情况，造成的生活影响深表歉意。供电公司将合理安排停电时间，尽量避免用电高峰期停电，加快施工效率，缩短停电时长。以上内容告知李先生，李先生表示不满意。

存在问题

（1）95598 客服专员业务技能不足。客户区域内的停电信息已通过系统公布，生成停电信息，可直接将信息内容向客户解释，但因客服专员技能不足，排查不全面，造成客户多次致电。

（2）抢修人员处理不规范。根据抢修处理要求，抢修人员在处理客户故障报修业务时，应及时联系客户，并做好现场与客户的沟通解释工作。此次接到工单后抢修人员因发现是计划停电，直接将信息反馈给指挥班组回单，未履行对客户联系、解释的处理规范。

（3）检修作业准备不充分。因责任单位对检修作业预想不足，造成作业过程中材料缺失，将停电时长延长 6 个小时，引起客户不满。

（4）服务风险意识缺失。客户已明确表达不满情绪，并有将诉求升级（向 12345 投诉）的倾向，责任单位服务意识淡薄，未及时处理和安抚客户情绪，三天后才第一次主动联系客户，加剧了客户不满情绪。

（5）诉求处理不全面。未对客户提出“要求供电公司报销在外就餐所产生的费用”的处理结果进行说明，存在诉求遗漏。

建议举措

（1）强化人员服务技能，提高客户服务体验。客户多次反映诉求，未得到正确答复和及时处理，最终导致客户做出【不满意】评价。建议强化服务人员监督管理，加大对服务人员的培训，有效提升服务意识和沟通技巧，提高客户服务体验。

（2）加强工单处理质量管控，确保回复规范准确。责任单位工单调查答复过程中存在规范性问题，建议责任单位强化诉求处理过程监督，切实发挥工单审核责任，确保工单依规处理、准确答复。

（3）提高检修作业效率，缩短停电时长。建议结合以往作业经验，充分考虑作业工序、人员、物料等问题，制定有效工作方案，确保检修进度，提高作业效率。除此之外，还应提前准备应急预案，降低突发情况对检修作业的影响。

政策依据

（1）《国家电网有限公司 95598 客户服务业务管理办法》国家电网企管〔2019〕907 号附件 2 第五条（四）抢修处理：

1）抢修人员在处理客户故障报修业务时，应及时联系客户，并做好现场与客户的沟通解释工作。

2）抢修人员到达故障现场时限应符合：城区范围一般为 45 分钟，农村地区一般为 90 分钟，特殊边远地区一般为 120 分钟。抢修到达现场后恢复供电平均时限应符合：城区范围一般为 3 小时，农村地区一般为 4 小时。具备远程终端或手持终端的单位采用最终模式，抢修人员到达故障现场后 5 分钟内将到达现场时间录入系统，抢修完毕后 5 分钟内抢修人员填单向本单位配网抢修指挥相关班组反馈结果，配网抢修指挥相关班组 30 分钟内完成工单审核、回复工作；不具备远程终端或手持终端的单位采用过渡模式，抢修人员到达故障现场后 5 分钟内向本单位配网抢修指挥相关班组反馈，暂由配网抢修指挥相关班组在 5 分钟内将到达现场时间录入系统，抢修完毕后 5 分钟内抢修人员向本单位配网抢修指挥相关班组反馈结果，暂由配网抢修指挥相关班组在 30 分钟内完成填单、回复工作。国网客服中心应在接到回复工单后 24 小时内回访客户。

（2）《国家电网有限公司 95598 客户服务业务管理办法》国家电网企管〔2019〕907 号附件 3 第三条（四）回单审核：

国网电动汽车公司，国网电商公司，省营销服务中心，地市、县公司对回单质量进行审核，对工单质量或处理意见不符合要求的，应注明回退原因后将工单回退至业务处理部门再次处理。工单回复审核时发现工单回复内容存在以下问题的，应将工单回退：

1）未对客户提出的诉求进行答复或答复不全面、表述不清楚、逻辑不对应的。

2）未向客户沟通解释处理结果的（除匿名、保密工单外）。

3）应提供而未提供相关诉求处理依据的。

4）承办部门回复内容明显违背公司相关规定。

5）其他经审核应回退的。

（3）《供电营业规则》电力工业部令第 8 号第五十七条：供电企业应不断改善供电可靠性，减少设备检修和电力系统事故对用户的停电次数及每次停电持续时间。供用电设备计划检修应做到统一安排。供电设备计划检修时，对 35kV 及以上电压供电的用户的停电次数，每年不应超过一次；对 10kV 供电的用户，每年不应超过三次。

案例点评

95598 供电服务热线功能包含信息查询，业务诉求受理，停电信息公告，客户信

息更新，信息订阅等。作为企业的第一服务口径，要始终保持诉求正确答复、业务合规处置，合理运用基层单位上报的支撑信息，及时有效的服务电力客户。

案例中客户提出“报销饭费”“回不了家”等看似不合情理的要求，却是停电对用电客户实实在在的影响。计划检修是对配电网结构稳定性的优化管理手段，目的是为了确保为客户提供连续、可靠的电力供应。但在制定停电方案时还要充分考虑客户用电体验，尽量避开生活活动密集的时间段，减少对客户日常生活的影响。

企业价值观的内核必须稳固，才能支撑企业的长远发展。而价值观通常需要一系列的配套措施得以实现。大的方面就是各种规章制度，小的方面可以说是职务晋升和评先评优等。供电企业要不断完善配套措施，鼓励和督促每个电力人员共同完成核心价值的实现。始终保持以人民为中心的发展思想，切实做到一切为了人民、一切依靠人民、一切服务人民。

案例 105　电费异常无人知，何人换表身份疑

案例分类

意见工单—停送电问题—故障处理—处理不完善

摘要

客户来电反映，近几月电费异常，借着家里电表进线出问题的机会将电能表更换，但是工作人员陈某表现得特别不情愿。客户表示自己不在家，不确定陈某是不是国网的电工，对此非常不满，后经核实确认电费异常是因为客户不清楚居民阶梯电价政策，且热水器长期处于工作状态，工作人员给予客户相关用电建议后电费明显下降，客户表示满意。

案例内容

某供电所工作人员于 2020 年 12 月 15 日 15 时联系客户，客户陈述如下：客户反映自家用电设备一直正常，没有增加，但是 10 月至 11 月电费突然增高，原因不明。12 月 2 日家里电表进线有问题，供电所工作人员陈某将电能表更换，当时自己不在家，后听家人说，陈某换表时表现得很不高兴，特别不情愿。客户怀疑陈某是不是供电公司员工，请尽快核实。

经过调查核实情况为：客户号为 15××10，客户名为张某某的客户（非致电客户本人）反映电能表异常。某供电所陈先生到现场检查，现场查看电能表运行正常，表计接线正确，抄表数据没有异常。客户却以近几月电费异常为理由，强烈要求必须更换

电能表。陈某本着优质服务，客户至上的原则，答应回单位会查电费异常的原因，但是现场还是给更换了新电能表（不存在不情愿的情况）。12 月 15 日王先生出差回来听家人说供电公司的人就给换了电能表，但没答复为何电费高，态度也不咋好，所以致电 95598，要求核实陈先生是否为供电公司电工，以及电费突然增高问题。

经 SG186 系统核实 2020 年电费发行明细，并比对用电信息采集系统数据，客户 2020 年每月发行电量都在 360 度左右，无突增或突减情况。按照居民阶梯电价政策计算，客户 1 月至 6 月执行电价为第一档电价 0.52 元，7 月至 9 月执行电价为第二档阶梯电价 0.57 元，10 月至 11 月已经执行第三档阶梯电价 0.82 元，所以相同用电量的情况下，电价每度却就提高了 0.30 元，这是造成 10 月至 11 月电费突然增高的主要原因。经了解客户用电习惯是将热水器 24 小时处于最高温度的加热保温状态，热水器长期处于工作状态，导致每月用电量都很高。

2020 年 12 月 15 日将电费异常原因告知客户，证实工作人员陈先生是国网某供电所的工作人员，并建议客户要经济、合理用电（例如家中无人时可将热水器电源关闭或调至低温状态，可节省电费开支，目前客户每月用电量已明显下降），客户表示很满意。

存在问题

（1）工作人员责任心不强，不履行承诺，答应客户查找电费异常原因，却未及时答复。

（2）工作人员现场作业时未按规定出示相关证件，导致客户对工作人员身份产生怀疑。

建议举措

（1）加强工作人员主动服务意识，增强责任心。建议完善现场作业的闭环管理，切实做好工单跟踪回访制度，杜绝承诺未及时兑现的情况发生，提升客户满意度。

（2）提高工作人员现场服务水平，规范现场作业标准。建议对现场工作人员的技能和服务标准进行培训，严格按规定进行现场作业，先出示证件，征得客户同意后进场工作。

政策依据

（1）《国家电网有限公司供电服务“十项承诺”》（国家电网办〔2020〕16 号）第四条：价费政策公开透明。严格执行价格主管部门制定的电价和收费政策，及时在供电营业场所、网上国网 App（微信公众号）、“95598”网站等渠道公开电价、收费标准和服务程序。

（2）《国家电网公司员工服务“十个不准”》（国家电网办〔2020〕16号）第六条：不准漠视客户合理用电诉求、推诿搪塞怠慢客户。

（3）《供电营业规则》（电力工业部令第8号）第八十二条：供电企业应当按国家批准的电价，依据用电计量装置的记录计算电费，按期向用户收取或通知用户按期交纳电费。供电企业可根据具体情况，确定向用户收取电费的方式。

案例点评

“小事见真章，细节定成败”。不要小看供电服务的每一件小事，往往一个不起眼的细节就能引发一连串的连锁反应。

客户王先生家本来每月电费就不少，再加上10月至11月执行了最高的第三阶梯电价，造成电费突然增加将近一倍，换作谁也会心存疑虑，这是很正常的反应。面对客户的不满情绪，陈某没有耐心解释（事后也没有兑现承诺查找原因）进行安抚，就只是满足了客户换表的要求，更让客户产生误解以为是表计有问题造成电费增高，继而对陈某身份也产生怀疑。而第二次联系客户的工作人员做法很值得表扬，不但拿真实数据解释清楚电费突然增高的原因，让客户消除疑虑；还分析出客户每月电量大的根源，然后提出合理化建议，彻底帮助客户解决了电量电费大的难题，让客户很满意。

如果我们在现场服务中，能真正用心站在客户角度去思考和解决问题，那么类似的工单数量会大大减少，客户的满意度会大大提高。“你用电，我用心”用我们真心的服务，换取客户百分百的满意。

类似案例

案例一：

受理内容：客户来电反映，前期联系当地抢修人员到达现场处理完毕后，客户认为抢修人员没有根治故障，导致自己这边又出现电压低以及老是出故障的情况，请供电公司相关部门尽快核实并答复客户。涉及报修单：20××17 客户还表示之前联系一位陈姓工作人员，工作人员对客户说自己有事情，不能前去，给安排了别的工作人员处理，客户对此有异议，请核实解释一下。

处理情况：客户反映情况属实，是供电公司责任。接到工单后，供电所人员8月13日10时20分联系客户同时到现场查看。经核实，客户现场确实存在前期问题未能根治，存在接线问题，此问题导致客户处电压低及出现用电故障的情况。工作人员已于现场将接线问题处理完毕，现客户处电压正常。经了解，客户致电工作人员时，工作人员确实有事，无法及时到达现场，为保证客户处故障及时处理，因此工作人员与供电所内其他工作人员进行沟通，由其他工作人员对客户处故障进行的维修处理。与客户沟通后，客户表示知晓。

案例二：

受理内容：客户来电反映，2020 年 6 月抢修人员到达现场处理完毕后，客户认为抢修人员没有根治问题，不影响正常用电，请供电公司相关部门尽快核实并答复客户。（涉及前期工单：20××67）客户反映变压器在屋顶，非常不安全，客户表示变压器属于供电公司。

处理情况：客户反映情况属实，是供电公司责任。2020 年 8 月 6 日 10 时用电检查人员李先生与客户取得联系并到达现场。客户反映变压器在屋顶，非常不安全，经核实，变压器在屋顶确实存在安全隐患。客户表示该变压器属于供电公司，故联系供电公司处理。已告知客户此处应放置师专产权变压器，原师专变压器前期发生故障后，因师专没有新变压器，故供电公司提供给师专应急使用。如果要整改需要师专购买新变压器后，将新变压器再安装进配电室。客户反映，2020 年 6 月抢修人员到达现场处理没有根治问题，工作人员确实 6 月起曾多次到达现场督促师专整改。现了解到现师专已开始招标施工，会尽快完成整改，无法确定师专方具体整改完成时间。客户对处理结果满意。

四、供电质量篇

案例 106　用电末端电压低，供电人员帮解决

案例分类

意见工单—供电质量—电压质量—电压质量长时间异常

摘要

客户致电 95598 反映，该地点持续超过 1 个月电压长时间低，不能正常使用电机加工、打草等。工作人员告知要安装变压器解决该问题，现客户要求核实安装时间。因客户处属于用电末端，之前是两根电线，该供电所对此处新加两根线路解决电压低的情况，有明显提高，但考虑到多家客户长期使用大功率机器负荷过大导致短时间电压低，供电所提出对此处增加一台新变压器的申请，彻底解决存在变压器电压值低的问题（见图 2–7）。

图 2–7　95598 工作场景图

案例内容

某年 4 月 5 日，张先生使用 13×× 96 反映电压长时间低，打草电机一直带不起来用不了，请相关部门尽快核实处理。

处理部门回复调查结果：经核实，客户反映情况属实，是供电公司责任，客户所在地区由 35kV 某变电站 10kV 某线路某公变供电，属于供电公司产权直供电，客户编号为：15×× 74，户名：张某某，资产编号为：13×× 21，条码号：11×× 63。经工作人员到现场测量客户侧电压，4 月 8 日 11 时 45 分电压值 196V，17 时 50 分电压值 191V，4 月 9 日 8 时电压值 200V，根据居民电压允许正常偏差值为 198V 至 235.4V，电压值在用电高峰时低于正常状态。经现场核实，客户处为低压两线架设，在用电高峰期，因负荷过大出现电压低情况，为保障优质服务，供电公司预计于 6 月 30 日前将客户处两线改为四线架设，来改善提高电压质量。该处理结果已和客户沟通，客户表示满意。

整改措施：今后供电部门将强化负荷集中区域电压监测，强化低电压问题的管理及整改力度，及时通过更换四线等措施解决客户实际问题。

同年 8 月 15 日，客户张先生的打草机又不能正常使用了，便找到管片电工。管片电工告知要彻底解决低电压得安装变压器，过了几天，张先生便又打电话反映电压低，不能正常使用打草机，且已持续超过 1 个月，并表示之前使用 13×× 96 电话反映过，前期单号：20×× 07，工作人员告知要安装变压器解决该问题，现要求核实什么时候安装，表示前期供电公司安装了两根线路解决该情况，但是客户表示还没有安装之前好。

处理部门回复调查结果：经核实，客户反映情况属实，是供电公司责任，客户所在地区由 35kV 某变电站 10kV 某线路某公变供电，属于供电公司产权直供电，客户编号为：15×× 74，户名：张某某，资产编号为：13×× 21，条码号：11×× 63。

经工作人员到现场测量客户侧电压，8 月 16 日 10 时 25 分电压值 194V，8 月 16 日 15 时 30 分电压值 193V，8 月 17 日 8 时 45 分电压值 195V，根据居民电压允许正常偏差值为 198V 至 235.4V，确实存在电压值长时间低的情况。该地近两年内电压长时间低，是客户处距离变压器有一段距离，供电半径长所致，客户处属于用电末端，之前是两根电线，该供电所对此处新加两根线路解决电压低的情况，有明显提高，由于多家客户长期使用大功率机器负荷过大导致短时间电压低，已建议多家客户间隔使用机器时间，供电所已向供电公司提出申请，预计 9 月份对此处增加一台新变压器，电压会处于正常状态，具体时间无法确定。此处理结果与客户沟通后，客户表示知晓。

整改措施：对老变压器要定期检测，随时观察电压情况，采取措施：对申请安装新变压器，要尽快投运，避免存在变压器电压值低的问题。

存在问题

（1）电网管理方面困难重重。

农村地理特征以及客户分布的局限，使得我国农村电网建设管理十分困难，2000年的农村电网改造工程所规定的设计标准为 10～15 年，现在已经基本达到甚至超过使用期限，因此许多电网设备已经不能满足运行需求。随着农村用电负荷的加大，各项电网管理问题逐渐显露。如，延伸点较多、管理人员不足、线路架设的难度大、对农村乡镇的发展进程不够熟悉、管理人员对低电压问题不够重视等。都造成了农村电网管理力度的缺失，影响了农村客户的正常用电。

（2）技术方面问题多多。

1）高压配电网电网结构较为薄弱，而且电网布局不够合理，35kV 变电站的电容量不足。

2）中压配电网供电半径较大，许多地区农村电网低压线的供电半径甚至远远超过 500m，因此导致了末端客户时段性低电压问题十分严重。这种问题主要出现在我国的山区乡镇，由于山区地理特征的影响，各客户居住较为分散，加大了电网布设难度，增加了供电半径；10kV 中压配电网路中电网线路的线径较小，部分分支导线的截面不足 35mm^2，有些甚至还使用的是没有钢芯的 10kV 分支线路；加之经济的发展进步，因此每年都会新增用电负荷，而电网设备难以跟上用电负荷的增长速度，导致了供电困难。

（3）由于农村用电负荷大幅提升，导致配电台区的电容量不足，许多台区不配变满载甚至过载运行，因而导致末端客户电压较低。

（4）部分地区线路老化问题严重。

（5）长期的用电负荷，导致导线、线路及接头等都出现了严重的老化，降低了用电电压。

（6）在农业生产以及春节期间，是用电高峰期，电压质量问题尤其严重。

（7）国家对于 220V 单相供电电压的允许偏差范围为−10%～7%，但调查发现，部分台区电压偏差甚至高达−22.7%以上，电压质量严重不足。

（8）受到各地区地理条件的限制以及地方经济的制约，部分农村电网的无功电源建设都相对滞后于许多有功电源的地区，我国农村电网无功补偿不足的问题仍是十分普遍。

（9）各农村电网有着较大的季节性负荷变化。一般夏季是电网负荷的高峰期，排灌等农业工作占据了所有负荷的 50%以上，存在着许多单相负荷的现象，很容易出现配电容量不足等问题。

（10）由于农村电网中存在着许多的山区，严重的负荷分散导致许多地区出现了许多低压二次线路，加之使用的是单相电机，所以极易出现 N 相电流较大、低压三相不平衡等问题。

建议举措

（1）客户侧加装 0.4kV 线路调压装置。

0.4kV 线路调压装置又被称为低压线路末端电压补偿装置，该装置主要被加装在 0.4kV 配电线路的末端客户侧，通常常被用于偏远农村等难以安装配电变压器的地区。使用客户侧加装 0.4kV 线路调压装置能够有效处理农村配电网末端客户电压过低的问题，满足农村居民正常用电需求。

（2）客户侧合理的无功补偿。

使用无功补偿的意义在于保证电网总体及局部间的平衡，尽量减少及避免不同区域间的远距离交换及传输现象。无功补偿就是将感性功率负荷与有容性功率负荷设备并联在同一电路中，感性负荷吸收会吸收容性负荷释放的能量；容性负荷也可吸收感性负荷所释放的能量时，因此，能量可以在两种负荷之间进行充分的交换，这样就可以利用容性负荷所输出的无功功率对感性负荷吸收的无功功率进行有效补偿。该方法在使用中常出现电容器及其接触器故障等，不仅设备购置及维护成本较高，而且对于工作人员的业务能力也有一定的要求。

（3）安装单相变压器。

使用单相变压器就是把电网电能转换为磁能，在对这些磁能进行一定的转换，使其电能输出电压成为相对电压。

安装单相变压器优点：可以有效改善农村电压问题，提高农村农网电压的合格率以及电网供电的可靠性，还可更好地利用配变安装容量，且安装调换十分简便，极大地缩短了事故处理时间。

安装单相变压器缺点：单相变压器的电压相对单一，因此只能用作小型电机或者照明，应用具有一定的局限性。我国农村有作坊及部分工厂，因此不适合进行广泛推广。

（4）供电部门在台区设计规划的过程中，必须要重视对重过载线路及配变进行更换或负荷分割。

政策依据

《供电营业规则》（电力工业部令第 8 号）第五十四条：在电力系统正常状况下，供电企业供到用户受电端的供电电压允许偏差为：

35kV 及以上电压供电的，电压正、负偏差的绝对值之和不超过额定值的 10%；

10kV 及以下三相供电的，为额定值的 ±7%；

220V 单相供电的，为额定值的 +7%，−10%。

在电力系统非正常状况下，用户受电端的电压最大允许偏差不应超过额定值

的 ± 10%。用户用电功率因数达不到本规则第四十一条规定的，其受电端的电压偏差不受此限制。

案例点评

近年来，我国农村经济水平不断提升，农民的生活水平有了显著提升，农村群众对于供电水平提出了更高的要求，但现阶段的农村电网仍存在着较多的问题，这些问题严重阻碍了我国农村经济的全面发展。因此供电企业应以紧急问题优先解决、严重问题重点解决、一般问题逐步解决的原则，重点、优先解决农村电网末端客户电压过低等问题。通过对实际的低压线路末端电压偏低问题进行分析，找出其发生电压偏低的原因。并针对性地对这些现状提出各种措施。使部分台区的末端电压偏低，情况得到有效的改善。最终改善人们的生活质量，使得电网发展得越来越快。

案例 107　屡次停电惹事端，应对得当化干戈

案例分类

意见工单—供电质量—供电可靠性—频繁停电

摘要

客户致电 95598 反映该地点老是停电，且头一天停电造成家中电视机机顶盒和路由器冒火花被烧掉了，严重影响居民的正常生活生产，要求供电公司相关部门尽快彻底解决此问题，并给其合理解释。

案例内容

9 月 12 日接单后，经某供电所工作人员伊先生核实，客户反映情况属实，非供电公司责任。该客户编号 15 ×× 35，客户名称刘某某，所在地点由 110kV 某变电站 10kV 某线路某 1 号变台某变电站 10kV 某 61 线路某城 1 号变台供电，近两个月（7 月 12 日至 9 月 12 日）客户处停电 5 次：

7 月 16 日计划停电 1 次，停电原因为某线路清扫，主 028 号杆郑庄某变压器更换隔离开关，主 030 号杆某变压器 1 号更换隔离开关，主线路 041 杆拆除下引线，某组变压器、某五组变压器补油，某四合院变台更换 JP 柜，某主线路 179—200 号杆加装防雷接地，关联停电信息：20 ×× 03，即客户反映的“有一次大检修停了一天”的情况。

8 月 19 日停电 1 次，停电原因为某分支 30 号杆 A 相断线、某分支 19 号杆 B 相断线停电 1 次，关联停电信息 20 ×× 03（因该停电为故障停电，停电信息录入的停电开

始时间晚于实际的停电开始时间），关联故障单 20×× 65（故障单送电时间、线路信息维护错误）、故障单 20×× 66（故障单故障原因、设备产权属性、送电时间维护错误）。

8 月 22 日停电 1 次，停电原因为台区漏电保护跳闸停电，发生短时闪断现象，后不久即自动合闸送电，未有客户向供电所及 95598 报修反映此问题，导致供电所未能及时获知现场情况。

8 月 24 日 16 时 55 分，台区漏电保护再次跳闸停电，并迅速恢复送电。此次跳闸停电后有客户向供电所反映，抢修人员前往现场勘查处理过程中，现场于 17 时 19 分内再次发生 2 次闪跳想象，涉及故障工单编号 20×× 64。经工作人员现场查看确认为开关漏电值超上限所致，工作人员进行试送送电成功，同步检查线路并排查客户侧漏电情况，目前现场已恢复正常供电。

9 月 11 日 10 时 47 分至 11 时 55 分停电 1 次，停电原因为第三方产权设备故障，关联故障单 20×× 94（故障单故障原因维护错误，未维护线路信息），本次停电即客户致电时反映的"昨天家中电视机机顶盒和路由器冒火花被烧掉了"的停电情况。

9 月 12 日客户处未发生任何停电。现客户处用电正常。该客户家电源线被楼上其他客户在装修房屋时不小心割坏，电视机和路由器冒火花被烧掉，针对被损坏设备赔偿问题，我单位已建议该客户找该客户家楼上其他客户或第三方产权该小区物业协商解决。9 月 13 日 15 时 30 分告知客户，客户表示满意。

存在问题

（1）人员线路巡视不仔细，平时对线路、设备的运行维护松懈。

（2）停电计划管控不严，因天气、工程量测算误差等因素造成延期送电。

（3）电网故障处理时效性把控不严。

（4）工程施工管理不严，工程施工无计划，造成频繁停电。

（5）沟通解释宣传停电不到位，部分客户对所在台区改造计划或改造进度不知情；停电通知的覆盖面不足或停电计划没有通过媒体、公告或其他线上电子渠道等方式进行广而告之。

（6）配网台区下负荷分配不合理。

（7）供电所管辖的部分台区存在漏电隐患未处理或漏电开关未投运的情况，而新割接台区的配电柜总开关里的漏电开关是直接连接的。

（8）开展台区总漏保专项治理，农网台区总漏保投运率大幅度上升，但仍存在客户擅自退出或绕越末级漏保用电的情况，导致总漏保频繁跳闸，扩大了停电范围，引发频繁停电诉求。

建议举措

（1）加强用电知识的宣传，日常注重线路、设备巡视工作，发现问题及时整改。

（2）编制整治方案，建立台区档案，统筹考虑电源点配置、供电线路建设方案。

（3）加大监督检查力度，加快推进高危客户整改。

（4）供电所管辖的台区进行漏电隐患排查，发生未处理或漏电开关未投运的情况，而新割接台区的配电柜总开关里的漏电开关是直接连接的情况，抓紧时间彻底消除隐患，特别要着重排查开关具有自动重合的装置的设备，防止漏电后又自动送电，送电后又停电，很容易引起客户处频繁停电。

（5）配电方施工后供电所应及时验收，发现问题，及时反馈给专责人员，再由专责人员与配电房交涉，沟通解决。

（6）供电所管理人员应派专人对新割接配变进行重点关注。

（7）强化农网运维管理。扎实开展农网设备巡视与维护，做好线路通道砍伐等安全隐患排查整改。

（8）加强电网线路巡视与隐患排查工作，保障区域内线路的稳定运行，保证安全可靠用电。

（9）开展农网台区漏保专项整治工作，逐户排查末级漏保安装及使用情况，积极引导客户安全用电，重点提升农村动力客户末级漏保投运率，切实较少台区停电范围。

（10）加强设备管理，提高设备健康水平，合理统筹安排检修工作，避免因检修工作停电造成频繁停电。

（11）统筹安排全年停电计划，较少临时停电和重复停电次数，降低检修施工类频繁停电风险。

政策依据

（1）《国家电网公司供电服务“十项承诺”》（国家电网办〔2020〕16号）第一条：电力供应安全可靠。城市电网平均供电可靠率达到 99.9%，居民客户端平均电压合格率达到 98.5%；农村电网平均供电可靠率达到 99.8%，居民客户端平均电压合格率达到 97.5%；特殊边远地区电网平均供电可靠率和居民客户端平均电压合格率符合国家有关监管要求。

（2）《国家电网公司供电服务“十项承诺”》（国家电网办〔2020〕16号）第二条：停电限电及时告知。供电设施计划检修停电，提前通知用户或进行公告。临时检修停电，提前通知重要用户。故障停电，及时发布信息。当电力供应不足，不能保证连续供电时，严格按照政府批准的有序用电方案实施错避峰、停限电。

（3）《电力供应与使用条例》（中华人民共和国国务院令第196号发布，根据2016年2月6日《国务院关于修改部分行政法规的决定》修订）第四十三条：因电力运行事故给用户或者第三人造成损害的，供电企业应当依法承担赔偿责任。

因用户或者第三人的过错给供电企业或者其他用户造成损害的，该用户或者第三人应当依法承担赔偿责任。

（4）《中华人民共和国电力法》（中华人民共和国主席令第二十三号）

第十九条：电力企业应当加强安全生产管理，坚持安全第一、预防为主的方针，建立、健全安全生产责任制度。电力企业应当对电力设施定期进行检修和维护，保证其正常运行。

第六十条：因电力运行事故给用户或者第三人造成损害的，电力企业应当依法承担赔偿责任。

电力运行事故由下列原因之一造成的，电力企业不承担赔偿责任：（一）不可抗力；（二）用户自身的过错。因用户或者第三人的过错给电力企业或者其他用户造成损害的，该用户或者第三人应当依法承担赔偿责任。

（5）《供电营业规则》（电力工业部令第 8 号）

第五十七条：供电企业应不断改善供电可靠性，减少设备检修和电力系统事故对用户的停电次数及每次停电持续时间。供用电设备计划检修应做到统一安排。供电设备计划检修时，对 35kV 及以上电压供电的用户的停电次数，每年不应超过一次；对 10kV 供电的用户，每年不应超过三次。

第六十八条：因故需要中止供电时，供电企业应按下列要求事先通知客户进行公告：

（1）因供电设施计划检修需要停电时，应提前七天通知用户或进行公告；

（2）因供电设施临时检修需要停止供电时，应当提前 24 小时通知重要用户或进行公告；

（3）发供电系统发生故障需要停电、限电或者计划限、停电时，供电企业应按确定的限电序位进行停电或限电。但限电序位应事前公告用户。

第六十九条：引起停电或限电的原因消除后，供电企业应在三日内恢复供电。不能在三日内恢复供电的，供电企业应向用户说明原因。

案例点评

提高供电质量和客户满意率，是供电企业提高服务质量的关键。为有效管控频繁停电问题，确保线路安全稳定运行，需对夏季树木生长旺盛、雷雨天气多发、空气潮湿等特点，集中开展线路运行通道线树矛盾排查治理，同时对今年来易遭受雷害跳闸的线路开展差异化防雷改造，升级防雷装置，提高电网防雷防灾水平，同时，建立故障“日分析、周通报、月考核”机制，强化设备运行管理及技术措施，加强对该项工作的跟踪协调、督促考核，提速对频繁停电意见的整改。每日对 95598 客户诉求工单进行现场核实，落实高发故障线路整治，持续提升供电质量。

五、电网建设篇

案例 108　年代久远求赔偿，最终答复巧利用

案例分类

意见工单—电网建设—供电设施—电网建设青苗赔偿

摘要

2020 年 9 月 21 日，客户来电反映，认为供电企业产权的变压器安装在客户家田地，现客户对该位置不认可，担心对身体产生伤害，客户要求进行挪走或给予赔偿。地市公司答复客户由于变压器年代比较久远，无法追溯赔偿记录，并且挪动变压器会影响其他客户的用电和出行，无法挪走或赔偿。此后，客户先后拨打数十次 95598 客服电话，派发 25 件工单，多次提出无理诉求，在 2020 年 11 月 2 日，供电公司进行最终答复，拦截后续工单（见图 2-8）。

案例内容

2020 年 9 月 21 日，客户来电反映，供电企业产权的变压器安装在客户家田地，现客户对该位置不认可，担心对身体产生伤害，客户要求进行挪走或给予赔偿。

经核实，此变压器是 1984 年架设的，当时经村委会协商同意后，才把变压器安装在此处；并经现场勘查，10kV 线路（对地距离 6.5m）、台区变压器（对地距离 3.5m）及低压线路（对地距离 5.5m），带电设备对地距离够安全距离不存在安全隐患，不需要将变压器挪走。工作人员现场检查完设备后发现无安全隐患时，表示无需处理。

2020 年 9 月 23 日，客户对前期工处理结果不认可，客户表示变压器是零几年安装，当时地就是客户家的，没有经过客户同意占用客户土地，要求赔偿损失，且如果没有问题就出具证明。

工作人员告知客户前期工单回复变台是 1984 年架设，零几年并非电力工程改造，而是在 1998 年进行过一次农网改造，但变台位置没动，当时进行改造时都是由村委

PAGE4

第十三条

有下列情形之一的，国家能源局及派出机构已对“三指定”行为进行责令改正：

(一)要求该地市供电企业进行过“三指定”行为整改的；

(二)在该地市供电企业开展过“三指定”行为监管，并采取了监管措施的；

(三)要求该地市供电企业开展过“三指定”行为治理，并采取了监管措施的；

(四)其他对该地市供电企业进行过“三指定”行为整改的情形。

第十四条

供电企业有下列情形之一的，可以依法从重处罚：

(一)社会影响恶劣的；

(二)以暴力、胁迫手段实施“三指定”行为的；

(三)不配合或者干扰国家能源局及派出机构以及所属工作人员执行公务的；

(四)因“三指定”行为发生电力安全事故的；

(五)因“三指定”行为接受过行政处罚等处理后，又实施“三指定”行为的；

(六)其他依法从重处罚情节。

第十五条

供电企业有下列情形之一的，可以依法从轻或者减轻处罚：

(一)主动消除或者减轻“三指定”行为危害后果的；

(二)配合国家能源局及派出机构调查有立功表现的；

(三)其他依法从轻或者减轻处罚情节。

第十六条

国家能源局及派出机构可以就用户受电工程“三指定”行为咨询并采用专家意见书和法律意见书。

第十七条

本指引由国家能源局负责解释。

第十八条

本指引自印发之日起施行。《国家电力监管委员会用户受电工程“三指定”行为认定指引(试行)》(办稽查[2009] 76号)同时废止。

国网冀北电力有限公司
STATE GRID JIBEI ELECTRIC POWER CO.,LTD

国家能源局
用户受电工程
“三指定”
行为认定指引

95598

图 2-8　政策文件图

会出面和客户协调占地事宜的，已建议客户可以找村委会咨询；前期工作人员已经到达现场勘查，并不存在安全隐患，也无法为客户出具任何证明，且无须更换变压器位置。联系客户时解释说明情况，客户表示不认可。

供电公司还调查到，该客户为刑满释放人员，无任何资金收入，望借此事得到一些赔偿金，故意为难供电公司。

2020 年 9 月 26 日，客户表示变压器安装并非工作人员答复的在 1984 年架设的而是在零几年低压改造的时候安装的，当时因为安装变压器时其家里树木还锯掉了，也没有给其一个赔偿，客户要求提供一个赔偿证件，而且当时经过村委会协调的，并没有找到客户，客户不知道具体情况，客户要求占地给其赔钱，当时补偿的钱去哪里，如果当时没有赔偿，那自己要求补偿，或者要求将变压器挪走，要求解决问题，要求一个合理解释，并表示如果解决不了将会每天都会打电话。

经核实，此变压器是 1984 年架设的，后某村为了改善低电压，于 1998 年进行农网工程治理项目改造，而并非客户所说的零几年的时候安装，当时经村委会协商同意后，才把变压器安装在此处，因年代久远，当时并无任何与赔偿相关的法律依据，距今 36 年的时间，赔偿与否也无从得知，故无法满足客户要求的从占地开始的时候就进行赔偿的诉求。因现在占地赔补只针对在建工程，故客户反映的此处 36 年的变压器至今也已无法赔偿。

之后的一个月内，客户每天都在拨打 95598 客服电话，重复叙述自己的无理诉求，工作人员也无法与客户沟通，每天便将重复的调查处理内容填写到系统内进行回单。

2020 年 11 月 2 日，客户再次拨打电话表示拉线占了客户的地，没有给其赔偿，且拉线也没有护管，客户要求核实占地可以，但是其用电不给钱是否可以。坚持要求供电局长去核实此处的问题。要求核实如果杆移不走，是否可以将拉线换个位置。强烈要求工作人员与其联系。认为当初也没有跟客户商量此事，当时也是不知道此事，现在觉得这个线在客户地里，确实有危险，要求核实不能挪走的原因。

供电公司迫于无奈，只好将此事的前因后果报告给上级单位，申请进行最终答复。针对此事，供电公司最终答复内容：【最终答复】2020 年 11 月 3 日，经供电公司营销部主任核实，客户反映情况不属实。客户反映情况为供电公司未将客户反映的电杆挪走且未给客户赔偿。现场实际情况为，客户反映的变压器与拉线是 1984 年架设的，拉线与电杆都在客户土地的边缘处，后某村为了改善低电压，于 1998 年进行农网工程治理项目改造，当时经施工方与村、镇两级协调，现变压器位置位于某村中间位置，能同时满足某村所有客户正常用电需求，当时经村委会协商同意后，才把变压器安装在此处，该客户也并未提出异议。因年代久远，当时并无任何与赔偿相关的法律依据，距今 36 年的时间，赔偿与否也无从得知，故无法满足客户要求的从占地开始的时候就进行赔偿的诉求。因现在占地赔补只针对在建工程，故客户反映的此处 36 年的变压器至今也已无法赔偿。现场核实客户地里面的玉米庄稼成熟后距离线路有 6m，根据《电力法律法规规程规章汇编》13.0.0 导线与地面或水面的最小距离中规定：线路电压 1～10kV 与非居民区（时常有人、车辆或农业机械到达，但未建房屋或房屋稀少的）的安全距离为 5.5m，现场距离符合规定要求，所以无安全隐患，且供电公司已贴上安全警示标志。供电公司无法满足客户让供电局长去现场核实以及用电不给钱等无理诉求。已于 2020 年 11 月 3 日向客户解释，但客户表示不接受。

存在问题

工作人员在与客户沟通协调、回复工单时，缺乏优质服务技巧。在无法解决客户无理诉求的时候，未能做到与客户正确沟通，容易导致客户诉求升级；在多次沟通无果的情况下，仍然按照固定内容与格式进行回单，并未做进一步解释工作以及预防投诉的相应举措，大大增加了该事件的投诉风险。

建议举措

加强工作人员业务素质和服务技能培训、提高服务水平，是供电服务的首要任务。

强化提高工作人员的专业素质，认真学习《供用电营业规则》，明确企业和客户产权责任划分。组织全体员工学习《供电营业厅标准化手册》，规范工单回复流程；提升工作人员主动服务意识，能够在处理客户诉求的过程中做到始终关注客户的诉求要点，并能够对客户情绪进行有效安抚；能够在沟通的过程中注意到客户情绪的变化，对可能发生误解的地方进行及时解释，防止不必要的误会；拥有一定的共理心，体会客户真正关注的问题，并针对客户的痛点重点解释。

政策依据

（1）《中华人民共和国土地管理法》中华人民共和国主席令（九届第 8 号）第四十七条：征收土地的，按照被征收土地的原用途给予补偿。

征收耕地的补偿费用包括土地补偿费、安置补助费以及地上附着物和青苗的补偿费。征收耕地的土地补偿费，为该耕地被征收前三年平均年产值的六至十倍。征收耕地的安置补助费，按照需要安置的农业人口数计算。需要安置的农业人口数，按照被征收的耕地数量除以征地前被征收单位平均每人占有耕地的数量计算。每一个需要安置的农业人口的安置补助费标准，为该耕地被征收前三年平均年产值的四至六倍。但是，每公顷被征收耕地的安置补助费，最高不得超过被征收前三年平均年产值的十五倍。

征收其他土地的土地补偿费和安置补助费标准，由省、自治区、直辖市参照征收耕地的土地补偿费和安置补助费的标准规定。

被征收土地上的附着物和青苗的补偿标准，由省、自治区、直辖市规定。

征收城市郊区的菜地，用地单位应当按照国家有关规定缴纳新菜地开发建设基金。

依照本条第二款的规定支付土地补偿费和安置补助费，尚不能使需要安置的农民保持原有生活水平的，经省、自治区、直辖市人民政府批准，可以增加安置补助费。但是，土地补偿费和安置补助费的总和不得超过土地被征收前三年平均年产值的三十倍。

国务院根据社会、经济发展水平，在特殊情况下，可以提高征收耕地的土地补偿费和安置补助费的标准。

（2）《中华人民共和国土地管理法》中华人民共和国主席令（九届第 8 号）第四十八条：征收土地应当给予公平、合理的补偿，保障被征地农民原有生活水平不降低、长远生计有保障。

征收土地应当依法及时足额支付土地补偿费、安置补助费以及农村村民住宅、其他地上附着物和青苗等的补偿费用，并安排被征地农民的社会保障费用。

征收农用地的土地补偿费、安置补助费标准由省、自治区、直辖市通过制定公布区片综合地价确定。制定区片综合地价应当综合考虑土地原用途、土地资源条件、土地产值、土地区位、土地供求关系、人口以及经济社会发展水平等因素，并至少每三

年调整或者重新公布一次。

征收农用地以外的其他土地、地上附着物和青苗等的补偿标准，由省、自治区、直辖市制定。对其中的农村村民住宅，应当按照先补偿后搬迁、居住条件有改善的原则，尊重农村村民意愿，采取重新安排宅基地建房、提供安置房或者货币补偿等方式给予公平、合理的补偿，并对因征收造成的搬迁、临时安置等费用予以补偿，保障农村村民居住的权利和合法的住房财产权益。

县级以上地方人民政府应当将被征地农民纳入相应的养老等社会保障体系。被征地农民的社会保障费用主要用于符合条件的被征地农民的养老保险等社会保险缴费补贴。被征地农民社会保障费用的筹集、管理和使用办法，由省、自治区、直辖市制定。

（3）《中华人民共和国土地管理法实施条例》中华人民共和国国务院令第 743 号第二十六条：土地补偿费归农村集体经济组织所有；地上附着物及青苗补偿费归地上附着物及青苗的所有者所有。

征收土地的安置补助费必须专款专用，不得挪作他用。需要安置的人员由农村集体经济组织安置的，安置补助费支付给农村集体经济组织，由农村集体经济组织管理和使用；由其他单位安置的，安置补助费支付给安置单位；不需要统一安置的，安置补助费发放给被安置人员个人或者征得被安置人员同意后用于支付被安置人员的保险费用。

市、县和乡（镇）人民政府应当加强对安置补助费使用情况的监督。

案例点评

广大农村地区的生活水平还不高，对于许多人来说，庄稼就是他们的命根子。身处基层服务一线的供电所员工，用真诚服务搭建起沟通客户的桥梁，为他们排忧解难，主动帮助他们解决了最关心的青苗赔偿问题。“尽心服务”，这是基层供电服务人员无论何时何地都要铭刻于心的服务理念；“尽力先行”，无论何时何地都应成为我们构建和谐电力、共建和谐社会的领航动力。

在为客户提供电源时，供电企业要在充分考虑周边各种复杂环境的基础上制定可靠完善的供电方案。特别是针对涉及国家安全、社会稳定、生命安全、百姓民生、环境保护等重要客户，更要严格控制初设审查和竣工验收等重要环节，加强事前、事中和事后的监督管理，做到为客户提供的电源万无一失。

案例 109　内部故障致失火，产权分界要明确

案例分类

意见工单—电网建设—供电设施—民事赔偿

摘要

2020 年 9 月 16 日，客户来电反映，由于线路突然连电故障，电源没有及时断开，造成起火，导致储存大库烧毁，现要求供电公司给其赔偿。经过供电公司现场调查，连电线路为客户内部线路，属于客户产权，电源没有及时断开是由于客户产权内部线路未安装漏电保护器等设备造成。客户执意要求赔偿，工作人员已告知客户，需客户向 119 火警部门申请责任鉴定，如果鉴定结果为供电公司责任造成起火，供电公司将会作出赔偿，若不是供电公司责任公司无法赔偿。但是客户对处理结果不认可，后续频繁拨打 95598 客服电话索要赔偿。

案例内容

2020 年 9 月 16 日，客户来电反映，由于线路突然连电故障，电源没有及时断开，造成起火，导致储存大库烧毁，现要求供电公司给其赔偿。

经过供电公司现场调查，连电线路为客户内部线路，属于客户产权，电源没有及时断开是由于客户产权内部线路未安装漏电保护器等设备造成。客户执意要求赔偿，工作人员已告知客户，需客户向 119 火警部门申请责任鉴定，如果鉴定结果为供电公司责任造成起火，供电公司将会作出赔偿，若不是供电公司责任公司无法赔偿。

客户对供电公司的调查处理结果不认可，客户表示因供电公司前期安全措施未做到，认为供电公司安了一个空的闸刀，表后空开都没安，导致客户处发生火灾，供电公司有责任。并且当时失火的时候表箱是锁起来的，供电公司的人过来之后打开表箱之后发现里面没有空开没有刀闸，后来又回去拿了东西去断了高压的电，耽误了很长的时间才会引起很大的损失，且如果有漏电保护器，一开始失火就会立马断电，并不会导致此次事件的发生。供电公司让客户走法律程序，客户已咨询法院，法院没有消防部门现场的着火鉴定，不符合受理的程序。客户表示自己有很大的损失，濒临破产了，希望供电公司能对此事给予相应的赔偿。

后续供电公司根据实际情况，反馈调查处理结果：因客户产权内部线路连电引发火灾导致客户较大损失，因客户表后线及内部电器包括客户所说的漏电保护器（空开）和三相刀闸均由客户自行维护，都是客户产权，因此并不是供电公司责任。火灾后供电公司已尽快协助客户断开电源。已多次和客户解释，客户执意认为是供电公司原因导致，且供电公司营销部负责人已当面与客户解释，建议客户通过法律途径处理此事，供电公司确实无法解决客户损失。

存在问题

（1）装表接电人员对于现场表计出线存在安全隐患，没有对客户进行技术指导，

也没有向现场客户详细说明应由客户自行整改。

（2）工作人员在事故发生后，对客户的焦灼情绪没有进行有效安抚。

建议举措

（1）做好预防工作，加强输电设施、配电设施的巡视消缺力度，提升电网设备健康运行水平，安全隐患早发现早处理。抢修人员务必及时到达抢修现场，如未及时到达，提前与客户进行解释说明，在开展抢修工作时，不得随意答复客户敏感关键问题，注意抢修服务质量，提高服务水平。注意辖区内客户的用电安全，尤其注意台区、居民客户表箱易存在安全隐患的地方，一旦发现问题，立即进行处理，计划停电或临时停电及时报备。加强台区经理安全意识宣贯，结合实际工作，严格防范在交通、抄表、抢修等方面的安全隐患风险。

（2）持续加强优质服务工作，对客户提出的查询、咨询、故障报修等业务，在规定时限内及时处理的同时，提高工作效率，缩短处理时间。树立大局意识，规范自身工作行为。对待办理业务的客户，坚决摒弃冷漠、无动于衷，事难办等冷、横、硬的工作态度。把“客户服务无小事”的服务思想贯穿于各项工作的始终。强化工作责任心。牢固树立“不停电就是最好的服务”的工作理念，在平时的工作中，对客户提出的要求和问题本着多替客户想一点、多问一句客户用电情况、少让客户等的思路，为客户提供方便、快捷的服务。加大用电常识的宣传力度，同时，主动征求各方面的意见，及时制定整改措施，并做好反馈工作，从而赢得广大客户的信赖和理解。

（3）本着责任到人的原则将配网设备分配到人、分级管理。定期开展线路巡视巡查工作，事故多发线段要组织人员进行特巡、夜巡。及时关注天气变化，做好大风、雨雪等恶劣天气下的线路特巡和抢修准备工作，保障供电设备线路运行状态良好，确保供电可靠性，争取达到广大用电客户都满意。

政策依据

（1）《电力供应与使用条例》（国务院令第 196 号）第二十条：供电方式应当按照安全、可靠、经济、合理和便于管理的原则，由电力供应与使用双方根据国家有关规定以及电网规划、用电需求和当地供电条件等因素协商确定。

（2）《供电服务规范》（国家电网生〔2003〕477 号）第五条：诚信服务规范：1. 公布服务承诺、服务项目、服务范围、服务程序、收费标准和收费依据，接受社会与客户的监督；2. 从方便客户出发，合理设置供电服务营业网点或满足基本业务需要的代办点，并保证服务质量；3. 根据国家有关法律法规，本着平等、自愿、诚实信用的原则，以合同形式明确供电企业与客户双方的权利和义务，明确产权责任分界点，维护双方的合法权益；4. 严格执行国家规定的电费电价政策及业务收费标准。严禁利用各种方式和手段变相扩大收费范围或提高收费标准；5. 聘请供电服务质量监督员，定期召开客户座谈会并走访客户，听取客户意见，改进供电服务工作；6. 经常开展安全供用电宣传；7. 以实现全社会电力资源优化配置为目标，开展电力需求侧管理和服务活动，减少客户用电成本，提高用电负荷率。

（3）《供电营业规则》（电力工业部令第 8 号）第四十六条：用户独资、合资或集资建设的输电、变电、配电等供电设施建成后，其运行维护管理按以下规定确定：1. 属于公用性质或占用公用线路规划走廊的，由供电企业统一管理：供电企业应在交接前，与用户协商，就供电设施运行维护管理达成协议。对统一运行维护管理的公用供电设施，供电企业应保留原所有者在上述协议中确认的容量；2. 属于用户专用性质，但不在公用变电站内的供电设施，由用户运行维护管理。如用户运行维护管理确有困难，可与供电企业协商，就委托供电企业代为运行维护管理有关事项签订协议；3. 属于用户共用性质的供电设施，由拥有产权的用户共同运行维护管理。如用户共同运行维护管理确有困难，可与供电企业协商，就委托供电企业代为运行维护管理有关事项签订协议；4. 在公用变电站内由用户投资建设的供电设备，如变压器、通信设备、开关、刀闸等，由供电企业统一经营管理。建成投运前，双方应就运行维护、检修、备品备件等项事宜签订交接协议；5. 属于临时用电等其他性质的供电设施，原则上由产权所有者运行维护管理，或由双方协商确定，并签订协议。

案例点评

供电公司要在装表方案确定时和客户深入沟通，在发现客户内部安全隐患时及时地对客户进行说明和指导，帮助客户尽早完成隐患整改工作。本案例充分说明部分供电服务人员服务意识的淡薄，更不要说服务热情了。国家电网公司“真诚服务，共谋发展”的服务理念，其核心在于“真诚”，只有从心里真心想为客户做好服务，才会在服务行动上体现出来，也才会真正树立起国家电网公司良好的服务形象。建议各供电企业不断提高现场工作人员的主动服务意识及业务水平，主动积极做好与客户的沟通，争取客户对供电企业的理解与支持，创造供电服务的良好工作氛围。

围绕优质服务这个中心点，应经常组织全员开会学习。正确引导和启发全员适应新形势下电力市场发展的需要，让大家深刻理解团体利益和个人利益之间荣辱与共、相辅相成的关系。自觉将个人利益与团体利益紧密联系在一起，认清形势、转变观念、摆正位置，使热情、周到、优质、高效的服务成为每名员工的自觉行动，提高自身修养和业务素质，在广大的客户的心目中，树立起良好的供电公司形象（见图 2-9）。

图 2-9　95598 工作现场图

第三部分

服务申请类工单

用电异常核实篇
用电服务需求篇
生产类非紧急业务篇

一、用电异常核实篇

案例 110　宣传检查不到位，电量突增存疑问

案例分类

服务申请工单—用电异常核实—电表数据异常

摘要

某年 7 月 18 日 12 时 9 分，客户拨打 95598 反映自己家里没有添置新的用电器，用电情况基本与平常无异，但是电费电量突然过高，感觉电表故障走字过快，需要检查电表是否异常，遂提出服务申请（见图 3-1）。

案例内容

某年 7 月 18 日 12 时 9 分，户号为 15 ×× 16 的高女士拨打 95598 反映自己家里没有添置新的用电器，用电情况基本与平常无异，但是电费电量突然过高，感觉电表故障走字过快，需要检查电表是否异常，遂提出服务申请。

7 月 18 日 13 时 12 分工作人员电话与客户取得联系，经工作人员现场实勘，排除表计差错、计量差错及接线错误，并且现场核对了抄表数据无异常，近三个月实际用电量为 5 月电量为 636 度电、合计 433.87 元，6 月电量为 663 度电、合计 457.07 元，7 月电量为 502 度电、合计 348.44 元，客户所用电量均为客户正常生活用电量，客户表示满意。

经工作人员现场核实，客户抄表数据无异常，客户近期电费有所增加的原因为该户是制衣厂，由于最近天气炎热工作中开了电风扇且最近工作量大工作时间长，导致电器设备耗电量增加，同时，客户已执行居民第三阶梯电价，经工作人员耐心解释，再观察一个月且工作人员留了手机号，如再有异议可直接联系工作人员，客户表示满意。

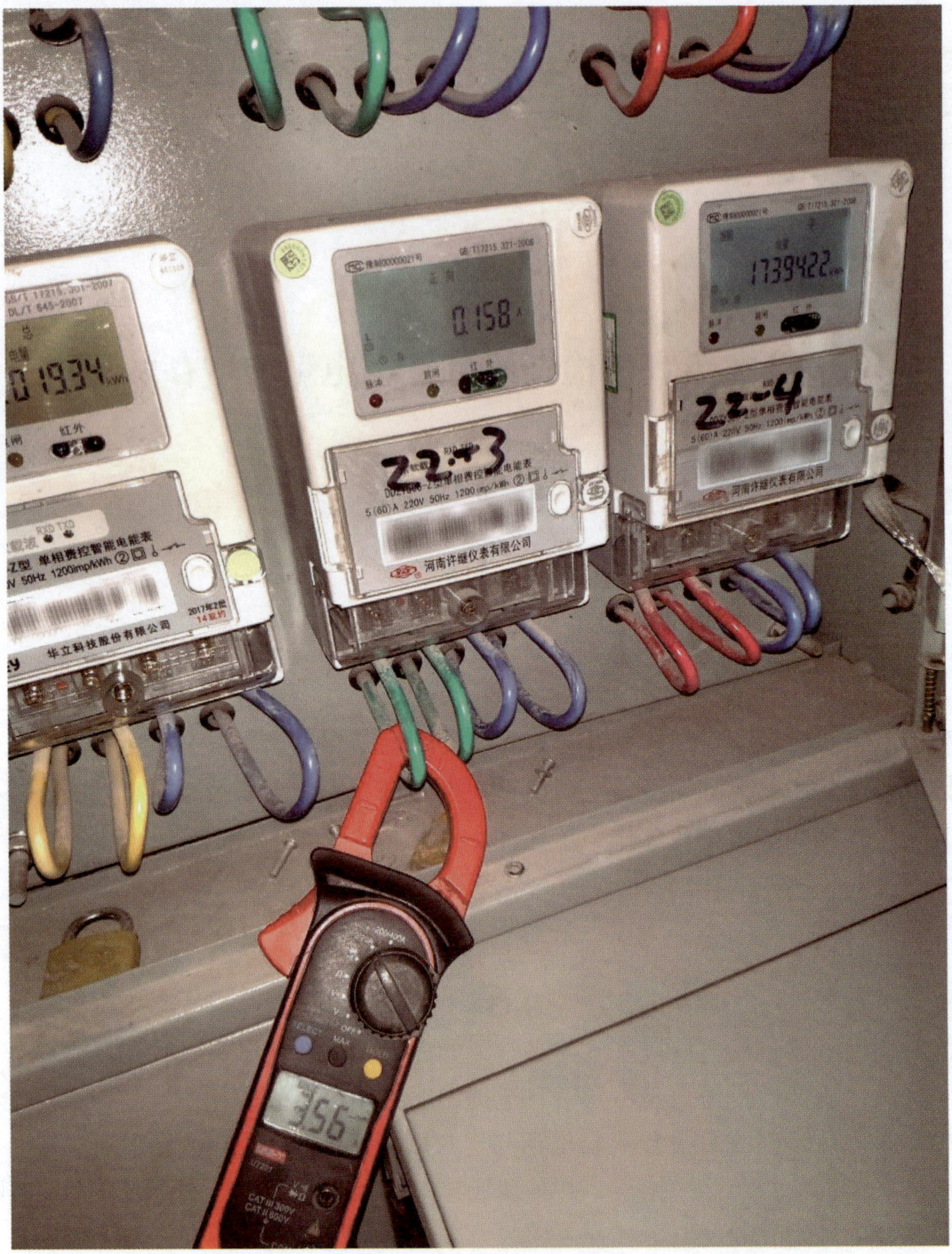

图 3-1　工作实景图

存在问题

（1）供电所核算人员对于用电风险未能提前预警，工作人员日常核算时对于每个月用电量都过高的居民户未能提高警觉，尤其是对于只过了年中就已经到达第三阶梯档位的用电客户，未能引起重视。

（2）工作人员日常宣传工作不到位，尤其是基本的电力用电常识，应该做到人人

有了解而不是闻所未闻的程度。

（3）网上国网宣传工作不到位，且对于网上国网 App 上的功能未能切实地为广大居民谋取便利。

（4）客户档案信息缺乏规范管理，未能实地考察，造成信息录入不准确。出现该客户实际用电情况和客户在营销 186 系统中的用电类别明显有出入的现象。

建议举措

（1）对于过早就达到阶梯档位的居民用电客户要提高警觉，提前做到风险管控预警，及时下到现场发现问题、解决问题，将问题扼杀在摇篮里。

（2）客户用电类别与实际不符合的情况，供电所人员在与客户沟通确认后，要在营销各系统内将信息进行重新维护，保证客户信息全部更新完毕。

（3）供电所人员在回单时要严格落实回单要求。

（4）供电所人员在新立户时，要对所有客户实际用电信息逐一进行核对，发现错误信息要及时进行纠正。

（5）供电所人员应做好本单位营销业务应用系统中客户档案、业务流程、电量电费、计量、用电检查等信息更新和维护，县公司应定期开展数据质量校核。

（6）客服专员应第一时间询问客户家内用电设备，日程用电情况，并查询系统内客户电价收取标准，核对是否已达到居民阶梯电价收取标准。第一时间告知客户了解电费电价收取的政策和标准。

（7）客服专员应强化对《国家电网有限公司 95598 客户服务业务管理办法》的学习、理解和掌握。

政策依据

（1）《国家电网公司十项承诺》（国家电网办〔2020〕16 号）第九条：供电服务热线“95598”24 小时受理业务咨询、信息查询、服务投诉和电力故障报修。

（2）《国家电网公司供电服务规范》（国家电网生〔2003〕477 号）第四条：熟知本岗位的业务知识和相关技能，岗位操作规范、熟练，具有合格的专业技术水平。

（3）《国家电网公司电力用户档案管理规定》[国网（营销/3）382—2014] 第十七条：用户纸质资料记录与营销业务应用系统和用户现场信息一致。

（4）《国家电网有限公司 95598 客户服务业务管理办法》（国家电网企管〔2019〕907 号）第五十九条：省公司，地市、县公司应做好本单位营销业务应用系统中用户档案、业务流程、电量电费、计量、用电检查等信息更新和维护，定期开展数据质量校核。

（5）《供电营业规则》（电力工业部令第 8 号）第三十五条：用户改类，须向供电企业提出申请，供电企业应按下列规定办理：

1）在同一受电装置内，电力用途发生变化而引起用电电价类别改变时，允许办理改类手续；

2）擅自改变用电类别，应按本规则第一百条第 1 项处理。

（6）《供电营业规则》（电力工业部令第 8 号）第一百条：危害供用电安全、扰乱正常供用电秩序的行为，属于违约用电行为。供电企业对查获的违约用电行为应及时予以制止。有下列违约用电行为者，应承担其相应的违约责任：

1）在电价低的供电线路上，擅自接用电价高的用电设备或私自改变用电类别的，应按实际使用日期补交其差额电费，并承担二倍差额电费的违约使用电费。使用起迄日期难以确定的，实际使用时间按三个月计算。

2）私自超过合同约定的容量用电的，除应拆除私增容设备外，属于两部制电价的用户，应补交私增设备容量使用月数的基本电费，并承担二倍私增容量基本电费的违约使用电费；其他用户应承担私增容量每千瓦（千伏安）50 元的违约使用电费。如用户要求继续使用者，按新装增容办理手续。

3）擅自超过计划分配的用电指标的，应承担高峰超用电力每次每千瓦 1 元和超用电量与现行电价电费五倍的违约使用电费。

4）擅自使用已在供电企业办理暂停手续的电力设备或启用供电企业封存的电力设备的，应停用违约使用的设备。属于两部制电价的用户，应补交擅自使用或启用封存设备容量和使用月数的基本电费，并承担二倍补交基本电费的违约使用电费；其他用户应承担擅自使用或启用封存设备容量每次每千瓦（千伏安）30 元的违约使用电费。启用属于私增容被封存的设备的，违约使用者还应承担本条第 2 项规定的违约责任。

5）私自迁移、更动和擅自操作供电企业的用电计量装置、电力负荷管理装置、供电设施以及约定由供电企业调度的用户受电设备者，属于居民用户的，应承担每次 500 元的违约使用电费；属于其他用户的，应承担每次 5000 元的违约使用电费。

6）未经供电企业同意，擅自引入（供出）电源或将备用电源和其他电源私自并网的，除当即拆除接线外，应承担其引入（供出）或并网电源容量每千瓦（千伏安）500 元的违约使用电费。

案例点评

居民客户在新立户的时候，由于客户数量大、办理新装业务有时限要求，又是居民个人客户，难免在录入信息时出现用电类别与现场实际用电不符合的情况，或者是最初新立户时现场核实后没问题，后客户私自经营未告知供电公司的情况，都会造成实际用电情况与营销各系统中的用电类别不一致的问题。如果核算人员在核算时能及时发现过早就达到阶梯档位的用电客户，及时提高警觉意识，去现场核实情况，就可以避免本案件的发生。

此次工单处理及时，表明工作人员对于每一件投诉或者是客户的诉求都足够重视，并在解决了问题之后又对该户进行了为期一个月的观察，并主动留下自己的联系

方式，方便客户以后遇到问题时能够得到及时的处理，并从根本上减少了投诉电话产生的可能性。

此外，广大居民客户对于基础用电常识并不了解，由于达到阶梯档位造成用电量大电费高等原因造成投诉的情况比比皆是，所以需要供电所人员加强用电知识的宣传工作，从源头避免由于不了解用电常识造成的投诉情况。营销服务人员应及时向客户推送网上国网 App，并在客户成功注册之后，温馨提示相应的功能，如果有需求需要向客户一一进行讲解。待客户熟练使用网上国网 App 后，能够快速进行话费查询，电费缴纳，也不容易出现欠费的现象，还能及时掌握自己的用电信息。

类似案例

受理内容：户号为 15××23 的客户反映，近期电费和电量过高，客户表示用电正常，已按照知识库流程进行排查，但客户仍有异议，现申请核实抄表数据，请尽快核实处理。

处理情况：客户反映情况属实。处理人员于 2020 年 6 月 22 日 14 时联系客户，经核实，客户户号为 15××23，客户表计接线正常，电能表运行正常，抄表数据正常。客户为远程费控客户，供电公司 SG186 系统仅能查询客户月度发行电量，无法查询客户日用电量。抄表数据正常，经现场为客户查验电表，电能表无潜动和空走现象，计量准确。客户 2020 年 3 月发行电量 145 度，4 月发行电量 144 度，5 月发行电量 155 度，6 月发行电量 103 度。电量均为系统自动采集、自动核算，客户发行电量均为客户实际使用电量，供电公司产权表计并无问题，客户目前用电正常。客户如认为电量高，建议客户排查户内用电设备功率，及检查有无漏电情况。客户如有其他疑问可联系当地某供电所所长（电话 15××32），供电所将及时为客户答疑解惑。已将处理结果告知客户，客户表示认可。

案例 111　抄表异常未处理，补救措施要到位

案例分类

服务申请工单—用电异常核实—电表数据异常

摘要

2020 年 7 月 2 日，客户首次拨打 95598 反映电表数据异常问题，工作人员现场为客户检查线路及表计后并未与客户详细说明现场情况，并且对客户处故障隐患排查不全面，造成客户多次拨打 95598 电话进行反映，派发多件电表数据异常服务申请工单。

案例内容

2020年7月2日，客户反映，近期电费和电量过高，客户表示近用电正常，申请核实抄表数据。

接到工单后立即组织人员现场核实，该客户属于远程费控预付费客户。2020年5月份发行电量112度，电费58.24元；6月份发行电量122度，电费63.44元；7月份发行电量549度，电费285.48元。工作人员经现场和系统核实，客户抄表数据正常，表计情况无异常，表计接线正常。分析由于客户处用电设备使用与往常相比较为频繁导致电量电费稍有增高，属于正常现象。工作人员并未实际联系客户，核对抄表数据和表计接线后便回复了工单。

7月8日，客户再次反映，近期电费和电量过高，客户表示上次工作人员没有来过，需要核实情况，客户表示自己在北京，工作人员处理结果不准确，有投诉意愿。

7月8日11时5分工作人员与客户联系并到达现场。此时客户已回到自己家中，工作人员对客户家里设备及线路进行全面排查，由于客户产权电线在彩钢房上发生磨损破皮造成漏电导致电量电费增高，已现场帮助客户维修，客户处用电已经正常。

工作人员解释说，上次客户致电，由于客户在北京，家中无人，工作人员去现场只对表计进行检查，结果为表计正常，故以此结果答复客户，目前客户已无投诉意愿。此时客户对工作人员的服务比较满意。

7月13日，客户再次反映，最近5天又有50多块钱电费，客户对电费不认可，电表只有火线没有零线而且导致闸不跳，要求核实上次7月8日缴费情况，而且客户表示当时交完费给客户发短信说还剩60.09元，客户要求之前欠费为什么没给客户停电。

工作人员到达现场后与客户联系，并对客户产权设备以及供电公司产权表计再次做了全面的隐患排查，现场核实因客户产权处零线虚接导致电闸不断开，已现场帮助客户处理。并已为客户核实客户在7月8日缴纳的150元电费已到账，因为漏电才导致电量电费升高，造成客户处欠费，且由于费控系统故障导致客户处欠费未停电。现系统已恢复正常，已可以正常停复电，客户处用电也已经正常。客户认为此次致电95598之后，工作人员的服务非常周到，态度很好，对工作人员的服务做出了非常满意的评价。

存在问题

（1）工作人员在接到工单后未第一时间联系客户、责任心不强。度电必争，在客户认为电量电费高的情况下，没有引起重视，只是简单地核对了一下供电公司产权表计接线与系统内的超标数据后，便草草回复了工单，存在不负责任的问题。

（2）作为客户，业务的申请者，客户应在第一时间得知现场情况，但工作人员到

达现场后既没有联系客户，在离开现场后也没有将调查处理结果告知客户，导致客户对检验结果存在疑问，认为工作人员办事不牢靠，产生不量感知，险些引发投诉。

（3）工作人员并未对工单进行正确处理就进行了草草回单，服务申请工单存在回单与现场不一致问题。

建议举措

（1）接到工单必须致电客户，必须依据工单受理内容及时联系客户，确认客户实际诉求，有针对性、完整的开展调查处理；赴现场调查处理前，必须与客户提前约定现场调查处理的时间和地点，尊重客户风俗习惯；强化个人业务能力，定期开展业务培训。组织各供电所一线人员集中学习，集中学习培训，组织相关考试，在确保服务人员业务水平的同时提升处理各种故障、隐患的以及化解问题的能力。

（2）服务评价必须争取满意，调查处理完毕后必须主动告知客户即将收到短信或电话回访，请客户注意接收相关短信或电话后，及时积极配合进行满意评价；必须争取客户对调查处理结果及供电服务的满意评价；加强供电服务行为的培训、教育、警示，提高服务人员的业务水平和服务意识。及时整治、消除群众身边腐败和作风问题，防患于未然。

（3）加强工作人员服务质量，能够在沟通过程中做到始终关注客户的情绪，并能够对客户情绪进行有效安抚；能够在沟通的过程中注意到客户情绪的变化，对可能发生误解的地方进行及时解释，防止不必要的误会；拥有一定的共理心，体会客户真正关注的问题，并针对客户的痛点重点解释。

（4）常态化监督检查制度，强化供电服务行为监督，从源头上铲除消极散漫思想，对违章行为加大惩处力度，切实做到令行禁止，自觉遵守公司的各项规章制度，不断优化客户体验、提升服务品质。

政策依据

（1）《供用电营业规则》（电力工业部令第 8 号）第七十九条：供电企业必须按规定的周期校验、轮换计费电能表，并对计费电能表进行不定期检查。发现计量失常时，应查明原因。用户认为供电企业装设的计费电能表不准时，有权向供电企业提出校验申请，在用户交付验表费后，供电企业应在七天内检验，并将检验结果通知用户。如计费电能表的误差在允许范围内，验表费不退；如计费电能表的误差超出允许范围时，除退还验表费外，并应按本规则第八十条规定退补电费。用户对检验结果有异议时，可向供电企业上级计量检定机构申请检定。用户在申请验表期间，其电费仍应按期交纳，验表结果确认后，再行退补电费。

（2）《国家电网有限公司供电服务投诉业务处理规范》《国家电网有限公司 95598 客户服务业务管理办法》国家电网企管〔2019〕907 号 附件 1 国家电网有限公司供电

服务投诉业务处理规范第八部分：回单审核，国网客服中心、省营销服务中心，国网电动汽车公司，县公司逐级对回单质量进行审核，对回单内容或处理意见不符合要求的，应注明原因后将工单回退至投诉处理部门再次处理。对无法在时限内办结的客户投诉，继续对投诉处理情况跟踪督办。工单回复审核时发现工单回复内容存在以下问题，应将工单回退：

1）回复工单中未对客户投诉的问题进行答复或者答复不全面的；

2）除保密工单外，未向客户反馈调查结果的；

3）应提供而未提供相关 95598 客户投诉处理依据的；

4）承办部门回复内容明显违背公司相关规定或表述不清晰、逻辑混乱的；

5）其他经审核应回退的。

案例点评

随着科学技术的不断发展，抄表收费系统广泛地应用到电力行业，这大大提高了计量的准确度，实现的抄表自动化。但在使用过程中，问题也经常出现，抄表时发现异常情况要按规定程序及时提出异常报告、填写工作单，并按职责及时分类启动处理流程，转相关部门按规定的职责处理。

供电公司还要继续开展好明察暗访工作，形成常态监督工作机制。明察暗访要保证质量，严格对照有关要求逐条检查，对发现的问题限期整改，建立整改跟踪制度，对客户反映的问题“回头看”。培养各级窗口人员职业道德以及服务意识、能力的提高，强化岗位服务规范。及时总结各级通报发现问题，注重整改力度。

通过外部新闻媒体、网络平台、宣传活动等载体广泛宣传企业宗旨、服务理念、服务内容、服务标准，公开服务流程、服务承诺等社会和客户广泛关心和关注的内容，在各营业场所为客户提供业务咨询，普及用电知识，宣传政策法规，收集客户意见，公开服务承诺，接受客户监督。

类似案例

受理内容：户号为 15××55 的客户反映，最近四个月电费和电量过高，但是客户表示近期没有住人，已按照知识库流程进行排查，客户仍有异议，现申请核实抄表数据，请尽快核实处理。

处理情况：客户反映情况属实。工作人员于 6 月 4 日 11 时 20 分电话联系客户。经系统核实，客户 25××91，采集方式为远采集抄。系统显示该客户 2020 年 5 月发行电量 192kWh，电费 102.57 元；6 月发行电量 404kWh，电费 215.82 元（见附件，客户发行电费较高为专用变压器损耗和设备用电导致，为客户实际用电情况）。经现场核实，客户表计正常，表封完整，表计接线正确，抄表数据正常，无多抄错抄现象，电能表运行正常。客户处为专用变压器，属于客户产权，计量方式为高供高计，由于

变压器自身有电能损耗，变压器通电后就会产生电量和电费。已向客户进行了解释说明，客户表示不认可。

案例 112　电器核损规则多，恶意诉求要小心

案例分类

服务申请工单—用电异常核实—电器损坏核损

摘要

2021 年 8 月 9 日，客户反映在 8 月 8 日晚，由于供电公司突然停电，造成家中电器设备损坏。具体电器设备种类和数量为：一台电脑显示器烧坏。申请对损坏电器进行现场核损。

经过现场核实，显示器属于外力损坏，供电公司不予维修，客户对此不认可，多次拨打 95598 客服电话提出无理诉求。

案例内容

2021 年 8 月 9 日，客户反映在 8 月 8 日晚，由于供电公司突然停电，造成家中电器设备损坏。具体电器设备种类和数量为：一台电脑显示器烧坏。申请对损坏电器进行现场核损。

经供电所工作人员核实，8 月 8 日 22 时 26 分至 8 月 9 日 0 时 39 分，由于供电公司产权线路接地故障导致停电，但此次停电未造成该地点其他客户电器损坏，整个小区只有该客户反映一个显示器损坏。工作人员分析该类情况，一般发生电器损坏核损事件都是多个客户拨打报修电话，并且电器种类繁多；并且停电原因一般都为过电压、雷击等原因。像这种因为接地故障停电；整个小区只有一户电器损坏，并且该户也只有一台显示器损坏，情况特殊，可能存在客户谎报的问题。

工作人员随即到达现场，发现显示器明显是由外力导致屏幕损坏，便告知客户供电公司无法给予其相应的赔偿，客户对此不认可，并要求更专业的工作人员帮其查看，后续保险公司的人员与家电维修部的工作人员上门鉴定后，发现显示屏内都已经摔漏液了，证明是外力导致的人为损坏，再次告知客户供电公司无法对显示器进行赔偿。

此时，客户无理诉求未得到解决，便多次拨打 95598 客服电话，多次提出相同诉求，只为得到一个新的显示器。

但后续供电公司工作人员并未再次联系客户，而是联系保险公司、客户小区物业

公司、该地点的村民委员会与供电所一起，出具四方证明，共同作证该客户的显示器属于人为损坏，将此证明作为佐证材料，向上级单位说明详细情况，进行重要事项报备，避免客户诉求升级，引发投诉。

存在问题

（1）工作人员在第一次到达现场时，保险公司、家电维修等更专业的工作人员并未一同前往，存在服务不到位的情况。

（2）作为客户，业务的申请者，客户应在第一时间得知现场情况，在供电公司对此次事件进行重要报备的过程中，客户一直在不断地拨打 95598 客服电话反映情况，而工作人员既没有联系客户也没有到达现场，后续也没有将调查处理结果告知客户，此类做法容易让客户认为工作人员办事不牢靠，极易引发投诉。

（3）事件全程工作人员并未告知客户关于家用电器损坏核损的任意一条规章制度或法律法规，导致供电公司的调查处理结果没有说服力。

建议举措

（1）加强员工培训，不断提升服务意识和水平。通过集中培训、网络培训、技能竞赛等方式，加大培训力度，促使全体干部员工认清形势，转变思想，从而自觉提升服务意识和水平。

（2）增强风险防控意识，加强员工风险教育，开展风险案例宣讲，提高风险认识程度，不逾越红线，不碰触底线。加强企业风险文化建设，树立风险管理理念，形成良好的风险管控氛围。

（3）利用有线电视、短信平台、预购控系统等多种渠道，开展客户电费信息，欠费通知信息、停电信息等相关信息的通知，热情主动与客户进行良好沟通。推行供电服务社区责任制，抄表员、电工对所负责抄表片区的优质服务工作负责。不断增强员工优质服务责任意识，向客户公布片区负责人电话，供电所长电话，监督举报电话。片区负责人主动开展对社区内客户的宣传、答疑解惑工作，为客户提供咨询服务，落实首问负责制。

（4）高度重视每一起服务工单，确保工单回复内容真实、时间及时，质量优秀。用热情周到的服务提升客户的满意度。重点提升 95598 业务工单调查处理质量，确保工单回复内容与现场处置情况保持一致，及时解决客户合理诉求，提升客户满意率和 95598 业务工单一次解决率，避免客户同一事件重复致电的情况发生，用优质的服务尽量争取客户满意，防止客户诉求升级；接到工单时第一时间转发至相关部门、单位，要求相关人员认真对客户诉求进行调查，按照实际情况进行反馈处理，善于运用沟通技巧，积极主动与客户进行沟通，争取客户满意。

政策依据

（1）《国家电网有限公司 95598 客户服务业务管理办法》（国家电网企管〔2019〕907 号）附件 2《国家电网有限公司 95598 故障报修业务处理规范》第五部分第四条第二款：抢修人员在处理客户故障报修业务时，应及时联系客户，并做好现场与客户的沟通解释工作。

（2）《国家电网公司供电服务标准》（Q/GDW 10403—2021）第七部分第二条第二款：熟知本岗位的业务知识和相关技能，岗位操作规范、熟练，具有合格的专业技术水平。

案例点评

积极开展供电所新形势下全员的与之相应的技能培训与素质教育相结合的多层次、多渠道的员工培训，及时了解掌握新知识，新技术，定期组织各专业技能比武竞赛，加快培育一专多能高素质的员工队伍，促进优秀人才脱颖而出，打造一支“政治素质硬、技术能力强、服务能力高、工作作风优”的专业化员工团队，适应现代社会不断发展的需要。

对发生的类似问题督导改进。针对实时监督、社会监督暴露出的客户服务问题，采取有效措施，并积极落实整改。若责任单位在规定时限内无法整改或责任单位反映无法自行完成整改，对应专业部门采用进驻问题单位、现场办公的形式，从规章制度是否完备、工作人员业务水平是否满足工作需求、工作人员服务水平是否满足客户服务需求、其他主、客观因素等方面协助责任单位开展问题整改工作。

类似案例

案例一：

受理内容：客户来电反映，因 2021 年 8 月 17 日供电公司突然停电，造成家中电器设备损坏。具体电器设备种类和数量为：1 台电视，申请对损坏电器进行现场核损。

处理情况：经工作人员核实，2021 年 8 月 17 日 12 时 30 分至 13 时 50 分，客户所在变台零线断线故障停电，导致客户家电视损坏，属于供电公司责任，工作人员 8 月 17 日 21 时 10 分到达现场及时对损坏电器进行登记，并联系维修人员于 8 月 18 日 9 时 0 分对客户家损坏电视进行维修，现已修好，客户处用电正常。2021 年 8 月 18 日 10 时 20 分告知客户，客户表示满意。

案例二：

受理内容：客户来电反映，2021 年 7 月 4 日供电公司突然停电，造成家中电器设备损坏。具体电器设备种类和数量为：一个苹果快充，一个小度智能音响，一个一氧化碳报警器。现申请对损坏电器进行现场核损。

处理情况：工作人员 2021 年 7 月 5 日到达现场。经工作人员现场核实，此次停电非供电公司产权线路故障导致该客户家电器损坏，供电公司无法对该客户损坏设备进行维修或赔偿，客户表示认可。

案例 113　服务平台异常时，遵规守纪办业务

案例分类

服务申请工单—用电异常核实—服务平台系统异常

摘要

2020 年 6 月 20 日，客户拨打 95598 反映，6 月 10 日通过网上国网申请校验电表，一直提示申请终止，查看进度只显示申请受理，现场服务和校验结果，处理办结都是灰色，需要供电公司尽快核实处理。地市公司答复客户表计接线与电量电费无问题，并如实告知了客户校验电表的相关规定。

案例内容

2020 年 4 月 25 日，客户反映，近期电费和电量过高，客户表示用电正常，申请核实抄表数据。

处理部门回复调查结果：工作人员于 2020 年 4 月 26 日 16 时 10 分与客户联系。接到工单后立即组织人员现场核实，该客户属于远程费控预付费客户。2020 年 2 月份发行电量 1542kWh，电费 826.82 元；3 月份发行电量 1120kWh，电费 600.54 元；4 月份发行电量 1014kWh，电费 543.71 元。经现场和系统核实，表计情况无异常，表计接线正常。由于是远程费控预付费客户，账户内可用余额不足就会发送短信提示其缴纳电费，导致客户误认为用电量增多，实际并未增多，和原来无较大差异。此处理结果与客户沟通解释，客户表示满意。

时隔两个月，在 2020 年 6 月 20 日当天，客户拨打 95598 反映，6 月 10 日通过网上国网申请校验电表，一直提示申请终止，查看进度只显示申请受理，现场服务和校验结果，处理办结都是灰色，需要供电公司尽快核实处理。

经过工作人员现场核实情况，是因为客户觉得近期电费增多，才通过网上国网申请校验电表业务，后工作人员到达现场，经现场和系统核实，客户抄表数据正常，表计情况无异常，表计接线正常。工作人员告知客户，近期电费增多属于客户正常使用，并非表计问题，客户表示认可并表示终止在网上国网申请的校验电表业务。

同时，客户反映，是供电所所长告诉的客户可以申请验表，如果表计无任何问题，需要客户支付 1500 元验表费及车费。

工作人员告知客户，根据《供电营业规则》第七十九条规定客户认为计量表不准时，有权提出校验，如果校验结果电能表有问题，所产生的费用由供电公司承担，如果校验结果电能表没有问题，所产生的费用由客户承担。客户反映，供电所所长告知费用是 1500 元，并非供电所所长告知，而是供电站站长告知，但是所需费用没有具体规定，而是供电站站长没接触过这种情况、不太清楚，存在随意答复客户诉求的情况。

存在问题

（1）客户在反映服务平台系统异常问题时，工作人员没有首先为客户处理平台异常问题，而是优先解决客户提出的表计问题，并要求客户终止在网上国网申请的校验电表业务。存在服务不规范的情况。

（2）供电站站长存在不按照规章制度随意答复客户的情况，造成客户误会，险些引发投诉。

建议举措

（1）有客户在网上国网 App 上申请办理各项业务时，及时并有效地解决客户问题，不得要求客户取消业务或转线下办理业务。与客户沟通时，注意语气、语速及沟通技巧，要做到耐心、细致、周到，多站在客户角度考虑问题，想客户所想，急客户所急，贴心的服务更能获得客户认可，从而提升客户满意度。要强化企业内部全体员工的服务理念，强化全员优质服务意识，强化“客户至上”的理念，努力提升服务品质与能力，在服务意识方面把客户作为服务中心。

（2）认真仔细核对客户反映的电费异常问题是否属实，抄表时发现异常情况要按规定程序及时提出异常报告，填写工作单并按职责及时分类启动处理流程，转相关部门按规定的职责处理。如果发现客户用电量或最大需量出现突增突减时，应核对抄录示数、倍率是否正确，对电量进行复算，并检查计量装置是否发生故障，防止因错抄而错计电量和最大需量，并且要进一步查对客户变电站运行记录，了解客户的生产情况查明原因，客户有无非正当用电手段等。如属客户用非正常手段用电，应保护现场和证据，及时报告公司有关人员进行处理。

（3）如果客户怀疑表不准时。应耐心解答客户提出的问题，请客户申请验表，并介绍相关工作规定，客户认为供电企业装设的计费电能表不准时，有权向供电企业提出校验申请，按照相关规定告知客户验表所需的费用明细。在客户交付验表费后，供电企业应在 7 天内校验，并将校验结果通知客户。客户对检验结果有异议时，可向供电企业上级计量检定机构申请检定。

政策依据

（1）《供用电营业规则》（电力工业部令第 8 号）第七十九条：供电企业必须按规定的周期校验、轮换计费电能表，并对计费电能表进行不定期检查。发现计量失常时，应查明原因。客户认为供电企业装设的计费电能表不准时，有权向供电企业提出校验申请，在客户交付验表费后，供电企业应在七天内检验，并将检验结果通知客户。如计费电能表的误差在允许范围内，验表费不退；如计费电能表的误差超出允许范围时，除退还验表费外，并应按本规则第八十条规定退补电费。客户对检验结果有异议时，可向供电企业上级计量检定机构申请检定。客户在申请验表期间，其电费仍应按期交纳，验表结果确认后，再行退补电费。

（2）《国家电网有限公司员工服务“十项承诺”》（国家电网办〔2020〕16 号）第七条电表异常快速响应：受理客户计费电能表校验申请后，5 个工作日内出具检测结果。客户提出电表数据异常后，5 个工作日内核实并答复。

案例点评

持续开展联查督导。定期开展多部门参与的服务联查。部署专业管理人员以月度为单位有针对性地开展基层班组、供电所专业督导，推广各岗位标准化作业，提炼卓越绩效应用成果。树立正面典型，借经验、补短板，知己知彼谋划具体工作。提升投诉事件应急处置能力，保证大服务体系在供电所、班组层面可靠运行的同时，促进供电服务基础管控的末端融合，提升服务事件应急处置能力，提升群众获得感。

加强营业厅人员业务素质和服务技能培训、提高服务水平，是供电服务的首要任务。强化提高营业厅人员的专业素质，认真学习《供用电营业规则》，明确各项规章制度，进而可以和客户进行详细的沟通和解释。

强化各类业务管控，做好线上渠道服务，深化采集系统应用，加强抄表收费管理，提升业扩报装工作效率，开辟绿色通道，有效提升客户满意率和客户满意度。加强客户线上诉求管控力度，确保服务平台上客户业务受理规范，提高服务意识和沟通技巧，有效解决客户合理诉求。加强工作人员优质服务培训，提升沟通技巧，严守“三个十条”，有效降低投诉数量。

案例 114　电费差错有原因，录入信息需谨慎

案例分类

服务申请工单—用电异常核实—交费差错更正

摘要

2019 年 3 月 8 日，客户解先生反映在 2018 年 5 月 4 日时缴纳 100 元电费至户号 15 ×× 58，缴费成功后收到短信提醒，短信内户名为客户自己的名字。但如今再次缴纳电费时，发现自己的户号有所变化，而自己毫不知情，导致电费缴纳错误，需要供电公司工作人员协助帮忙核实情况。

案例内容

2019 年 3 月 8 日，客户解先生反映在 2018 年 5 月 4 日时缴纳 100 元电费至户号 15 ×× 58，缴费成功后收到短信提醒，短信内户名为客户自己的名字。而客户表示在 3 月 3 日缴纳电费时，情况也依旧正常。但是在 3 月 8 日当天再次缴费时，发现自己户号的名称发生了变化，对此表示不解。经过 95598 客服人员的查询，发现客户的户号变为了 15 ×× 45，而之前客户一直使用的户号 15 ×× 58 的姓名变成了一位姓刘的先生。客服人员再次帮客户查询系统内情况，发现以上两个户号在 3 月 6 日显示有档案维护流程，而客户对此并不知情，故将此情况反映到供电公司。

经过供电公司工作人员核实现场情况发现，2019 年 3 月 6 日，该小区 C−618 的客户刘先生（当时的户号为 15 ×× 45）来到供电所表示对自己家没用电但有电费产生异议，工作人员当日去现场核实情况，经过检查发现在营销系统维护中由于工作人员失误，把 C−618 的客户与 C−619（当时的户号 15 ×× 58，即投诉客户解先生家）户号等信息录入错误导致仅发行电费错误。而现场核实表计位置正确，表计接线正确，抄表数据正确无误。

3 月 6 日工作人员通过档案信息维护的方式在 SG186 营销系统中把双方的户名地址电话调整，并将调整完的户号（调整后的户号为 C−618 刘先生 15 ×× 58，C−619 解先生 15 ×× 45）告知了双方住户。由于 C−619 的住户为租户，并不是户主解先生本人，工作人员特意强调让租户告知业主解先生并且解释清楚。租户表示同意，但因为租户和业主解先生沟通时表述不清，导致解先生拨打 95598 引发此事件。

由于近段时间以来，双方使用的都是对方的电费，经过供电公司将此次事件的调查处理结果告知两位客户，双方决定私下将近期使用的电费以现金形式互做调整。

存在问题

（1）由于工作人员工作失误，将户号等信息录入错误导致仅发行电费错误，造成双方客户一直使用的是对方的电费，存在对优质服务工作重视程度不够，存在主动服务意识淡漠、组织纪律性不强、思想态度不端正，思维不灵活的现象。未能真正贯彻“你用电，我用心”的服务理念。工作缺乏严谨性，在信息录入过程中出现差错，未进行及时自查自纠；录入信息流程不规范，信息录入错误后，相关档案员（审核人员）也未发现错误，导致客户误会。

（2）在将信息更正过来以后，对客户没有及时的通知到位。客户自家的用电情况发生了变更，但是自己却毫不知情，使客户产生了更深的误解，存在服务意识欠缺，责任心不强的问题。

建议举措

（1）提高营销日常业务的服务管控力度，在服务客户的过程中，理顺流程，明确分工，畅通信息渠道，提高供电服务应急处置能力，做好事前服务风险分析、事中服务风险管控、事后事件分析总结工作，有效避免问题升级、扩大；组织档案信息录入和现场装表接电的工作人员开展优质服务技能培训，提升沟通技巧，规避投诉风险。

（2）提升电费回收工作效率，减少不必要的业务流程，开辟绿色通道，增强客户满意度；强化营销业务管控，做好线上渠道服务，深化采集系统应用，加强抄表收费管理，推行“以催代停电费管控手段”，完善电网资源和客户基本信息，为今后停电告知实行系统短信精确推送奠定基础。

（3）针对整体情况，要让每一位工作人员意识到优质服务工作是系统工程，不仅通过窗口人员服务行为进行体现，更是对电力基础设施的考验。工作人员要正确认识、高度重视此项工作，要提高管理意识，规范服务行为、做好日常工作，使职工养成良好的工作习惯，杜绝在工作中只做表面文章；保证 24 小时热线电话畅通，接听及时，快速传递信息。要组织、协调好抢修力量，保证居民故障报修在社会服务承诺规定时间内及时得到处理，对于服务客户的过程中存在的问题要进行深入细致的分析，深挖各环节中的漏洞，注重工作细节；要重视宣传工作，做到每个岗位、每个人都是宣传员，在工作中遇有突发事件时，要通过有效地宣传沟通，取得客户谅解、逐步争取理解，最终达成共识，形成共赢的局面；加强服务风险分析，建立危机管理意识，加强防范，规避服务风险，要与重要客户建立起便捷、高效的沟通联系和应急保障机制。要认真落实特事特办、爱心电卡等便民服务措施，解决客户用电的燃眉之急，有效提升服务品质和客户满意度。加强协调配合，强调彼此之间的理解和支援，形成良好的工作氛围，促进各项工作的完成。

政策依据

（1）《供用电营业规则》（电力工业部令第 8 号）第二十九条：用户更名或过户（依法变更用户名称或居民用户房屋变更户主），应持有关证明向供电企业提出申请。供电企业应按下列规定办理：1. 在用电地址、用电容量、用电类别不变条件

下，允许办理更名或过户；2. 原用户应与供电企业结清债务，才能解除原供用电关系；3. 不申请办理过户手续而私自过户者，新用户应承担原用户所负债务。经供电企业检查发现用户私自过户时，供电企业应通知该户补办手续，必要时可中止供电。

（2）《电力供应与使用条例》（国务院令第 196 号）第十六条：任何单位或个人需新装用电或增加用电容量、变更用电都必须按本规则规定，事先到供电企业用电营业场所提出申请，办理手续。供电企业应在用电营业场所公告办理各项用电业务的程序、制度和收费标准。

（3）《电力供应与使用条例》（国务院令第 196 号）第二十六条：供电营业区内的供电营业机构，对本营业区内的用户有按照国家规定供电的义务；不得违反国家规定对其营业区内申请用电的单位和个人拒绝供电。申请新装用电、临时用电、增加用电容量、变更用电和终止用电，应当依照规定的程序办理手续。供电企业应当在其营业场所公告用电的程序、制度和收费标准，并提供用户须知资料。

（4）《供用电营业规则》（电力工业部令第 8 号）第八十一条：用电计量装置接线错误、保险熔断、倍率不符等原因，使电能计量或计算出现差错时，供电企业应按下列规定退补相应电量的电费：1. 计费计量装置接线错误的，以其实际记录的电量为基数，按正确与错误接线的差额率退补电量，退补时间从上次校验或换装投入之日起至接线错误更正之日止。2. 电压互感器保险熔断的，按规定计算方法计算值补收相应电量的电费；无法计算的，以用户正常月份用电量为基准，按正常月与故障月的差额补收相应电量的电费，补收时间接抄表记录或按失压自动记录仪记录确定。3. 计算电量的倍率或铭牌倍率与实际不符的，以实际倍率为基准，按正确与错误倍率的差值退补电量，退补时间以抄表记录为准确定。退补电量未正式确定前，用户应先按正常月用电量交付电费。

案例点评

组织窗口人员加强业务知识学习和专业素养学习，提升责任心，本着对客户负责对企业负责的原则，严格执行各项服务规范和服务标准，规范为客户办理业务。根据客户申请的业务及资料进行审核，对于符合要求的业务申请，在 SG186 中发起业务流程，对于客户申请不符合当前业务要求的情况，应及时联系客户说明，避免客户诉求升级。强化优质服务风险预警、防控工作。坚持依托营销信息系统开展 95598 工单数据分析工作，重点排查潜在投诉隐患风险点，主动发起预防整改，以避免投诉事件发生，对于客户反映的意见问题，力争做到“事事有准确回音、件件有满意答复”，提供更加优质的服务。

提升业务水平、服务能力。强化各岗位专业人员业务能力提升，锻炼本领技能，促进工作人员服务意识，变“被动”要服务为“主动”去服务，精准分析客户需求，提升客户获得电力幸福感。

重点整顿服务环境，全面梳理优质服务事件，针对客户反映的问题认真进行分析梳理，打破部门、专业之间的壁垒，认真调查处理核实客户的每一起诉求，建立客户诉求的分析机制，通过分析，查找存在的共性问题，及时发现各项专业工作、服务工作中各类隐患，及时下发优质服务预警信息，防范潜在服务风险，加强投诉处理的全过程管控，有效提升优质服务整体水平。

案例 115　验电表有理有据，怕投诉自掏腰包

案例分类

服务申请工单—用电异常核实—校验电表

摘要

2020 年 6 月 3 日，客户拨打 95598 反映电费异常、校验电表问题，工作人员错误操作，致使客户误认为电源断开后，表计空走。随后客户多次拨打 95598 客服热线，频繁派发服务申请工单、意见工单、催办工单，要求供电公司退还近 3 年客户家中所使用的电量产生的所有电费，以及客户为此事往返供电所的路费、误工费。供电公司拒绝后，客户随即拨打 12398 进行投诉，当供电公司准备进行不属实回单时，工作人员惧怕投诉所产生的考核和一系列后果，不堪心理上的重负，自掏腰包，满足了客户索要 4000 元的无理诉求，并要求客户对投诉进行撤诉。

案例内容

2020 年 6 月 3 日，客户反映 6 月 1 日找供电公司人员检查电表，电表出现空走，工作人员答复可以退补近一两个月产生的几百元电费，客户对电费退补金额存有异议，要求赔偿近几年电表产生的一切费用。

经调查，6 月 1 日，客户到达丰宁黄旗供电所反映最近电量电费异常，对电能表计量准确度提出质疑，希望供电公司为其更换电能表，并退补 2017 年新装以来产生的所有电费。6 月 1 日当天，工作人员到达客户所在现场检查表计，表计情况无异常，表计接线正常，由于工作人员失误，未断开客户处所有用电设备，就与客户一同观察电表，发现表计仍然在走字，客户随即认为供电公司表计出现了问题，要求工作人员退还电费，工作人员答应客户可以退还近期使用的大约 200 元电费，客户对此不认可，并多次往返供电所反映该问题。

随后 6 月 2 日，供电所长带领电工再次来到客户家中，将客户所有用电设备断开

后，发现表计无空转的情况，工作人员此时才发现了前一日自己存在工作失误的问题，造成客户误解。但客户对此不依不饶，坚持要求退补电费。

面对客户的无理诉求，工作人员告知客户可以申请校验验表，如果表计出现计量出错问题，可以根据《供电营业规则》（电力工业部令第 8 号）补偿客户电费。但客户拒绝验表，并要求供电公司退还近 4 年所有电费，共计 4000 余元。客户还表示要求报销误工费、往返车费，如不退钱，将投诉供电公司。

6 月 5 日下午，供电所工作人员告知客户，如不进行校验电表，是不会退补客户电费的，客户便委托工作人员去校验电表。工作人员在表计封装后，到达计量中心对电表进行校验，当日的检定证书表示校验结果一切合格，表计计量准确。

6 月 6 日上午，工作人员携带检定合格证书、电能表临时检定（测试）工作单到达客户所在地点，客户拒绝在工作单上签字，继续要求供电公司赔偿一切费用。随后工作人员义务为客户检查电器用电情况，发现客户家中有一水泵处于 24 小时开启状态，经现场计算，正是客户自认为多出的电量。工作人员将情况告知客户，客户拒绝承认使用水泵，坚持要求退钱。将近几天的调查处理结果告知客户，客户表示不认可，并重复拨打 95598 客服电话反复提出无理诉求。

6 月 16 日，客户拨打 95598 反映表箱没有盖子，下雨有安全隐患，并表示此处好多表箱都有此情况，下雨天存在漏电情况，表示此情况影响到电费计量。

随后工作人员立即到达现场对表箱进行检查。客户处表箱完好，电能表计量准确，并告知客户电表本身不具备防水功能，所以电能表会由配套的电表箱来保护，低压居民客户产权分界点为电能表，电能表以下设备及线路的产权归属于客户，如果有出现漏电现象，是要由客户自行承担后果。如果因为电能计量装置不准确造成客户电量电费增高，供电公司会根据《供用电营业规则》（电力工业部令第 8 号）对客户进行电费退补。但实际并未出现电能计量装置不准确的问题，而是客户单方面无理取闹，故供电公司无法满足客户要求赔偿 4000 元的无理诉求。

客户多次拨打 95598 客服热线索要钱财未果，2020 年 6 月 19 日，客户拨打 12398 电话进行投诉，客户对 12398 客服反映从 2017 年至 2020 年家中基本无人居住，依然产生高额电费，2020 年 6 月 1 日工作人员上门检查，关闭总电闸后，电表仍正常运行，电工拆除电表进行检验，随后给客户安装新电表，6 月 5 日旧电表检测结果显示二级合格，工作人员称电表无问题，联系 95598 供电服务热线未解释清楚，客户要求针对旧电表关闭电源依然运行作出合理解释。12398 客服人员已告知客户赔偿超出受理范围内，但客户坚持要求投诉。

供电公司对此 12398 投诉工单的受理内容进行正常答复，准备将事情的来龙去脉解释清楚，在编写调查处理结果的过程中，突然收到能源监督局的撤诉通知，表示客户已撤诉，问题已解决，不再反映此问题。供电公司随即对该情况进行调查，发现是校验电表的工作人员惧怕 12398 投诉所带来的考核和一系列后果，私自联系客户，自掏腰包，将 4000 元给予客户，并要求客户撤诉。从此，该客户再没有拨打过任何客服电话。

存在问题

（1）客户在反映表计问题时，工作人员对表计进行检查时未进行正确操作，造成客户误以为表计不准，多次拨打 95598 客服电话提出无理诉求。

（2）管理不严，工作人员对优质服务工作重视程度不够，组织纪律性不强、思维不灵活。未按照流程正确处理客户诉求，因惧怕投诉，自作主张满足客户无理诉求。

建议举措

（1）认真仔细核对客户反映的校验电表问题是否属实，抄表时发现异常情况要按规定程序及时提出异常报告，填写工作单并按职责及时分类启动处理流程，转相关部门按规定的职责处理。如果发现客户用电量或最大需量出现突增突减时，应核对抄录示数、倍率是否正确，对电量进行复算，并检查计量装置是否发生故障，防止因错抄而错计电量和最大需量，并且要进一步查对客户变电站运行记录，了解客户的生产情况查明原因，客户有无非正当用电手段等。如属客户用非正常手段用电，应保护现场和证据，及时报告公司有关人员进行处理。

（2）如果客户怀疑表不准时。应耐心解答客户提出的问题，请客户申请验表，并介绍相关工作规定，客户认为供电企业装设的计费电能表不准时，有权向供电企业提出校验申请，在客户交付验表费后，供电企业应在 7 天内校验，并将校验结果通知客户。客户对检验结果有异议时，可向供电企业上级计量检定机构申请检定。

（3）加强与客户沟通，耐心向客户说明客户家中电表的相关信息，做好供电服务工作。积极向客户推广宣传阶梯电量等相关知识，使广大客户更多地了解阶梯电量如何计算。强化虚假撤诉问题考核，通过供电服务现场检查核查客户诉求处理情况，发现属实弄虚作假问题，严肃问责问题责任单位或责任人员。

政策依据

（1）《供用电营业规则》（电力工业部令第 8 号）第七十九条：供电企业必须按规定的周期校验、轮换计费电能表，并对计费电能表进行不定期检查。发现计量失常时，应查明原因。用户认为供电企业装设的计费电能表不准时，有权向供电企业提出校验申请，在用户交付验表费后，供电企业应在七天内检验，并将检验结果通知用户。如计费电能表的误差在允许范围内，验表费不退；如计费电能表的误差超出允许范围时，除退还验表费外，并应按本规则第八十条规定退补电费。用户对检验结果有异议时，可向供电企业上级计量检定机构申

请检定。用户在申请验表期间，其电费仍应按期交纳，验表结果确认后，再行退补电费。

（2）《供用电营业规则》（电力工业部令第 8 号）第八十条：由于计费计量的互感器、电能表的误差及其连接线电压降超出允许范围或其他非人为原因致使计量记录不准时，供电企业应按下列规定退补相应电量的电费：1. 互感器或电能表误差超出允许范围时，以“0”误差为基准，按验证后的误差值退补电量。退补时间从上次校验或换装后投入之日起至误差更正之日止的二分之一时间计算；2. 连接线的电压降超出允许范围时，以允许电压降为基准，按验证后实际值与允许值之差补收电量。补收时间从连接线投入或负荷增加之日起至电压降更正之日止；3. 其他非人为原因致使计量记录不准时，以用户正常月份的用电量为基准，退补电量，退补时间按抄表记录确定。退补期间，用户先按抄见电量如期交纳电费，误差确定后，再行退补。

（3）《供用电营业规则》（电力工业部令第 8 号）第八十一条：用电计量装置接线错误、保险熔断、倍率不符等原因，使电能计量或计算出现差错时，供电企业应按下列规定退补相应电量的电费：1. 计费计量装置接线错误的，以其实际记录的电量为基数，按正确与错误接线的差额率退补电量，退补时间从上次校验或换装投入之日起至接线错误更正之日止。2. 电压互感器保险熔断的，按规定计算方法计算值补收相应电量的电费；无法计算的，以用户正常月份用电量为基准，按正常月与故障月的差额补收相应电量的电费，补收时间按抄表记录或按失压自动记录仪记录确定。3. 计算电量的倍率或铭牌倍率与实际不符的，以实际倍率为基准，按正确与错误倍率的差值退补电量，退补时间以抄表记录为准确定。退补电量未正式确定前，用户应先按正常月用电量交付电费。

（4）《国家电网有限公司员工服务“十项承诺”》（国家电网办〔2020〕16 号）第七条：电表异常快速响应：受理客户计费电能表校验申请后，5 个工作日内出具检测结果。客户提出电表数据异常后，5 个工作日内核实并答复。

案例点评

加强营业厅人员业务素质和服务技能培训、提高服务水平，是供电服务的首要任务。强化提高营业厅人员的专业素质，认真学习《供用电营业规则》（电力工业部令第 8 号），明确企业和客户产权责任划分。

供电公司还需继续开展明察暗访、营业厅音视频监督和电话抽考，常态化监督服务人员的行为规范，提高工作人员的服务能力。践行“人民电业为人民”的企业宗旨，实施精准服务，有效解决客户用电难题，进一步提高客户满意率。坚持“管专业必须管服务、奖惩并举”的原则，避免工作人员惧怕考核的情况再次发生。从而进一步提升公司整体供电服务水平。

案例116　电表异常勤反映，答复内容始如一

案例分类

服务申请工单—用电异常核实—电能表异常

摘要

某年 1 月，客户三次拨打 95598 反映电能表异常问题，工作人员每次回复该客户诉求的内容大同小异，客户诉求未及时得到解决，最终导致客户对工作人员的服务不认可，险些产生投诉。

案例内容

某年 1 月 4 日，客户来电反映，怀疑电表异常，95598 客服人员建议客户去营业厅验表，但客户表示家里是老人且营业厅距离较远，去不了营业厅，申请工作人员去现场对电能表进行校验，客户表示如果电表没有问题，需要核实什么原因导致电费过高，客户要求工作人员去核实，请尽快核实处理。

处理部门回复调查结果：工作人员经系统查询，客户 2019 年 11 月发行电量 66kWh，电费 34.32 元；12 月发行电量 111kWh，电费 57.72 元；2020 年 1 月发行电量 186kWh，电费 96.72 元。经现场对客户计量装置进行现场检查，计量正常，不存在问题，接线正确无误，不存在错接线，表计运行稳定，不存在潜动现象。客户现表示会自行联系外界电工为其家中线路进行检查。

1 月 14 日，客户再次反映，近期电费和电量过高，客户表示用电正常，申请核实抄表数据。

处理部门回复调查结果：工作人员经系统查询，客户 2019 年 11 月发行电量 66kWh，电费 34.32 元；12 月发行电量 111kWh，电费 57.72 元；2020 年 1 月发行电量 186kWh，电费 96.72 元；经现场对客户计量装置进行现场检查，计量正常，不存在问题，接线正确无误，不存在错接线，表计运行稳定，不存在潜动现象，经工作人员现场与客户核对，表计负荷电流与客户电量相符，客户表示自行进行家中负荷调整观察电量变化。

1 月 19 日接到前期两个工单的回访派单，客户第三次反映，电能表出现异常，具体情况：昨天家里电表正常用电但是数据显示 0，前几天也是正常用电，但是电费 5 块多、4 块多、3 块多，今天看又是几毛；客户父亲之前拿着电表去营业厅验表，让父亲回家等着，然后工作人员上门查看检查说没有问题，又告知说去其他单位，还得

上乡里、计量局开申请，工作人员电表已经是最新的163开头的，都正常，客户表示其父亲年纪大了；客户表示电表这个问题情况不止一家，周围还有一家天天在找电工，客户同学家家里没人，一个月30元电费，后来剪了线不走了，包括此事客户也找专业电工查过线路没问题，现在就无法确认什么问题了，现申请对电表进行现场检查。

处理部门回复调查结果：工作人员经系统查询，客户2019年11月发行电量66kWh，电费34.32元；12月发行电量111kWh，电费57.72元；2020年1月发行电量186kWh，电费96.72元；经现场对客户计量装置进行现场检查，计量正常，不存在问题，接线正确无误，不存在错接线，表计运行稳定，不存在潜动现象，经工作人员现场与客户核对，客户家中用电器较多是导致电量电费较多的原因，经工作人员解释沟通，客户对此表示不认可。

存在问题

（1）客户在反映表计问题时，工作人员未及时解决客户诉求，造成客户多次拨打95598客服电话，主动服务意识淡薄，导致客户自行联系外界电工、自行进行家中负荷调整观察电量变化。

（2）工作人员“管理客户预期”能力不佳。在初步判断为客户内部故障原因导致电量电费升高的情况下，应及时对客户产权设备进行初步的隐患排查，避免诉求升级。客户认为拨打95598客服电话便能解决自家用电问题，但事与愿违，造成客户多次反映同一诉求。

（3）流程管控不到位，工作人员未能严格遵守校验电表的流程，提前告知客户验表的困难性，阻挠客户校验电表，进而达到减少自身工作量的目的。

建议举措

（1）提升工作人员主动服务意识，能够在处理客户诉求的过程中做到始终关注客户的诉求要点，并能够对客户情绪进行有效安抚；能够在沟通的过程中注意到客户情绪的变化，对可能发生误解的地方进行及时解释，防止不必要的误会；拥有一定的共理心，体会客户真正关注的问题，并针对客户的痛点重点解释。

（2）认真仔细核对客户反映的电能表异常问题是否属实，抄表时发现异常情况要按规定程序及时提出异常报告，填写工作单并按职责及时分类启动处理流程，转相关部门按规定的职责处理。如果发现客户用电量或最大需量出现突增突减时，应核对抄录示数、倍率是否正确，对电量进行复算，并检查计量装置是否发生故障，防止因错抄而错计电量和最大需量，并且要进一步查对客户变电站运行记录，了解客户的生产情况查明原因，客户有无非正当用电手段等。如属客户用非正常手段用电，应保护现场和证据，及时报告公司有关人员进行处理。

（3）如果客户怀疑表不准时。应耐心解答客户提出的问题，请客户申请验表，并介绍相关工作规定，客户认为供电企业装设的计费电能表不准时，有权向供电企业提出校验申请，在客户交付验表费后，供电企业应在 7 天内校验，并将校验结果通知客户。客户对检验结果有异议时，可向供电企业上级计量检定机构申请检定。

政策依据

（1）《供用电营业规则》（电力工业部令第 8 号）第七十九条：供电企业必须按规定的周期校验、轮换计费电能表，并对计费电能表进行不定期检查。发现计量失常时，应查明原因。用户认为供电企业装设的计费电能表不准时，有权向供电企业提出校验申请，在用户交付验表费后，供电企业应在七天内检验，并将检验结果通知用户。如计费电能表的误差在允许范围内，验表费不退；如计费电能表的误差超出允许范围时，除退还验表费外，并应按本规则第八十条规定退补电费。用户对检验结果有异议时，可向供电企业上级计量检定机构申请检定。用户在申请验表期间，其电费仍应按期交纳，验表结果确认后，再行退补电费。

（2）《国家电网有限公司员工服务“十项承诺”》（国家电网办〔2020〕16 号）第七条电表异常快速响应：受理客户计费电能表校验申请后，5 个工作日内出具检测结果。客户提出电表数据异常后，5 个工作日内核实并答复。

（3）《国家电网有限公司 95598 客户服务业务管理办法》（国家电网企管〔2019〕907 号）附件 3 国家电网有限公司 95598 一般诉求业务处理规范：国网电动汽车公司，国网电商公司，省营销服务中心，地市、县公司对回单质量进行审核，对工单质量或处理意见不符合要求的，应注明回退原因后将工单回退至业务处理部门再次处理。工单回复审核时发现工单回复内容存在以下问题的，应将工单回退：未对客户提出的诉求进行答复或答复不全面、表述不清楚、逻辑不对应的；未向客户沟通解释处理结果的（除匿名、保密工单外）；应提供而未提供相关诉求处理依据的；承办部门回复内容明显违背公司相关规定；其他经审核应回退的。

案例点评

随着科学技术的不断发展，抄表收费系统广泛地应用到电力行业，这大大提高了计量的准确度，实现的抄表自动化。但在使用过程中，问题也经常出现，抄表时发现异常情况要按规定程序及时提出异常报告、填写工作单，并按职责及时分类启动处理流程，转相关部门按规定的职责处理。

加强营业厅人员业务素质和服务技能培训、提高服务水平，是供电服务的首要任务。强化提高营业厅人员的专业素质，认真学习《供用电营业规则》（电力工业部令第 8 号），明确企业和客户产权责任划分。规范工单回复流程，防止出现因自身业务不熟练，给客户办电用电造成麻烦。

加强组织领导，严格责任落实。面对越来越严峻的优质服务形势，务必提高所有

员工的重视程度，细化分解并落实各级人员服务责任，落实管业务必须管服务的要求，责任至每一位员工，加强人员管控，强化投诉责任考核。同时加强明察及暗访力度，发现问题现场落实督导整改，形成常态，使员工时刻绷紧优质服务这根弦，充分调动员工主动服务和精准服务意识。

二、用电服务需求篇

案例 117　客户来电需警惕，核实本人是第一

案例分类

服务申请工单—用电服务需求—客户侧用电需求配合

摘要

某年 9 月份，客户拨打 95598 反映：户号 15 ×× 11 的预留手机号为 13 ×× 23，以及供电所人员告知其为当时电工预留的手机号，且客户已咨询过电工，实际不是电工预留的手机号，也不是电工电话，客户对此认为供电所人员存在骗人行为，现要求核实一下事情是否确实（见图 3-2）。

案例内容

某年 9 月 26 日 21 时 45 分，一位拒绝提供真实姓名和联系方式的先生拨打了 95598 服务热线，客户来电反映表示当地供电所人员告知客户一个手机号（13 × ×23）为客户户号的预留手机号以及供电所人员告知客户当时是电工预留的，且客户已咨询过电工，实际不是电工预留的手机号，也不是电工电话，客户对此认为供电所人员存在骗人行为，现要求核实一下事情是否属实，客户对此有异议，请尽快核实处理。

工作人员于 9 月 27 日 9 时 5 分与客户取得联系，经核实，一辽宁固话多次致电供电所索要户号为 15 ×× 11 名为冯某的客户联系方式，致电客户并非冯某本人，拒绝提供真实姓名和联系方式，自称冯某女婿。但据工作人员了解，冯某仅有两个儿子，并没有女儿，为了保护客户隐私信息，告知客户如有用电问题可致电 13 ×× 23 当地工作人员（不存在此号码实际不是电工预留的手机号，也不是电工电话的情况），当地工作人员已将户号和电费及用电情况告知该客户，客户还要求提供客户其他隐私信息，工作人员未给提供，不存在供电所人员骗人的情况，已告知客户，客户表示不认可。

图 3-2　工作场景图

存在问题

（1）当客户的要求与政策、法律、法规及公司制度相悖时，没有争取客户理解。客户针对同一诉求多次向供电所致电，经供电所人员核实其并非号主本人，本着保护客户隐私的原则，拒绝提供客户隐私信息，但没有做到有理有节，没有争取到客户理解，以至于客户拨打 95598 提交了服务申请。

（2）供电所人员警惕意识有待提高。本工单由于供电所人员了解冯某客户家里实际情况，所以识破了致电客户并非冯某一家，保护了冯某客户的隐私。但这种情况只是个例，供电所人员并不能全面了解每一个客户的实际情况，在遇到其他来电咨询的客户是否能核实为客户本人是个问题。

（3）供电所人员对服务相关规章制度了解不全面，在遇到不合理诉求时，不能有理有据及时拒绝，导致客户多次致电，被钻空子的风险增大。

建议举措

（1）在处理涉及客户个人隐私的咨询工单时，第一时间核实是否户号客户本人，可以通过向客户提问一些用电信息相关问题核实确认，保证客户个人隐私安全。

（2）供电所人员应认真学习政策、法律、法规及公司制度，遵守国家的保密原则，尊重客户的保密要求，不擅自变更客户用电信息，不对外泄露客户个人信息及商业秘密。

（3）当客户的要求与政策、法律、法规及公司制度相悖时，供电所人员应向客户耐心解释，遇有客户提出不合理要求时，应向客户委婉说明，争取得到客户的理解。

政策依据

（1）《供电服务标准》（Q/GDW 10403—2021）7.1.1 中规定：严格遵守国家法律、法规，诚实守信、恪守承诺。爱岗敬业，乐于奉献，廉洁自律，秉公办事。

（2）《供电服务标准》（Q/GDW 10403—2021）7.1.2 中规定：真心实意为用户着想，尽量满足用户的合理用电诉求。对用户的咨询等诉求不推诿，不拒绝，不搪塞，及时、耐心、准确地给予解答。用心为用户服务，主动提供更省心、更省时、更省钱的解决方案。

（3）《供电服务标准》（Q/GDW 10403—2021）7.1.3 中规定：遵守国家的保密原则，尊重用户的保密要求，不擅自变更用户用电信息，不对外泄露用户个人信息及商业秘密。

（4）《供电服务标准》（Q/GDW 10403—2021）7.2.1 中规定：熟悉国家和电力行业相关政策、法律、法规的相关规定，掌握公司优质服务基本要求、沟通技巧、业务知识等。

（5）《供电服务标准》（Q/GDW 10403—2021）7.2.2 中规定：熟知本岗位的业务知识和相关技能，岗位操作规范、熟练，具有合格的专业技术水平。

（6）《供电服务标准》（Q/GDW 10403—2021）7.2.3 中规定：严格执行供电服务相关工作规范和质量标准，保质保量完成本职工作，为用户提供专业、高效的供电服务。

（7）《供电服务标准》（Q/GDW 10403—2021）7.2.4 中规定：主动了解用户用电服务需求，创新服务方式，丰富服务内涵，为用户提供更便捷、更透明、更温馨的服务，持续改善用户体验。

（8）《供电服务标准》（Q/GDW 10403—2021）7.2.5 中规定：积极宣传推广新型供电服务渠道和服务产品，主动引导用户使用，提升用户获得感和满意度。在服务过程中，应尊重用户意愿，不得强制推广。

（9）《供电服务标准》（Q/GDW 10403—2021）7.3.3 中规定：当用户的要求与政策、法律、法规及公司制度相悖时，应向用户耐心解释，争取用户理解，做到有理有节。遇有用户提出不合理要求时，应向用户委婉说明。不得与用户发生争吵。

案例点评

供电所在收到来电咨询工单时，由于无法与客户当面沟通核实，造成了难以核实客户是否为本人的困难。如果不核实是否为本人就提供相关信息，当然避免了 95598

诉求，但于道德、于政策、于法律、于法规及于公司制度都是违背的。本次案例中的供电所人员认真负责，在与来电客户的沟通中及时发现其并非冯某一家，所以并未向其提供冯某的隐私信息，在来电客户多次致电后，也并未失去耐心，应付了事，泄露客户隐私。于供电企业方面把牢了客户隐私安全这一关，是值得鼓励的。

且该供电所人员在保证客户隐私的前提下积极提供给来电客户所查询户号的电费及用电情况，也保证真正有用电查询需求客户的诉求。但是在关规章制度了解不全面，在遇到不合理诉求时，不能有理有据及时拒绝，导致客户多次致电，若不是该供电所人员恰好了解冯某的家庭情况，很难区分是否冯某一家来电咨询，在客户隐私保护方面仍存在一定的风险。

该供电所在回复 95598 工单时特意备注了（因客户索要客户电话目的不明，请国网客服南中心谨慎回访），做到了保护客户隐私方面供电所应尽的责任。做到了遇到问题及时反馈，及时提醒，确保把好守护客户个人隐私的每一关。

但是在此次工单处理过程中没能看到国网客服中心的处理情况，不知国网客服人员是否留意供电所回复工单的备注，拒绝目的不明的所要用电客户个人信息的行为。

供电所人员在处理客户来电诉求时，应该符合《供电服务标准》（Q/GDW 10403—2021）7.1.3：遵守国家的保密原则，尊重客户的保密要求，不擅自变更客户用电信息，不对外泄露客户个人信息及商业秘密。

此案例起到了一定的警醒作用，在《电力法》（中华人民共和国主席令第二十三号）《电力供应与使用条例》（国务院令第 196 号）等电力相关的法律法规中，主要涉及的还是电力主营业务方面的规章条例，涉及客户个人隐私的条例甚微。但随着时代的发展，我们从信息化时代步入大数据时代。然而，大数据是一把双刃剑，人们在受益的同时，也面临着极大的隐私泄露风险。过去几年间，一些风险其实已经在不断显现，并通过各种方式对人们的日常生活造成了实质性的影响。无论是经常接到精准推销电话，还是“大数据杀熟”的屡禁不止，都向我们说明一个道理：个人信息的保护，比以往任何时候都显得迫切。在这样的背景下，如何于供电企业方面守卫用电客户的个人信息安全，是一个值得思考的问题。

营销服务在很多人眼中是谁都能做的琐碎小事，甚至许多营销服务员工自己都这么认为。殊不知，“成大业若烹小鲜，做大事必重细节”，我们每个人都是国网的一颗“螺丝钉”，任何一个人的松懈都有可能导致国网这座“电塔”的松动。于服务方面来说，轻则给客户带来不必要的麻烦，重则承担相应的法律后果，给公司带来负面影响，让公司承担不必要的经济损失。

因此，在这个新时代下，我们服务人员更要拿出十二分的努力，十二分的警惕，做到“你用电，我用心”。

类似案例

受理内容：客户来电反映此处有一处住户处在高压线下方居住，需要核实具体安全距离，但是无法核实线路电压等级，烦请工作人员现场核实答复客户。

处理情况：客户反映情况属实。2019 年 7 月 18 日 9 时 30 分，运检人员李某与客户取得联系并进行现场调查，客户表示此处有一处住户处在高压线下方居住，需要核实具体安全距离。运检人员李某与客户取得联系，客户所说的距离符合国家规定的安全距离（1000kV 的线路对建筑物的水平安全距离为 7m），且某 × 双回线路已通过国家环评，线路设计不存缺陷，没有安全隐患，不会对人体造成危害。运检人员李某对客户做了解释，客户对此表示知晓。

案例 118　停电计划遇变更，牢记责任是关键

案例分类

服务申请工单—用电服务需求—客户侧用电需求配合

摘要

2020 年 9 月 3 日，客户拨打 95598 反映供电公司的检修计划发生变更，但是没有再次通知重要客户，从而影响客户正常生产，给客户造成了经济损失。

案例内容

在 2020 年 9 月供电公司检修计划中，安排了对某工厂所在供电线路进行计划检修，时间安排为：9 月 2 日上午 8 时 30 分停电，下午 16 时 30 分送电，停电 8 小时。为此，该供电公司提前 7 天将停电计划以书面方式通知了该工厂。该厂接到停电通知后，重新调整了生产计划，并做好了停电准备工作。在距离计划检修停电还有 3 天时，由于系统原因，该供电公司因其他原因临时将本次计划检修变更，计划检修时间向后延时 1 天，并要求供电公司做好相应通知客户工作。该供电公司立即安排布置，将停电事宜再次通知相关客户，但由于工作人员忙中出错，遗漏了通知工厂。9 月 2 日，该厂全厂放假休息。由于在通知停电的时间一直没有停电，该厂觉得奇怪，通过电话询问，工作人员才发现停电变更一事没有通知该客户。工厂对此非常不满，并向此事向 95598 客服进行反映。

由于供电公司没有将计划检修停电变更信息及时通知工厂，打乱了该厂的生产计划安排，间接造成了一定的经济损失，引起客户不满。

供电公司在得知情况后当日立即采取应急措施进行处理：一是就此事向该厂进行解释和道歉，以取得客户的谅解；二是将计划检修停电变更信息以书面形式重新通知该厂；三是对该厂电气设备免费进行全面安全检查，消除隐患。由于没有造成直接经

济损失，工厂表示不追究经济赔偿责任。

存在问题

（1）部分工作人员责任心不强，工作不认真，造成计划检修停电遗漏通知客户现象的发生。

（2）停电通知客户的管理制度不严密，流程不完善，缺少审核监督环节，致使停电计划变更信息遗漏通知客户现象未被及时发现和纠正。

（3）生产部门检修计划编制不严密，临时变更计划停电时间导致无法做到提前 7 天通知客户。

建议举措

（1）合理安排停电计划，避免“频停、长停”。将计划停电、临时停电、故障停电相关信息及时录入系统进行发布，刚性执行停送电时间，保证停电信息准确性，减少延期送电的情况；合理配置抢修资源，快速高效妥善处理客户故障报修业务。加强抢修队伍现场优质服务培训，提升沟通技巧，严守“三个十条”。

（2）开展频繁停电专项治理工作。一是全面统筹农网项目储备，做好项目规划，逐步提升农网硬件装备水平，提高农网安全稳定运行能力；二是做好预防工作，加强输电设施、配电设施的巡视消缺力度，提升电网设备健康运行水平，安全隐患早发现早处理，尽量减少故障停电；三是合理安排计划停电，提前计算好工程量，确保能够按照停送电计划时间执行停送电；四是做好计划停送电的宣传解释工作，有效利用电视台广告、村村通大喇叭、微信朋友圈、工作人员电话通知等方式进行宣传，确保客户了解停电范围、停电原因、停送电时间等信息；五是做好系统信息录入和信息报备工作，停电信息应及时录入系统，确保停电时间、停电原因和停电范围信息准确性，故障工单回复内容应与实际情况一致，到达现场时间，故障原因、范围、送电时间应真实准确，预有恶劣天气或特殊情况应及时与上级部门进行沟通报备，启动应急预案，有效减少频繁停电投诉数量。

（3）电网建设方面，加强农网工程管控力度，关注施工进度及工程质量。对建设超期工程进行整体梳理调控，确保建设工程按时完工送电；加大施工现场管控力度，确保施工前后现场规范：现场无废弃电杆、导线等材料，杆坑应全部填埋完毕，赔补款应及时发放到位：因占地等原因答应给客户补偿的，与客户做好沟通，根据政府出具的赔偿规定及时予以赔付，如远远超出规定赔付金额的，应及时向地市公司报备事件详情；规范施工人员行为，加强施工人员培训，提高服务意识和沟通技巧，有效解决客户合理诉求，不得随意答复客户施工进度、赔补事项及其他用电营业问题。

政策依据

（1）《电力供应与使用条例》（国务院令第 196 号）第六十八条：因故需要中止供电时，供电企业应按下列要求事先通知用户或进行公告：因供电设施计划检修需要停电时，应提前七天通知用户或进行公告；因供电设施临时检修需要停止供电时，应当提前 24 小时通知重要客户或进行公告；发供电系统发生故障需要停电、限电或者计划限停电时，供电企业应按确定的限电序位进行停电或限电。但限电序位应事前公告用户。

（2）《供电营业规则》（电力工业部令第 8 号）第五十七条：供电企业应不断改善供电可靠性，减少设备检修和电力系统事故对用户的停电次数及每次停电持续时间。供用电设备计划检修应做到统一安排。供电设备计划检修时，对 35kV 及以上电压供电的用户的停电次数，每年不应超过一次；对 10kV 供电的用户，每年不应超过三次。

（3）《供电营业规则》（电力工业部令第 8 号）第五十九条：供电企业和用户的供用电设备计划检修应相互配合，尽量做到统一检修。用电负荷较大，开停对电网有影响的设备，其停开时间，用户应提前与供电企业联系。遇有紧急检修需停电时，供电企业应按规定提前通知重要用户，用户应予以配合；事故断电，应尽速修复。

案例点评

现代社会生产中，电力已经成为重要的生产资料之一，没有了电，往往意味着企业将面临重大经济损失。企业按照计划检修停电时间主动调整了生产安排，即是对供电企业工作的支持，同时也是生产企业的无奈之举。如果我们的员工能够进行一下换位思考，站在客户的角度去看待停电计划的变更，还会发生这种遗漏通知客户的现象吗？针对本案例所反映出的停电信息发布工作不规范，员工责任心不强，工作态度不认真，管理存在漏洞等问题，建议进一步提升服务人员服务意识和责任意识，完善停限电管理制度与工作流程，强化工作质量监督与考核。同时，生产部门应加强计划检修管理，尽量减少计划停限电时间的变更。

为广大电力客户提供“优质、方便、规范、真诚”的供电服务，既是电网企业员工的立身之本，也是国家电网公司实现建设“一强三优”现代公司战略目标的必要条件。停电信息公示代表着供电企业细致入微的服务。优质服务是供电企业的生命线，是供电公司拓展市场的通行证，是打造电力品牌的根本途径。服务就是形象、服务就是品牌、服务就是企业的根本所在。面对日趋激烈的市场竞争，必须转变思路，将优质服务工作化为自觉的行动，在细微之处彰显优质服务新理念。

类似案例

案例一：

受理内容：客户反映，该地点7月16日8时到18时计划停电，但客户表示此处多户都一直未送电，存在延迟送电、未按停电计划停送电的情况，客户表示做冷库的，急需用电，需要解释。

处理情况：处理部门回复调查结果：客户处由专变供电，该变压器为客户产权。2020年7月16日线路清扫消缺、安装避雷器计划停电，计划停电信息编号：20××07，计划停电时间为7月16日8时至18时，于17时39分完成线路清扫消缺、安装避雷器工作，恢复供电。经核查，线路全线送电后，其变压器低压侧处于分闸状态，即线路送电后，该变压器以下所带多户客户均无电，但该线路所带其他客户均已送电。客户非该园区工作人员，而是来园区购买食用菌的客户，并不是做冷库的，其误以为是线路延迟送电。

案例二：

受理内容：客户反映，该地点8月27日8时到20时计划停电，客户于20时7分来电表示仍未送电，存在延迟送电，存在未按停电计划停送电的情况，经系统查询，停电信息编号：20××02请相关部门尽快核实处理。

处理情况：处理部门回复调查结果：客户反映情况属实，是供电公司责任。该线路8月27日8时至17时安排计划停电，停电信息编号20××02。由于内部操作过程不畅，设备停电操作相应延迟，计划停电信息在系统内变更送电时间至8月27日20时，由于送电过程中，刀闸卡涩，机构与刀闸之间连接杆抱箍松动，需要检修班组到变电站现场处理，根据此情况，供电公司再次安排将计划停电信息在系统内变更为送电时间至23时50分，实际送电时间为8月27日23时43分。确实存在客户所述未按停电计划停送电的情况，现客户处用电正常。工作人员已向客户解释确实因突发情况造成送电延时给客户带来不便已得到客户谅解。并将处理结果告知客户，客户表示满意。整改措施：增强服务理念，重视企业公信度，努力把控好计划停电作业的准确度，减少“延时送电”情况的发生；强化停电计划审核，做好停电工作过程控制；因特殊情况需要延时送电的应及时在系统内变更停电信息并及时通过多方途径通知客户。

案例119　家中一直未复电，反复致电求结果

案例分类

服务申请—用电服务需求—欠费复电登记

摘要

2020 年 1 月 14 日，客户拨打 95598 反映欠费复电问题，工作人员在将工单回复后，现场一直未送电，客户家中一直无电。

1 月 15 日早晨，客户反映：联系供电所工作人员，反映家中欠费停电问题还未解决时，工作人员态度不好，老是嚷嚷，私自挂客户电话，并且工作人员在通话时电话中断，期间被告知处理人员吃饭去了，仍未为其处理并复电。故第二次拨打 95598 反映情况。

案例内容

2020 年 1 月 14 日，由于客户未及时缴纳电费，导致家中停电，客户 15 时 53 分首次拨打 95598 要求复电。工作人员于当日 17 时到达现场。但因复电指令执行失败，现场无法按复电按钮恢复送电，工作人员又未携带掌机，工作人员现场告知客户回供电所观察待复电指令下发第一时间给客户复电，并告知客户有复电需求可第一时间拨打工作人员私人电话或供电所电话，但回到供电所内，就将复电工单回单，内容为已复电，但现场实际为无电状态。

但 1 月 14 日客户处并未恢复送电。1 月 15 日 9 时左右客户拨打供电所电话询问具体的复电时间，值班人员记录下客户的信息后告知客户，工作人员均在现场送电，请客户耐心等待，未给出客户具体送电时间。工作人员在与客户通话过程中并无服务态度差、语气差的情况，只是当时因供电所人多环境嘈杂，实际应为供电所当时有其他人表示去吃饭，通话中有听不清的情况，客户误认为复电的工作人员吃饭去了，导致客户误认为其态度不好，被告知处理人员吃饭去了的情况，并不存在工作人员主动挂断客户电话的情况。

1 月 15 日 12 时 17 分客户再次拨打 95598 要求复电，工作人员于 1 月 15 日 16 时为客户复电成功，客户处用电正常。现场存在欠费复电超过 24 小时的情况。

存在问题

（1）供电所人员责任心不强。到达现场复电时，工器具未携带齐全，造成现场无法送电。

（2）工作人员未给客户营造一个良好的通话环境，造成客户误会，产生不良感知，引发不必要的麻烦。

（3）客户欠费复电诉求未按照规定时限处置，存在欠费复电超过 24 小时的情况。

（4）供电公司管理不严。工作人员对优质服务工作重视程度不够，存在主动服务意识淡漠、组织纪律性不强、思想麻痹大意、服务态度不端正、思维不灵活的现象。

未能真正贯彻“你用电，我用心”的服务理念，在第一次收到 95598 工单后，并未对工单进行正确处理就进行了草草回单，服务申请工单存在回单与现场不一致问题。

建议举措

（1）工作人员在接到工单的第一时间到达现场后，如果无法及时解决客户诉求应对未能解决诉求的原因做充分解释，做好客户情绪安抚工作，并随时告知客户诉求解决进度，让客户充分放心。

（2）工作人员在与客户沟通时，语言应简洁、干练，用词措句通俗易懂，化繁为简，如客户出现不理解的情况应耐心解释，周围环境尽量安静，避免使客户产生不必要的误会。

（3）严格按照各项业务时限要求开展工作，并按照实际内容进行反馈，避免回单内容与实际情况不一致情况发生。

（4）强化服务，从思想上提高对欠费停复电认识。掌握好电费回收与电费催缴工作之间的平衡，向各工作人员宣贯各项电费催收工作规范，谨慎采用“停电催费”的工作模式，从根本上减少停复电投诉工单的产生。

（5）加强管控，从流程上规范欠费停复电管理。一是严格落实停复电工作要求。处理欠费停复电做到主动查询、主动复电，对 SG186 营销业务系统复电提醒信息至少每天查询；二是充分利用欠费复电短信提醒功能，对于发起了停电流程的客户，当客户结清电费后，通过短信通知停电人员及时复电，提高欠费复电工作效率，减少欠费停电后不能及时复电而引发的投诉情况。

从根本上说，最重要的是要优化欠费复电管理模式，避免复电超时现象发生。一是不断提高员工主动复电的意识。一方面重视并督促停复电相关岗位人员充分运用 SG186 营销业务系统欠费停复电短信提醒功能，避免复电超时现象发生。另一方面定期开展欠费停、复电业务培训，让电费回收人员学会如何提升复电服务效率，有效压减欠费停、复电造成的各类投诉；二是要求各供电公司慎用停电催费手段，倡导温情催费，要求工作人员催费期间，严格控制停电数量，提前报备，确保预备充足人手开展复电服务。

政策依据

（1）《国家电网有限公司 95598 客户服务业务管理办法》国家电网企管〔2019〕907 号 附件 5《国家电网有限公司 95598 停送电信息报送规范》第十八条 欠费停送电：

（一）对逾期之日起超过 30 日，经催仍未交付电费的，客户管理单位应按照以下程序对客户实施停电：

（1）对居民客户，应按照相关欠费停电程序报批后，提前 7 日将停电通知书送达客户。

（2）对其他客户，应按照相关欠费停电程序报批后，至少提前 3 日将停电通知书送达客户，并在中止供电前 1 小时再次通知客户。

（3）对可能带来重大社会影响的重要客户采取停电措施时，应上报上级主管理部门、当地电力管理部门和电力监管部门。

（二）对客户实施欠费停电后，客户管理单位按照营销业务应用系统“停复电管理”流程做好欠费通送电信息处理，确保现场实际情况与系统信息一致。

（三）客户交付所欠电费、违约金后，客户管理单位应在 24 小时内对客户恢复送电

（2）《国家电网有限公司 95598 客户服务业务管理办法》国家电网企管〔2019〕907 号 附件 1 国家电网有限公司供电服务投诉业务处理规范第八部分：回单审核，国网客服中心、省营销服务中心，国网电动汽车公司，县公司逐级对回单质量进行审核，对回单内容或处理意见不符合要求的，应注明原因后将工单回退至投诉处理部门再次处理。对无法在时限内办结的客户投诉，继续对投诉处理情况跟踪督办。工单回复审核时发现工单回复内容存在以下问题，应将工单回退：

1）回复工单中未对客户投诉的问题进行答复或者答复不全面的。

2）除保密工单外，未向客户反馈调查结果的。

3）应提供而未提供相关 95598 客户投诉处理依据的。

4）承办部门回复内容明显违背公司相关规定或表述不清晰、逻辑混乱的。

5）其他经审核应回退的。

（3）《国家电网有限公司 95598 客户服务业务管理办法》国家电网企管〔2019〕907 号 附件 1 国家电网有限公司供电服务投诉业务处理规范第七部分第一条：承办部门从国网客服中心受理客户投诉（客户挂断电话）后 24 小时内联系客户（除保密工单外），4 个工作日内按照有关法律法规、公司相关要求进行调查、处理，答复客户，并反馈国网客服中心。如遇特殊情况，投诉处理时限按上级部门要求的时限办理。

案例点评

电费回收一直以来时营销工作中的重点难点。伴随市场经济的快速发展，电力经营风险日趋增大，电费回收的及时性是化解电力经营风险的根本出路，而远程费控停复电系统的投入与使用，有效提升了电费管理的质量和水平。但从近年来企业内外部检查情况来看，因欠费停复电管理不到位而引发服务事件的情况时有发生。为有效防控客户投诉及舆论风险，提升优质服务水平，有必要对新形势下欠费停复电问题开展研究分析及防控治理。

随着信息化时代的到来，电力企业的经营方式面临着巨大挑战，特别是有关于电费回收方面，由于市场的形势变化复杂，电力经营的风险也随之加大，只有及时将电费回收才能化解电力企业的经营风险，因此在欠费停复电方面需要加强管理，提高管控力度，在服务客户的过程中，理顺流程，明确分工，畅通信息渠道，提高供电服务

应急处置能力，做好事前服务风险分析、事中服务风险管控、事后事件分析总结工作，有效避免问题升级、扩大。

进一步强化 95598 监督管理，以 95598 大数据为依托，利用客户画像模型，分析不同客户群体的特征进行客户需求预测，制定针对性服务策略，优化流程、主动对接，向不同客户群体提供便捷、高效的专属服务，提升客户体验和服务满意率。针对服务风险事件及时监督、预警，降低投诉风险，避免服务事件升级和舆情事件发生。

类似案例

受理内容：客户反映，已缴费，已结清电费，客户侧不属于手动复电，现申请恢复供电，请尽快核实处理。

处理情况：客户反映情况属实。经核实，系统自动复电失败，某供电所工作人员李某于 7 月 30 日 9 时 10 分现场帮助客户复电成功。已将处理结果告知客户，现客户用电正常，客户表示知晓。

处理此类案件时，应该严格遵守规章制度，做好风险把控，安抚客户情绪，并随时告知客户诉求解决进度，让客户充分放心。

三、生产类非紧急业务篇

案例 120　安全隐患要重视，人身伤亡悔莫及

案例分类

服务申请工单—生产类非紧急业务—供电公司供电设施消缺

摘要

客户致电 95598 反映电表箱未上锁、表箱内电线裸露，工作人员回复表箱内电线不存在裸露情况，表箱已上锁。国网客服中心回访客户，客户表示隐患未排除，表箱内电线存在裸露情况且表箱仍未上锁，工单被退回至地市公司重新处理。工单重新处理过程中，客户处欠费停电，工作人员指导客户自行到电表处按复电按钮进行复电，表箱距地面较高，客户爬梯至表箱处进行复电，由于晚上光线较暗，客户在寻找复电按钮过程中触碰到表箱内裸露电线，导致客户触电后从梯子上摔下右腿骨折。事后供电公司承认客户受伤为供电公司责任，赔付客户医药费，向客户进行了赔礼道歉。工作人员已对裸露电线进行了更换并将表箱关闭上锁（见图 3-3）。

案例内容

某年 8 月 10 日，吴家镇肖家村 56 号王女士致电 95598 反映供电公司产权设施表箱门未上锁、表箱内电线裸露，存在安全隐患，要求尽快处理。

处理部门回复调查结果：经核实，工作人员已将表箱关闭上锁，排除安全隐患，客户反映电线裸露问题不存在。处理结果已告知客户，客户表示满意。

同年 8 月 12 日，国网客服中心回访王女士，王女士表示反映问题后没有供电公司人员与其联系处理，并且电表箱未上锁，电表箱内线路确实存在裸露问题，供电公司答复与实际不符。

同年 8 月 12 日 10 时国网客服中心将工单退回处理部门，重新核实处理客户问题。

图 3-3　工作现场图

同年 8 月 12 日 21 时 30 分，刘女士致电 95598 反映家中停电，客户家中有小孩，着急用电，请尽快处理。

处理部门回复调查结果：某供电所工作人员于 8 月 12 日 21 时 57 分联系报修客户，客户处为欠费停电，已告知客户找营业站处理，客户认可。

同年 8 月 12 日 23 时 30 分，王女士致电 95598 表示在反映停电问题后，工作人员联系客户告知自行联系营业站处理，并将营业站电话告知王女士后便挂断了电话。王女士联系营业站后营业站工作人员指导客户自行复电，在复电过程中王女士丈夫刘先生从梯子上摔下，导致右腿骨折。

处理部门回复调查结果：8 月 13 日 9 时工作人员到客户处与客户进行了现场沟通。客户反映情况属实，是供电企业责任。经现场勘察，确实存在电表箱未上锁、表箱内电线裸露问题。8 月 12 日王女士家中欠费停电，王女士电话联系营业站，工作人员指导王女士可按电表表箱内复电按钮 5～10s 恢复供电。王女士丈夫刘先生随即到电表箱处进行操作。由于电表箱位置距地面较高，刘先生找来爬梯至表箱处。因当时天色较晚，刘先生无法准确找到复电按钮，在摸索过程中触碰了裸露电线触电。触电后刘先生从高处摔下导致右腿骨折。供电公司工作人员到客户家中探望了刘先生，赔付了医药费并向客户表示了诚挚的歉意。工作人员已将电表箱上锁，裸露电线已更换，客户处恢复供电。客户对处理结果表示满意。

存在问题

（1）客户处电表箱未上锁、电线裸露存在安全隐患。工作人员未定期进行巡视，消除安全隐患。客户反映安全隐患问题以后，也未能在第一时间解决客户问题，消除安全隐患。且电表箱位置距地过高，导致客户查看表计情况、手动复电等不便利。

（2）工作人员违反首问负责制。客户反映停电问题后，国网客服中心下派故障报修工单。接到客户报修工单后，抢修工作人员未履行首问负责制，让客户自行联系营业站人员进行复电事宜，在未经过客户同意自行联系答复情况下直接挂断电话。

（3）工作人员弄虚作假，回复内容与事实不符。客户首次致电反映电表箱未上锁、表箱内线路裸露问题后，工作人员未到客户处进行调查处理就直接回复工单，工单内容失实，造成工单回访回复不一致退单。

（4）工单回复内容存在应提供而未提供相关佐证材料问题。首次回单“工作人员已将表箱关闭上锁，排除安全隐患，客户反映电线裸露问题不存在”未提供表箱已经上锁、电线未裸露相关佐证材料。

建议举措

（1）强化安全风险防控和隐患排查机制建设。供电公司要正确认识风险、隐患与事故的内在关系，定期开展隐患排查工作，对已经发生的因安全隐患导致的人身伤亡问题举一反三。严防风险升级、隐患演变而导致事故。

（2）严禁工作人员弄虚作假，掩盖供电服务问题。客户反映问题后，工作人员应及时确认客户诉求，需现场核查的，与客户约定查验时间和地点，到达现场核查过程中要主动留存图片、音频、视频等佐证材料。客户诉求处理完毕后，应及时将处理结果告知客户，并填写真实事件调查结果、处理结果等进行工单回复。对于在工作中弄虚作假的，应加大考核力度。

（3）提高客户服务水平。坚持以客户为中心，规范服务行为，提供优质方便快捷的服务体验，提升客户问题解决能力。加强内部管控，不回避、不遮掩，做到切实整改到位，坚决杜绝服务问题的发生。

（4）加强工作人员对《供电服务标准》（Q/GDW 10403—2021）、《国家电网有限公司 95598 客户服务业务管理办法》（国家电网企管〔2019〕907 号）等法律、法规和专业业务知识方面的培训学习，提升技术水平和服务水平。

（5）加强工单回单管理。工单回复内容应简明扼要、意见明确、真实完整、逻辑正确、实事求是，严禁弄虚作假；工单回复应提供相关诉求佐证材料。切实提高工单回复质量，确保工单流转高效、服务信息传递准确。

政策依据

（1）《国家电网有限公司员工服务“十个不准”》国家电网办〔2020〕16号第六条：不准漠视客户合理用电诉求、推诿搪塞怠慢客户。

（2）《供电服务标准》（Q/GDW 10403—2021）5.1.8.4：实行首问负责制、一次性告知和限时办结制。居民客户收费办理时间一般每件不超过5分钟，用电业务办理时间一般每件不超过20分钟。

（3）《国家电网有限公司95598客户服务业务管理办法》国家电网企管〔2019〕907号 附件3 国家电网有限公司95598一般诉求业务处理规范：

国网电动汽车公司，国网电商公司，省营销服务中心，地市、县公司对回单质量进行审核，对工单质量或处理意见不符合要求的，应注明回退原因后将工单回退至业务处理部门再次处理。工单回复审核时发现工单回复内容存在以下问题的，应将工单回退：

1）未对客户提出的诉求进行答复或答复不全面、表述不清楚、逻辑不对应的；

2）未向客户沟通解释处理结果的（除匿名、保密工单外）；

3）应提供而未提供相关诉求处理依据的；

4）承办部门回复内容明显违背公司相关规定；其他经审核应回退的。

案例点评

客户反映问题后，工作人员未与客户联系，也没有到客户处进行调查处理就将工单直接回复，存在弄虚作假行为。后客户反映停电问题，工作人员又违反了首问负责制，推诿客户自行联系处理欠费复电问题。此事件体现出工作人员责任感较弱，在工作过程中弄虚作假、不作为，是导致此次人身伤亡事件发生的主要原因。

随着我国经济的不断改革发展，我国的电力体制也正在不断地深化，电网建设也取得了很大进步，促进了我国经济的发展，与此同时，在使用电能过程中人身触电伤亡的案件也日益增多。人身触电伤亡不仅给受害人及其家庭都造成了非常大的伤害，而且也给电网企业带来了较多的法律纠纷和社会关注度，已成为影响电力事业快速发展的一个因素。电网企业在抓发展、抓安全生产的同时，又要花费人力、物力、财力来解决触电伤亡引起的赔偿问题。这就需要供电企业加强对居民安全用电知识宣传，积极消除供电设施安全隐患，加强员工安全意识，避免人身伤亡时间的发生。

业务量受理情况

每年，供电设施消缺诉求量约为 8000 件左右，其中表箱破损、未上锁、位置过低等存在安全隐患问题诉求约 3900 件左右，占供电设施消缺总量约为 48.75%，占比较高。